OEUVRES COMPLÈTES

DE

MOLIÈRE

NOUVELLE ÉDITION AUGMENTÉE D'UNE VIE DE MOLIÈRE

ET DE NOTICES SUR CHAQUE PIÈCE

PAR ÉMILE DE LA BÉDOLLIÈRE

TROISIÈME PARTIE

PARIS
GUSTAVE BARBA, ÉDITEUR
31 — RUE DE SEINE — 31

OEUVRES COMPLÈTES

DE

MOLIÈRE

III

PARIS, TYPOGRAPHIE PLON FRÈRES, RUE DE VAUGIRARD, 36.

OEUVRES COMPLÈTES

DE

MOLIÈRE

NOUVELLE ÉDITION AUGMENTÉE D'UNE VIE DE MOLIÈRE

ET DE NOTICES SUR CHAQUE PIÈCE

PAR ÉMILE DE LA BÉDOLLIÈRE

TROISIÈME PARTIE

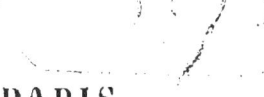

PARIS

GUSTAVE BARBA, ÉDITEUR

31 — RUE DE SEINE — 31

AMPHITRYON,

COMÉDIE EN TROIS ACTES.

1668.

NOTICE SUR AMPHITRYON.

Amphitryon fut représenté pour la première fois sur le théâtre du Palais-Royal, le 13 janvier 1668, avec cette distribution : Sosie, Molière ; Jupiter, La Thorillière ; Mercure, Ducroisy ; Amphitryon, Lagrange ; Alcmène, mademoiselle Molière ; Cléanthis, mademoiselle Beauval.

Le sujet d'Amphitryon appartient à Plaute, et nous mettrons nos lecteurs à même de comparer les deux auteurs en analysant la pièce latine.

Prologue. Le spectateur apprend par la bouche de Mercure que Jupiter, sous les traits d'Amphitryon, est avec Alcmène, et que, pour prolonger son bonheur, il a triplé la durée de la nuit.

ACTE PREMIER. Sosie, tremblant parce qu'il est nuit et qu'il craint d'être arrêté comme voleur, arrive du port pour annoncer à la belle Alcmène qu'Amphitryon a battu les ennemis ; il fait une répétition de sa harangue, lorsque Mercure, qui lui a volé sa figure et son nom, vient l'interrompre, l'empêche d'entrer chez Alcmène, et le renvoie vers le port à grands coups de bâton.

ACTE DEUXIÈME. Amphitryon paraît avec Sosie, qu'il gronde de n'avoir pas exécuté ses ordres ; celui-ci donne pour excuse les coups qu'il a reçus de l'autre. Alcmène paraît. Amphitryon croit la surprendre ; elle est surprise en effet, mais de voir son époux sitôt de retour, et lui rappelle toutes les preuves d'amour qu'elle lui a prodiguées pendant la nuit dernière. Amphitryon, furieux, proteste qu'il arrive à l'instant de l'armée, et va chercher des témoins pour attester la vérité de ce qu'il avance.

ACTE TROISIÈME. Jupiter, toujours sous la figure d'Amphitryon, entreprend de faire oublier à la belle Alcmène les torts de son mari ; il y réussit, et, voulant, dit-il, célébrer son raccommodement par un sacrifice à Jupiter, il ordonne à Sosie d'aller inviter le pilote Blépharon.

ACTE QUATRIÈME. Amphitryon n'a pas trouvé les témoins qu'il cherchait. Il veut rentrer chez lui, Mercure le chasse à coups de pierres, et lui défend de troubler les plaisirs de deux époux nouvellement réconciliés. Sosie survient. Amphitryon le prend pour le téméraire qui l'a insulté et veut le tuer ; mais Jupiter vient mettre le holà, et Sosie se range de son parti.

ACTE CINQUIÈME. La servante d'Amphitryon annonce qu'Alcmène est accouchée de deux garçons. Jupiter, au bruit du tonnerre, apprend à son rival qu'il l'a remplacé pendant qu'il se battait, lui promet un bonheur infini, et remonte vers l'Olympe.

Pierre Bayle, dans son *Dictionnaire philosophique*, trace en ces termes un parallèle entre les deux écrivains : « Une des plus belles comédies de Plaute est l'Amphitryon. Molière en a fait une du même titre. C'est une de ses meilleures pièces. Il a pris beaucoup de choses de Plaute, mais il leur donne un autre tour : et s'il n'y avait qu'à comparer ces deux pièces l'une avec l'autre pour décider la dispute qui s'est élevée depuis quelque temps sur la supériorité ou l'infériorité des anciens, je crois que M. Perrault gagnerait bientôt sa cause. Il y a des finesses et des tours dans l'*Amphitryon* de Molière qui surpassent de beaucoup les railleries de l'*Amphitryon* latin. Combien de choses n'a-t-il pas fallu retrancher de la comédie de Plaute, qui n'eussent point réussi sur le théâtre français! Combien d'ornements de trait et de nouvelle invention n'a-t-il pas fallu que Molière ait insérés dans son ouvrage pour le mettre en état d'être applaudi comme il l'a été! »

ÉMILE DE LA BÉDOLLIÈRE.

A SON ALTESSE SERENISSIME MGR LE PRINCE

MONSEIGNEUR,

N'en déplaise à nos beaux esprits, je ne vois rien de plus ennuyeux que les épîtres dédicatoires; et VOTRE ALTESSE SÉRÉNISSIME trouvera bon, s'il lui plaît, que je ne suive point ici le style de ces messieurs-là, et refuse de me servir de deux ou trois misérables pensées qui ont été tournées et retournées tant de fois qu'elles sont usées de tous les côtés. Le nom du grand CONDÉ est un nom trop glorieux pour le traiter comme on fait tous les autres noms. Il ne faut l'appliquer, ce nom illustre, qu'à des emplois qui soient dignes de lui; et, pour dire de belles choses, je voudrais parler de le mettre à la tête d'une armée plutôt qu'à la tête d'un livre; et je conçois bien mieux ce qu'il est capable de faire en l'opposant aux forces des ennemis de cet Etat qu'en l'opposant à la critique des ennemis d'une comédie.

Ce n'est pas, MONSEIGNEUR, que la glorieuse approbation de V. A. S. ne fût une puissante protection pour toutes ces sortes d'ouvrages, et qu'on ne soit persuadé des lumières de votre esprit autant que de l'intrépidité de votre cœur et de la grandeur de votre âme. On sait par toute la terre que l'éclat de votre mérite n'est point renfermé dans les bornes de cette valeur indomptable qui se fait des adorateurs chez ceux mêmes qu'elle surmonte; qu'il s'étend, ce mérite, jusqu'aux connaissances les plus fines et les plus relevées, et que les décisions de votre jugement sur tous les ouvrages d'esprit ne manquent point d'être suivies par le sentiment des plus délicats. Mais on sait aussi, MONSEIGNEUR, que toutes ces glorieuses approbations dont nous nous vantons au public ne nous coûtent rien à faire imprimer, et que ce sont des choses dont nous disposons comme nous voulons. On sait, dis-je, qu'une épître dédicatoire dit tout ce qu'il lui plaît, et qu'un auteur est en pouvoir d'aller saisir les personnes les plus augustes, et de parer de leurs grands noms les premiers feuillets de son livre; qu'il a la liberté de s'y donner, autant qu'il le veut, l'honneur de leur estime, et se faire des protecteurs qui n'ont jamais songé à l'être.

Je n'abuserai jamais, MONSEIGNEUR, ni de votre nom ni de vos bontés, pour combattre les censeurs de l'Amphitryon, et m'attribuer une gloire que je n'ai peut-être pas méritée; et je ne prends la liberté de

DÉDICACE.

vous offrir ma comédie que pour avoir lieu de vous dire que je regarde incessamment avec une profonde vénération les grandes qualités que vous joignez au sang auguste dont vous tenez le jour, et que je suis, MONSEIGNEUR, avec tout le respect possible et tout le zèle imaginable,

DE VOTRE ALTESSE SÉRÉNISSIME

le très-humble, très-obéissant et très-obligé serviteur,

MOLIÈRE.

PERSONNAGES DU PROLOGUE.
MERCURE.
LA NUIT.

PERSONNAGES DE LA COMÉDIE.

JUPITER, sous la figure d'Amphitryon.
MERCURE, sous la figure de Sosie.
AMPHYTRYON, général des Thébains.
ALCMÈNE, femme d'Amphitryon.
CLÉANTHIS, suivante d'Alcmène et femme de Sosie.
ARGATIPHONTIDAS,
NAUCRATÈS,
POLIDAS,   } capitaines thébains.
PAUSICLÈS,
SOSIE, valet d'Amphitryon.

La scène est à Thèbes, dans le palais d'Amphitryon.

PROLOGUE.

MERCURE *sur un nuage*, LA NUIT *dans un char traîné dans l'air par deux chevaux.*

MERCURE. Tout beau, charmante Nuit, daignez vous arrêter.
Il est certain secours que de vous on désire;
  Et j'ai deux mots à vous dire
  De la part de Jupiter.
LA NUIT. Ah! ah! c'est vous, seigneur Mercure!
Qui vous eût deviné là dans cette posture?
MERCURE. Ma foi, me trouvant las pour ne pouvoir fournir
Aux différents emplois où Jupiter m'engage,
Je me suis doucement assis sur ce nuage
  Pour vous attendre venir.
LA NUIT. Vous vous moquez, Mercure, et vous n'y songez pas:
Sied-il bien à des dieux de dire qu'ils sont las?
MERCURE. Les dieux sont-ils de fer?
LA NUIT.   Non, mais il faut sans cesse
Garder le décorum de la divinité.
Il est de certains mots dont l'usage rabaisse
  Cette sublime qualité,
  Et que, pour leur indignité,
Il est bon qu'aux hommes on laisse.
MERCURE. À votre aise vous en parlez;
Et vous avez, la belle, une chaise roulante
Où, par deux bons chevaux, en dame nonchalante,
Vous vous faites traîner partout où vous voulez.
  Mais de moi ce n'est pas de même;
Et je ne puis vouloir, dans mon destin fatal,
  Aux poëtes assez de mal
  De leur impertinence extrême,
  D'avoir, par une injuste loi
  Dont on veut maintenir l'usage,
  A chaque dieu, dans son emploi,
  Donné quelque allure en partage,
  Et de me laisser à pied, moi,
  Comme un messager de village;
Moi qui suis, comme on sait, en terre et dans les cieux,
Le fameux messager du souverain des dieux;
  Et qui, sans rien exagérer,
  Par tous les emplois qu'il me donne,

PROLOGUE.

    Aurais besoin plus que personne
    D'avoir de quoi me voiturer.
LA NUIT. Que voulez-vous faire à cela?
    Les poëtes font à leur guise.
    Ce n'est pas la seule sottise
    Qu'on voit faire à ces messieurs-là.
 Mais contre eux toutefois votre âme à tort s'irrite,
 Et vos ailes aux pieds sont un don de leurs soins
MERCURE. Oui; mais, pour aller plus vite,
    Est-ce qu'on s'en lasse moins?
LA NUIT. Laissons cela, seigneur Mercure,
    Et sachons ce dont il s'agit.
MERCURE. C'est Jupiter, comme je vous l'ai dit,
  Qui de votre manteau veut la faveur obscure
    Pour certaine douce aventure
    Qu'un nouvel amour lui fournit.
Ses pratiques, je crois, ne vous sont pas nouvelles;
Bien souvent pour la terre il néglige les cieux;
Et vous n'ignorez pas que ce maître des dieux
Aime à s'humaniser pour des beautés mortelles,
    Et sait cent tours ingénieux
    Pour mettre à bout les plus cruelles.
 Des yeux d'Alcmène il a senti les coups;
 Et tandis qu'au milieu des béotiques plaines
    Amphitryon, son époux,
    Commande aux troupes thébaines,
Il en a pris la forme, et reçoit là-dessous
    Un soulagement à ses peines
Dans la possession des plaisirs les plus doux.
L'état des mariés à ses feux est propice:
L'hymen ne les a joints que depuis quelques jours;
Et la jeune chaleur de leurs tendres amours
 A fait que Jupiter à ce bel artifice
    S'est avisé d'avoir recours.
Son stratagème ici se trouve salutaire:
    Mais près de maint objet chéri
Pareil déguisement serait pour ne rien faire;
Et ce n'est pas partout un bon moyen de plaire,
    Que la figure d'un mari.
LA NUIT. J'admire Jupiter, et je ne comprends pas
  Tous les déguisements qui lui viennent en tête.
MERCURE. Il veut goûter par là toutes sortes d'états;
  Et c'est agir en dieu qui n'est pas bête.
Dans quelque rang qu'il soit des mortels regardé,
    Je le tiendrais fort misérable
S'il ne quittait jamais sa mine redoutable,
Et qu'au faîte des cieux il fût toujours guindé.
Il n'est point à mon gré de plus sotte méthode

PROLOGUE.

<pre>
            Que d'être emprisonné toujours dans sa grandeur;
            Et surtout aux transports de l'amoureuse ardeur
            La haute qualité devient fort incommode.
            Jupiter, qui sans doute en plaisirs se connaît,
            Sait descendre du haut de sa gloire suprême;
               Et pour entrer dans tout ce qui lui plaît
                   Il sort tout à fait de lui-même,
            Et ce n'est plus alors Jupiter qui paraît.
LA NUIT.   Passe encor de le voir de ce sublime étage
                   Dans celui des hommes venir,
            Prendre tous les transports que leur cœur peut fournir,
                   Et se faire à leur badinage,
            Si, dans les changements où son humeur l'engage,
            A la nature humaine il s'en voulait tenir.
                   Mais de voir Jupiter taureau,
                   Serpent, cygne ou quelque autre chose,
                   Je ne trouve point cela beau,
            Et ne m'étonne pas si parfois on en cause.
MERCURE.   Laissons dire tous les censeurs :
                   Tels changements ont leurs douceurs
                   Qui passent leur intelligence.
            Ce dieu sait ce qu'il fait aussi bien là qu'ailleurs;
            Et dans les mouvements de leurs tendres ardeurs
            Les bêtes ne sont pas si bêtes que l'on pense.
LA NUIT.   Revenons à l'objet dont il a les faveurs.
            Si par son stratagème il voit sa flamme heureuse,
            Que peut-il souhaiter, et qu'est-ce que je puis?
MERCURE.   Que vos chevaux par vous au petit pas réduits,
            Pour satisfaire aux vœux de son âme amoureuse,
                   D'une nuit si délicieuse
                   Fassent la plus longue des nuits;
            Qu'à ses transports vous donniez plus d'espace,
                   Et retardiez la naissance du jour
                       Qui doit avancer le retour
                       De celui dont il tient la place.
LA NUIT.   Voilà sans doute un bel emploi
                   Que le grand Jupiter m'apprête!
                   Et l'on donne un nom fort honnête
                   Au service qu'il veut de moi!
MERCURE.   Pour une jeune déesse,
                   Vous êtes bien du bon temps!
                   Un tel emploi n'est bassesse
                   Que chez les petites gens.
            Lorsque dans un haut rang on a l'heur de paraître,
            Tout ce qu'on fait est toujours bel et bon:
                   Et suivant ce qu'on peut être
                   Les choses changent de nom.
LA NUIT.   Sur de pareilles matières
</pre>

                Vous en savez plus que moi;
                Et pour accepter l'emploi
                J'en veux croire vos lumières.
MERCURE. Hé! la, la, madame la Nuit,
                Un peu doucement, je vous prie;
                Vous avez dans le monde un bruit
                De n'être pas si renchérie.
        On vous fait confidente, en cent climats divers,
                De beaucoup de bonnes affaires;
        Et je crois, à parler à sentiments ouverts,
                Que nous ne nous en devons guères.
LA NUIT.   Laissons ces contrariétés,
                Et demeurons ce que nous sommes.
                N'apprêtons point à rire aux hommes
                En nous disant nos vérités.
MERCURE. Adieu. Je vais là-bas, dans ma commission,
        Dépouiller promptement la forme de Mercure,
                Pour y vêtir la figure
                Du valet d'Amphitryon.
LA NUIT. Moi, dans cet hémisphère, avec ma suite obscure,
                Je vais faire une station.
MERCURE. Bonjour, la Nuit.
LA NUIT.   Adieu, Mercure.
    (*Mercure descend de son nuage, et la Nuit traverse le théâtre.*)

AMPHITRYON.

ACTE PREMIER.

SCÈNE I.
SOSIE.

SOSIE, Qui va là? Hé! ma peur à chaque pas s'accroît!
Messieurs, ami de tout le monde.
Ah! quelle audace sans seconde
De marcher à l'heure qu'il est!
Que mon maître, couvert de gloire,
Me joue ici d'un vilain tour!
Quoi! si pour son prochain il avait quelque amour,
M'aurait-il fait partir par une nuit si noire?
Et, pour me renvoyer annoncer son retour
Et le détail de sa victoire,
Ne pouvait-il pas bien attendre qu'il fût jour?
Sosie, à quelle servitude
Tes jours sont-ils assujettis?
Notre sort est beaucoup plus rude
Chez les grands que chez les petits.
Ils veulent que pour eux tout soit, dans la nature,
Obligé de s'immoler.
Jour et nuit, grêle, vent, péril, chaleur, froidure,
Dès qu'ils parlent, il faut voler.
Vingt ans d'assidu service
N'en obtiennent rien pour nous :
Le moindre petit caprice
Nous attire leur courroux.
Cependant notre âme insensée
S'acharne au vain honneur de demeurer près d'eux,
Et s'y veut contenter de la fausse pensée
Qu'ont tous les autres gens que nous sommes heureux.
Vers la retraite en vain la raison nous appelle,
En vain notre dépit quelquefois y consent;
Leur vue a sur notre zèle
Un ascendant trop puissant,
Et la moindre faveur d'un coup d'œil caressant
Nous rengage de plus belle.

Mais enfin, dans l'obscurité,
Je vois notre maison, et ma frayeur s'évade.
　　Il me faudrait, pour l'ambassade,
　　Quelque discours prémédité.
Je dois aux yeux d'Alcmène un portrait militaire
Du grand combat qui met nos ennemis à bas;
　　Mais comment diantre le faire,
　　Si je ne m'y trouvai pas?
N'importe, parlons-en et d'estoc et de taille,
　　Comme oculaire témoin.
Combien de gens font-ils des récits de bataille
　　Dont ils se sont tenus loin!
　　Pour jouer mon rôle sans peine,
　　Je le veux un peu repasser.
Voici la chambre où j'entre en courrier que l'on mène;
　　Et cette lanterne est Alcmène,
　　A qui je me dois adresser.
　　(*Sosie pose sa lanterne à terre.*)
Madame, Amphitryon, mon maître et votre époux...
(Bon! beau début!) l'esprit toujours plein de vos charmes,
　　M'a voulu choisir entre tous
Pour vous donner avis du succès de ses armes,
Et du désir qu'il a de se voir près de vous.
　　« Ah! vraiment, mon pauvre Sosie,
　　» A te revoir j'ai de la joie au cœur. »
　　Madame, ce m'est trop d'honneur,
　　Et mon destin doit faire envie.
(Bien répondu!) « Comment se porte Amphitryon? »
　　Madame, en homme de courage,
Dans les occasions où la gloire l'engage.
　　(Fort bien! belle conception!)
« Quand viendra-t-il, par son retour charmant,
　　» Rendre mon âme satisfaite? »
Le plus tôt qu'il pourra, madame, assurément,
　　Mais bien plus tard que son cœur ne souhaite.
(Ah!) « Mais quel est l'état où la guerre l'a mis?
» Que dit-il? que fait-il? Contente un peu mon âme. »
　　Il dit moins qu'il ne fait, madame,
　　Et fait trembler les ennemis.
(Peste! où prend mon esprit toutes ces gentillesses?)
« Que font les révoltés? dis-moi, quel est leur sort? »
Ils n'ont pu résister, madame, à notre effort;
　　Nous les avons taillés en pièces,
　　Mis Ptérélas leur chef à mort,
Pris Télèbe d'assaut; et déjà dans le port
　　Tout retentit de nos prouesses.
« Ah! quel succès! ô dieux! Qui l'eût pu jamais croire!
» Raconte-moi, Sosie, un tel événement. »

Je le veux bien, madame; et, sans m'enfler de gloire,
 Du détail de cette victoire
Je puis parler très-savamment.
 Figurez-vous donc que Télèbe,
  Madame, est de ce côté;
(Sosie marque les lieux sur sa main.)
  C'est une ville, en vérité,
  Aussi grande quasi que Thèbe.
   La rivière est comme là.
  Ici nos gens se campèrent;
  Et l'espace que voilà,
  Nos ennemis l'occupèrent.
  Sur un haut, vers cet endroit,
   Etait leur infanterie;
  Et plus bas, du côté droit,
   Etait la cavalerie.
Après avoir aux dieux adressé les prières,
Tous les ordres donnés, on donne le signal :
Les ennemis, pensant nous tailler des croupières,
Firent trois pelotons de leurs gens à cheval;
Mais leur chaleur par nous fut bientôt réprimée,
 Et vous allez voir comme quoi.
Voilà notre avant-garde à bien faire animée;
 Là, les archers de Créon, notre roi;
   Et voici le corps d'armée,
    (On fait un peu de bruit.)
Qui d'abord... Attendez, le corps d'armée a peur;
 J'entends quelque bruit, ce me semble.

SCÈNE II.
MERCURE, SOSIE.

MERCURE, *sous la figure de Sosie, sortant de la maison d'Amphitryon.*
 Sous ce minois qui lui ressemble,
 Chassons de ces lieux ce causeur,
Dont l'abord importun troublerait la douceur
 Que nos amants goûtent ensemble.
SOSIE *sans voir Mercure.* Mon cœur tant soit peu se rassure,
 Et je pense que ce n'est rien.
 Crainte pourtant de sinistre aventure,
 Allons chez nous achever l'entretien.
MERCURE *à part.* Tu seras plus fort que Mercure,
 Ou je t'en empêcherai bien.
SOSIE *sans voir Mercure.* Cette nuit en longueur me semble sans pareille.
 Il faut, depuis le temps que je suis en chemin,
 Ou que mon maître ait pris le soir pour le matin,
 Ou que trop tard au lit le blond Phébus sommeille,
  Pour avoir trop pris de son vin.
MERCURE *à part.* Comme avec irrévérence

Parle des dieux ce maraud!
Mon bras saura bien tantôt
Châtier cette insolence;
Et je vais m'égayer avec lui comme il faut,
En lui volant son nom avec sa ressemblance.

SOSIE *apercevant Mercure d'un peu loin.*
Ah! par ma foi, j'avais raison :
C'est fait de moi, chétive créature!
Je vois devant notre maison
Certain homme dont l'encolure
Ne me présage rien de bon.
Pour faire semblant d'assurance,
Je veux chanter un peu d'ici.
(*Il chante.*)

MERCURE. Qui donc est ce coquin qui prend tant de licence
Que de chanter et m'étourdir ainsi?
(*A mesure que Mercure parle, la voix de Sosie s'affaiblit peu à peu.*)
Veut-il qu'à l'étriller ma main un peu s'applique?

SOSIE *à part.* Cet homme assurément n'aime pas la musique.

MERCURE. Depuis plus d'une semaine
Je n'ai trouvé personne à qui rompre les os;
La vigueur de mon bras se perd dans le repos,
Et je cherche quelque dos
Pour me remettre en haleine.

SOSIE *à part.* Quel diable d'homme est-ce ci?
De mortelles frayeurs je sens mon âme atteinte.
Mais pourquoi trembler tant aussi?
Peut-être a-t-il dans l'âme autant que moi de crainte,
Et que le drôle parle ainsi
Pour me cacher sa peur sous une audace feinte.
Oui, oui, ne souffrons point qu'on nous croie un oison :
Si je ne suis hardi, tâchons de le paraître.
Faisons-nous du cœur par raison :
Il est seul, comme moi; je suis fort; j'ai bon maître;
Et voilà notre maison.

MERCURE. Qui va là?
SOSIE. Moi.
MERCURE. Qui moi?
(*A part.*)
SOSIE. Moi. Courage, Sosie!
MERCURE. Quel est ton sort? dis-moi.
SOSIE. D'être homme et de parler.
MERCURE. Es-tu maître ou valet?
SOSIE. Comme il me prend envie.
MERCURE. Où s'adressent tes pas?
SOSIE. Où j'ai dessein d'aller.
MERCURE. Ah! ceci me déplaît.
SOSIE. J'en ai l'âme ravie.

ACTE I.

MERCURE. Résolument, par force ou par amour,
Je veux savoir de toi, traître,
Ce que tu fais, d'où tu viens avant jour,
Où tu vas, à qui tu peux être.
SOSIE. Je fais le bien et le mal tour à tour;
Je viens de là, vais là; j'appartiens à mon maître.
MERCURE. Tu montres de l'esprit, et je te vois en train
De trancher avec moi de l'homme d'importance.
Il me prend un désir, pour faire connaissance,
De te donner un soufflet de ma main.
SOSIE. A moi-même?
MERCURE. A toi-même, et t'en voilà certain.
(Mercure donne un soufflet à Sosie.)
SOSIE. Ah! ah! c'est tout de bon.
MERCURE. Non, ce n'est que pour rire,
Et répondre à tes quolibets.
SOSIE. Tudieu! l'ami, sans vous rien dire,
Comme vous baillez des soufflets!
MERCURE. Ce sont là de mes moindres coups,
De petits soufflets ordinaires.
SOSIE Si j'étais aussi prompt que vous,
Nous ferions de belles affaires.
MERCURE. Nous verrons bien autre chose;
Tout cela n'est encor rien.
Pour y faire quelque pause,
Poursuivons notre entretien.
SOSIE. Je quitte la partie.
(Sosie veut s'en aller.)
MERCURE *arrêtant Sosie.* Où vas-tu?
SOSIE. Que t'importe?
MERCURE. Je veux savoir où tu vas.
SOSIE. Me faire ouvrir cette porte.
Pourquoi retiens-tu mes pas?
MERCURE. Si jusqu'à l'approcher tu pousses ton audace,
Je fais sur toi pleuvoir un orage de coups.
SOSIE. Quoi! tu veux, par ta menace,
M'empêcher d'entrer chez nous?
MERCURE. Comment! chez nous?
SOSIE. Oui, chez nous.
MERCURE. O le traître!
Tu te dis de cette maison?
SOSIE. Fort bien. Amphitryon n'en est-il pas le maître?
MERCURE. Hé bien! que fait cette raison?
SOSIE. Je suis son valet.
MERCURE. Toi?
SOSIE. Moi.
MERCURE. Son valet?
SOSIE. Sans doute.

MERCURE. Valet d'Amphitryon?
SOSIE. D'Amphitryon, de lui.
MERCURE. Ton nom est?...
SOSIE. Sosie.
MERCURE. Hé! comment?
SOSIE. Sosie.
MERCURE. Ecoute.
Sais-tu que de ma main je t'assomme aujourd'hui?
SOSIE. Pourquoi? De quelle rage est ton âme saisie?
MERCURE. Qui te donne, dis-moi, cette témérité
De prendre le nom de Sosie?
SOSIE. Moi, je ne le prends point, je l'ai toujours porté.
MERCURE. O le mensonge horrible, et l'impudence extrême!
Tu m'oses soutenir que Sosie est ton nom?
SOSIE. Fort bien, je le soutiens; par la grande raison
Qu'ainsi l'a fait des dieux la puissance suprême,
Et qu'il n'est pas en moi de pouvoir dire non,
Et d'être un autre que moi-même.
MERCURE. Mille coups de bâton doivent être le prix
D'une pareille effronterie.
SOSIE *battu par Mercure.* Justice, citoyens! Au secours, je vous prie!
MERCURE. Comment! bourreau, tu fais des cris!
SOSIE. De mille coups tu me meurtris,
Et tu ne veux pas que je crie?
MERCURE. C'est ainsi que mon bras...
SOSIE. L'action ne vaut rien.
Tu triomphes de l'avantage
Que te donne sur moi mon manque de courage;
Et ce n'est pas en user bien.
C'est pure fanfaronnerie
De vouloir profiter de la poltronnerie
De ceux qu'attaque notre bras.
Battre un homme à jeu sûr n'est pas d'une belle âme;
Et le cœur est digne de blâme
Contre les gens qui n'en ont pas.
MERCURE. Hé bien! es-tu Sosie à présent? qu'en dis-tu?
SOSIE. Tes coups n'ont point en moi fait de métamorphose;
Et tout le changement que je trouve à la chose,
C'est d'être Sosie battu.
MERCURE *menaçant Sosie.*
Encor! Cent autres coups pour cette autre impudence.
SOSIE. De grâce, fais trêve à tes coups.
MERCURE. Fais donc trêve à ton insolence.
SOSIE. Tout ce qu'il te plaira; je garde le silence.
La dispute est par trop inégale entre nous.
MERCURE. Es-tu Sosie encor? dis, traître!
SOSIE. Hélas! je suis ce que tu veux :
Dispose de mon sort tout au gré de tes vœux;

ACTE I.

     Ton bras t'en a fait le maître.
MERCURE. Ton nom était Sosie, à ce que tu disais?
SOSIE. Il est vrai, jusqu'ici j'ai cru la chose claire;
    Mais ton bâton sur cette affaire
    M'a fait voir que je m'abusais.
MERCURE. C'est moi qui suis Sosie, et tout Thèbes l'avoue :
  Amphitryon jamais n'en eut d'autre que moi.
SOSIE. Toi, Sosie?
MERCURE.   Oui, Sosie; et si quelqu'un s'y joue,
   Il peut bien prendre garde à soi.
SOSIE *à part.* Ciel! me faut-il ainsi renoncer à moi-même,
  Et par un imposteur me voir voler mon nom?
    Que son bonheur est extrême
    De ce que je suis poltron!
  Sans cela, par la mort...
MERCURE.   Entre tes dents, je pense,
  Tu murmures je ne sais quoi.
SOSIE. Non. Mais, au nom des dieux, donne-moi la licence
   De parler un moment à toi.
MERCURE. Parle.
SOSIE.   Mais promets-moi, de grâce,
   Que les coups n'en seront point.
  Signons une trêve.
MERCURE.   Passe :
   Va, je t'accorde ce point.
SOSIE. Qui te jette, dis-moi, dans cette fantaisie?
  Que te reviendra-t-il de m'enlever mon nom?
  Et peux-tu faire enfin, quand tu serais démon,
  Que je ne sois pas moi, que je ne sois Sosie?
MERCURE *levant le bâton sur Sosie.* Comment! tu peux...
SOSIE.   Ah! tout doux :
   Nous avons fait trêve aux coups.
MERCURE. Quoi! pendard, imposteur, coquin...
SOSIE.   Pour des injures,
   Dis-m'en tant que tu voudras;
   Ce sont légères blessures,
   Et je ne m'en fâche pas.
MERCURE. Tu te dis Sosie?
SOSIE.   Oui. Quelque conte frivole...
MERCURE Sus, je romps notre trêve et reprends ma parole.
SOSIE. N'importe. Je ne puis m'anéantir pour toi,
  Et souffrir un discours si loin de l'apparence.
  Etre ce que je suis est-il en ta puissance?
   Et puis-je cesser d'être moi?
  S'avisa-t-on jamais d'une chose pareille?
  Et peut-on démentir cent indices pressants?
   Rêvé-je? Est-ce que je sommeille?
  Ai-je l'esprit troublé par des transports puissants?

Ne sens-je pas bien que je veille?
Ne suis-je pas dans mon bon sens?
Mon maître Amphitryon ne m'a-t-il pas commis
A venir en ces lieux vers Alcmène sa femme?
Ne lui dois-je pas faire, en lui vantant sa flamme,
Un récit de ses faits contre nos ennemis?
Ne suis-je pas du port arrivé tout à l'heure?
Ne tiens-je pas une lanterne en main?
Ne te trouvé-je pas devant notre demeure?
Ne t'y parlé-je pas d'un esprit tout humain?
Ne te tiens-tu pas fort de ma poltronnerie?
Pour m'empêcher d'entrer chez nous,
N'as-tu pas sur mon dos exercé ta furie?
Ne m'as-tu pas roué de coups?
Ah! tout cela n'est que trop véritable;
Et, plût au ciel, le fût-il moins!
Cesse donc d'insulter au sort d'un misérable,
Et laisse à mon devoir s'acquitter de ses soins.

MERCURE. Arrête, ou sur ton dos le moindre pas attire
Un assommant éclat de mon juste courroux.
Tout ce que tu viens de dire
Est à moi, hormis les coups.

SOSIE. Ce matin du vaisseau, plein de frayeur en l'âme,
Cette lanterne sait comme je suis parti.
Amphitryon, du camp, vers Alcmène sa femme
M'a-t-il pas envoyé?

MERCURE. Vous en avez menti.
C'est moi qu'Amphitryon députe vers Alcmène,
Et qui du port persique arrive de ce pas;
Moi qui viens annoncer la valeur de son bras,
Qui nous fait remporter une victoire pleine,
Et de nos ennemis a mis le chef à bas.
C'est moi qui suis Sosie enfin, de certitude,
Fils de Dave honnête berger,
Frère d'Arpage mort en pays étranger,
Mari de Cléanthis la prude
Dont l'humeur me fait enrager,
Qui dans Thèbe ai reçu mille coups d'étrivière
Sans en avoir jamais dit rien,
Et jadis en public fus marqué par derrière
Pour être trop homme de bien.

SOSIE *bas à part.* Il a raison. A moins d'être Sosie,
On ne peut pas savoir tout ce qu'il dit;
Et, dans l'étonnement dont mon âme est saisie,
Je commence, à mon tour, à le croire un petit.
En effet, maintenant que je le considère,
Je vois qu'il a de moi taille, mine, action.
Faisons-lui quelque question,

ACTE I.

        Afin d'éclaircir ce mystère.
   (*Haut.*)
      Parmi tout le butin fait sur nos ennemis,
      Qu'est-ce qu'Amphitryon obtint pour son partage?
MERCURE. Cinq fort gros diamants en nœud proprement mis,
      Dont leur chef se parait comme d'un rare ouvrage.
SOSIE.   A qui destine-t-il un si riche présent?
MERCURE. A sa femme; et sur elle il le veut voir paraître.
SOSIE.   Mais où, pour l'apporter, est-il mis à présent?
MERCURE. Dans un coffret scellé des armes de mon maître.
SOSIE *a part*. Il ne ment pas d'un mot à chaque repartie;
      Et de moi je commence à douter tout de bon.
      Près de moi par la force il est déjà Sosie;
      Il pourrait bien encor l'être par la raison.
      Pourtant, quand je me tâte, et que je me rappelle,
         Il me semble que je suis moi.
      Où puis-je rencontrer quelque clarté fidèle
         Pour démêler ce que je voi?
      Ce que j'ai fait tout seul, et que n'a vu personne,
      A moins d'être moi-même on ne le peut savoir;
      Par cette question il faut que je l'étonne;
      C'est de quoi le confondre; et nous allons le voir.
   (*Haut.*)
      Lorsqu'on était aux mains que fis-tu dans nos tentes,
         Où tu courus seul te fourrer?
MERCURE. D'un jambon...
SOSIE *bas à part*.   L'y voilà!
MERCURE.   que j'allai déterrer
      Je coupai bravement deux tranches succulentes,
         Dont je sus fort bien me bourrer.
      Et joignant à cela d'un vin que l'on ménage,
      Et dont avant le goût les yeux se contentaient,
         Je pris un peu de courage
         Pour nos gens qui se battaient.
SOSIE *bas à part*. Cette preuve sans pareille
         En sa faveur conclut bien;
         Et l'on n'y peut dire rien,
         S'il n'était dans la bouteille.
   (*Haut.*)
      Je ne saurais nier, aux preuves qu'on m'expose,
      Que tu ne sois Sosie, et j'y donne ma voix.
      Mais, si tu l'es, dis-moi qui tu veux que je sois:
      Car encor faut-il bien que je sois quelque chose.
MERCURE.   Quand je ne serai plus Sosie,
         Sois-le; j'en demeure d'accord:
      Mais, tant que je le suis, je te garantis mort,
         Si tu prends cette fantaisie.
SOSIE.   Tout cet embarras met mon esprit sur les dents,

Et la raison à ce qu'on voit s'oppose.
Mais il faut terminer enfin par quelque chose :
Et le plus court pour moi, c'est d'entrer là-dedans.
MERCURE. Ah! tu prends donc, pendard, goût à la bastonnade?
SOSIE *battu par Mercure.* Ah! qu'est-ce ci, grands dieux! il frappe un ton
Et mon dos pour un mois en doit être malade. [plus fort,
Laissons ce diable d'homme, et retournons au port.
O juste ciel! j'ai fait une belle ambassade!
MERCURE *seul.* Enfin je l'ai fait fuir; et, sous ce traitement,
De beaucoup d'actions il a reçu la peine.
Mais je vois Jupiter, que fort civilement
Reconduit l'amoureuse Alcmène.

SCÈNE III.

JUPITER *sous la figure d'Amphitryon,* ALCMÈNE, CLÉANTHIS, MERCURE.

JUPITER. Défendez, chère Alcmène, aux flambeaux d'approcher.
Ils m'offrent des plaisirs en m'offrant votre vue;
Mais ils pourraient ici découvrir ma venue,
Qu'il est à propos de cacher.
Mon amour, que gênaient tous ces soins éclatants
Où me tenait lié la gloire de nos armes,
Aux devoirs de ma charge a volé les instants
Qu'il vient de donner à vos charmes.
Ce vol qu'à vos beautés mon cœur a consacré
Pourrait être blâmé dans la bouche publique,
Et j'en veux pour témoin unique
Celle qui peut m'en savoir gré.
ALCMÈNE. Je prends, Amphitryon, grande part à la gloire
Que répandent sur vous vos illustres exploits;
Et l'éclat de votre victoire
Sait toucher de mon cœur les sensibles endroits :
Mais, quand je vois que cet honneur fatal
Eloigne de moi ce que j'aime,
Je ne puis m'empêcher, dans ma tendresse extrême,
De lui vouloir un peu de mal,
Et d'opposer mes vœux à cet ordre suprême
Qui des Thébains vous fait le général.
C'est une douce chose, après une victoire,
Que la gloire où l'on voit ce qu'on aime élevé;
Mais, parmi les périls mêlés à cette gloire,
Un triste coup, hélas! est bientôt arrivé.
De combien de frayeurs a-t-on l'âme blessée
Au moindre choc dont on entend parler!
Voit-on, dans les horreurs d'une telle pensée,
Par où jamais se consoler
Du coup dont elle est menacée?
Et de quelque laurier qu'on couronne un vainqueur,
Quelque part que l'on ait à cet honneur suprême,

Vaut-il ce qu'il en coûte aux tendresses d'un cœur
Qui peut, à tout moment, trembler pour ce qu'il aime?
JUPITER. Je ne vois rien en vous dont mon feu ne s'augmente;
Tout y marque à mes yeux un cœur bien enflammé,
Et c'est, je vous l'avoue, une chose charmante
De trouver tant d'amour dans un objet aimé.
Mais, si je l'ose dire, un scrupule me gêne
Aux tendres sentiments que vous me faites voir;
Et, pour les bien goûter, mon amour, chère Alcmène,
Voudrait n'y voir entrer rien de votre devoir;
Qu'à votre seule ardeur, qu'à ma seule personne,
Je dusse les faveurs que je reçois de vous;
Et que la qualité que j'ai de votre époux
    Ne fût point ce qui me les donne.
ALCMÈNE. C'est de ce nom pourtant que l'ardeur qui me brûle
    Tient le droit de paraître au jour;
Et je ne comprends rien à ce nouveau scrupule
    Dont s'embarrasse votre amour.
JUPITER. Ah! ce que j'ai pour vous d'ardeur et de tendresse
    Passe aussi celle d'un époux;
Et vous ne savez pas, dans des moments si doux,
    Quelle en est la délicatesse.
Vous ne concevez point qu'un cœur bien amoureux
Sur cent petits égards s'attache avec étude,
    Et se fait une inquiétude
    De la manière d'être heureux.
    En moi, belle et charmante Alcmène,
Vous voyez un mari, vous voyez un amant;
Mais l'amant seul me touche, à parler franchement,
Et je sens près de vous que le mari le gêne.
Cet amant, de vos vœux jaloux au dernier point,
Souhaite qu'à lui seul votre cœur s'abandonne;
    Et sa passion ne veut point
    De ce que le mari lui donne.
Il veut de pure source obtenir vos ardeurs,
Et ne veut rien tenir des nœuds de l'hyménée,
Rien d'un fâcheux devoir qui fait agir les cœurs,
Et par qui tous les jours des plus chères faveurs
    La douceur est empoisonnée.
Dans le scrupule enfin dont il est combattu,
Il veut, pour satisfaire à sa délicatesse,
Que vous le sépariez d'avec ce qui le blesse,
Que le mari ne soit que pour votre vertu,
Et que de votre cœur de bonté revêtu
L'amant ait tout l'amour et toute la tendresse.
ALCMÈNE.   Amphitryon, en vérité,
    Vous vous moquez de tenir ce langage;
    Et j'aurais peur qu'on ne vous crût pas sage,

Si de quelqu'un vous étiez écouté.

JUPITER. Ce discours est plus raisonnable,
Alcmène, que vous ne pensez.
Mais un plus long séjour me rendrait trop coupable,
Et du retour au port les moments sont pressés.
Adieu. De mon devoir l'étrange barbarie
Pour un temps m'arrache de vous;
Mais, belle Alcmène, au moins, quand vous verrez l'époux,
Songez à l'amant, je vous prie.

ALCMÈNE. Je ne sépare point ce qu'unissent les dieux;
Et l'époux et l'amant me sont fort précieux.

SCÈNE IV.
CLÉANTHIS, MERCURE.

CLÉANTHIS *à part*. O ciel! que d'aimables caresses
D'un époux ardemment chéri!
Et que mon traître de mari
Est loin de toutes ces tendresses!

MERCURE *à part*. La Nuit, qu'il me faut avertir,
N'a plus qu'à plier tous ses voiles;
Et, pour effacer les étoiles,
Le Soleil de son lit peut maintenant sortir.

CLÉANTHIS *arrêtant Mercure*. Quoi! c'est ainsi que l'on me quitte?

MERCURE. Et comment donc? ne veux-tu pas
Que de mon devoir je m'acquitte,
Et que d'Amphitryon j'aille suivre les pas?

CLÉANTHIS. Mais avec cette brusquerie,
Traître, de moi te séparer!

MERCURE. Le beau sujet de fâcherie!
Nous avons tant de temps ensemble à demeurer!

CLÉANTHIS. Mais quoi! partir ainsi d'une façon brutale,
Sans me dire un seul mot de douceur pour régale!

MERCURE. Diantre! où veux-tu que mon esprit
T'aille chercher des fariboles?
Quinze ans de mariage épuisent les paroles;
Et depuis un long temps nous nous sommes tout dit.

CLÉANTHIS. Regarde, traître, Amphitryon,
Vois combien pour Alcmène il étale de flamme;
Et rougis, là-dessus, du peu de passion
Que tu témoignes pour ta femme.

MERCURE. Eh! mon Dieu! Cléanthis, ils sont encore amants.
Il est certain âge où tout passe;
Et ce qui leur sied bien dans ces commencements,
En nous, vieux mariés, aurait mauvaise grâce.
Il nous ferait beau voir attachés face à face
A pousser les beaux sentiments!

CLÉANTHIS. Quoi! suis-je hors d'état, perfide, d'espérer
Qu'un cœur auprès de moi soupire?

MERCURE. Non, je n'ai garde de le dire;
Mais je suis trop barbon pour oser soupirer,
Et je ferais crever de rire.
CLÉANTHIS. Mérites-tu, pendard, cet insigne bonheur
De te voir pour épouse une femme d'honneur?
MERCURE. Mon Dieu! tu n'es que trop honnête;
Ce grand honneur ne me vaut rien.
Ne sois point si femme de bien,
Et me romps un peu moins la tête.
CLÉANTHIS. Comment! de trop bien vivre on te voit me blâmer!
MERCURE. La douceur d'une femme est tout ce qui me charme;
Et ta vertu fait un vacarme
Qui ne cesse de m'assommer.
CLÉANTHIS. Il te faudrait des cœurs pleins de fausses tendresses,
De ces femmes aux beaux et louables talents,
Qui savent accabler leurs maris de caresses
Pour leur faire avaler l'usage des galants.
MERCURE. Ma foi, veux-tu que je te dise?
Un mal d'opinion ne touche que les sots;
Et je prendrais pour ma devise:
Moins d'honneur, et plus de repos.
CLÉANTHIS. Comment! tu souffrirais, sans nulle répugnance,
Que j'aimasse un galant avec toute licence?
MERCURE. Oui, si je n'étais plus de tes cris rebattu,
Et qu'on te vît changer d'humeur et de méthode.
J'aime mieux un vice commode
Qu'une fatigante vertu.
Adieu, Cléanthis, ma chère âme;
Il me faut suivre Amphitryon.
CLÉANTHIS *seule*. Pourquoi, pour punir cet infâme,
Mon cœur n'a-t-il assez de résolution?
Ah! que, dans cette occasion,
J'enrage d'être honnête femme!

ACTE DEUXIÈME.

SCÈNE I.

AMPHITRYON, SOSIE.

AMPHITRYON. Viens çà, bourreau, viens çà. Sais-tu, maître fripon,
Qu'à te faire assommer ton discours peut suffire,
Et que pour te traiter comme je le désire
Mon courroux n'attend qu'un bâton?
SOSIE. Si vous le prenez sur ce ton,
Monsieur, je n'ai plus rien à dire;
Et vous aurez toujours raison.
AMPHITRYON. Quoi! tu veux me donner pour des vérités, traître,

Des contes que je vois d'extravagance outrés?
SOSIE. Non : je suis le valet, et vous êtes le maître ;
Il n'en sera, monsieur, que ce que vous voudrez.
AMPHITRYON. Çà, je veux étouffer le courroux qui m'enflamme,
Et tout du long t'ouïr sur ta commission.
Il faut, avant que voir ma femme,
Que je débrouille ici cette confusion.
Rappelle tous tes sens, rentre bien dans ton âme,
Et réponds mot pour mot à chaque question.
SOSIE. Mais de peur d'incongruité,
Dites-moi, de grâce, à l'avance,
De quel air il vous plaît que ceci soit traité.
Parlerai-je, monsieur, selon ma conscience,
Ou comme auprès des grands on le voit usité?
Faut-il dire la vérité,
Ou bien user de complaisance?
AMPHITRYON. Non; je ne te veux obliger
Qu'à me rendre de tout un compte fort sincère.
SOSIE. Bon. C'est assez, laissez-moi faire ;
Vous n'avez qu'à m'interroger.
AMPHITRYON. Sur l'ordre que tantôt je t'avais su prescrire...
SOSIE. Je suis parti, les cieux d'un noir crêpe voilés,
Pestant fort contre vous dans ce fâcheux martyre,
Et maudissant vingt fois l'ordre dont vous parlez.
AMPHITRYON. Comment, coquin !
SOSIE. Monsieur, vous n'avez rien qu'à dire ;
Je mentirai si vous voulez.
AMPHITRYON. Voilà comme un valet montre pour nous du zèle !
Passons. Sur les chemins que t'est-il arrivé?
SOSIE. D'avoir une frayeur mortelle
Au moindre objet que j'ai trouvé.
AMPHITRYON. Poltron !
SOSIE. En nous formant, nature a ses caprices;
Divers penchants en nous elle fait observer :
Les uns à s'exposer trouvent mille délices;
Moi, j'en trouve à me conserver.
AMPHITRYON. Arrivant au logis...?
SOSIE. J'ai, devant notre porte,
En moi-même voulu répéter un petit
Sur quel ton et de quelle sorte
Je ferais du combat le glorieux récit.
AMPHITRYON. Ensuite?
SOSIE. On m'est venu troubler et mettre en peine.
AMPHITRYON. Et qui?
SOSIE. Sosie; un moi, de vos ordres jaloux,
Que vous avez du port envoyé vers Alcmène,
Et qui de nos secrets a connaissance pleine,
Comme le moi qui parle à vous.

AMPHITRYON. Quels contes!
SOSIE. Non, monsieur, c'est la vérité pure,
Ce moi plutôt que moi s'est au logis trouvé;
  Et j'étais venu, je vous jure,
  Avant que je fusse arrivé.
AMPHITRYON. D'où peut procéder, je te prie,
  Ce galimatias maudit?
  Est-ce songe? est-ce ivrognerie,
  Aliénation d'esprit,
  Ou méchante plaisanterie?
SOSIE. Non; c'est la chose comme elle est,
  Et point du tout conte frivole.
Je suis homme d'honneur, j'en donne ma parole,
  Et vous m'en croirez, s'il vous plaît.
Je vous dis que, croyant n'être qu'un seul Sosie,
  Je me suis trouvé deux chez nous;
Et que, de ces deux moi piqués de jalousie,
L'un est à la maison, et l'autre est avec vous;
Que le moi que voici, chargé de lassitude,
A trouvé l'autre moi frais, gaillard et dispos,
  Et n'ayant d'autre inquiétude
  Que de battre et casser des os...
AMPHITRYON. Il faut être, je le confesse,
D'un esprit bien posé, bien tranquille, bien doux,
Pour souffrir qu'un valet de chansons me repaisse!
SOSIE. Si vous vous mettez en courroux,
  Plus de conférence entre nous;
  Vous savez que d'abord tout cesse.
AMPHITRYON. Non; sans emportement je te veux écouter,
Je l'ai promis. Mais dis, en bonne conscience,
Au mystère nouveau que tu me viens conter
  Est-il quelque ombre d'apparence?
SOSIE. Non; vous avez raison, et la chose à chacun
  Hors de créance doit paraître.
  C'est un fait à n'y rien connaître,
Un conte extravagant, ridicule, importun:
  Cela choque le sens commun;
  Mais cela ne laisse pas d'être.
AMPHITRYON. Le moyen d'en rien croire, à moins qu'être insensé!
SOSIE. Je ne l'ai pas cru, moi, sans une peine extrême.
Je me suis d'être deux senti l'esprit blessé;
Et longtemps d'imposteur j'ai traité ce moi-même:
Mais à me reconnaître enfin il m'a forcé;
J'ai vu que c'était moi, sans aucun stratagème;
Des pieds jusqu'à la tête il est comme moi fait,
Beau, l'air noble, bien pris, les manières charmantes;
  Enfin deux gouttes de lait
  Ne sont pas plus ressemblantes;

Et n'était que ses mains sont un peu trop pesantes,
J'en serais fort satisfait.

AMPHITRYON. A quelle patience il faut que je m'exhorte !
Mais enfin n'es-tu pas entré dans la maison?

SOSIE. Bon, entré! Hé! de quelle sorte?
Ai-je voulu jamais entendre de raison?
Et ne me suis-je pas interdit notre porte?

AMPHITRYON. Comment donc?

SOSIE. Avec un bâton,
Dont mon dos sent encore une douleur très-forte...

AMPHITRYON. On t'a battu?

SOSIE. Vraiment.

AMPHITRYON. Et qui?

SOSIE. Moi.

AMPHITRYON. Toi, te battre?

SOSIE. Oui, moi; non pas le moi d'ici,
Mais le moi du logis, qui frappe comme quatre.

AMPHITRYON. Te confonde le ciel de me parler ainsi!

SOSIE. Ce ne sont point des badinages.
Le moi que j'ai trouvé tantôt
Sur le moi qui vous parle a de grands avantages,
Il a le bras fort, le cœur haut :
J'en ai reçu des témoignages;
Et ce diable de moi m'a rossé comme il faut,
C'est un drôle qui fait des rages.

AMPHITRYON. Achevons. As-tu vu ma femme?

SOSIE. Non.

AMPHITRYON. Pourquoi?

SOSIE. Par une raison assez forte.

AMPHITRYON. Qui t'a fait y manquer, maraud? Explique-toi.

SOSIE. Faut-il le répéter vingt fois de même sorte?
Moi, vous dis-je; ce moi plus robuste que moi;
Ce moi qui s'est de force emparé de la porte;
Ce moi qui m'a fait filer doux;
Ce moi qui le seul moi veut être;
Ce moi de moi-même jaloux;
Ce moi vaillant dont le courroux
Au moi poltron s'est fait connaître;
Enfin ce moi qui suis chez nous;
Ce moi qui s'est montré mon maître,
Ce moi qui m'a roué de coups.

AMPHITRYON. Il faut que ce matin, à force de trop boire,
Il se soit troublé le cerveau.

SOSIE. Je veux être pendu si j'ai bu que de l'eau!
A mon serment on m'en peut croire.

AMPHITRYON. Il faut donc qu'au sommeil tes sens se soient portés,
Et qu'un songe fâcheux, dans ces confus mystères,
T'ait fait voir toutes les chimères

ACTE II.

Dont tu me fais des vérités.

SOSIE. Tout aussi peu. Je n'ai point sommeillé,
Et n'en ai même aucune envie.
Je vous parle bien éveillé :
J'étais bien éveillé ce matin, sur ma vie;
Et bien éveillé même était l'autre Sosie
Quand il m'a si bien étrillé.

AMPHITRYON. Suis-moi, je t'impose silence.
C'est trop me fatiguer l'esprit;
Et je suis un vrai fou d'avoir la patience
D'écouter d'un valet les sottises qu'il dit.

SOSIE *à part.* Tous les discours sont des sottises,
Partant d'un homme sans éclat :
Ce seraient paroles exquises
Si c'était un grand qui parlât.

AMPHITRYON. Entrons sans davantage attendre.
Mais Alcmène paraît avec tous ses appas;
En ce moment, sans doute, elle ne m'attend pas,
Et mon abord la va surprendre.

SCÈNE II.

ALCMÈNE, AMPHITRYON, CLÉANTHIS, SOSIE.

ALCMÈNE *sans voir Amphitryon.*
Allons pour mon époux, Cléanthis, vers les dieux
Nous acquitter de nos hommages,
Et les remercier des succès glorieux
Dont Thèbes par son bras goûte les avantages.
(*Apercevant Amphitryon.*)
O dieux!

AMPHITRYON. Fasse le ciel qu'Amphitryon vainqueur
Avec plaisir soit revu de sa femme,
Et que ce jour favorable à ma flamme,
Vous redonne à mes yeux avec le même cœur,
Que j'y retrouve autant d'ardeur
Que vous en rapporte mon âme!

ALCMÈNE. Quoi! de retour sitôt!

AMPHITRYON. Certes, c'est en ce jour
Me donner de vos feux un mauvais témoignage;
Et ce *Quoi! sitôt de retour!*
En ces occasions n'est guère le langage
D'un cœur bien enflammé d'amour.
J'osais me flatter en moi-même
Que loin de vous j'aurais trop demeuré.
L'attente d'un retour ardemment désiré
Donne à tous les instants une longueur extrême;
Et l'absence de ce qu'on aime,
Quelque peu qu'elle dure, a toujours trop duré.

ALCMÈNE. Je ne vois...

AMPHITRYON. Non, Alcmène, à son impatience
On mesure le temps en de pareils états;
Et vous comptez les moments de l'absence
En personne qui n'aime pas.
Lorsque l'on aime comme il faut,
Le moindre éloignement nous tue;
Et ce dont on chérit la vue
Ne revient jamais assez tôt.
De votre accueil, je le confesse,
Se plaint ici mon amoureuse ardeur;
Et j'attendais de votre cœur
D'autres transports de joie et de tendresse.

ALCMÈNE. J'ai peine à comprendre sur quoi
Vous fondez les discours que je vous entends faire;
Et, si vous vous plaignez de moi,
Je ne sais pas, de bonne foi,
Ce qu'il faut pour vous satisfaire.
Hier au soir, ce me semble, à votre heureux retour,
On me vit témoigner une joie assez tendre;
Et rendre aux soins de votre amour
Tout ce que de mon cœur vous aviez lieu d'attendre.

AMPHITRYON. Comment?

ALCMÈNE. Ne fis-je pas éclater à vos yeux
Les soudains mouvements d'une entière allégresse?
Et le transport d'un cœur peut-il s'expliquer mieux
Au retour d'un époux qu'on aime avec tendresse?

AMPHITRYON. Que me dites-vous là?

ALCMÈNE. Que même votre amour
Montra de mon accueil une joie incroyable;
Et que, m'ayant quittée à la pointe du jour,
Je ne vois pas qu'à ce soudain retour
Ma surprise soit si coupable.

AMPHITRYON. Est-ce que du retour que j'ai précipité
Un songe, cette nuit, Alcmène, dans votre âme
A prévenu la vérité;
Et que, m'ayant peut-être en dormant bien traité,
Votre cœur se croit vers ma flamme
Assez amplement acquitté?

ALCMÈNE. Est-ce qu'une vapeur par sa malignité,
Amphitryon, a dans votre âme
Du retour d'hier au soir brouillé la vérité;
Et que du doux accueil duquel je m'acquittai
Votre cœur prétend à ma flamme
Ravir toute l'honnêteté?

AMPHITRYON. Cette vapeur, dont vous me régalez,
Est un peu, ce me semble, étrange.

ALCMÈNE. C'est ce qu'on peut donner pour change
Au songe dont vous me parlez.

AMPHITRYON. A moins d'un songe, on ne peut pas, sans doute,
　　Excuser ce qu'ici votre bouche me dit.
ALCMÈNE. A moins d'une vapeur qui vous trouble l'esprit,
　　On ne peut pas sauver ce que de vous j'écoute.
AMPHITRYON. Laissons un peu cette vapeur, Alcmène.
ALCMÈNE. 　Laissons un peu ce songe, Amphitryon.
AMPHITRYON. Sur le sujet dont il est question,
　　Il n'est guère de jeu que trop loin on ne mène.
ALCMÈNE. 　Sans doute; et, pour marque certaine,
　　Je commence à sentir un peu d'émotion.
AMPHITRYON. Est-ce donc que par là vous voulez essayer
　　A réparer l'accueil dont je vous ai fait plainte?
ALCMÈNE. 　Est-ce donc que par cette feinte
　　Vous désirez vous égayer?
AMPHITRYON. Ah! de grâce, cessons, Alcmène, je vous prie,
　　Et parlons sérieusement.
ALCMÈNE. Amphitryon, c'est trop pousser l'amusement;
　　Finissons cette raillerie.
AMPHITRYON. Quoi! vous osez me soutenir en face
　　Que plus tôt qu'à cette heure on m'ait ici pu voir?
ALCMÈNE. 　Quoi! vous voulez nier avec audace
　　Que dès hier en ces lieux vous vîntes sur le soir?
AMPHITRYON. Moi, je vins hier?
ALCMÈNE. 　　　　　　Sans doute; et dès devant l'aurore
　　Vous vous en êtes retourné.
AMPHITRYON *à part.* Ciel! un pareil débat s'est-il pu voir encore?
　　Et qui de tout ceci ne serait étonné?
　　Sosie?
SOSIE. 　Elle a besoin de six grains d'ellébore,
　　Monsieur; son esprit est tourné.
AMPHITRYON. Alcmène, au nom de tous les dieux,
　　Ce discours a d'étranges suites!
　　Reprenez vos sens un peu mieux,
　　Et pensez à ce que vous dites.
ALCMÈNE. 　J'y pense mûrement aussi;
　　Et tous ceux du logis ont vu votre arrivée;
　　J'ignore quel motif vous fait agir ainsi;
　　Mais si la chose avait besoin d'être prouvée,
　　S'il était vrai qu'on pût ne s'en souvenir pas,
　　De qui puis-je tenir que de vous la nouvelle
　　　　Du dernier de tous vos combats,
　　Et les cinq diamants que portait Ptérélas,
　　　　Qu'a fait dans la nuit éternelle
　　　　Tomber l'effort de votre bras?
　　En pourrait-on vouloir un plus sûr témoignage?
AMPHITRYON. 　Quoi! je vous ai déjà donné
　　Le nœud de diamants que j'eus pour mon partage,
　　Et que je vous ai destiné?

ALCMÈNE.   Assurément. Il n'est pas difficile
           De vous en bien convaincre.
AMPHITRYON.   Et comment?
ALCMÈNE *montrant le nœud de diamants à sa ceinture.* Le voici.
AMPHITRYON. Sosie!
SOSIE *tirant de sa poche un coffret.* Elle se moque, et je le tiens ici,
           Monsieur; la feinte est inutile.
AMPHITRYON *regardant le coffret.* Le cachet est entier.
ALCMÈNE *présentant à Amphitryon le nœud de diamants.* Est-ce une vision?
           Tenez. Trouverez-vous cette preuve assez forte?
AMPHITRYON. Ah! ciel! ô juste ciel!
ALCMÈNE.   Allez, Amphitryon,
           Vous vous moquez d'en user de la sorte,
        Et vous en devriez avoir confusion.
AMPHITRYON. Romps vite ce cachet.
SOSIE *ayant ouvert le coffret.*   Ma foi, la place est vide.
           Il faut que, par magie, on ait su le tirer,
        Ou bien que de lui-même il soit venu sans guide
        Vers celle qu'il a su qu'on en voulait parer.
AMPHITRYON *à part.* O dieux, dont le pouvoir sur les choses préside,
           Quelle est cette aventure, et qu'en puis-je augurer
              Dont mon amour ne s'intimide?
SOSIE *à Amphitryon.* Si sa bouche dit vrai, nous avons même sort
        Et de même que moi, monsieur, vous êtes double.
AMPHITRYON. Tais-toi.
ALCMÈNE.   Sur quoi vous étonner si fort,
           Et d'où peut naître ce grand trouble?
AMPHITRYON *à part.* O ciel! quel étrange embarras!
        Je vois des incidents qui passent la nature;
           Et mon honneur redoute une aventure
              Que mon esprit ne comprend pas.
ALCMÈNE. Songez-vous, en tenant cette preuve sensible,
        A me nier encor votre retour pressé?
AMPHITRYON. Non: mais, à ce retour, daignez, s'il est possible,
           Me conter ce qui s'est passé.
ALCMÈNE. Puisque vous demandez un récit de la chose,
        Vous voulez dire donc que ce n'était pas vous?
AMPHITRYON. Pardonnez-moi; mais j'ai certaine cause
        Qui me fait demander ce récit entre nous.
ALCMÈNE. Les soucis importants qui vous peuvent saisir
        Vous ont-ils fait si vite en perdre la mémoire?
AMPHITRYON. Peut-être: mais enfin vous me ferez plaisir
           De m'en dire toute l'histoire.
ALCMÈNE. L'histoire n'est pas longue. A vous je m'avançai
              Pleine d'une aimable surprise;
              Tendrement je vous embrassai,
        Et témoignai ma joie à plus d'une reprise.
AMPHITRYON *à part.* Ah! d'un si doux accueil je me serais passé.

ACTE II.

ALCMÈNE. Vous me fîtes d'abord ce présent d'importance,
Que du butin conquis vous m'aviez destiné.
 Votre cœur avec véhémence
M'étala de ses feux toute la violence,
Et les soins importuns qui l'avaient enchaîné,
L'aise de me revoir, les tourments de l'absence,
 Tout le souci que son impatience
 Pour le retour s'était donné;
Et jamais votre amour, en pareille occurrence,
 Ne me parut si tendre et si passionné.
AMPHITRYON *à part.* Peut-on plus vivement se voir assassiné!
ALCMÈNE. Tous ces transports, toute cette tendresse,
Comme vous croyez bien, ne me déplaisaient pas;
 Et, s'il faut que je le confesse,
Mon cœur, Amphitryon, y trouvait mille appas.
AMPHITRYON. Ensuite, s'il vous plaît?
ALCMÈNE. Nous nous entrecoupâmes
De mille questions qui pouvaient nous toucher.
On servit. Tête à tête, ensemble nous soupâmes;
Et, le souper fini, nous nous fûmes coucher.
AMPHITRYON. Ensemble?
ALCMÈNE. Assurément. Quelle est cette demande?
AMPHITRYON *à part.* Ah! c'est ici le coup le plus cruel de tous
Et dont à s'assurer tremblait mon feu jaloux.
ALCMÈNE. D'où vous vient, à ce mot, une rougeur si grande?
Ai-je fait quelque mal de coucher avec vous?
AMPHITRYON. Non, ce n'était pas moi, pour ma douleur sensible,
Et qui dit qu'hier ici mes pas se sont portés
 Dit de toutes les faussetés
 La fausseté la plus horrible.
ALCMÈNE. Amphitryon!
AMPHITRYON. Perfide!
ALCMÈNE. Ah! quel emportement!
AMPHITRYON. Non, non, plus de douceur et plus de déférence.
Ce revers vient à bout de toute ma constance;
Et mon cœur ne respire, en ce fatal moment,
 Et que fureur et que vengeance.
ALCMÈNE. De qui donc vous venger? et quel manque de foi
 Vous fait ici me traiter de coupable?
AMPHITRYON. Je ne sais pas, mais ce n'était pas moi:
Et c'est un désespoir qui de tout rend capable.
ALCMÈNE. Allez, indigne époux, le fait parle de soi,
 Et l'imposture est effroyable.
 C'est trop me pousser là-dessus,
Et d'infidélité me voir trop condamnée.
 Si vous cherchez, dans ces transports confus,
Un prétexte à briser les nœuds d'un hyménée
 Qui me tient à vous enchaînée,

Tous ces détours sont superflus;
Et me voilà déterminée
A souffrir qu'en ce jour nos liens soient rompus.
AMPHITRYON. Après l'indigne affront que l'on me fait connaître,
C'est bien à quoi, sans doute, il faut vous préparer :
C'est le moins qu'on doit voir; et les choses peut-être
Pourront n'en pas là demeurer.
Le déshonneur est sûr, mon malheur m'est visible,
Et mon amour en vain voudrait me l'obscurcir;
Mais le détail encor ne m'en est pas sensible,
Et mon juste courroux prétend s'en éclaircir.
Votre frère déjà peut hautement répondre
Que jusqu'à ce matin je ne l'ai point quitté;
Je m'en vais le chercher, afin de vous confondre
Sur ce retour qui m'est faussement imputé.
Après, nous percerons jusqu'au fond d'un mystère
Jusques à présent inouï :
Et, dans les mouvements d'une juste colère,
Malheur à qui m'aura trahi!
SOSIE. Monsieur...
AMPHITRYON. Ne m'accompagne pas,
Et demeure ici pour m'attendre.
CLÉANTHIS *à Alcmène.* Faut-il...
ALCMÈNE. Je ne puis rien entendre :
Laisse-moi seule, et ne suis point mes pas.

SCÈNE III.
CLÉANTHIS, SOSIE.

CLÉANTHIS *à part.* Il faut que quelque chose ait brouillé sa cervelle.
Mais le frère, sur-le-champ,
Finira cette querelle.
SOSIE *à part.* C'est ici pour mon maître un coup assez touchant;
Et son aventure est cruelle.
Je crains fort pour mon fait quelque chose approchant;
Et je m'en veux, tout doux, éclaircir avec elle.
CLÉANTHIS *à part.* Voyez s'il me viendra seulement aborder!
Mais je veux m'empêcher de rien faire paraître.
SOSIE *à part.* La chose quelquefois est fâcheuse à connaître,
Et je tremble à la demander.
Ne vaudrait-il pas mieux, pour ne rien hasarder,
Ignorer ce qu'il en peut être?
Allons, tout coup vaille, il faut voir,
Et je ne m'en saurais défendre.
La faiblesse humaine est d'avoir
Des curiosités d'apprendre
Ce qu'on ne voudrait pas savoir.
Dieu te gard', Cléanthis!
CLÉANTHIS. Ah! ah! tu t'en avises,

    Traître, de t'approcher de nous!
SOSIE. Mon Dieu! qu'as-tu? Toujours on te voit en courroux,
    Et sur rien tu te formalises!
CLÉANTHIS. Qu'appelles-tu sur rien? dis.
SOSIE.   J'appelle sur rien
  Ce qui sur rien s'appelle en vers ainsi qu'en prose;
    Et rien, comme tu le sais bien,
    Veut dire rien ou peu de chose.
CLÉANTHIS.   Je ne sais qui me tient, infâme,
    Que je ne t'arrache les yeux,
  Et ne t'apprenne où va le courroux d'une femme.
SOSIE. Holà! D'où te vient donc ce transport furieux?
CLÉANTHIS. Tu n'appelles donc rien le procédé peut-être
    Qu'avec moi ton cœur a tenu?
SOSIE.   Et quel?
CLÉANTHIS.   Quoi! tu fais l'ingénu!
    Est-ce qu'à l'exemple du maître
  Tu veux dire qu'ici tu n'es pas revenu?
SOSIE.   Non, je sais fort bien le contraire;
    Mais, je ne t'en fais pas le fin,
  Nous avions bu de je ne sais quel vin
  Qui m'a fait oublier tout ce que j'ai pu faire.
CLÉANTHIS. Tu crois peut-être excuser par ce trait...
SOSIE.   Non, tout de bon, tu m'en peux croire.
  J'étais dans un état où je puis avoir fait
    Des choses dont j'aurais regret,
    Et dont je n'ai nulle mémoire.
CLÉANTHIS. Tu ne te souviens point du tout de la manière
  Dont tu m'as su traiter étant venu du port?
SOSIE. Non plus que rien : tu peux m'en faire le rapport;
    Je suis équitable et sincère,
  Et me condamnerai moi-même si j'ai tort.
CLÉANTHIS. Comment! Amphitryon m'ayant su disposer,
  Jusqu'à ce que tu vins j'avais poussé ma veille;
  Mais je ne vis jamais une froideur pareille :
  De ta femme il fallut moi-même t'aviser;
    Et, lorsque je fus te baiser,
  Tu détournas le nez et me donnas l'oreille.
SOSIE. Bon!
CLÉANTHIS.   Comment, bon?
SOSIE.   Mon Dieu! tu ne sais pas pourquoi,
  Cléanthis, je tiens ce langage :
  J'avais mangé de l'ail, et fis en homme sage
  De détourner un peu mon haleine de toi.
CLÉANTHIS. Je te sus exprimer des tendresses de cœur :
  Mais à tous mes discours tu fus comme une souche;
    Et jamais un mot de douceur
    Ne te put sortir de la bouche.

SOSIE *à part.* Courage !
CLÉANTHIS. Enfin, ma flamme eut beau s'émanciper :
Sa chaste ardeur en toi ne trouva rien que glace ;
Et, dans un tel retour, je te vis la tromper
Jusqu'à faire refus de prendre au lit la place
Que les lois de l'hymen t'obligent d'occuper.
SOSIE. Quoi ! je ne couchai point !
CLÉANTHIS. Non, lâche.
SOSIE. Est-il possible ?
CLÉANTHIS. Traître ! il n'est que trop assuré.
C'est de tous les affronts l'affront le plus sensible ;
Et, loin que ce matin ton cœur l'ait réparé,
Tu t'es d'avec moi séparé
Par des discours chargés d'un mépris tout visible.
SOSIE *à part.* Vivat, Sosie !
CLÉANTHIS. Hé quoi ! ma plainte a cet effet !
Tu ris après ce bel ouvrage !
SOSIE. Que je suis de moi satisfait !
CLÉANTHIS. Exprime-t-on ainsi le regret d'un outrage ?
SOSIE. Je n'aurais jamais cru que j'eusse été si sage.
CLÉANTHIS. Loin de te condamner d'un si perfide trait,
Tu m'en fais éclater la joie en ton visage ?
SOSIE. Mon Dieu ! tout doucement ! Si je parais joyeux,
Crois que j'en ai dans l'âme une raison très-forte,
Et que, sans y penser, je ne fis jamais mieux
Que d'en user tantôt avec toi de la sorte.
CLÉANTHIS. Traître, te moques-tu de moi ?
SOSIE. Non, je te parle avec franchise.
En l'état où j'étais, j'avais certain effroi
Dont, avec ton discours, mon âme s'est remise.
Je m'appréhendais fort, et craignais qu'avec toi
Je n'eusse fait quelque sottise.
CLÉANTHIS. Quelle est cette frayeur ? et sachons donc pourquoi.
SOSIE. Les médecins disent, quand on est ivre,
Que de sa femme on se doit abstenir ;
Et que, dans cet état, il ne peut provenir
Que des enfants pesants et qui ne sauraient vivre.
Vois, si mon cœur n'eût su de froideur se munir,
Quels inconvénients auraient pu s'en ensuivre !
CLÉANTHIS. Je me moque des médecins
Avec leurs raisonnements fades :
Qu'ils règlent ceux qui sont malades,
Sans vouloir gouverner les gens qui sont bien sains.
Ils se mêlent de trop d'affaires,
De prétendre tenir nos chastes feux gênés ;
Et sur les jours caniculaires
Ils nous donnent encore, avec leurs lois sévères,
De cent sots contes par le nez.

SOSIE.   Tout doux.
CLÉANTHIS.   Non, je soutiens que cela conclut mal;
Ces raisons sont raisons d'extravagantes têtes.
Il n'est ni vin, ni temps, qui puisse être fatal
A remplir le devoir de l'amour conjugal;
Et les médecins sont des bêtes.
SOSIE.   Contre eux, je t'en supplie, apaise ton courroux;
Ce sont d'honnêtes gens, quoi que le monde en dise.
CLÉANTHIS. Tu n'es pas où tu crois; en vain tu files doux :
Ton excuse n'est point une excuse de mise;
Et je me veux venger tôt ou tard, entre nous,
De l'air dont chaque jour je vois qu'on me méprise.
Des discours de tantôt je garde tous les coups,
Et tâcherai d'user, lâche et perfide époux,
De cette liberté que ton cœur m'a permise.
SOSIE.   Quoi?
CLÉANTHIS.   Tu m'as dit tantôt que tu consentais fort,
Lâche, que j'en aimasse un autre.
SOSIE.   Ah! pour cet article j'ai tort.
Je m'en dédis, il y va trop du nôtre.
Garde-toi bien de suivre ce transport.
CLÉANTHIS.   Si je puis une fois pourtant
Sur mon esprit gagner la chose...
SOSIE.   Fais à ce discours quelque pause.
Amphitryon revient, qui me paraît content.

SCÈNE IV.

JUPITER, CLÉANTHIS, SOSIE.

JUPITER *à part*. Je viens prendre le temps de rapaiser Alcmène,
De bannir les chagrins que son cœur veut garder;
Et donner à mes feux, dans ce soin qui m'amène,
Le doux plaisir de se raccommoder.
(*A Cléanthis.*)
Alcmène est là-haut, n'est-ce pas?
CLÉANTHIS.   Oui, pleine d'une inquiétude
Qui cherche de la solitude,
Et qui m'a défendu d'accompagner ses pas.
JUPITER.   Quelque défense qu'elle ait faite,
Elle ne sera pas pour moi.

SCÈNE V.

CLÉANTHIS, SOSIE.

CLÉANTHIS.   Son chagrin, à ce que je vois,
A fait une prompte retraite.
SOSIE.   Que dis-tu, Cléanthis, de ce joyeux maintien,
Après son fracas effroyable?
CLÉANTHIS.   Que, si toutes nous faisions bien,

Nous donnerions tous les hommes au diable,
Et que le meilleur n'en vaut rien.

SOSIE. Cela se dit dans le courroux :
Mais aux hommes par trop vous êtes accrochées;
Et vous seriez, ma foi, toutes bien empêchées
Si le diable les prenait tous.

CLÉANTHIS. Vraiment...

SOSIE. Les voici. Taisons-nous.

SCÈNE VI.
JUPITER, ALCMÈNE, CLÉANTHIS, SOSIE.

JUPITER. Voulez-vous me désespérer?
Hélas! arrêtez, belle Alcmène.

ALCMÈNE. Non, avec l'auteur de ma peine
Je ne puis du tout demeurer.

JUPITER. De grâce!...

ALCMÈNE. Laissez-moi.

JUPITER. Quoi!...

ALCMÈNE. Laissez-moi, vous dis-je.

JUPITER *bas à part*. Ses pleurs touchent mon âme et sa douleur m'afflige
(*Haut.*)
Souffrez que mon cœur...

ALCMÈNE. Non, ne suivez point mes pas.

JUPITER. Où voulez-vous aller?

ALCMÈNE. Où vous ne serez pas.

JUPITER. Ce vous est une attente vaine.
Je tiens à vos beautés par un nœud trop serré
Pour pouvoir un moment en être séparé.
Je vous suivrai partout, Alcmène.

ALCMÈNE. Et moi, partout je vous fuirai.

JUPITER. Je suis donc bien épouvantable!

ALCMÈNE. Plus qu'on ne peut dire, à mes yeux.
Oui, je vous vois comme un monstre effroyable,
Un monstre cruel, furieux,
Et dont l'approche est redoutable;
Comme un monstre à fuir en tous lieux.
Mon cœur souffre, à vous voir, une peine incroyable :
C'est un supplice qui m'accable;
Et je ne vois rien sous les cieux
D'affreux, d'horrible, d'odieux,
Qui ne me fût plus que vous supportable.

JUPITER. En voilà bien, hélas! que votre bouche dit.

ALCMÈNE. J'en ai dans le cœur davantage;
Et, pour l'exprimer tout, ce cœur a du dépit
De ne point trouver de langage.

JUPITER. Hé! que vous a donc fait ma flamme,
Pour me pouvoir, Alcmène, en monstre regarder?

ALCMÈNE. Ah! juste ciel! cela se peut-il demander?

ACTE II.

           Et n'est-ce pas pour mettre à bout une âme?
JUPITER.   Ah! d'un esprit plus adouci...
ALCMÈNE. Non, je ne veux du tout vous voir ni vous entendre.
JUPITER. Avez-vous bien le cœur de me traiter ainsi!
      Est-ce là cet amour si tendre
      Qui devait tant durer quand je vins hier ici?
ALCMÈNE. Non, non, ce ne l'est pas, et vos lâches injures
         En ont autrement ordonné.
      Il n'est plus, cet amour tendre et passionné;
      Vous l'avez dans mon cœur par cent vives blessures
         Cruellement assassiné :
       C'est en sa place un courroux inflexible,
     Un vif ressentiment, un dépit invincible,
     Un désespoir d'un cœur justement animé,
     Qui prétend vous haïr, pour cet affront sensible,
     Autant qu'il est d'accord de vous avoir aimé;
       Et c'est haïr autant qu'il est possible.
JUPITER. Hélas! que votre amour n'avait guère de force,
     Si de si peu de chose on le peut voir mourir!
     Ce qui n'était que jeu doit-il faire un divorce?
     Et d'une raillerie a-t-on lieu de s'aigrir?
ALCMÈNE. Ah! c'est cela dont je suis offensée,
      Et que ne peut pardonner mon courroux :
     Des véritables traits d'un mouvement jaloux
       Je me trouverais moins blessée.
        La jalousie a des impressions
      Dont bien souvent la force nous entraîne;
     Et l'âme la plus sage, en ces occasions,
       Sans doute avec assez de peine
        Répond de ses émotions.
    L'emportement d'un cœur qui peut s'être abusé
    A de quoi ramener une âme qu'il offense;
      Et, dans l'amour qui lui donne naissance,
     Il trouve au moins, malgré toute sa violence,
       Des raisons pour être excusé.
    De semblables transports contre un ressentiment
    Pour défense toujours ont ce qui les fait naître;
       Et l'on donne grâce aisément
       A ce dont on n'est pas le maître.
      Mais que, de gaieté de cœur,
    On passe aux mouvements d'une fureur extrême;
    Que, sans cause, l'on vienne, avec tant de rigueur,
       Blesser la tendresse et l'honneur
      D'un cœur qui chèrement nous aime:
      Ah! c'est un coup trop cruel en lui-même,
      Et que jamais n'oubliera ma douleur.
JUPITER. Oui, vous avez raison, Alcmène, il se faut rendre.
     Cette action, sans doute, est un crime odieux;

Je ne prétends plus la défendre :
Mais souffrez que mon cœur s'en défende à vos yeux,
Et donne au vôtre à qui se prendre
De ce transport injurieux.
A vous en faire un aveu véritable,
L'époux, Alcmène, a commis tout le mal ;
C'est l'époux qu'il vous faut regarder en coupable :
L'amant n'a point de part à ce transport brutal,
Et de vous offenser son cœur n'est point capable.
Il a pour vous, ce cœur, pour jamais y penser,
Trop de respect et de tendresse ;
Et, si de faire rien à vous pouvoir blesser
Il avait eu la coupable faiblesse,
De cent coups à vos yeux il voudrait le percer.
Mais l'époux est sorti de ce respect soumis
Où pour vous l'on doit toujours être ;
A son dur procédé l'époux s'est fait connaître,
Et par le droit d'hymen il s'est cru tout permis.
Oui, c'est lui qui, sans doute, est criminel vers vous,
Lui seul a maltraité votre aimable personne ;
Haïssez, détestez l'époux,
J'y consens, et vous l'abandonne :
Mais, Alcmène, sauvez l'amant de ce courroux
Qu'une telle offense vous donne ;
N'en jetez pas sur lui l'effet ;
Démêlez-le un peu du coupable ;
Et, pour être enfin équitable,
Ne le punissez point de ce qu'il n'a pas fait.

ALCMÈNE,   Ah ! toutes ces subtilités
N'ont que des excuses frivoles ;
Et, pour les esprits irrités,
Ce sont des contre-temps que de telles paroles.
Ce détour ridicule est en vain pris par vous.
Je ne distingue rien en celui qui m'offense ;
Tout y devient l'objet de mon courroux ;
Et, dans sa juste violence,
Sont confondus et l'amant et l'époux,
Tous deux de même sorte occupent ma pensée ;
Et des mêmes couleurs par mon âme blessée
Tous deux ils sont peints à mes yeux :
Tous deux sont criminels, tous deux m'ont offensée,
Et tous deux me sont odieux.

JUPITER.   Hé bien ! puisque vous le voulez,
Il faut donc me charger du crime.
Oui, vous avez raison lorsque vous m'immolez
A vos ressentiments en coupable victime.
Un trop juste dépit contre moi vous anime ;
Et tout ce grand courroux qu'ici vous étalez

ACTE II.

    Ne me fait endurer qu'un tourment légitime.
       C'est avec droit que mon abord vous chasse,
          Et que de me fuir en tous lieux
           Votre colère me menace.
    Je dois vous être un objet odieux;
    Vous devez me vouloir un mal prodigieux.
    Il n'est aucune horreur que mon forfait ne passe,
        D'avoir offensé vos beaux yeux;
    C'est un crime à blesser les hommes et les dieux,
    Et je mérite enfin, pour punir cette audace,
       Que contre moi votre haine ramasse
         Tous ses traits les plus furieux.
       Mais mon cœur vous demande grâce :
    Pour vous la demander je me jette à genoux,
    Et la demande au nom de la plus vive flamme;
       Du plus tendre amour dont une âme
        Puisse jamais brûler pour vous.
       Si votre cœur, charmante Alcmène,
    Me refuse la grâce où j'ose recourir,
       Il faut qu'une atteinte soudaine
       M'arrache, en me faisant mourir,
       Aux dures rigueurs d'une peine
       Que je ne saurais plus souffrir.
       Oui, cet état me désespère.
       Alcmène, ne présumez pas
    Qu'aimant, comme je fais, vos célestes appas,
    Je puisse vivre un jour avec votre colère.
    Déjà de ces moments la barbare longueur
       Fait sous des atteintes mortelles
       Succomber tout mon triste cœur;
    Et de mille vautours les blessures cruelles
    N'ont rien de comparable à ma vive douleur.
    Alcmène, vous n'avez qu'à me le déclarer :
    S'il n'est point de pardon que je doive espérer,
    Cette épée aussitôt, par un coup favorable,
    Va percer à vos yeux le cœur d'un misérable;
    Ce cœur, ce traître cœur, trop digne d'expirer,
    Puisqu'il a pu fâcher un objet adorable :
    Heureux, en descendant au ténébreux séjour,
    Si de votre courroux mon trépas vous ramène,
    Et ne laisse en votre âme, après ce triste jour,
        Aucune impression de haine
        Au souvenir de mon amour !
    C'est tout ce que j'attends pour faveur souveraine.

ALCMÈNE. Ah ! trop cruel époux !
JUPITER.   Dites, parlez, Alcmène.
ALCMÈNE. Faut-il encor pour vous conserver des bontés,
    Et vous voir m'outrager par tant d'indignités?

JUPITER. Quelque ressentiment qu'un outrage nous cause,
Tient-il contre un remords d'un cœur bien enflammé?
ALCMÈNE. Un cœur bien plein de flamme à mille morts s'expose
Plutôt que de vouloir fâcher l'objet aimé.
JUPITER. Plus on aime quelqu'un, moins on trouve de peine...
ALCMÈNE. Non, ne m'en parlez point; vous méritez ma haine.
JUPITER. Vous me haïssez donc?
ALCMÈNE. J'y fais tout mon effort,
Et j'ai dépit de voir que toute votre offense
Ne puisse de mon cœur jusqu'à cette vengeance
Faire encore aller le transport.
JUPITER. Mais pourquoi cette violence,
Puisque pour vous venger je vous offre ma mort?
Prononcez-en l'arrêt, et j'obéis sur l'heure.
ALCMÈNE. Qui ne saurait haïr peut-il vouloir qu'on meure?
JUPITER. Et moi, je ne puis vivre à moins que vous quittiez
Cette colère qui m'accable,
Et que vous m'accordiez le pardon favorable
Que je vous demande à vos pieds.
(*Sosie et Cléanthis se mettent aussi à genoux.*)
Résolvez ici l'un des deux,
Ou de punir ou bien d'absoudre.
ALCMÈNE. Hélas! ce que je puis résoudre
Paraît bien plus que je ne veux.
Pour vouloir soutenir le courroux qu'on me donne,
Mon cœur a trop su me trahir :
Dire qu'on ne saurait haïr,
N'est-ce pas dire qu'on pardonne?
JUPITER. Ah! belle Alcmène, il faut que, comblé d'allégresse...
ALCMÈNE. Laissez. Je me veux mal de mon trop de faiblesse.
JUPITER. Va, Sosie, et dépêche-toi,
Voir, dans les doux transports dont mon âme est charmée,
Ce que tu trouveras d'officiers de l'armée,
Et les invite à dîner avec moi.
(*Bas à part.*)
Tandis que d'ici je le chasse,
Mercure y remplira sa place.

SCÈNE VII.
CLÉANTHIS, SOSIE.

SOSIE. Hé bien! tu vois, Cléanthis, ce ménage.
Veux-tu qu'à leur exemple ici
Nous fassions entre nous un peu de paix aussi,
Quelque petit rapatriage?
CLÉANTHIS. C'est pour ton nez, vraiment! cela se fait ainsi!
SOSIE. Quoi! tu ne veux pas?
CLÉANTHIS. Non.
SOSIE. Il ne m'importe guère.

Tant pis pour toi.
CLÉANTHIS. La, la, revien.
SOSIE. Non, morbleu! je n'en ferai rien,
Et je veux être, à mon tour, en colère.
CLÉANTHIS. Va, va, traître, laisse-moi faire;
On se lasse parfois d'être femme de bien.

ACTE TROISIÈME.
SCÈNE I.
AMPHITRYON.

Oui, sans doute, le sort tout exprès me le cache;
Et des tours que je fais, à la fin, je suis las.
Il n'est point de destin plus cruel, que je sache.
Je ne saurais trouver, portant partout mes pas,
    Celui qu'à chercher je m'attache,
Et je trouve tous ceux que je ne cherche pas.
Mille fâcheux cruels, qui ne pensent pas l'être,
De nos faits avec moi, sans beaucoup me connaître,
Viennent se réjouir pour me faire enrager.
Dans l'embarras cruel du souci qui me blesse,
De leurs embrassements et de leur allégresse
Sur mon inquiétude ils viennent tous charger.
    En vain à passer je m'apprête
    Pour fuir leurs persécutions,
Leur tuante amitié de tous côtés m'arrête;
Et, tandis qu'à l'ardeur de leurs expressions
    Je réponds d'un geste de tête,
Je leur donne tout bas cent malédictions.
Ah! qu'on est peu flatté de louange, d'honneur,
Et de tout ce que donne une grande victoire,
Lorsque dans l'âme on souffre une vive douleur!
Et que l'on donnerait volontiers cette gloire
    Pour avoir le repos du cœur!
    Ma jalousie, à tout propos,
    Me promène sur ma disgrâce;
    Et plus mon esprit y repasse,
Moins j'en puis débrouiller le funeste chaos.
Le vol des diamants n'est pas ce qui m'étonne;
On lève les cachets, qu'on ne l'aperçoit pas:
Mais le don qu'on veut qu'hier j'en vins faire en personne
Est ce qui fait ici mon cruel embarras.
La nature parfois produit des ressemblances
Dont quelques imposteurs ont pris droit d'abuser:
Mais il est hors de sens que, sous ces apparences,

Un homme pour époux se puisse supposer;
Et dans tous ces rapports sont mille différences
Dont se peut une femme aisément aviser.
  Des charmes de la Thessalie
On vante de tout temps les merveilleux effets :
Mais les contes fameux qui partout en sont faits
Dans mon esprit toujours ont passé pour folie;
Et ce serait du sort une étrange rigueur
  Qu'au sortir d'une ample victoire
  Je fusse contraint de les croire
  Aux dépens de mon propre honneur.
Je veux la retâter sur ce fâcheux mystère,
Et voir si ce n'est point une vaine chimère
Qui sur ses sens troublés ait su prendre crédit.
  Ah! fasse le ciel équitable
  Que ce penser soit véritable,
Et que, pour mon bonheur, elle ait perdu l'esprit!

SCÈNE II.

MERCURE, AMPHITRYON.

MERCURE *sur le balcon de la maison d'Amphitryon sans être vu ni entendu par Amphitryon.*
Comme l'amour ici ne m'offre aucun plaisir,
Je m'en veux faire au moins qui soient d'autre nature
Et je vais égayer mon sérieux loisir
A mettre Amphitryon hors de toute mesure.
Cela n'est pas d'un dieu bien plein de charité :
Mais aussi n'est-ce pas ce dont je m'inquiète;
  Et je me sens par ma planète
  A la malice un peu porté.

AMPHITRYON. D'où vient donc qu'à cette heure on ferme cette porte?
MERCURE. Holà! tout doucement. Qui frappe?
AMPHITRYON *sans voir Mercure.*   Moi.
MERCURE.   Qui, moi?
AMPHITRYON *apercevant Mercure, qu'il prend pour Sosie.*
  Ah! ouvre.
MERCURE.   Comment, ouvre! Et qui donc es-tu, toi
Qui fais tant de vacarme et parles de la sorte?
AMPHITRYON. Quoi! tu ne me connais pas?
MERCURE.   Non,
Et n'en ai pas la moindre envie.
AMPHITRYON *à part.* Tout le monde perd-il aujourd'hui la raison?
Est-ce un mal répandu? Sosie! holà, Sosie!
MERCURE.   Hé bien, Sosie! oui, c'est mon nom;
As-tu peur que je ne l'oublie?
AMPHITRYON. Me vois-tu bien?
MERCURE.   Fort bien. Qui peut pousser ton bras

     A faire une rumeur si grande?
     Et que demandes-tu là-bas?
AMPHITRYON. Moi, pendard! ce que je demande?
MERCURE. Que ne demandes-tu donc pas?
     Parle, si tu veux qu'on t'entende.
AMPHITRYON. Attends, traître : avec un bâton
     Je vais là-haut me faire entendre,
     Et de bonne façon t'apprendre
     A m'oser parler sur ce ton.
MERCURE. Tout beau! Si pour heurter tu fais la moindre instance,
  Je t'enverrai d'ici des messagers fâcheux.
AMPHITRYON. O ciel! vit-on jamais une telle insolence?
   La peut-on concevoir d'un serviteur, d'un gueux?
MERCURE. Hé bien! qu'est-ce? M'as-tu tout parcouru par ordre?
  M'as-tu de tes gros yeux assez considéré?
  Comme il les écarquille et paraît effaré!
    Si des regards on pouvait mordre,
    Il m'aurait déjà déchiré.
AMPHITRYON. Moi-même je frémis de ce que tu t'apprêtes
    Avec ces impudents propos.
  Que tu grossis pour toi d'effroyables tempêtes!
  Quels orages de coups vont fondre sur ton dos!
MERCURE. L'ami, si de ces lieux tu ne veux disparaître,
  Tu pourras y gagner quelque contusion.
AMPHITRYON. Ah! tu sauras, maraud, à ta confusion,
  Ce que c'est qu'un valet qui s'attaque à son maître.
MERCURE. Toi, mon maître?
AMPHITRYON.   Oui, coquin. M'oses-tu méconnaître?
MERCURE. Je n'en reconnais point d'autre qu'Amphitryon.
AMPHITRYON. Et cet Amphitryon, qui, hors moi, le peut être?
MERCURE. Amphitryon?
AMPHITRYON.   Sans doute.
MERCURE.   Ah! quelle vision!
  Dis-nous un peu quel est le cabaret honnête
    Où tu t'es coiffé le cerveau?
AMPHITRYON. Comment! encore?
MERCURE.   Etait-ce un vin à faire fête?
AMPHITRYON. Ciel!
MERCURE.   Etait-il vieux, ou nouveau?
AMPHITRYON. Que de coups!
MERCURE.   Le nouveau donne fort dans la tête,
  Quand on le veut boire sans eau.
AMPHITRYON. Ah! je t'arracherai cette langue, sans doute.
MERCURE. Passe, mon pauvre ami, crois-moi,
  Que quelqu'un ici ne t'écoute.
  Je respecte le vin. Va-t'en, retire-toi;
  Et laisse Amphitryon dans les plaisirs qu'il goûte.
AMPHITRYON. Comment! Amphitryon est là-dedans?

MERCURE. Fort bien ;
Qui, couvert des lauriers d'une victoire pleine,
Est auprès de la belle Alcmène
A jouir des douceurs d'un aimable entretien.
Après le démêlé d'un amoureux caprice,
Ils goûtent le plaisir de s'être rajustés.
Garde-toi de troubler leurs douces privautés,
Si tu ne veux qu'il ne punisse
L'excès de tes témérités.

SCÈNE III.

AMPHITRYON seul.

Ah! quel étrange coup m'a-t-il porté dans l'âme!
En quel trouble cruel jette-t-il mon esprit!
Et si les choses sont comme le traître dit,
Où vois-je ici réduits mon honneur et ma flamme!
A quel parti me doit résoudre ma raison?
Ai-je l'éclat ou le secret à prendre?
Et dois-je, en mon courroux, renfermer ou répandre
Le déshonneur de ma maison?
Ah! faut-il consulter dans un affront si rude?
Je n'ai rien à prétendre, et rien à ménager;
Et toute mon inquiétude
Ne doit aller qu'à me venger.

SCÈNE IV.

AMPHITRYON, SOSIE; NAUCRATÈS ET POLIDAS dans le fond du théâtre.

SOSIE à Amphitryon. Monsieur, avec mes soins, tout ce que j'ai pu faire,
C'est de vous amener ces messieurs que voici.
AMPHITRYON. Ah! vous voilà!
SOSIE. Monsieur.
AMPHITRYON. Insolent! téméraire!
SOSIE. Quoi?
AMPHITRYON. Je vous apprendrai de me traiter ainsi.
SOSIE. Qu'est-ce donc? qu'avez-vous?
AMPHITRYON *mettant l'épée à la main.* Ce que j'ai, misérable!
SOSIE à *Naucratès et à Polidas.* Holà, messieurs, venez donc tôt.
NAUCRATÈS à *Amphitryon.* Ah! de grâce, arrêtez.
SOSIE. De quoi suis-je coupable?
AMPHITRYON. Tu me le demandes, maraud!
(*A Naucratès.*)
Laissez-moi satisfaire un courroux légitime.
SOSIE. Lorsque l'on pend quelqu'un, on lui dit pourquoi c'est.
NAUCRATÈS à *Amphitryon.*
Daignez nous dire au moins quel peut être son crime.
SOSIE. Messieurs, tenez bon, s'il vous plaît.
AMPHITRYON. Comment! il vient d'avoir l'audace

De me fermer ma porte au nez,
Et de joindre encor la menace
A mille propos effrénés!
(*Voulant le frapper.*)
Ah! coquin!

SOSIE *tombant a genoux.* Je suis mort.

NAUCRATÈS *à Amphitryon.* Calmez cette colère.

SOSIE. Messieurs.

POLIDAS *à Sosie.* Qu'est-ce?

SOSIE. M'a-t-il frappé?

AMPHITRYON. Non, il faut qu'il ait le salaire
Des mots où tout à l'heure il s'est émancipé.

SOSIE. Comment cela se peut-il faire,
Si j'étais par votre ordre autre part occupé?
Ces messieurs sont ici pour rendre témoignage
Qu'à dîner avec vous je les viens d'inviter.

NAUCRATÈS. Il est vrai qu'il nous vient de faire ce message,
Et n'a point voulu nous quitter.

AMPHITRYON. Qui t'a donné cet ordre?

SOSIE. Vous.

AMPHITRYON. Et quand?

SOSIE. Après votre paix faite,
Au milieu des transports d'une âme satisfaite
D'avoir d'Alcmène apaisé le courroux.
(*Sosie se relève.*)

AMPHITRYON. O ciel! chaque instant, chaque pas
Ajoute quelque chose à mon cruel martyre;
Et, dans ce fatal embarras,
Je ne sais plus que croire ni que dire.

NAUCRATÈS. Tout ce que de chez vous il vient de nous conter
Surpasse si fort la nature,
Qu'avant que de rien faire et de vous emporter
Vous devez éclaircir toute cette aventure.

AMPHITRYON. Allons; vous y pourrez seconder mon effort,
Et le ciel à propos ici vous a fait rendre.
Voyons quelle fortune en ce jour peut m'attendre;
Débrouillons ce mystère, et sachons notre sort.
Hélas! je brûle de l'apprendre,
Et je le crains plus que la mort.
(*Amphitryon frappe à la porte de sa maison.*)

SCÈNE V.

JUPITER, AMPHITRYON, NAUCRATÈS, POLIDAS, SOSIE.

JUPITER. Quel bruit à descendre m'oblige?
Et qui frappe en maître où je suis?

AMPHITRYON. Que vois-je? justes dieux!

NAUCRATÈS. Ciel! quel est ce prodige?

Quoi! deux Amphitryons ici nous sont produits!
AMPHITRYON *à part.* Mon âme demeure transie!
Hélas! je n'en puis plus, l'aventure est à bout;
Ma destinée est éclaircie,
Et ce que je vois me dit tout.
NAUCRATÈS. Plus mes regards sur eux s'attachent fortement,
Plus je trouve qu'en tout l'un à l'autre est semblable.
SOSIE *passant du côté de Jupiter.* Messieurs, voici le véritable;
L'autre est un imposteur digne de châtiment.
POLIDAS. Certes, ce rapport admirable
Suspend ici mon jugement.
AMPHITRYON. C'est trop être éludé par un fourbe exécrable,
Il faut avec ce fer rompre l'enchantement.
NAUCRATÈS *à Amphitryon, qui a mis l'épée à la main.*
Arrêtez.
AMPHITRYON. Laissez-moi.
NAUCRATÈS. Dieux! que voulez-vous faire?
AMPHITRYON. Punir d'un imposteur les lâches trahisons.
JUPITER. Tout beau! l'emportement est fort peu nécessaire;
Et lorsque de la sorte on se met en colère,
On fait croire qu'on a de mauvaises raisons.
SOSIE. Oui, c'est un enchanteur qui porte un caractère
Pour ressembler aux maîtres des maisons.
AMPHITRYON *à Sosie.* Je te ferai, pour ton partage,
Sentir par mille coups ces propos outrageants.
SOSIE. Mon maître est homme de courage,
Et ne souffrira point que l'on batte ses gens.
AMPHITRYON. Laissez-moi m'assouvir dans mon courroux extrême,
Et laver mon affront au sang d'un scélérat.
NAUCRATÈS *arrêtant Amphitryon.*
Nous ne souffrirons point cet étrange combat
D'Amphitryon contre lui-même.
AMPHITRYON. Quoi! mon honneur de vous reçoit ce traitement!
Et mes amis d'un fourbe embrassent la défense!
Loin d'être les premiers à prendre ma vengeance,
Eux-mêmes font obstacle à mon ressentiment!
NAUCRATÈS. Que voulez-vous qu'à cette vue
Fassent nos résolutions,
Lorsque par deux Amphitryons
Toute notre chaleur demeure suspendue?
A vous faire éclater notre zèle aujourd'hui,
Nous craignons de faillir et de vous méconnaître.
Nous voyons bien en vous Amphitryon paraître,
Du salut des Thébains le glorieux appui;
Mais nous le voyons tous aussi paraître en lui,
Et ne saurions juger dans lequel il peut être.
Notre parti n'est point douteux,
Et l'imposteur par nous doit mordre la poussière :

ACTE III.

Mais ce parfait rapport le cache entre vous deux;
  Et c'est un coup trop hasardeux
  Pour l'entreprendre sans lumière.
 Avec douceur laissez-nous voir
 De quel côté peut être l'imposture;
Et, dès que nous aurons démêlé l'aventure,
Il ne nous faudra point dire notre devoir.

JUPITER. Oui, vous avez raison; et cette ressemblance
A douter de tous deux vous peut autoriser.
Je ne m'offense point de vous voir en balance;
Je suis plus raisonnable, et sais vous excuser.
L'œil ne peut entre nous faire de différence,
Et je vois qu'aisément on s'y peut abuser.
Vous ne me voyez point témoigner de colère,
  Point mettre l'épée à la main;
C'est un mauvais moyen d'éclaircir ce mystère,
Et j'en puis trouver un plus doux et plus certain.
  L'un de nous est Amphitryon;
Et tous deux à vos yeux nous le pouvons paraître.
C'est à moi de finir cette confusion;
Et je prétends me faire à tous si bien connaître,
Qu'aux pressantes clartés de ce que je puis être
Lui-même soit d'accord du sang qui m'a fait naître
Et n'ait plus de rien dire aucune occasion.
C'est aux yeux des Thébains que je veux avec vous
De la vérité pure ouvrir la connaissance;
Et la chose sans doute est assez d'importance
  Pour affecter la circonstance
  De l'éclaircir aux yeux de tous.
Alcmène attend de moi ce public témoignage;
Sa vertu, que l'éclat de ce désordre outrage,
Veut qu'on la justifie, et j'en vais prendre soin.
C'est à quoi mon amour envers elle m'engage;
Et des plus nobles chefs je fais un assemblage
Pour l'éclaircissement dont sa gloire a besoin.
Attendant avec vous ces témoins souhaités,
  Ayez, je vous prie, agréable
  De venir honorer la table
  Où vous a Sosie invités.

SOSIE. Je ne me trompais pas, messieurs; ce mot termine
  Toute l'irrésolution :
  Le véritable Amphitryon
  Est l'Amphitryon où l'on dîne.

AMPHITRYON. O ciel! puis-je plus bas me voir humilié!
Quoi! faut-il que j'entende ici pour mon martyre
Tout ce que l'imposteur à mes yeux vient de dire,
Et que, dans la fureur que ce discours m'inspire,
  On me tienne le bras lié!

NAUCRATÈS *à Amphitryon.*
Vous vous plaignez à tort. Permettez-nous d'attendre
L'éclaircissement qui doit rendre
Les ressentiments de saison.
Je ne sais pas s'il impose,
Mais il parle sur la chose
Comme s'il avait raison.

AMPHITRYON. Allez, faibles amis, et flattez l'imposture :
Thèbes en a pour moi de tout autres que vous;
Et je vais en trouver qui, partageant l'injure,
Sauront prêter la main à mon juste courroux.

JUPITER. Hé bien ! je les attends, et saurai décider
Le différend en leur présence.

AMPHITRYON. Fourbe, tu crois par là peut-être t'évader;
Mais rien ne te saurait sauver de ma vengeance.

JUPITER. A ces injurieux propos
Je ne daigne à présent répondre,
Et tantôt je saurai confondre
Cette fureur avec deux mots.

AMPHITRYON. Le ciel même, le ciel ne t'y saurait soustraire;
Et jusques aux enfers j'irai suivre tes pas.

JUPITER. Il ne sera pas nécessaire;
Et l'on verra tantôt que je ne fuirai pas.

AMPHITRYON *à part.* Allons, courons, avant que d'avec eux il sorte,
Assembler des amis qui suivent mon courroux;
Et chez moi venons à main-forte
Pour le percer de mille coups.

SCÈNE VI.

JUPITER, NAUCRATÈS, POLIDAS, SOSIE.

JUPITER. Point de façon, je vous conjure;
Entrons vite dans la maison.

NAUCRATÈS. Certes, toute cette aventure
Confond le sens et la raison.

SOSIE. Faites trêve, messieurs, à toutes vos surprises,
Et pleins de joie allez tabler jusqu'à demain.
(*Seul.*)
Que je vais m'en donner, et me mettre en beau train
De raconter nos vaillantises !
Je brûle d'en venir aux prises,
Et jamais je n'eus tant de faim.

SCÈNE VII.

MERCURE, SOSIE.

MERCURE. Arrête. Quoi ! tu viens ici mettre ton nez,
Impudent flaireur de cuisine !

ACTE III.

SOSIE. Ah! de grâce, tout doux!
MERCURE. Ah! vous y retournez!
Je vous ajusterai l'échine.
SOSIE. Hélas! brave et généreux moi,
Modère-toi, je t'en supplie.
Sosie, épargne un peu Sosie;
Et ne te plais pas tant à frapper dessus toi.
MERCURE. Qui de t'appeler de ce nom
A pu te donner la licence?
Ne t'en ai-je pas fait une expresse défense,
Sous peine d'essuyer mille coups de bâton?
SOSIE. C'est un nom que tous deux nous pouvons à la fois
Posséder sous un même maître.
Pour Sosie en tous lieux on sait me reconnaître;
Je souffre bien que tu le sois,
Souffre aussi que je le puisse être.
Laissons aux deux Amphitryons
Faire éclater des jalousies;
Et, parmi leurs contentions,
Faisons en bonne paix vivre les deux Sosies.
MERCURE. Non, c'est assez d'un seul, et je suis obstiné
A ne point souffrir de partage.
SOSIE. Du pas devant sur moi tu prendras l'avantage;
Je serai le cadet, et tu seras l'aîné.
MERCURE. Non, un frère incommode, et n'est pas de mon goût,
Et je veux être fils unique.
SOSIE. O cœur barbare et tyrannique!
Souffre qu'au moins je sois ton ombre.
MERCURE. Point du tout.
SOSIE. Que d'un peu de pitié ton âme s'humanise!
En cette qualité souffre-moi près de toi :
Je te serai partout une ombre si soumise,
Que tu seras content de moi.
MERCURE. Point de quartier; immuable est la loi :
Si d'entrer là-dedans tu prends encor l'audace,
Mille coups en seront le fruit.
SOSIE. Las! à quelle étrange disgrâce,
Pauvre Sosie, es-tu réduit!
MERCURE. Quoi! ta bouche se licencie
A te donner encore un nom que je défends!
SOSIE. Non, ce n'est pas moi que j'entends,
Et je parle d'un vieux Sosie
Qui fut jadis de mes parents,
Qu'avec très-grande barbarie
A l'heure du dîner l'on chassa de céans.
MERCURE. Prends garde de tomber dans cette frénésie,
Si tu veux demeurer au nombre des vivants.
SOSIE *à part*. Que je te rosserais, si j'avais du courage,

Double fils de putain, de trop d'orgueil enflé!
MERCURE. Que dis-tu?
SOSIE. Rien.
MERCURE. Tu tiens, je crois, quelque langage...
SOSIE. Demandez, je n'ai pas soufflé.
MERCURE. Certain mot de fils de putain
A pourtant frappé mon oreille.
Il n'est rien de plus certain.
SOSIE. C'est donc un perroquet que le beau temps réveille.
MERCURE. Adieu. Lorsque le dos pourra te démanger,
Voilà l'endroit où je demeure.
SOSIE *seul*. O ciel! que l'heure de manger
Pour être mis dehors est une maudite heure!
Allons, cédons au sort dans notre affliction,
Suivons-en aujourd'hui l'aveugle fantaisie,
Et, par une juste union,
Joignons le malheureux Sosie
Au malheureux Amphitryon.
Je l'aperçois venir en bonne compagnie.

SCÈNE VIII.

AMPHITRYON, ARGATIPHONTIDAS, POSICLÈS, SOSIE *dans un coin du théâtre sans être aperçu.*

AMPHITRYON *à plusieurs autres officiers qui l'accompagnent.*
Arrêtez là, messieurs; suivez-nous d'un peu loin,
Et n'avancez tous, je vous prie,
Que quand il en sera besoin.
POSICLÈS. Je comprends que ce coup doit fort toucher votre âme.
AMPHITRYON. Ah! de tous les côtés mortelle est ma douleur,
Et je souffre pour ma flamme
Autant que pour mon honneur.
POSICLÈS. Si cette ressemblance est telle que l'on dit,
Alcmène, sans être coupable...
AMPHITRYON. Ah! sur le fait dont il s'agit,
L'erreur simple devient un crime véritable,
Et sans consentement l'innocence y périt.
De semblables erreurs, quelque jour qu'on leur donne,
Touchent des endroits délicats;
Et la raison bien souvent les pardonne,
Que l'honneur et l'amour ne les pardonnent pas.
ARGATIPHONTIDAS. Je n'embarrasse point là-dedans ma pensée:
Mais je hais vos messieurs de leurs honteux délais;
Et c'est un procédé dont j'ai l'âme blessée,
Et que les gens de cœur n'approuveront jamais.
Quand quelqu'un nous emploie, on doit, tête baissée,
Se jeter dans ses intérêts.
Argatiphontidas ne va point aux accords.
Ecouter d'un ami raisonner l'adversaire,

Pour des hommes d'honneur n'est point un coup à faire;
Il ne faut écouter que la vengeance alors.
Le procès ne me saurait plaire,
Et l'on doit commencer toujours, dans ses transports,
Par bailler, sans autre mystère,
De l'épée au travers du corps.
Oui, vous verrez, quoi qu'il avienne,
Qu'Argatiphontidas marche droit sur ce point;
Et de vous il faut que j'obtienne
Que le pendard ne meure point
D'une autre main que de la mienne.

AMPHITRYON. Allons.

SOSIE *à Amphitryon.* Je viens, monsieur, subir, à deux genoux,
Le juste châtiment d'une audace maudite.
Frappez, battez, chargez, accablez-moi de coups,
Tuez-moi dans votre courroux,
Vous ferez bien, je le mérite;
Et je n'en dirai pas un seul mot contre vous.

AMPHITRYON. Lève-toi. Que fait-on?

SOSIE. L'on m'a chassé tout net;
Et, croyant à manger m'aller comme eux ébattre,
Je ne songeais pas qu'en effet
Je m'attendais là pour me battre.
Oui, l'autre moi, valet de l'autre vous, a fait
Tout de nouveau le diable à quatre.
La rigueur d'un pareil destin,
Monsieur, aujourd'hui nous talonne;
Et l'on me dé-Sosie enfin
Comme on vous dés-Amphitryonne.

AMPHITRYON. Suis-moi.

SOSIE. N'est-il pas mieux de voir s'il vient personne?

SCÈNE IX.

CLÉANTHIS, AMPHITRYON, ARGATIPHONTIDAS, POLIDAS,
NAUCRATÈS, POSICLÈS, SOSIE.

CLÉANTHIS. O ciel!

AMPHITRYON. Qui t'épouvante ainsi?
Quelle est la peur que je t'inspire?

CLÉANTHIS. Las! vous êtes là-haut, et je vous vois ici!

NAUCRATÈS *à Amphitryon.* Ne vous pressez point; le voici
Pour donner devant tous les clartés qu'on désire,
Et qui, si l'on peut croire à ce qu'il vient de dire,
Sauront vous affranchir de trouble et de souci.

SCÈNE X.

MERCURE, AMPHITRYON, ARGATIPHONTIDAS, POLIDAS, NAUCRATÈS, POSICLÈS, CLÉANTHIS, SOSIE.

MERCURE. Oui, vous l'allez voir tous; et sachez par avance
Que c'est le grand maître des dieux,
Que, sous les traits chéris de cette ressemblance,
Alcmène a fait du ciel descendre dans ces lieux.
Et, quant à moi, je suis Mercure,
Qui, ne sachant que faire, ai rossé tant soit peu
Celui dont j'ai pris la figure:
Mais de s'en consoler il a maintenant lieu;
Et les coups de bâton d'un dieu
Font honneur à qui les endure.

SOSIE. Ma foi, monsieur le dieu, je suis votre valet:
Je me serais passé de votre courtoisie.

MERCURE. Je lui donne à présent congé d'être Sosie,
Je suis las de porter un visage si laid;
Et je m'en vais au ciel avec de l'ambroisie
M'en débarbouiller tout à fait.
(*Mercure s'envole dans le ciel.*)

SOSIE. Le ciel de m'approcher t'ôte à jamais l'envie!
Ta fureur s'est par trop acharnée après moi;
Et je ne vis de ma vie
Un dieu plus diable que toi.

SCÈNE XI.

JUPITER, AMPHITRYON, NAUCRATÈS, ARGATIPHONTIDAS, POLIDAS, POSICLÈS, CLÉANTHIS, SOSIE.

JUPITER *annoncé par le bruit du tonnerre, armé de son foudre, dans un nuage, sur son aigle.*
Regarde, Amphitryon, quel est ton imposteur;
Et sous tes propres traits vois Jupiter paraître.
A ces marques tu peux aisément le connaître;
Et c'est assez, je crois, pour remettre ton cœur
Dans l'état auquel il doit être,
Et rétablir chez toi la paix et la douceur.
Mon nom, qu'incessamment toute la terre adore,
Etouffe ici les bruits qui pouvaient éclater.
Un partage avec Jupiter
N'a rien du tout qui déshonore;
Et, sans doute, il ne peut être que glorieux
De se voir le rival du souverain des dieux.
Je n'y vois pour ta flamme aucun lieu de murmure;
Et c'est moi dans cette aventure
Qui, tout dieu que je suis, dois être le jaloux:

Alcmène est toute à toi, quelque soin qu'on emploie :
Et ce doit à tes feux être un objet bien doux
De voir que, pour lui plaire, il n'est point d'autre voie
    Que de paraître son époux;
Que Jupiter, orné de sa gloire immortelle,
Par lui-même n'a pu triompher de sa foi;
    Et que ce qu'il a reçu d'elle
N'a par son cœur ardent été donné qu'à toi.

SOSIE. Le seigneur Jupiter sait dorer la pilule.

JUPITER. Sors donc des noirs chagrins que ton cœur a soufferts,
Et rends le calme entier à l'ardeur qui te brûle :
Chez toi doit naître un fils qui, sous le nom d'Hercule,
Remplira de ses faits tout le vaste univers.
L'éclat d'une fortune en mille biens féconde
Fera connaître à tous que je suis ton support;
    Et je mettrai tout le monde
    Au point d'envier ton sort.
    Tu peux hardiment te flatter
    De ces espérances données :
    C'est un crime que d'en douter;
    Les paroles de Jupiter
    Sont des arrêts des destinées.
    (Il se perd dans les nues.)

NAUCRATÈS. Certes, je suis ravi de ces marques brillantes...

SOSIE. Messieurs, voulez-vous bien suivre mon sentiment?
    Ne vous embarquez nullement
    Dans ces douceurs congratulantes,
    C'est un mauvais embarquement;
Et d'une et d'autre part, pour un tel compliment,
    Les phrases sont embarrassantes.
Le grand Dieu Jupiter nous fait beaucoup d'honneur,
Et sa bonté, sans doute, est pour nous sans seconde;
    Il nous promet l'infaillible bonheur
    D'une fortune en mille biens féconde,
Et chez nous il doit naître un fils d'un très-grand cœur :
    Tout cela va le mieux du monde.
    Mais enfin coupons aux discours,
Et que chacun chez soi doucement se retire :
    Sur telles affaires toujours
    Le meilleur est de ne rien dire.

FIN D'AMPHITRYON.

L'AVARE,

COMÉDIE EN CINQ ACTES.

1668.

NOTICE SUR L'AVARE.

L'Avare, qu'on revoit toujours avec plaisir, ne réussit pas néanmoins dans la nouveauté. Donné le 9 septembre 1668, il fut retiré après neuf représentations, et ne reparut que plus de deux mois après, pour être joué onze fois seulement. Molière remplit le rôle d'Harpagon, et c'est à la phthisie dont il ressentait déjà les funestes symptômes que Frosine fait allusion quand elle dit : « Ce n'est rien; votre fluxion ne vous sied point mal, et vous avez grâce à tousser. » Le nom d'Harpagon, qui est devenu proverbial, se trouve, pour désigner un avare, dans le supplément à l'*Aulularia* de Plaute, par Urceus Codrus. C'est aussi à *l'Avare* qu'on doit le substantif qualificatif de maître Jacques, qui signifie un *factotum*, un employé chargé de fonctions multiples et variées.

Molière, dans *l'Avare*, a fait à des écrivains antérieurs des emprunts que nous allons signaler pour la satisfaction des érudits. La scène III de l'acte I et quelques autres détails sont pris à l'*Aululaire* de Plaute, pièce latine dont le héros, Euclion, est un pauvre troublé par la possession d'un trésor qu'il a découvert.

L'idée de la plaisante nomenclature de la scène I de l'acte II appartient à *la Belle Plaideuse*, comédie de Boisrobert, ainsi que la situation du fils prodigue, qui reconnaît son père dans son prêteur sur gages.

Une partie de la scène VI de l'acte II est traduite de la comédie de l'Arioste, *I Suppositi*; Pasifilo y dit à Cleandro : « N'êtes-vous pas jeune? — Je touche à la cinquantaine. — Vous n'avez pas l'air de passer trente-sept ans. — J'ai pourtant l'âge que je dis. — Vous êtes de nature à passer cent ans. Montrez-moi votre main. »

Le trait d'avarice d'Harpagon, qui va dérober l'avoine à ses chevaux, est raconté du cardinal romain Angelotto, dans l'*Histoire des Cardinaux*, par Aubery.

Le monologue d'Harpagon volé appartient à Plaute, dont l'Euclion s'écrie en pareille circonstance : « Je suis perdu! je suis assassiné! Où courir? où ne pas courir? Arrête! arrête! Qui? Je ne sais, je ne vois rien, je marche en aveugle; je ne saurais dire où je vais, ni où je suis, ni qui je suis. Secourez-moi, de grâce! Découvrez-moi celui qui m'a dérobé mon trésor. Ils se cachent sous des habits modestes, et restent assis là comme des innocents. Que dis-tu, toi? On peut se fier à toi; tu m'as l'air d'un homme de bien. Qu'est-ce? Vous riez! Je vous connais tous; je sais qu'il y a ici beaucoup de voleurs. Quoi! personne d'entre eux ne l'a prise? Tu me fais mourir. Dis donc qui l'a prise? Ne le sais-tu point? Malheureux que je suis! me voilà ruiné, perdu sans ressources! Fatale journée que tu me causes de maux! La pauvreté, la faim, voilà mon partage! Non, il n'est point sur la terre d'homme plus misérable que moi! »

Le quiproquo de la scène III, acte V, est tiré de l'*Aululaire*, et il avait déjà été imité par Pierre de Larivey, dans une comédie en cinq actes et en prose, intitulée *les Esprits*, et imprimée en 1679.

Il est presque inutile de dire que Molière, en profitant des ébauches informes de ses devanciers, a su en développer les situations comiques, et substituer un dialogue vif, abondant en saillies, à des conversations insipides. Les scènes des *Esprits*, qui ont été publiées par M. Tissot dans ses *Leçons de Littérature française*, sont d'une insupportable pesanteur. La pièce de Plaute, qu'on prétend lui avoir fourni son sujet, n'a aucun rapport avec l'*Avare* dans la contexture générale. Enélion, mendiant d'Athènes, trouve sous l'âtre de sa cheminée un pot de terre rempli d'or. Au lieu d'en tirer parti, il le cache avec soin, se refuse même la subsistance, et laisse dans le célibat sa fille unique Phédrie, à laquelle Liconide fait violence pendant les fêtes de Cérès.

Mégador, oncle de Liconide, ignorant cette aventure, demande Phédrie en mariage. Enélion ne conçoit pas pourquoi un homme riche sollicite la main d'une fille sans fortune. Il est convaincu qu'on en veut à son trésor; aussi répète-t-il à plusieurs reprises qu'il est dans un dénûment absolu. Il accorde sa fille à Mégador à la condition qu'il la prendra sans dot.

Pendant ces pourparlers, un coq a gratté la terre à l'endroit où le trésor est caché: l'avare furieux coupe le cou à l'infortuné volatile, et va cacher son or d'abord sous l'autel de la déesse Bonne-Foi, puis sous celui du dieu Sylvain: mais un esclave de Liconide, qui l'épiait, enlève le pot de terre et le remet au jeune homme au moment où celui-ci, pressé de remords, court avouer sa faute au père de Phédrie. Ici vient le quiproquo que Molière a su faire valoir. Enélion croit que Liconide veut obtenir de lui l'abandon du trésor dont il s'est emparé: Liconide s'imagine que le rapt de Phédrie est la cause du désespoir du père. Enfin tout s'explique: Mégador renonce à ses prétentions; son neveu reprend le trésor et se marie avec Phédrie.

L'*Aululaire*, on le voit, est loin de l'*Avare*. « Les comparaisons, a dit Voltaire, sont toutes à l'avantage du dernier. — L'*Avare*, ajoute La Harpe, est une des pièces où il y a plus d'inventions et d'effets comiques. Le principal caractère est bien plus fort que dans Plaute, et il n'y a nulle comparaison pour l'intrigue. Le seul défaut de celle de Molière est de finir par un roman postiche, tout semblable à celui qui termine si mal l'*École des Femmes*; et il est reconnu que ces dénoûments sont la partie faible de l'auteur. Mais à cette faute près, quoi de mieux conçu que l'*Avare*? L'amour même ne le rend pas libéral, et la flatterie la mieux adaptée à un vieillard amoureux n'en peut rien arracher. Quelle leçon plus humiliante pour lui et plus instructive pour tout le monde que le moment où il se rencontre faisant le métier du plus vil usurier vis-à-vis de son fils qui fait celui d'un jeune homme à qui l'avarice des parents refuse l'honnête nécessaire? Tel est le faux calcul des passions : on croit épargner sur des dépenses indispensables, et l'on est contraint tôt ou tard de payer des dettes usuraires. Molière, d'ailleurs, n'a rien oublié pour faire détester cette malheureuse passion, la plus vile de toutes et la moins excusable. Son avare est haï et méprisé de tout ce qui l'entoure : il est odieux à ses enfants, à ses domestiques, à ses voisins, et l'on est forcé d'avouer que rien n'est plus juste.

Rousseau fait un reproche très-sérieux à Molière de ce que le fils d'Harpagon se moque de lui quand son père lui dit : « Je te donne ma malédiction. » La réponse du fils : « Je n'ai que faire de vos dons, » lui paraît scandaleuse. Il prétend que c'est nous apprendre à mépriser la malédiction paternelle. Mais voyons les choses telles qu'elles sont. La malédiction paternelle est sans doute d'un grand poids lorsque, arrachée à une juste indignation, elle tombe sur un fils coupable qui a offensé la nature, et que la nature condamne. Mais, en vérité, le fils d'Harpagon n'a offensé personne en avouant qu'il est amoureux de Mariane quand son père offre de la lui donner; et s'il persiste à dire qu'il l'aimera toujours quand Harpagon convient que ses offres n'étaient qu'un artifice pour avoir le secret de son fils, et veut exiger qu'il y renonce, sa résistance n'est-elle pas la chose du monde la plus naturelle et la plus excusable? La malédiction d'Harpagon est-elle même bien sérieuse? Est-ce autre chose, dans cette occasion, qu'un trait d'humeur d'un vieillard jaloux et contrarié? le fils a-t-il tort de n'y mettre pas plus d'importance que son père n'en met lui-même? La malédiction dans la bouche d'Harpagon n'est qu'une façon de parler, et Rousseau nous la représente comme un acte solennel. C'est ainsi qu'on parvient à confondre tous les faits et toutes les idées.

La scène où maître Jacques le cuisinier donne le menu du repas à son maître, qui veut l'étrangler dès qu'il en est au rôti, et où maître Jacques le cocher s'attendrit sur les jeûnes de ses chevaux; celle où Valère et Harpagon se parlent sans jamais s'entendre, l'un ne songeant qu'aux beaux yeux de son Elise, et l'autre ne concevant rien aux beaux yeux de sa cassette; celle qui contient l'inventaire des effets vraiment curieux qu'Harpagon veut faire prendre pour de l'argent comptant, et bien d'autres encore sont d'un comique divertissant, dont il faut assaisonner le comique moral.

Certains détails de mœurs, épars dans le texte, demandent à être éclaircis par des observations.

Harpagon (acte I, scène III) se plaint de ce que les hauts-de-chausses étaient propres à devenir les recéleurs des choses qu'on dérobait. Les hauts-de-chausses étaient des culottes amples et flottantes, attachées au pourpoint par des aiguillettes, et serrées aux genoux avec des cordons ou des rubans. Un passage de *la Désolation des Joueurs*, comédie publiée en 1687 par Dancourt, nous apprend que les filous y cachaient des paquets de cartes apprêtées.

Même scène. La barrette, appelée aujourd'hui béret, est devenue l'apanage exclusif des cardinaux; mais elle était alors portée par les domestiques.

Le justaucorps était un pourpoint presque collant, boutonné de haut en bas et descendant jusqu'à la moitié des cuisses.

Harpagon dit, scène IV : « Je ne me plais point à voir ce chien de boiteux-là. » C'est une allusion à l'infirmité de l'acteur Béjard, qui créa le rôle de la Flèche et qui resta estropié des suites d'une blessure qu'il avait reçue au pied en séparant deux duellistes.

Ces expressions : Au denier douze, au denier dix-huit, au denier cinq, au denier quatre, se traduiraient actuellement par : A huit un tiers pour cent, à cinq cinq neuvièmes pour cent, à vingt pour cent, à vingt-cinq pour cent.

Dans la curieuse énumération mobilière de l'acte II, scène I, figurent trois gros mousquets avec les fourchettes assortissantes. La détente des armes à feu étant très-compliquée, on ne pouvait les ajuster qu'en les posant sur un bâton fourchu dont on plantait en terre l'extrémité inférieure.

Les sujets de la tenture offerte à Cléante au lieu d'argent étaient empruntés à un roman publié en 1624, et intitulé *Gombaud l'Endymion*. L'usage de représenter des héros de roman ou des personnages historiques sur les tapisseries remontait au moyen âge.

Le *trou-madame*, tombé depuis longtemps en désuétude, se jouait sur une table creuse couverte d'un tapis vert. A l'un des bouts régnait une rainure devant laquelle s'étendait une planche percée de petites portes cintrées. La bille, que le joueur lançait dans une de ces portes, tombait dans l'intérieur de la table, suivait une rigole, et s'arrêtait à l'extrémité opposée, au-dessous d'un chiffre plus ou moins fort.

On a vu, au dix-neuvième siècle, se renouveler le singulier marché de *l'Avare*, et des usuriers donner, en guise d'argent, aux jeunes gens qu'ils exploitaient, des souricières, des tonnes de pains à cacheter, de la mélasse, et même un chameau vivant.

Acte III, scène II. Les siquenilles ou souquenilles étaient des blouses d'étoffe grossière.

Scène V. L'édition de *l'Avare* publiée en 1682 contient une variante que nous reproduisons parce qu'elle fournit des renseignements assez curieux sur le menu d'un repas du temps de Louis XIV : maître Jacques débute en ces termes :

Hé bien! il faudra quatre grands potages bien garnis et cinq assiettes d'entrées. Potages : bisque, potage de perdrix aux choux verts, potage de santé, potage de canards aux navets. Entrées : fricassées de poulets, tourte de pigeonneaux, ris de veau, boudin blanc et morille.

HARPAGON. — Que diable! voilà pour traiter une ville tout entière.

MAÎTRE JACQUES. — Rôt dans un grandissime bassin en pyramide, une grande longe de veau de rivière, trois faisans, trois poulardes grasses, douze pigeons de volière, douze poulets de grain, six lapereaux de garenne, douze perdreaux, deux douzaines de cailles, trois douzaines d'ortolans...

HARPAGON. — Ah! traître, tu manges tout mon bien.

Dans la scène VI de l'acte III, ces mots : Il n'y a point de monsieur maître Jacques pour un *double*, signifient : pas même pour la valeur d'un double, petite pièce de deux deniers.

ÉMILE DE LA BÉDOLLIÈRE.

PERSONNAGES.

HARPAGON, père de Cléante et d'Élise, et amoureux de Mariane.
ANSELME, père de Valère et de Mariane.
CLEANTE, fils d'Harpagon, amant de Mariane.
ÉLISE, fille d'Harpagon.
VALÈRE, fils d'Anselme et amant d'Élise.
MARIANE, fille d'Anselme.
FROSINE, femme d'intrigue.
MAITRE SIMON, courtier.
MAITRE JACQUES, cuisinier et cocher d'Harpagon.
LA FLÈCHE, valet de Cléante.
DAME CLAUDE, servante d'Harpagon.
BRINDAVOINE, laquais d'Harpagon.
LA MERLUCHE, laquais d'Harpagon.
UN COMMISSAIRE.

La scène est à Paris, dans la maison d'Harpagon.

L'AVARE.

ACTE PREMIER.

SCÈNE I.
VALÈRE, ÉLISE.

VALÈRE. — Hé quoi ! charmante Elise, vous devenez mélancolique, après les obligeantes assurances que vous avez eu la bonté de me donner de votre foi ! Je vous vois soupirer, hélas ! au milieu de ma joie ! Est-ce du regret, dites-moi, de m'avoir fait heureux ? et vous repentez-vous de cet engagement où mes feux ont pu vous contraindre?

ÉLISE. — Non, Valère, je ne puis pas me repentir de tout ce que je fais pour vous; je m'y sens entraîner par une trop douce puissance : et je n'ai pas même la force de souhaiter que les choses ne fussent pas. Mais, à vous dire vrai, le succès me donne de l'inquiétude; et je crains fort de vous aimer un peu plus que je ne devrais.

VALÈRE. — Hé ! que pouvez-vous craindre, Elise, dans les bontés que vous avez pour moi ?

ÉLISE. — Hélas ! cent choses à la fois : l'emportement d'un père, les reproches d'une famille, les censures du monde, mais, plus que tout, Valère, le changement de votre cœur, et cette froideur criminelle dont ceux de votre sexe payent le plus souvent les témoignages trop ardents d'un innocent amour.

VALÈRE. — Ah ! ne me faites pas ce tort de juger de moi par les autres : soupçonnez-moi de tout, Elise, plutôt que de manquer à ce que je vous dois. Je vous aime trop pour cela; et mon amour pour vous durera autant que ma vie.

ÉLISE. — Ah ! Valère, chacun tient les mêmes discours. Tous les hommes sont semblables par les paroles, et ce n'est que les actions qui les découvrent différents.

VALÈRE. — Puisque les seules actions font connaître ce que nous sommes, attendez donc, au moins, à juger de mon cœur par elles; et ne me cherchez point des crimes dans les injustes craintes d'une fâcheuse prévoyance. Ne m'assassinez point, je vous prie, par les sensibles coups d'un soupçon outrageux; et donnez-moi le temps de vous convaincre, par mille et mille preuves, de l'honnêteté de mes feux.

ÉLISE. — Hélas ! qu'avec facilité on se laisse persuader par les personnes que l'on aime ! Oui, Valère, je tiens votre cœur incapable de m'abuser. Je crois que vous m'aimez d'un véritable amour, et que vous me serez fidèle; je n'en veux point du tout douter, et je retranche mon chagrin aux appréhensions du blâme qu'on pourra me donner.

VALÈRE. — Mais pourquoi cette inquiétude ?

ÉLISE. — Je n'aurais rien à craindre si tout le monde vous voyait des yeux dont je vous vois; et je trouve en votre personne de quoi avoir raison aux choses que je fais pour vous. Mon cœur, pour sa défense, a tout votre mérite, appuyé du secours d'une reconnaissance où le ciel m'engage envers vous. Je me représente, à toute heure, ce péril étonnant qui commença de nous offrir aux regards l'un de l'autre, cette générosité surprenante qui vous fit risquer votre vie pour dérober la mienne à la fureur des ondes; ces soins pleins de tendresse que vous me fîtes éclater après m'avoir tirée de l'eau, et les hommages assidus de cet ardent amour que ni le temps ni les difficultés n'ont rebuté, et qui, vous faisant négliger et parents et patrie, arrête vos pas en ces lieux, y tient en ma faveur votre fortune déguisée, et vous a réduit, pour me voir, à vous revêtir de l'emploi de domestique de mon père. Tout cela fait chez moi, sans doute, un merveilleux effet; et c'en est assez, à mes yeux, pour me justifier l'engagement où j'ai pu consentir : mais ce n'est pas assez, peut-être, pour le justifier aux autres, et je ne suis pas sûre qu'on entre dans mes sentiments.

VALÈRE. — De tout ce que vous avez dit, ce n'est que par mon seul amour que je prétends, auprès de vous, mériter quelque chose : et, quant aux scrupules que vous avez, votre père lui-même ne prend que trop de soin de vous justifier à tout le monde ; et l'excès de son avarice, et la manière austère dont il vit avec ses enfants, pourraient autoriser des choses plus étranges. Pardonnez-moi, charmante Elise, si j'en parle ainsi devant vous. Vous savez que, sur ce chapitre, on n'en peut pas dire de bien. Mais enfin si je puis, comme je l'espère, retrouver mes parents, nous n'aurons pas beaucoup de peine à nous le rendre favorable. J'en attends des nouvelles avec impatience ; et j'en irai chercher moi-même si elles tardent à venir.

ÉLISE. — Ah ! Valère, ne bougez d'ici, je vous prie, et songez seulement à vous bien mettre dans l'esprit de mon père.

VALÈRE. — Vous voyez comme je m'y prends, et les adroites complaisances qu'il m'a fallu mettre en usage pour m'introduire à son service, sous quel masque de sympathie et de rapports de sentiments je me déguise pour lui plaire, et quel personnage je joue tous les jours avec lui afin d'acquérir sa tendresse. J'y fais des progrès admirables; et j'éprouve que, pour gagner les hommes, il n'est point de meilleure voie que de se parer à leurs yeux de leurs inclinations, que de donner dans leurs maximes, encenser leurs défauts, et applaudir à ce qu'ils font. On n'a que faire d'avoir peur de trop charger la complaisance ; et la manière dont on les joue a beau être visible, les plus fins sont toujours de grandes dupes du côté de la flatterie; et il n'y a rien de si impertinent et de si ridicule qu'on ne fasse avaler lorsqu'on l'assaisonne en louanges. La sincérité souffre un peu au métier que je fais : mais quand on a besoin des hommes, il faut bien s'ajuster à eux; et puisqu'on ne saurait les gagner que par là, ce n'est pas la faute de ceux qui flattent, mais de ceux qui veulent être flattés.

ÉLISE. — Mais que ne tâchez-vous aussi à gagner l'appui de mon frère, en cas que la servante s'avisât de révéler notre secret?

VALÈRE. — On ne peut pas ménager l'un et l'autre, et l'esprit du père et celui du fils sont des choses si opposées, qu'il est difficile d'accommoder ces deux confidences ensemble. Mais vous, de votre part, agissez auprès de votre frère, et servez-vous de l'amitié qui est entre vous deux, pour le jeter dans nos intérêts. Il vient. Je me retire. Prenez ce temps pour lui parler, et ne lui découvrez de notre affaire que ce que vous jugerez à propos.

ÉLISE. — Je ne sais si j'aurai la force de lui faire cette confidence.

SCÈNE II.
CLÉANTE, ÉLISE.

CLÉANTE. — Je suis bien aise de vous trouver seule, ma sœur; et je brûlais de vous parler pour m'ouvrir à vous d'un secret.

ÉLISE. — Me voilà prête à vous ouïr, mon frère. Qu'avez-vous à me dire?

CLÉANTE. — Bien des choses, ma sœur, enveloppées dans un mot: J'aime.

ÉLISE. — Vous aimez?

CLÉANTE. — Oui, j'aime. Mais, avant que d'aller plus loin, je sais que je dépends d'un père, et que le nom de fils me soumet à ses volontés; que nous ne devons point engager notre foi sans le consentement de ceux dont nous tenons le jour; que le ciel les a faits les maîtres de nos vœux, et qu'il nous est enjoint de n'en disposer que par leur conduite; que, n'étant prévenus d'aucune folle ardeur, ils sont en état de se tromper bien moins que nous, et de voir beaucoup mieux ce qui nous est propre; qu'il en faut plutôt croire les lumières de leur prdence que l'aveuglement de notre passion; et que l'emportement de la jeunesse nous entraîne le plus souvent dans des précipices fâcheux. Je vous dis tout cela, ma sœur, afin que vous ne vous donniez pas la peine de me le dire; car enfin mon amour ne veut rien écouter, et je vous prie de ne me point faire de remontrances.

ÉLISE. — Vous êtes-vous engagé, mon frère, avec celle que vous aimez?

CLÉANTE. — Non; mais j'y suis résolu: et je vous conjure, encore une fois, de ne me point apporter de raisons pour m'en dissuader.

ÉLISE. — Suis-je, mon frère, une si étrange personne?

CLÉANTE. — Non, ma sœur; mais vous n'aimez pas. Vous ignorez la douce violence qu'un tendre amour fait sur nos cœurs, et j'appréhende votre sagesse.

ÉLISE. — Hélas! mon frère, ne parlons point de ma sagesse. Il n'est personne qui n'en manque, du moins une fois en sa vie; et, si je vous ouvre mon cœur, peut-être serai-je à vos yeux bien moins sage que vous.

CLÉANTE. — Ah! plût au ciel que votre âme, comme la mienne...!

ÉLISE. — Finissons auparavant votre affaire, et me dites qui est celle que vous aimez.

CLÉANTE. — Une jeune personne qui loge depuis peu en ces quartiers, et qui semble être faite pour donner de l'amour à tous ceux qui la voient. La nature, ma sœur, n'a rien formé de plus aimable; et je me sentis transporté dès le moment que je la vis. Elle se nomme Mariane, et vit sous la conduite d'une bonne femme de mère qui est presque toujours malade, et pour qui cette aimable fille a des sentiments d'amitié qui ne sont pas imaginables. Elle la sert, la plaint et la console avec une tendresse qui vous toucherait l'âme. Elle se prend d'un air le plus charmant du monde aux choses qu'elle fait; et l'on voit briller mille grâces en toutes ses actions, une douceur pleine d'attraits, une bonté tout engageante, une honnêteté adorable, une... Ah! ma sœur, je voudrais que vous l'eussiez vue!

ÉLISE. — J'en vois beaucoup, mon frère, dans les choses que vous me dites; et, pour comprendre ce qu'elle est, il me suffit que vous l'aimez.

CLÉANTE. — J'ai découvert, sous main, qu'elles ne sont pas fort accommodées, et que leur discrète conduite a de la peine à étendre à tous leurs besoins le bien qu'elles peuvent avoir. Figurez-vous, ma sœur, quelle joie ce peut être que de relever la fortune d'une personne que l'on aime, que de donner adroitement quelques petits secours aux modestes nécessités d'une vertueuse famille; et concevez quel déplaisir ce m'est de voir que, par l'avarice d'un père, je sois dans l'impuissance de goûter cette joie, et de faire éclater à cette belle aucun témoignage de mon amour.

ÉLISE. — Oui, je conçois assez, mon frère, quel doit être votre chagrin.

CLÉANTE. — Ah! ma sœur, il est plus grand qu'on ne peut croire. Car enfin peut-on rien voir de plus cruel que cette rigoureuse épargne qu'on exerce sur nous, que cette sécheresse étrange où l'on nous fait languir? Hé! que nous servira d'avoir du bien, s'il ne nous vient que dans le temps que nous ne serons plus dans le bel âge d'en jouir; et si, pour m'entretenir même, il faut que maintenant je m'engage de tous côtés; si je suis réduit avec vous à chercher tous les jours le secours des marchands pour avoir moyen de porter des habits raisonnables? Enfin, j'ai voulu vous parler pour m'aider à sonder mon père sur les sentiments où je suis; et, si je l'y trouve contraire, j'ai résolu d'aller en d'autres lieux, avec cette aimable personne, jouir de la fortune que le ciel voudra nous offrir. Je fais chercher partout, pour ce dessein, de l'argent à emprunter; et, si vos affaires, ma sœur, sont semblables aux miennes, et qu'il faille que notre père s'oppose à nos désirs, nous le quitterons là tous deux, et nous affranchirons de cette tyrannie où nous tient, depuis si longtemps, son avarice insupportable.

ÉLISE. — Il est bien vrai que tous les jours il nous donne de plus en plus sujet de regretter la mort de notre mère, et que...

CLÉANTE. — J'entends sa voix. Éloignons-nous un peu pour achever notre confidence; et nous joindrons après nos forces pour venir attaquer la dureté de son humeur.

SCÈNE III.

HARPAGON, LA FLÈCHE.

HARPAGON. — Hors d'ici tout à l'heure, et qu'on ne réplique pas ! Allons, que l'on détale de chez moi, maître juré filou, vrai gibier de potence !

LA FLÈCHE *à part*. — Je n'ai jamais rien vu de si méchant que ce maudit vieillard; et je pense, sauf correction, qu'il a le diable au corps.

HARPAGON. — Tu murmures entre tes dents?

LA FLÈCHE. — Pourquoi me chassez-vous?

HARPAGON. — C'est bien à toi, pendard, à me demander des raisons ! Sors vite, que je ne t'assomme.

LA FLÈCHE. — Qu'est-ce que je vous ai fait?

HARPAGON. — Tu m'as fait, que je veux que tu sortes.

LA FLÈCHE. — Mon maître votre fils m'a donné ordre de l'attendre.

HARPAGON. — Va-t'en l'attendre dans la rue, et ne sois point dans ma maison, planté tout droit comme un piquet, à observer ce qui se passe et faire ton profit de tout. Je ne veux point voir sans cesse devant moi un espion de mes affaires, un traître, dont les yeux maudits assiégent toutes mes actions, dévorent ce que je possède, et furètent de tous côtés pour voir s'il n'y a rien à voler.

LA FLÈCHE. — Comment diantre voulez-vous qu'on fasse pour vous voler? Etes-vous un homme volable, quand vous renfermez toutes choses, et faites sentinelle jour et nuit ?

HARPAGON. — Je veux renfermer ce que bon me semble, et faire sentinelle comme il me plaît. Ne voilà pas de mes mouchards qui prennent garde à ce qu'on fait ! (*Bas, à part.*) Je tremble qu'il n'ait soupçonné quelque chose de mon argent. (*Haut.*) Ne serais-tu point homme à faire courir le bruit que j'ai chez moi de l'argent caché ?

LA FLÈCHE. — Vous avez de l'argent caché?

HARPAGON. — Non, coquin, je ne dis pas cela. (*Bas.*) J'enrage ! (*Haut*). Je demande si malicieusement tu n'irais point faire courir le bruit que j'en ai?

LA FLÈCHE. — Hé ! que nous importe que vous en ayez ou que vous n'en ayez pas, si c'est pour nous la même chose ?

HARPAGON *levant la main pour donner un soufflet à la Flèche*. — Tu fais le raisonneur ! je te baillerai de ce raisonnement-ci par les oreilles. Sors d'ici, encore une fois.

LA FLÈCHE. — Hé bien ! je sors.

HARPAGON. — Attends. Ne m'emportes-tu rien ?

LA FLÈCHE. — Que vous emporterais-je ?

HARPAGON. — Viens çà que je voie. Montre-moi tes mains.

LA FLÈCHE. — Les voilà.

HARPAGON. — Les autres.

LA FLÈCHE. — Les autres?

HARPAGON. — Oui.

LA FLÈCHE. — Les voilà.

HARPAGON *montrant le haut-de-chausses de la Flèche.* — N'as-tu rien mis ici dedans?

LA FLÈCHE. — Voyez vous-même.

HARPAGON *tâtant le bas des hauts-de-chausses de la Flèche.* — Ces grands hauts-de-chausses sont propres à devenir les recéleurs des choses qu'on dérobe, et je voudrais qu'on en eût fait pendre quelqu'un.

LA FLÈCHE *à part.* — Ah! qu'un homme comme cela mériterait bien ce qu'il craint! et que j'aurais de joie à le voler!

HARPAGON. — Hé?

LA FLÈCHE. — Quoi?

HARPAGON. — Qu'est-ce que tu parles de voler?

LA FLÈCHE. — Je dis que vous fouilliez bien partout pour voir si je vous ai volé.

HARPAGON. — C'est ce que je veux faire. (*Harpagon fouille dans les poches de la Flèche.*)

LA FLÈCHE *à part.* — La peste soit de l'avarice et des avaricieux!

HARPAGON. — Comment? que dis-tu?

LA FLÈCHE. — Ce que je dis?

HARPAGON. — Oui, qu'est-ce que tu dis d'avarice et d'avaricieux?

LA FLÈCHE. — Je dis que la peste soit de l'avarice et des avaricieux

HARPAGON. — De qui veux-tu parler?

LA FLÈCHE. — Des avaricieux.

HARPAGON. — Et qui sont-ils, ces avaricieux?

LA FLÈCHE. — Des vilains et des ladres.

HARPAGON. — Mais qui est-ce que tu entends par là?

LA FLÈCHE. — De quoi vous mettez-vous en peine?

HARPAGON. — Je me mets en peine de ce qu'il faut.

LA FLÈCHE. — Est-ce que vous croyez que je veux parler de vous?

HARPAGON. — Je crois ce que je crois; mais je veux que tu me dises à qui tu parles quand tu dis cela.

LA FLÈCHE. — Je parle... je parle à mon bonnet.

HARPAGON. — Et moi, je pourrais bien parler à ta barrette.

LA FLÈCHE. — M'empêcherez-vous de maudire les avaricieux?

HARPAGON. — Non; mais je t'empêcherai de jaser et d'être insolent· tais-toi.

LA FLÈCHE. — Je ne nomme personne.

HARPAGON. — Je te rosserai, si tu parles.

LA FLÈCHE. — Qui se sent morveux, qu'il se mouche.

HARPAGON. — Te tairas-tu?

LA FLÈCHE. — Oui, malgré moi.

HARPAGON. — Ah! ah!
LA FLÈCHE *montrant à Harpagon une poche de son justaucorps.* — Tenez, voilà encore une poche, êtes-vous satisfait?
HARPAGON. — Allons, rends-le-moi sans te fouiller.
LA FLÈCHE. — Quoi?
HARPAGON. — Ce que tu m'as pris.
LA FLÈCHE. — Je ne vous ai rien pris du tout.
HARPAGON. — Assurément?
LA FLÈCHE. — Assurément.
HARPAGON. — Adieu. Va-t'en à tous les diables.
LA FLÈCHE *à part.* — Me voilà fort bien congédié.
HARPAGON. — Je te le mets sur ta conscience au moins.

SCÈNE IV.

HARPAGON *seul.*

Voilà un pendard de valet qui m'incommode fort; et je ne me plais point à voir ce chien de boiteux-là. Certes, ce n'est pas une petite peine que de garder chez soi une grande somme d'argent; et bien heureux qui a tout son fait bien placé, et ne conserve seulement que ce qu'il faut pour sa dépense. On n'est pas peu embarrassé à inventer dans toute une maison une cache fidèle; car, pour moi, les coffres-forts me sont suspects, et je ne veux jamais m'y fier : je les tiens justement une franche amorce à voleurs; et c'est toujours la première chose que l'on va attaquer.

SCÈNE V.

HARPAGON, ÉLISE ET CLÉANTE *parlant ensemble et restant dans le fond du théâtre.*

HARPAGON *se croyant seul.* — Cependant je ne sais si j'aurai bien fait d'avoir enterré dans mon jardin dix mille écus qu'on me rendit hier. Dix mille écus en or, chez soi, est une somme assez... (*A part, apercevant Elise et Cléante.*) O ciel! je me serai trahi moi-même; la chaleur m'aura emporté; et je crois que j'ai parlé haut en raisonnant tout seul. (*A Cléante et à Élise.*) Qu'est-ce?
CLÉANTE. — Rien, mon père.
HARPAGON. — Y a-t-il longtemps que vous êtes là?
ÉLISE. — Nous ne venons que d'arriver.
HARPAGON. — Vous avez entendu...
CLÉANTE. — Quoi, mon père?
HARPAGON. — La...
ÉLISE. — Quoi?

HARPAGON. — Ce que je viens de dire.

CLÉANTE. — Non.

HARPAGON. — Si fait, si fait.

ÉLISE. — Pardonnez-moi.

HARPAGON. — Je vois bien que vous en avez ouï quelques mots. C'est que je m'entretenais en moi-même de la peine qu'il y a aujourd'hui à trouver de l'argent, et je disais qu'il est bien heureux qui peut avoir dix mille écus chez soi.

CLÉANTE. — Nous feignions à vous aborder de peur de vous interrompre.

HARPAGON. — Je suis bien aise de vous dire cela, afin que vous n'alliez pas prendre les choses de travers, et vous imaginer que je dise que c'est moi qui ai dix mille écus.

CLÉANTE. — Nous n'entrons point dans vos affaires.

HARPAGON. — Plût à Dieu que je les eusse, les dix mille écus !

CLÉANTE. — Je ne crois pas...

HARPAGON. — Ce serait une bonne affaire pour moi.

ÉLISE. — Ce sont des choses...

HARPAGON. — J'en aurais bon besoin.

CLÉANTE. — Je pense que...

HARPAGON. — Cela m'accommoderait fort.

ÉLISE. — Vous êtes...

HARPAGON. — Et je ne me plaindrais pas, comme je fais, que le temps est misérable.

CLÉANTE. — Mon Dieu ! mon père, vous n'avez pas lieu de vous plaindre, et l'on sait que vous avez assez de bien.

HARPAGON. — Comment ! j'ai assez de bien ! Ceux qui le disent en ont menti. Il n'y a rien de plus faux ; et ce sont des coquins qui font courir tous ces bruits-là.

ÉLISE. — Ne vous mettez point en colère.

HARPAGON. — Cela est étrange, que mes propres enfants me trahissent et deviennent mes ennemis !

CLÉANTE. — Est-ce être votre ennemi que de dire que vous avez du bien ?

HARPAGON. — Oui. De pareils discours, et les dépenses que vous faites, seront cause qu'un de ces jours on me viendra chez moi couper la gorge, dans la pensée que je suis tout cousu de pistoles.

CLÉANTE. — Quelle grande dépense est-ce que je fais ?

HARPAGON. — Quelle ? Est-il rien de plus scandaleux que ce somptueux équipage que vous promenez par la ville ? Je querellais hier votre sœur ; mais c'est encore pis. Voilà qui crie vengeance au ciel ; et, à vous prendre depuis les pieds jusqu'à la tête, il y aurait là de quoi faire une bonne constitution. Je vous l'ai dit vingt fois, mon fils : toutes vos manières me déplaisent fort, vous donnez furieusement dans le marquis ; et, pour aller ainsi vêtu, il faut bien que vous me dérobiez.

CLÉANTE. — Hé! comment vous dérober?

HARPAGON. — Que sais-je, moi? Où pouvez-vous donc prendre de quoi entretenir l'état que vous portez?

CLÉANTE. — Moi, mon père? c'est que je joue; et, comme je suis fort heureux, je mets sur moi tout l'argent que je gagne.

HARPAGON. — C'est fort mal fait. Si vous êtes heureux au jeu, vous en devriez profiter, et mettre à honnête intérêt l'argent que vous gagnez, afin de le trouver un jour. Je voudrais bien savoir, sans parler du reste, à quoi servent tous ces rubans dont vous voilà lardé depuis les pieds jusqu'à la tête, et si une demi-douzaine d'aiguillettes ne suffit pas pour attacher un haut-de-chausse. Il est bien nécessaire d'employer de l'argent à des perruques, lorsque l'on peut porter des cheveux de son cru, qui ne coûtent rien! Je vais gager qu'en perruques et rubans il y a du moins vingt pistoles; et vingt pistoles rapportent par année dix-huit livres six sous huit deniers, à ne les placer qu'au denier douze.

CLÉANTE. — Vous avez raison.

HARPAGON. — Laissons cela, et parlons d'autres affaires. (*Apercevant Cléante et Elise qui se font des signes.*) Hé! (*Bas, à part.*) Je crois qu'ils se font signe l'un à l'autre de me voler ma bourse. (*Haut.*) Que veulent dire ces gestes-là?

ÉLISE. — Nous marchandons, mon frère et moi, à qui parlera le premier; et nous avons tous deux quelque chose à vous dire.

HARPAGON. — Et moi, j'ai quelque chose aussi à vous dire à tous deux.

CLÉANTE. — C'est de mariage, mon père, que nous désirons vous parler.

HARPAGON. — Et c'est de mariage aussi que je veux vous entretenir.

ÉLISE. — Ah! mon père!

HARPAGON. — Pourquoi ce cri? est-ce le mot, ma fille, ou la chose qui vous fait peur?

CLÉANTE. — Le mariage peut nous faire peur à tous deux de la façon que vous pouvez l'entendre; et nous craignons que nos sentiments ne soient pas d'accord avec votre choix.

HARPAGON. — Un peu de patience. Ne vous alarmez point. Je sais ce qu'il faut à tous deux, et vous n'aurez ni l'un ni l'autre aucun lieu de vous plaindre de tout ce que je prétends faire; et pour commencer par un bout (*A Cléante*), avez-vous vu, dites-moi, une jeune personne appelée Mariane, qui ne loge pas loin d'ici?

CLÉANTE. — Oui, mon père.

HARPAGON. — Et vous?

ÉLISE. — J'en ai ouï parler.

HARPAGON. — Comment, mon fils, trouvez-vous cette fille?

CLÉANTE. — Une fort charmante personne.

HARPAGON. — Sa physionomie?

CLÉANTE. — Tout honnête et pleine d'esprit.

HARPAGON. — Son air et sa manière?

CLÉANTE. — Admirables, sans doute.

HARPAGON. — Ne croyez-vous pas qu'une fille comme cela mériterait assez que l'on songeât à elle?

CLÉANTE. — Oui, mon père.

HARPAGON. — Que ce serait un parti souhaitable?

CLÉANTE. — Très-souhaitable.

HARPAGON. — Qu'elle a toute la mine de faire un bon ménage?

CLÉANTE. — Sans doute.

HARPAGON. — Et qu'un mari aurait satisfaction avec elle?

CLÉANTE. — Assurément.

HARPAGON. — Il y a une petite difficulté; c'est que j'ai peur qu'il n'y ait pas, avec elle, tout le bien qu'on pourrait prétendre.

CLÉANTE. — Ah! mon père, le bien n'est pas considérable lorsqu'il est question d'épouser une honnête personne.

HARPAGON. — Pardonnez-moi, pardonnez-moi. Mais ce qu'il y a à dire, c'est que, si l'on n'y trouve pas tout le bien qu'on souhaite, on peut tâcher de regagner cela sur autre chose.

CLÉANTE. — Cela s'entend.

HARPAGON. — Enfin je suis bien aise de vous voir dans mes sentiments, car son maintien honnête et sa douceur m'ont gagné l'âme; et je suis résolu de l'épouser, pourvu que j'y trouve quelque bien.

CLÉANTE. — Hé!

HARPAGON. — Comment?

CLÉANTE. — Vous êtes résolu, dites-vous...

HARPAGON. — D'épouser Mariane.

CLÉANTE. — Qui? vous? vous?

HARPAGON. — Oui, moi, moi, moi. Que veut dire cela?

CLÉANTE. — Il m'a pris tout à coup un éblouissement, et je me retire d'ici.

HARPAGON. — Cela ne sera rien. Allez vite boire dans la cuisine un grand verre d'eau claire.

SCÈNE VI.

HARPAGON, ÉLISE.

HARPAGON. — Voilà de mes damoiseaux fluets qui n'ont non plus de vigueur que des poules... C'est là, ma fille, ce que j'ai résolu pour moi. Quant à ton frère, je lui destine une certaine veuve dont ce matin on m'est venu parler; et, pour toi, je te donne au seigneur Anselme.

ÉLISE. — Au seigneur Anselme?

HARPAGON. — Oui, un homme mûr, prudent et sage, qui n'a pas plus de cinquante ans, et dont on vante les grands biens.

ÉLISE *faisant la révérence.* — Je ne veux point me marier, mon père, s'il vous plaît.

HARPAGON *contre-faisant Elise.* — Et moi, ma petite fille, ma mie, je veux que vous vous mariiez, s'il vous plaît.

ÉLISE *faisant encore la révérence.* — Je vous demande pardon, mon père.

HARPAGON *contre-faisant Elise.* — Je vous demande pardon, ma fille.

ÉLISE. — Je suis très-humble servante au seigneur Anselme; mais (*faisant encore la révérence*), avec votre permission, je ne l'épouserai point.

HARPAGON. — Je suis votre très-humble valet; mais (*contre-faisant encore Elise*), avec votre permission, vous l'épouserez dès ce soir.

ÉLISE. — Dès ce soir?

HARPAGON. — Dès ce soir.

ÉLISE *faisant encore la révérence.* — Cela ne sera pas, mon père.

HARPAGON *contre-faisant encore Elise.* — Cela sera, ma fille.

ÉLISE. — Non.

HARPAGON. — Si.

ÉLISE. — Non, vous dis-je.

HARPAGON. — Si, vous dis-je.

ÉLISE. — C'est une chose où vous ne me réduirez point.

HARPAGON. — C'est une chose où je te réduirai.

ÉLISE. — Je me tuerai plutôt que d'épouser un tel mari.

HARPAGON. — Tu ne te tueras point, et tu l'épouseras. Mais voyez quelle audace! a-t-on jamais vu une fille parler de la sorte à son père?

ÉLISE. — Mais a-t-on jamais vu un père marier sa fille de la sorte?

HARPAGON. — C'est un parti où il n'y a rien à redire; et je gage que tout le monde approuvera mon choix.

ÉLISE. — Et moi, je gage qu'il ne saurait être approuvé d'aucune personne raisonnable.

HARPAGON *apercevant Valère de loin..* — Voilà Valère. Veux-tu qu'entre nous deux nous le fassions juge de cette affaire?

ÉLISE. — J'y consens.

HARPAGON. — Te rendras-tu à son jugement?

ÉLISE. — Oui, j'en passerai par ce qu'il dira.

HARPAGON. — Voilà qui est fait.

SCÈNE VII.

VALÈRE, HARPAGON, ÉLISE.

HARPAGON. — Ici, Valère. Nous t'avons élu pour nous dire qui a raison, de moi ou de ma fille.

VALÈRE. — C'est vous, monsieur, sans contredit.

HARPAGON. — Sais-tu bien de quoi nous parlons?

VALÈRE. — Non; mais vous ne sauriez avoir tort, et vous êtes tout raison.

HARPAGON. — Je veux ce soir lui donner pour époux un homme aussi riche que sage ; et la coquine me dit au nez qu'elle se moque de le prendre. Que dis-tu de cela?

VALÈRE. — Ce que j'en dis?

HARPAGON. — Oui.

VALÈRE. — Hé! hé!

HARPAGON. — Quoi?

VALÈRE. — Je dis que, dans le fond, je suis de votre sentiment; et vous ne pouvez pas que vous n'ayez raison : mais aussi n'a-t-elle pas tort tout à fait; et...

HARPAGON. — Comment! le seigneur Anselme est un parti considérable; c'est un gentilhomme qui est noble, doux, posé, sage et fort accommodé, et auquel il ne reste aucun enfant de son premier mariage. Saurait-elle mieux rencontrer?

VALÈRE. — Cela est vrai; mais elle pourrait vous dire que c'est un peu précipiter les choses, et qu'il faudrait au moins quelque temps pour voir si son inclination pourrait s'accorder avec...

HARPAGON. — C'est une occasion qu'il faut prendre vite aux cheveux. Je trouve ici un avantage qu'ailleurs je ne trouverais pas, et il s'engage à la prendre sans dot.

VALÈRE. — Sans dot?

HARPAGON. — Oui.

VALÈRE. — Ah! je ne dis plus rien. Voyez-vous! voilà une raison tout à fait convaincante; il se faut rendre à cela.

HARPAGON. — C'est pour moi une épargne considérable.

VALÈRE. — Assurément, cela ne reçoit point de contradiction. Il est vrai que votre fille vous peut représenter que le mariage est une plus grande affaire qu'on ne peut croire; qu'il y va d'être heureux ou malheureux toute sa vie; et qu'un engagement qui doit durer jusqu'à la mort ne se doit jamais faire qu'avec de grandes précautions.

HARPAGON. — Sans dot!

VALÈRE. — Vous avez raison. Voilà qui décide tout, cela s'entend. Il y a des gens qui pourraient vous dire qu'en de telles occasions l'inclination d'une fille est une chose, sans doute, où l'on doit avoir de l'égard, et que cette grande inégalité d'âge, d'humeur et de sentiments, rend un mariage sujet à des accidents très-fâcheux.

HARPAGON. — Sans dot!

VALÈRE. — Ah! il n'y a pas de réplique à cela, on le sait bien. Qui diantre peut aller là contre? Ce n'est pas qu'il n'y ait quantité de pères qui aimeraient mieux ménager la satisfaction de leurs filles que l'argent qu'ils pourraient donner; qui ne les voudraient point sacrifier à l'intérêt, et chercheraient, plus que toute autre chose, à mettre dans un mariage cette douce conformité qui sans cesse y maintient l'honneur, la tranquillité et la joie; et que...

HARPAGON. — Sans dot!

VALÈRE. — Il est vrai, cela ferme la bouche à tout. Sans dot! Le moyen de résister à une raison comme celle-là!

HARPAGON *à part regardant du côté du jardin.* — Ouais! il me semble que j'entends un chien qui aboie. N'est-ce point qu'on en voudrait à mon argent? (*A Valère.*) Ne bougez, je reviens tout à l'heure.

SCÈNE VIII.

ÉLISE, VALÈRE.

ÉLISE. — Vous moquez-vous, Valère, de lui parler comme vous faites?

VALÈRE. — C'est pour ne point l'aigrir, et pour en venir mieux à bout. Heurter de front ses sentiments est le moyen de tout gâter; et il y a de certains esprits qu'il ne faut prendre qu'en biaisant, des tempéraments ennemis de toute résistance, des naturels rétifs que la vérité fait cabrer, qui toujours se roidissent contre le droit chemin de la raison, et qu'on ne mène qu'en tournant où l'on veut les conduire. Faites semblant de consentir à ce qu'il veut, vous en viendrez mieux à vos fins, et...

ÉLISE. — Mais ce mariage, Valère?

VALÈRE. — On cherchera des biais pour le rompre.

ÉLISE. — Mais quelle invention trouver, s'il se doit conclure ce soir?

VALÈRE. — Il faut demander un délai, et feindre quelque maladie.

ÉLISE. — Mais on découvrira la feinte, si on appelle des médecins.

VALÈRE. — Vous moquez-vous? Y connaissent-ils quelque chose? Allez, allez, vous pourrez avec eux avoir quel mal il vous plaira; ils vous trouveront des raisons pour vous dire d'où cela vient.

SCÈNE IX.

HARPAGON, ÉLISE, VALÈRE.

HARPAGON *à part dans le fond du théâtre.* — Ce n'est rien, Dieu merci.

VALÈRE *sans voir Harpagon.* — Enfin notre dernier recours, c'est que la fuite nous peut mettre à couvert de tout; et si votre amour, belle Élise, est capable d'une fermeté... (*Apercevant Harpagon.*) Oui, il faut qu'une fille obéisse à son père. Il ne faut point qu'elle regarde comme un mari est fait; et lorsque la grande raison de *sans dot* s'y rencontre, elle doit être prête à prendre tout ce qu'on lui donne.

HARPAGON. — Bon! voilà bien parler, cela!

VALÈRE. — Monsieur, je vous demande pardon si je m'emporte un peu, et prends la hardiesse de lui parler comme je fais.

HARPAGON. — Comment! j'en suis ravi, et je veux que tu prennes sur elle un pouvoir absolu. (*A Élise.*) Oui, tu as beau fuir, je lui donne l'autorité que le ciel me donne sur toi, et j'entends que tu fasses tout ce qu'il te dira.

VALÈRE *à Élise.* — Après cela, résistez à mes remontrances.

SCÈNE X.

HARPAGON, VALÈRE.

VALÈRE. — Monsieur, je vais la suivre, pour lui continuer les leçons que je lui faisais.

HARPAGON. — Oui; tu m'obligeras, certes.

VALÈRE. — Il est bon de lui tenir un peu la bride haute.

HARPAGON. — Cela est vrai. Il faut...

VALÈRE. — Ne vous mettez pas en peine. Je crois que j'en viendrai à bout.

HARPAGON. — Fais, fais. Je m'en vais faire un petit tour en ville et reviens tout à l'heure.

VALÈRE *adressant la parole à Elise en s'en allant du côté par où elle est sortie.* — Oui, l'argent est plus précieux que toutes les choses du monde; et vous devez rendre grâce au ciel de l'honnête homme de père qu'il vous a donné. Il sait ce que c'est que de vivre. Lorsqu'on s'offre de prendre une fille sans dot, on ne doit point regarder plus avant. Tout est renfermé là-dedans; et *sans dot* tient lieu de beauté, de jeunesse, de naissance, d'honneur, de sagesse et de probité.

HARPAGON *seul.* — Ah! le brave garçon! voilà parler comme un oracle! Heureux qui peut avoir un domestique de la sorte!

ACTE DEUXIÈME.

SCÈNE I.

CLÉANTE, LA FLÈCHE.

CLÉANTE. — Ah! traître que tu es, où t'es-tu donc allé fourrer? Ne t'avais-je pas donné ordre...?

LA FLÈCHE. — Oui, monsieur, je m'étais rendu ici pour vous attendre de pied ferme; mais monsieur votre père, le plus malgracieux des hommes, m'a chassé dehors malgré moi, et j'ai couru risque d'être battu.

CLÉANTE. — Comment va notre affaire? Les choses pressent plus que jamais. Depuis que je t'ai vu, j'ai découvert que mon père est mon rival.

LA FLÈCHE. — Votre père amoureux?

CLÉANTE. — Oui; et j'ai eu toutes les peines du monde à lui cacher le trouble où cette nouvelle m'a mis.

LA FLÈCHE. — Lui, se mêler d'aimer! De quoi diable s'avise-t-il? Se moque-t-il du monde? et l'amour a-t-il été fait pour des gens bâtis comme lui?

CLÉANTE. — Il a fallu pour mes péchés que cette passion lui soit venue en tête.

LA FLÈCHE. — Mais par quelle raison lui faire un mystère de votre amour?

CLÉANTE. — Pour lui donner moins de soupçon, et me conserver, au besoin, des ouvertures plus aisées pour détourner ce mariage. Quelle réponse t'a-t-on faite?

LA FLÈCHE. — Ma foi, monsieur, ceux qui empruntent sont bien malheureux; et il faut essuyer d'étranges choses lorsqu'on est réduit à passer, comme vous, par les mains des fesse-mathieu.

CLÉANTE. — L'affaire ne se fera point?

LA FLÈCHE. — Pardonnez-moi. Notre maître Simon, le courtier qu'on nous a donné, homme agissant et plein de zèle, dit qu'il a fait rage pour vous, et il assure que votre seule physionomie lui a gagné le cœur.

CLÉANTE. — J'aurai les quinze mille francs que je demande?

LA FLÈCHE. — Oui, mais à quelques petites conditions qu'il faudra que vous acceptiez si vous avez dessein que les choses se fassent.

CLÉANTE. — T'a-t-il fait parler à celui qui doit prêter l'argent?

LA FLÈCHE. — Ah! vraiment cela ne va pas de la sorte. Il apporte encore plus de soin à se cacher que vous; et ce sont des mystères bien plus grands que vous ne pensez. On ne veut point du tout dire son nom : et l'on doit aujourd'hui l'aboucher avec vous dans une maison empruntée, pour être instruit par votre bouche de votre bien et de votre famille; et je ne doute point que le seul nom de votre père ne rende les choses faciles.

CLÉANTE. — Et principalement ma mère étant morte, dont on ne peut m'ôter le bien.

LA FLÈCHE. — Voici quelques articles qu'il a dictés lui-même à notre entremetteur, pour vous être montrés avant que de rien faire :

« Supposé que le prêteur voie toutes ses sûretés, et que l'emprun-
» teur soit majeur et d'une famille où le bien soit ample, solide,
» assure, clair, et net de tout embarras, on fera une bonne et exacte
» obligation par-devant un notaire, le plus honnête homme qu'il se
» pourra, et qui, pour cet effet, sera choisi par le prêteur, auquel il
» importe le plus que l'acte soit dûment dressé. »

CLÉANTE. — Il n'y a rien à dire à cela.

LA FLÈCHE. — « Le prêteur, pour ne charger sa conscience d'aucun
» scrupule, prétend ne donner son argent qu'au denier dix-huit. »

CLÉANTE. — Au denier dix-huit? Parbleu! voilà qui est honnête. Il n'y a pas lieu de se plaindre.

LA FLÈCHE. — Cela est vrai.

« Mais comme ledit prêteur n'a pas chez lui la somme dont il est
» question, et que, pour faire plaisir à l'emprunteur, il est contraint
» lui-même de l'emprunter d'un autre sur le pied du denier cinq, il
» conviendra que ledit premier emprunteur paye cet intérêt, sans pré-

» judice du reste, attendu que ce n'est que pour l'obliger que ledit
» prêteur s'engage à cet emprunt. »

CLÉANTE. — Comment diable! quel juif! quel arabe est-ce là! C'est plus qu'au denier quatre.

LA FLÈCHE. — Il est vrai, c'est ce que j'ai dit. Vous avez à voir là-dessus.

CLÉANTE. — Que veux-tu que je voie? J'ai besoin d'argent, et il faut bien que je consente à tout.

LA FLÈCHE. — C'est la réponse que j'ai faite.

CLÉANTE. — Il y a encore quelque chose?

LA FLÈCHE. — Ce n'est plus qu'un petit article.

« Des quinze mille francs qu'on demande, le prêteur ne pourra
» compter en argent que douze mille livres; et, pour les mille écus
» restants, il faudra que l'emprunteur prenne les hardes, nippes et
» bijoux dont s'ensuit le mémoire, et que ledit prêteur a mis de bonne
» foi au plus modique prix qu'il lui a été possible. »

CLÉANTE. — Que veut dire cela?

LA FLÈCHE. — Ecoutez le mémoire.

« Premièrement, un lit de quatre pieds, à bandes de point de Hon-
» grie, appliquées fort proprement sur un drap de couleur d'olive,
» avec six chaises et la courte-pointe de même; le tout bien condi-
» tionné et doublé d'un petit taffetas changeant rouge et bleu.
» Plus, un pavillon à queue, d'une bonne serge d'Aumale rose-sè-
» che, avec le mollet et les franges de soie. »

CLÉANTE. — Que veut-il que je fasse de cela?

LA FLÈCHE. — Attendez.

« Plus, une tenture de tapisserie des amours de Gombaud et de
» Macé.
» Plus, une grande table de bois de noyer à douze colonnes ou pi-
» liers tournés, qui se tire par les deux bouts, et garnie par le dessous
» de ses six escabelles. »

CLÉANTE. — Qu'ai-je à faire, morbleu!...

LA FLÈCHE. — Donnez-vous patience.

« Plus, trois gros mousquets, tout garnis de nacre de perle, avec
» les trois fourchettes assortissantes.
» Plus, un fourneau de brique avec deux cornues et trois récipients
» fort utiles à ceux qui sont curieux de distiller. »

CLÉANTE. — J'enrage!

LA FLÈCHE. — Doucement.

« Plus, un luth de Bologne, garni de toutes ses cordes, ou peu
» s'en faut.
» Plus, un trou-madame et un damier, avec un jeu de l'oie, renou-
» velé des Grecs, fort propre à passer le temps lorsque l'on n'a que
» faire.

» Plus, une peau de lézard de trois pieds et demi, remplie de foin,
» curiosité agréable pour pendre au plancher d'une chambre.

» Le tout ci-dessus mentionné valant loyalement plus de quatre
» mille cinq cents livres, et rabaissé à la valeur de mille écus par la
» discrétion du prêteur. »

CLÉANTE. — Que la peste l'étouffe avec sa discrétion, le traître, le bourreau qu'il est! A-t-on jamais parlé d'une usure semblable? et n'est-il pas content du furieux intérêt qu'il exige, sans vouloir encore m'obliger à prendre pour trois mille livres les vieux rogatons qu'il ramasse? Je n'aurai pas deux cents écus de tout cela. Et cependant il faut bien me résoudre à consentir à ce qu'il veut; car il est en état de me faire tout accepter, et il me tient, le scélérat, le poignard sur la gorge.

LA FLÈCHE. — Je vous vois, monsieur, ne vous en déplaise, dans le grand chemin justement que tenait Panurge pour se ruiner, prenant argent d'avance, achetant cher, vendant à bon marché, et mangeant son blé en herbe.

CLÉANTE. — Que veux-tu que j'y fasse? Voilà où les jeunes gens sont réduits par la maudite avarice des pères : et on s'étonne après cela que les fils souhaitent qu'ils meurent!

LA FLÈCHE. — Il faut avouer que le vôtre animerait contre sa vilenie le plus posé homme du monde. Je n'ai pas, Dieu merci, les inclinations fort patibulaires; et, parmi mes confrères que je vois se mêler de beaucoup de petits commerces, je sais tirer adroitement mon épingle du jeu, et me démêler prudemment de toutes les galanteries qui sentent tant soit peu l'échelle : mais, à vous dire vrai, il me donnerait, par ses procédés, des tentations de le voler; et je croirais, en le volant, faire une action méritoire.

CLÉANTE. — Donne-moi un peu ce mémoire, que je le voie encore.

SCÈNE II.

HARPAGON, MAÎTRE SIMON; CLÉANTE ET LA FLÈCHE
dans le fond du théâtre.

Mᵉ SIMON. — Oui, monsieur, c'est un jeune homme qui a besoin d'argent : ses affaires le pressent d'en trouver, et il en passera par tout ce que vous prescrirez.

HARPAGON. — Mais, croyez-vous, maître Simon, qu'il n'y ait rien à péricliter? et savez-vous le nom, les biens et la famille de celui pour qui vous parlez?

Mᵉ SIMON. — Non. Je ne puis pas bien vous en instruire à fond; et ce n'est que par aventure que l'on m'a adressé à lui : mais vous serez de toutes choses éclairci par lui-même, et son homme m'a assuré que vous serez content quand vous le connaîtrez. Tout ce que je saurais vous dire, c'est que sa famille est fort riche, qu'il n'a plus de mère déjà, et qu'il s'obligera, si vous voulez, que son père mourra avant qu'il soit huit mois.

HARPAGON. — C'est quelque chose que cela. La charité, maître Simon, nous oblige à faire plaisir aux personnes lorsque nous le pouvons.

M⁰ SIMON. — Cela s'entend.

LA FLÈCHE *bas à Cléante, reconnaissant maître Simon.* — Que veut dire ceci? Notre maître Simon qui parle à votre père!

CLÉANTE *bas à la Flèche.* — Lui aurait-on appris qui je suis? et serais-tu pour me trahir?

M⁰ SIMON *à Cléante et à la Flèche.* — Ah! ah! vous êtes bien pressés! Qui vous a dit que c'était céans? (*A* Harpagon.) Ce n'est pas moi, monsieur, au moins, qui leur ai découvert votre nom et votre logis. Mais, à mon avis, il n'y a pas grand mal à cela; ce sont des personnes discrètes, et vous pouvez ici vous expliquer ensemble.

HARPAGON. — Comment!

M⁰ SIMON *montrant Cléante.* — Monsieur est la personne qui veut vous emprunter les quinze mille livres dont je vous ai parlé.

HARPAGON. — Comment, pendard! c'est toi qui t'abandonnes à ces coupables extrémités!

CLÉANTE. — Comment, mon père! c'est vous qui vous portez à ces honteuses actions!

(*Maître Simon s'enfuit et la Flèche va se cacher.*)

SCÈNE III.

HARPAGON, CLÉANTE.

HARPAGON. — C'est toi qui te veux ruiner par des emprunts si condamnables!

CLÉANTE. — C'est vous qui cherchez à vous enrichir par des usures si criminelles!

HARPAGON. — Oses-tu bien, après cela, paraître devant moi?

CLÉANTE. — Osez-vous bien, après cela, vous présenter aux yeux du monde?

HARPAGON. — N'as-tu point de honte, dis-moi, d'en venir à ces débauches-là, de te précipiter dans des dépenses effroyables, et de faire une honteuse dissipation du bien que tes parents t'ont amassé avec tant de sueurs?

CLÉANTE. — Ne rougissez-vous point de déshonorer votre condition par les commerces que vous faites, de sacrifier gloire et réputation au désir insatiable d'entasser écu sur écu, et de renchérir, en fait d'intérêt, sur les plus infâmes subtilités qu'aient jamais inventées les plus célèbres usuriers?

HARPAGON. — Ote-toi de mes yeux, coquin, ôte-toi de mes yeux!

CLÉANTE. — Qui est plus criminel, à votre avis, ou celui qui achète un argent dont il a besoin, ou bien celui qui vole un argent dont il n'a que faire?

HARPAGON. — Retire-toi, te dis-je, et ne m'échauffe pas les oreilles!

(*Seul.*) Je ne suis pas fâché de cette aventure; et ce m'est un avis de tenir l'œil plus que jamais sur toutes ses actions.

SCÈNE IV.

FROSINE, HARPAGON.

FROSINE. — Monsieur...
HARPAGON. — Attendez un moment, je vais revenir vous parler. (*A part.*) Il est à propos que je fasse un petit tour à mon argent.

SCÈNE V.

LA FLÈCHE, FROSINE.

LA FLÈCHE *sans voir Frosine*. — L'aventure est tout à fait drôle. Il faut bien qu'il ait quelque part un ample magasin de hardes, car nous n'avons rien reconnu au mémoire que nous avons.

FROSINE. — Hé! c'est toi, mon pauvre la Flèche! D'où vient cette rencontre?

LA FLÈCHE. — Ah, ah! c'est toi, Frosine! Que viens-tu faire ici?

FROSINE. — Ce que je fais partout ailleurs : m'entremettre d'affaires, me rendre serviable aux gens, et profiter, du mieux qu'il m'est possible, des petits talents que je puis avoir. Tu sais que, dans ce monde, il faut vivre d'adresse, et qu'aux personnes comme moi le ciel n'a donné d'autres rentes que l'intrigue et que l'industrie.

LA FLÈCHE. — As-tu quelque négoce avec le patron du logis?

FROSINE. — Oui; je traite pour lui quelque petite affaire dont j'espère une récompense.

LA FLÈCHE. — De lui? Ah! ma foi, tu seras bien fine si tu en tires quelque chose; et je te donne avis que l'argent céans est fort cher.

FROSINE. — Il y a de certains services qui touchent merveilleusement.

LA FLÈCHE. — Je suis votre valet, et tu ne connais pas encore le seigneur Harpagon. Le seigneur Harpagon est de tous les humains l'humain le moins humain, le mortel de tous les mortels le plus dur et le plus serré. Il n'est point de service qui pousse sa reconnaissance jusqu'à lui faire ouvrir les mains. De la louange, de l'estime, de la bienveillance en paroles et de l'amitié tant qu'il vous plaira; mais de l'argent, point d'affaires. Il n'est rien de plus sec et de plus aride que ses bonnes grâces et ses caresses; et *donner* est un mot pour qui il a tant d'aversion, qu'il ne dit jamais : *Je vous donne*, mais : *Je vous prête le bonjour.*

FROSINE. — Mon Dieu! je sais l'art de traire les hommes; j'ai le secret de m'ouvrir leur tendresse, de chatouiller leurs cœurs, de trouver les endroits par où ils sont sensibles.

LA FLÈCHE. — Bagatelles ici! Je te défie d'attendrir, du côté de l'argent, l'homme dont il est question. Il est Turc là-dessus, mais d'une turquerie à désespérer tout le monde; et l'on pourrait crever, qu'il n'en branlerait pas. En un mot, il aime l'argent plus que réputation, qu'honneur et que vertu; et la vue d'un demandeur lui donne des convulsions : c'est le frapper par son endroit mortel, c'est lui percer le cœur, c'est lui arracher les entrailles; et si.... Mais il revient, je me retire.

SCÈNE VI.

HARPAGON, FROSINE.

HARPAGON *bas*. — Tout va comme il faut. (*Haut*.) Hé bien! qu'est-ce, Frosine?

FROSINE. — Ah! mon Dieu! que vous vous portez bien! et que vous avez là un vrai visage de santé!

HARPAGON. — Qui? moi?

FROSINE. — Jamais je ne vous vis un teint si frais et si gaillard.

HARPAGON. — Tout de bon?

FROSINE. — Comment! vous n'avez de votre vie été si jeune que vous êtes, et je vois des gens de vingt-cinq ans qui sont plus vieux que vous.

HARPAGON. — Cependant, Frosine, j'en ai soixante bien comptés.

FROSINE. — Hé bien! qu'est-ce que cela? soixante ans! voilà bien de quoi! C'est la fleur de l'âge, cela; et vous entrez maintenant dans la belle saison de l'homme.

HARPAGON. — Il est vrai; mais vingt années de moins pourtant ne me feraient point de mal, je crois.

FROSINE. — Vous moquez-vous? Vous n'avez pas besoin de cela, et vous êtes d'une pâte à vivre jusqu'à cent ans.

HARPAGON. — Tu le crois?

FROSINE. — Assurément; vous en avez toutes les marques. Tenez-vous un peu. Oh! que voilà bien, entre vos deux yeux, un signe de longue vie!

HARPAGON. — Tu te connais à cela?

FROSINE. — Sans doute. Montrez-moi votre main. Ah! mon Dieu! quelle ligne de vie!

HARPAGON. — Comment?

FROSINE. — Ne voyez-vous pas jusqu'où va cette ligne-là?

HARPAGON. — Hé bien! qu'est-ce que cela veut dire?

FROSINE. — Par ma foi, je disais cent ans; mais vous passerez les six vingts.

HARPAGON. — Est-il possible?

FROSINE. — Il faudra vous assommer, vous dis-je; et vous mettrez en terre et vos enfants et les enfants de vos enfants.

HARPAGON. — Tant mieux! Comment va notre affaire?

FROSINE. — Faut-il le demander? et me voit-on mêler de rien dont je ne vienne à bout? J'ai, surtout pour les mariages, un talent merveilleux. Il n'est point de parti au monde que je ne trouve en peu de temps le moyen d'accoupler; et je crois, si je me l'étais mis en tête, que je marierais le Grand Turc avec la République de Venise. Il n'y avait pas sans doute de si grandes difficultés à cette affaire-ci. Comme j'ai commerce chez elles, je les ai à fond l'une et l'autre entretenues de vous; et j'ai dit à la mère le dessein que vous aviez conçu pour Mariane, à la voir passer dans la rue et prendre l'air à sa fenêtre.

HARPAGON. — Qui a fait réponse....?

FROSINE. — Elle a reçu la proposition avec joie; et, quand je lui ai témoigné que vous souhaitiez fort que sa fille assistât ce soir au contrat de mariage qui doit se faire de la vôtre, elle y a consenti sans peine, et me l'a confiée pour cela.

HARPAGON. — C'est que je suis obligé, Frosine, de donner à souper au seigneur Anselme; et je serai bien aise qu'elle soit du régal.

FROSINE. — Vous avez raison. Elle doit après dîner rendre visite à votre fille, d'où elle fait son compte d'aller faire un tour à la foire, pour venir ensuite au souper.

HARPAGON. — Hé bien! elles iront ensemble dans mon carrosse, que je leur prêterai.

FROSINE. — Voilà justement son affaire.

HARPAGON. — Mais, Frosine, as-tu entretenu la mère touchant le bien qu'elle peut donner à sa fille? Lui as-tu dit qu'il fallait qu'elle s'aidât un peu, qu'elle fît quelque effort, qu'elle se saignât pour une occasion comme celle-ci? Car encore n'épouse-t-on point une fille sans qu'elle apporte quelque chose.

FROSINE. — Comment! c'est une fille qui vous apportera douze mille livres de rente.

HARPAGON. — Douze mille livres de rente?

FROSINE. — Oui. Premièrement elle est nourrie et élevée dans une grande épargne de bouche : c'est une fille accoutumée à vivre de salade, de lait, de fromage et de pommes, et à laquelle par conséquent il ne faudra ni table bien servie, ni consommés exquis, ni orges mondés perpétuels, ni les autres délicatesses qu'il faudrait pour une autre femme; et cela ne va pas à si peu de chose, qu'il ne monte bien tous les ans à trois mille francs pour le moins. Outre cela, elle n'est curieuse que d'une propreté fort simple, et n'aime point les superbes habits ni les riches bijoux, ni les meubles somptueux, où donnent ses pareilles avec tant de chaleur; et cet article-là vaut plus de quatre mille livres par an. De plus, elle a une aversion horrible pour le jeu : ce qui n'est pas commun aux femmes d'aujourd'hui; et j'en sais une de nos quartiers qui a perdu, à trente et quarante, vingt mille francs cette année. Mais n'en prenons rien que le quart. Cinq mille francs au jeu par an, quatre mille francs en habits et bijoux, cela fait neuf mille livres; et mille écus que nous mettons pour la nourriture : ne voilà-t-il pas par année vos douze mille francs bien comptés?

HARPAGON. — Oui, cela n'est pas mal; mais ce compte-là n'est rien de réel.

FROSINE. — Pardonnez-moi. N'est-ce pas quelque chose de réel que de vous apporter en mariage une grande sobriété, l'héritage d'un grand amour de simplicité de parure, et l'acquisition d'un grand fonds de haine pour le jeu?

HARPAGON. — C'est une raillerie que de vouloir me constituer sa dot de toutes les dépenses qu'elle ne fera point. Je n'irai pas donner quittance de ce que je ne reçois pas; et il faut bien que je touche quelque chose.

FROSINE. — Mon Dieu! vous toucherez assez; et elles m'ont parlé d'un certain pays où elles ont du bien dont vous serez le maître.

HARPAGON. — Il faudra voir cela. Mais, Frosine, il y a encore une chose qui m'inquiète. La fille est jeune, comme tu vois; et les jeunes gens d'ordinaire n'aiment que leurs semblables, ne cherchent que leur compagnie. J'ai peur qu'un homme de mon âge ne soit pas de son goût, et que cela ne vienne à produire chez moi certains petits désordres qui ne m'accommoderaient pas.

FROSINE. — Ah! que vous la connaissez mal! c'est encore une particularité que j'avais à vous dire. Elle a une aversion épouvantable pour tous les jeunes gens, et n'a de l'amour que pour les vieillards.

HARPAGON. — Elle?

FROSINE. — Oui, elle. Je voudrais que vous l'eussiez entendue parler là-dessus. Elle ne peut souffrir du tout la vue d'un jeune homme; mais elle n'est point plus ravie, dit-elle, que lorsqu'elle peut voir un beau vieillard avec une barbe majestueuse. Les plus vieux sont pour elle les plus charmants; et je vous avertis de n'aller pas vous faire plus jeune que vous êtes. Elle veut tout au moins qu'on soit sexagénaire; et il n'y a pas quatre mois encore qu'étant près d'être mariée elle rompit tout net le mariage sur ce que son amant fit voir qu'il n'avait que cinquante-six ans et qu'il ne prit point de lunettes pour signer le contrat.

HARPAGON. — Sur cela seulement?

FROSINE. — Oui. Elle dit que ce n'est pas contentement pour elle que cinquante-six ans; et surtout elle est pour les nez qui portent des lunettes.

HARPAGON. — Certes, tu me dis là une chose toute nouvelle.

FROSINE. — Cela va plus loin qu'on ne vous peut dire. On lui voit dans sa chambre quelques tableaux et quelques estampes. Mais que pensez-vous que ce soit? des Adonis? des Céphale? des Pâris et des Apollon? Non : de beaux portraits de Saturne, du roi Priam, du vieux Nestor et du bon père Anchise sur les épaules de son fils.

HARPAGON. — Cela est admirable! Voilà ce que je n'aurais jamais pensé; et je suis bien aise d'apprendre qu'elle est de cette humeur. En effet, si j'avais été femme, je n'aurais point aimé les jeunes hommes.

FROSINE. — Je le crois bien. Voilà de belles drogues que des jeunes gens, pour les aimer! ce sont de beaux morveux, de beaux godelureaux, pour donner envie de leur peau! et je voudrais bien savoir quel ragoût il y a à eux!

HARPAGON. — Pour moi, je n'y en comprends point, et je ne sais pas comment il y a des femmes qui les aiment tant.

FROSINE. — Il faut être folle fieffée. Trouver la jeunesse aimable, est-ce avoir le sens commun? Sont-ce des hommes que de jeunes blondins? et peut-on s'attacher à ces animaux-là?

HARPAGON. — C'est ce que je dis tous les jours. Avec leur ton de poule laitée, leurs trois petits brins de barbe relevés en barbe de chat, leurs perruques d'étoupes, leurs hauts-de-chausses tout tombants, et leurs estomacs débraillés!...

FROSINE. — Hé! cela est bien bâti auprès d'une personne comme vous! Voilà un homme, cela! Il y a de quoi satisfaire à la vue; et c'est ainsi qu'il faut être fait et vêtu pour donner de l'amour.

HARPAGON. — Tu me trouves bien?

FROSINE. — Comment! vous êtes à ravir, et votre figure est à peindre. Tournez-vous un peu, s'il vous plaît. Il ne se peut pas mieux. Que je vous voie marcher. Voilà un corps taillé, libre et dégagé comme il faut, et qui ne marque aucune incommodité.

HARPAGON. — Je n'en ai pas de grandes, Dieu merci; il n'y a que ma fluxion qui me prend de temps en temps.

FROSINE. — Cela n'est rien; votre fluxion ne vous sied point mal, et vous avez grâce à tousser.

HARPAGON. — Dis-moi un peu : Mariane ne m'a-t-elle point encore vu? n'a-t-elle point pris garde à moi en passant?

FROSINE. — Non; mais nous nous sommes fort entretenues de vous : je lui ai fait un portrait de votre personne; et je n'ai pas manqué de lui vanter votre mérite et l'avantage que ce lui serait d'avoir un mari comme vous.

HARPAGON. — Tu as bien fait, et je t'en remercie.

FROSINE. — J'aurais, monsieur, une petite prière à vous faire. J'ai un procès que je suis sur le point de perdre, faute d'un peu d'argent. (*Harpagon prend un air sérieux.*) Et vous pourriez facilement me procurer le gain de ce procès si vous aviez quelques bontés pour moi... Vous ne sauriez croire le plaisir qu'elle aura de vous voir. (*Harpagon reprend un air gai.*) Ah! que vous lui plairez! et que votre fraise à l'antique fera sur son esprit un effet admirable! Mais surtout elle sera charmée de votre haut-de-chausses attaché au pourpoint avec des aiguillettes : c'est pour la rendre folle de vous; et un amant aiguilleté sera pour elle un ragoût merveilleux.

HARPAGON. — Certes, tu me ravis de me dire cela.

FROSINE. — En vérité, monsieur, ce procès m'est d'une conséquence tout à fait grande. (*Harpagon reprend son air sérieux.*) Je suis ruinée si je le perds; et quelque petite assistance me rétablirait mes affaires.... Je voudrais que vous eussiez vu le ravissement où elle était à m'entendre parler de vous. (*Harpagon reprend un air gai.*) La joie éclatait dans ses yeux au récit de vos qualités; et je l'ai mise enfin dans une impatience extrême de voir ce mariage entièrement conclu.

HARPAGON. — Tu m'as fait grand plaisir, Frosine; et je t'en ai, je te l'avoue, toutes les obligations du monde.

FROSINE. — Je vous prie, monsieur, de me donner le petit secours que je vous demande. (*Harpagon reprend encore son air sérieux.*) Cela me remettra sur pied, et je vous en serai éternellement obligée.

HARPAGON. — Adieu. Je vais achever mes dépêches.

FROSINE. — Je vous assure, monsieur, que vous ne sauriez jamais me soulager dans un plus grand besoin.

HARPAGON. — Je mettrai ordre que mon carrosse soit tout prêt pour vous mener à la foire.

FROSINE. — Je ne vous importunerais pas si je ne m'y voyais forcée par la nécessité.

HARPAGON. — Et j'aurai soin qu'on soupe de bonne heure pour ne vous point faire malades.

FROSINE. — Ne me refusez pas la grâce dont je vous sollicite. Vous ne sauriez croire, monsieur, le plaisir que...

HARPAGON. — Je m'en vais. Voilà qu'on m'appelle. Jusqu'à tantôt.

FROSINE *seule*. — Que la fièvre te serre, chien de vilain, à tous les diables! Le ladre a été ferme à toutes mes attaques. Mais il ne me faut pas pourtant quitter la négociation; et j'ai l'autre côté, en tout cas, d'où je suis assurée de tirer bonne récompense.

ACTE TROISIÈME.

SCÈNE I.

HARPAGON, CLÉANTE, ÉLISE, VALÈRE; DAME CLAUDE *tenant un balai*; MAÎTRE JACQUES, LA MERLUCHE, BRINDAVOINE.

HARPAGON. — Allons, venez çà tous, que je vous distribue mes ordres pour tantôt, et règle à chacun son emploi. Approchez, dame Claude; commençons par vous. Bon, vous voilà les armes à la main. Je vous commets au soin de nettoyer partout; et surtout prenez garde de frotter les meubles trop fort, de peur de les user. Outre cela, je vous constitue pendant le souper au gouvernement des bouteilles; et, s'il s'en écarte quelqu'une, et qu'il se casse quelque chose, je m'en prendrai à vous, et le rabattrai sur vos gages.

Mᵉ JACQUES *à part.* — Châtiment politique!
HARPAGON *à dame Claude.* — Allez.

SCÈNE II.

HARPAGON, CLÉANTE, ÉLISE, VALÈRE, MAÎTRE JACQUES, BRINDAVOINE, LA MERLUCHE.

HARPAGON. — Vous, Brindavoine, et vous, la Merluche, je vous établis dans la charge de rincer les verres et de donner à boire, mais seulement lorsque l'on aura soif, et non pas selon la coutume de certains impertinents de laquais qui viennent provoquer les gens, et les faire aviser de boire lorsqu'on n'y songe pas. Attendez qu'on vous en demande plus d'une fois, et vous ressouvenez de porter toujours beaucoup d'eau.

Mᵉ JACQUES *à part.* — Oui, le vin pur monte à la tête.

LA MERLUCHE. — Quitterons-nous nos souquenilles, monsieur?

HARPAGON. — Oui, quand vous verrez venir les personnes; et gardez bien de gâter vos habits.

BRINDAVOINE. — Vous savez bien, monsieur, qu'un des devants de mon pourpoint est couvert d'une grande tache de l'huile de la lampe.

LA MERLUCHE. — Et moi, monsieur, que j'ai mon haut-de-chausses tout troué par derrière, et qu'on me voit, révérence parler...

HARPAGON *à la Merluche.* — Paix; rangez cela adroitement du côté de la muraille, et présentez toujours le devant au monde. (*A Brindavoine en lui montrant comme il doit mettre son chapeau au-devant de son pourpoint pour cacher la tache d'huile.*) Et vous, tenez toujours votre chapeau ainsi, lorsque vous servirez.

SCÈNE III.

HARPAGON, CLÉANTE, ÉLISE, VALÈRE, MAÎTRE JACQUES.

HARPAGON. — Pour vous, ma fille, vous aurez l'œil sur ce que l'on desservira, et prendrez garde qu'il ne s'en fasse aucun dégât. Cela sied bien aux filles. Mais cependant préparez-vous à bien recevoir ma maîtresse, qui vous doit venir visiter et vous mener avec elle à la foire. Entendez-vous ce que je vous dis?

ÉLISE. — Oui, mon père.

SCÈNE IV.

HARPAGON, CLÉANTE, VALÈRE, MAÎTRE JACQUES.

HARPAGON. — Et vous, mon fils le damoiseau, à qui j'ai la bonté de pardonner l'histoire de tantôt, ne vous allez pas aviser non plus de lui faire mauvais visage.

CLÉANTE. — Moi, mon père? mauvais visage? et par quelle raison?

HARPAGON. — Mon Dieu! nous savons le train des enfants dont les pères se remarient, et de quel œil ils ont coutume de regarder ce qu'on appelle belle-mère. Mais si vous souhaitez que je perde le souvenir de votre dernière fredaine, je vous recommande surtout de régaler d'un bon visage cette personne-là, et de lui faire enfin tout le meilleur accueil qu'il vous sera possible.

CLÉANTE. — A vous dire le vrai, mon père, je ne puis pas vous promettre d'être bien aise qu'elle devienne ma belle-mère; je mentirais si je vous le disais : mais pour ce qui est de la bien recevoir et de lui faire bon visage, je vous promets de vous obéir ponctuellement sur ce chapitre.

HARPAGON. — Prenez-y garde, au moins.

CLÉANTE. — Vous verrez que vous n'aurez pas sujet de vous en plaindre.

HARPAGON. — Vous ferez sagement.

SCÈNE V.

HARPAGON, VALÈRE, MAÎTRE JACQUES.

HARPAGON. — Valère, aide-moi à ceci. Oh çà, maître Jacques, approchez-vous; je vous ai gardé pour le dernier.

Mᵉ JACQUES. — Est-ce à votre cocher, monsieur, ou bien à votre cuisinier, que vous voulez parler? car je suis l'un et l'autre.

HARPAGON. — C'est à tous les deux.

Mᵉ JACQUES. — Mais à qui des deux le premier?

HARPAGON. — Au cuisinier.

Mᵉ JACQUES. — Attendez donc, s'il vous plaît.

(*Maître Jacques ôte sa casaque de cocher et paraît vêtu en cuisinier.*)

HARPAGON. — Quelle diantre de cérémonie est-ce là?

Mᵉ JACQUES. — Vous n'avez qu'à parler.

HARPAGON. — Je me suis engagé, maître Jacques, à donner ce soir à souper.

Mᵉ JACQUES *à part.* — Grande merveille!

HARPAGON. — Dis-moi un peu, nous feras-tu bonne chère?

Mᵉ JACQUES. — Oui, si vous me donnez bien de l'argent.

HARPAGON. — Que diable! toujours de l'argent! Il semble qu'ils n'aient rien autre chose à dire, de l'argent! de l'argent! de l'argent! Ah! ils n'ont que ce mot à la bouche, de l'argent! Toujours parler d'argent! Voilà leur épée de chevet, de l'argent!

VALÈRE. — Je n'ai jamais vu de réponse plus impertinente que celle-là. Voilà une belle merveille que de faire bonne chère avec bien de l'argent! c'est une chose la plus aisée du monde, et il n'y a si pauvre esprit qui n'en fît bien autant. Mais pour agir en habile homme, il faut parler de faire bonne chère avec peu d'argent.

Mᵉ JACQUES. — Bonne chère avec peu d'argent!

VALÈRE. — Oui.

Mᵉ JACQUES *à Valère*. — Par ma foi, monsieur l'intendant, vous nous obligerez de nous faire voir ce secret et de prendre mon office de cuisinier : aussi bien vous mêlez-vous céans d'être le factotum.

HARPAGON. — Taisez-vous. Qu'est-ce qu'il nous faudra?

Mᵉ JACQUES. — Voilà monsieur votre intendant qui vous fera bonne chère pour peu d'argent.

HARPAGON. — Ah! je veux que tu me répondes.

Mᵉ JACQUES. — Combien serez-vous de gens à table?

HARPAGON. — Nous serons huit ou dix; mais il ne faut prendre que huit. Quand il y a à manger pour huit, il y en a bien pour dix.

VALÈRE. — Cela s'entend.

Mᵉ JACQUES. — Hé bien! il faudra quatre grands potages et cinq assiettes.... Potages... Entrées...

HARPAGON. — Que diable! voilà pour traiter une ville tout entière.

Mᵉ JACQUES. — Rôt...

HARPAGON *mettant la main sur la bouche de maître Jacques*. — Ah! traître, tu manges tout mon bien.

Mᵉ JACQUES. — Entremets...

HARPAGON *mettant encore la main sur la bouche de maître Jacques*. — Encore!

VALÈRE *à maître Jacques*. — Est-ce que vous avez envie de faire crever tout le monde? et monsieur a-t-il invité des gens pour les assassiner à force de mangeaille? Allez-vous-en lire un peu les préceptes de la santé, et demander aux médecins s'il y a rien de plus préjudiciable à l'homme que de manger avec excès.

HARPAGON. — Il a raison.

VALÈRE. — Apprenez, maître Jacques, vous et vos pareils, que c'est un coupe-gorge qu'une table remplie de trop de viandes; que, pour se bien montrer ami de ceux que l'on invite, il faut que la frugalité règne dans les repas qu'on donne, et que, suivant le dire d'un ancien, *il faut manger pour vivre, et non pas vivre pour manger.*

HARPAGON. — Ah! que cela est bien dit! approche, que je t'embrasse pour ce mot. Voilà la plus belle sentence que j'aie entendue de ma vie : *Il faut vivre pour manger, et non pas manger pour vi...* Non, ce n'est pas cela. Comment est-ce que tu dis?

VALÈRE. — Qu'*il faut manger pour vivre, et non pas vivre pour manger.*

HARPAGON *à maître Jacques*. — Oui. Entends-tu? (*A Valère.*) Qui est le grand homme qui a dit cela?

VALÈRE. — Je ne me souviens pas maintenant de son nom.

HARPAGON. — Souviens-toi de m'écrire ces mots : je les veux faire graver en lettres d'or sur la cheminée de ma salle.

VALÈRE. — Je n'y manquerai pas : et, pour votre souper, vous n'avez qu'à me laisser faire, je réglerai tout cela comme il faut.

HARPAGON. — Fais donc.

M⁰ JACQUES. — Tant mieux, j'en aurai moins de peine.

HARPAGON *à Valère*. — Il faudra de ces choses dont on ne mange guère, et qui rassasient d'abord; quelque bon haricot bien gras, avec quelque pâté en pot bien garni de marrons.

VALÈRE. — Reposez-vous sur moi.

HARPAGON. — Maintenant, maître Jacques, il faut nettoyer mon carrosse.

M⁰ JACQUES. — Attendez. Ceci s'adresse au cocher. (*Maître Jacques remet sa casaque.*) Vous dites?...

HARPAGON. — Qu'il faut nettoyer mon carrosse et tenir mes chevaux tout prêts pour conduire à la foire...

M⁰ JACQUES. — Vos chevaux, monsieur! Ma foi, ils ne sont point du tout en état de marcher. Je ne vous dirai point qu'ils sont sur la litière, les pauvres bêtes n'en ont point; et ce serait mal parler : mais vous leur faites observer des jeûnes si austères, que ce ne sont plus rien que des idées ou des fantômes, des façons de chevaux.

HARPAGON. — Les voilà bien malades! ils ne font rien.

M⁰ JACQUES. — Et pour ne faire rien, monsieur, est-ce qu'il ne faut rien manger? Il leur vaudrait bien mieux, les pauvres animaux, de travailler beaucoup, de manger de même. Cela me fend le cœur, de les voir ainsi exténués; car enfin j'ai une tendresse pour mes chevaux, qu'il me semble que c'est moi-même, quand je les vois pâtir; je m'ôte tous les jours pour eux les choses de la bouche : et c'est être, monsieur, d'un naturel trop dur, que de n'avoir nulle pitié de son prochain.

HARPAGON. — Le travail ne sera pas grand d'aller jusqu'à la foire.

M⁰ JACQUES. — Non, monsieur, je n'ai point le courage de les mener, et je ferais conscience de leur donner des coups de fouet en l'état où ils sont. Comment voudriez-vous qu'ils traînassent un carrosse? ils ne peuvent pas se traîner eux-mêmes.

VALÈRE. — Monsieur, j'obligerai le voisin le Picard à se charger de les conduire; aussi bien nous fera-t-il ici besoin pour apprêter le souper.

M⁰ JACQUES. — Soit. J'aime mieux encore qu'ils meurent sous la main d'un autre que sous la mienne.

VALÈRE. — Maître Jacques fait bien le raisonnable.

M⁰ JACQUES. — Monsieur l'intendant fait bien le nécessaire.

HARPAGON. — Paix!

M⁰ JACQUES. — Monsieur, je ne saurais souffrir les flatteurs; et je vois que ce qu'il en fait, que ses contrôles perpétuels sur le pain et le vin, le bois, le sel et la chandelle, ne sont rien que pour vous gratter et vous faire sa cour. J'enrage de cela, et je suis fâché tous les jours d'entendre ce qu'on dit de vous; car enfin je me sens pour vous de la tendresse, en dépit que j'en aie, et, après mes chevaux, vous êtes la personne que j'aime le plus.

Harpagon. — Pourrais-je savoir de vous, maître Jacques, ce que l'on dit de moi?

Mᵉ Jacques. — Oui, monsieur, si j'étais assuré que cela ne vous fâchât point.

Harpagon. — Non, en aucune façon.

Mᵉ Jacques. — Pardonnez-moi; je sais fort bien que je vous mettrais en colère.

Harpagon. — Point du tout; au contraire, c'est me faire plaisir, et je suis bien aise d'apprendre comme on parle de moi.

Mᵉ Jacques. — Monsieur, puisque vous le voulez, je vous dirai franchement qu'on se moque partout de vous, qu'on nous jette de tous côtés cent brocards à votre sujet, et que l'on n'est point plus ravi que de vous tenir au cul et aux chausses, et de faire sans cesse des contes de votre lésine. L'un dit que vous faites imprimer des almanachs particuliers, où vous faites doubler les quatre-temps et les vigiles, afin de profiter des jeûnes où vous obligez votre monde; l'autre, que vous avez toujours une querelle toute prête à faire à vos valets dans le temps des étrennes, ou de leur sortie d'avec vous, pour vous trouver une raison de ne leur donner rien : celui-là conte qu'une fois vous fîtes assigner le chat d'un de vos voisins pour vous avoir mangé un reste de gigot de mouton; celui-ci, que l'on vous surprit, une nuit, en venant dérober vous-même l'avoine de vos chevaux, et que votre cocher, qui était celui d'avant moi, vous donna dans l'obscurité je ne sais combien de coups de bâton dont vous ne voulûtes rien dire. Enfin, voulez-vous que je vous dise? on ne saurait aller nulle part où l'on ne vous entende accommoder de toutes pièces : vous êtes la fable et la risée de tout le monde; et jamais on ne parle de vous que sous les noms d'avare, de ladre, de vilain et de fesse-mathieu.

Harpagon *en battant maître Jacques.* — Vous êtes un sot, un maraud, un coquin et un impudent.

Mᵉ Jacques. — Hé bien! ne l'avais-je pas deviné? Vous ne m'avez pas voulu croire. Je vous avais bien dit que je vous fâcherais de vous dire la vérité.

Harpagon. — Apprenez à parler.

SCÈNE VI.

VALÈRE, maître JACQUES.

Valère *riant.* — A ce que je puis voir, maître Jacques, on paye mal votre franchise.

Mᵉ JACQUES. — Morbleu! monsieur le nouveau venu, qui faites l'homme d'importance, ce n'est pas votre affaire. Riez de vos coups de bâton quand on vous en donnera, et ne venez point rire des miens.

VALÈRE. — Ah! monsieur maître Jacques, ne vous fâchez pas, je vous prie.

Mᵉ JACQUES *à part.* — Il file doux. Je veux faire le brave, et, s'il est assez sot pour me craindre, le frotter quelque peu. (*Haut.*) Savez-vous bien, monsieur le rieur, que je ne ris pas, moi, et que, si vous m'échauffez la tête, je vous ferai rire d'une autre sorte? (*Maître Jacques pousse Valère jusqu'au bout du théâtre en le menaçant.*)

VALÈRE. — Hé! doucement.

Mᵉ JACQUES. — Comment, doucement! Il ne me plaît pas, moi.

VALÈRE. — De grâce!

Mᵉ JACQUES. — Vous êtes un impertinent!

VALÈRE. — Monsieur maître Jacques!...

Mᵉ JACQUES. — Il n'y a point de monsieur maître Jacques pour un double. Si je prends un bâton, je vous rosserai d'importance.

VALÈRE. — Comment! un bâton! (*Valère fait reculer maître Jacques à son tour.*)

Mᵉ JACQUES. — Hé! je ne parle pas de cela.

VALÈRE. — Savez-vous bien, monsieur le fat, que je suis homme à vous rosser vous-même?

Mᵉ JACQUES. — Je n'en doute pas.

VALÈRE. — Que vous n'êtes, pour tout potage, qu'un faquin de cuisinier?

Mᵉ JACQUES. — Je le sais bien.

VALÈRE. — Et que vous ne me connaissez pas encore?

Mᵉ JACQUES. — Pardonnez-moi.

VALÈRE. — Vous me rosserez, dites-vous?

Mᵉ JACQUES. — Je le disais en raillant.

VALÈRE. — Et moi je ne prends point de goût à votre raillerie. (*Donnant des coups de bâton à maître Jacques.*) Apprenez que vous êtes un mauvais railleur.

Mᵉ JACQUES *seul.* — Peste soit de la sincérité! c'est un mauvais métier: désormais j'y renonce, et je ne veux plus dire vrai. Passe encore pour mon maître, il a quelque droit de me battre; mais pour ce monsieur l'intendant, je m'en vengerai si je puis.

SCÈNE VII.

MARIANE, FROSINE, MAÎTRE JACQUES.

FROSINE. — Savez-vous, maître Jacques, si votre maître est au logis?

Mᵉ JACQUES. — Oui vraiment, il y est; je ne le sais que trop.

FROSINE. — Dites-lui, je vous prie, que nous sommes ici.

SCÈNE VIII.

MARIANE, FROSINE.

MARIANE. — Ah! que je suis, Frosine, dans un étrange état! et, s'il faut dire ce que je sens, que j'appréhende cette vue!

FROSINE. — Mais pourquoi? et quelle est votre inquiétude?

MARIANE. — Hélas! me le demandez-vous? et ne vous figurez-vous point les alarmes d'une personne toute prête à voir le supplice où l'on veut l'attacher?

FROSINE. — Je vois bien que, pour mourir agréablement, Harpagon n'est pas le supplice que vous voudriez embrasser; et je connais, à votre mine, que le jeune blondin dont vous m'avez parlé vous revient un peu dans l'esprit.

MARIANE. — Oui : c'est une chose, Frosine, dont je ne veux pas me défendre; et les visites respectueuses qu'il a rendues chez nous ont fait, je vous l'avoue, quelque effet dans mon âme.

FROSINE. — Mais avez-vous su quel il est?

MARIANE. — Non, je ne sais point quel il est; mais je sais qu'il est fait d'un air à se faire aimer; que, si l'on pouvait mettre les choses à mon choix, je le prendrais plutôt qu'un autre; et qu'il ne contribue pas peu à me faire trouver un tourment effroyable dans l'époux qu'on veut me donner.

FROSINE. — Mon Dieu! tous ces blondins sont agréables et débitent fort bien leur fait : mais la plupart sont gueux comme des rats; et il vaut mieux pour vous de prendre un vieux mari qui vous donne beaucoup de bien. Je vous avoue que les sens ne trouvent pas si bien leur compte du côté que je dis, et qu'il y a quelques petits dégoûts à essuyer avec un tel époux : mais cela n'est pas pour durer; et sa mort, croyez-moi, vous mettra bientôt en état d'en prendre un plus aimable qui réparera toutes choses.

MARIANE. — Mon Dieu! Frosine, c'est une étrange affaire, lorsque, pour être heureuse, il faut souhaiter ou attendre le trépas de quelqu'un! et la mort ne suit pas tous les projets que nous faisons.

FROSINE. — Vous moquez-vous? Vous ne l'épousez qu'aux conditions de vous laisser veuve bientôt; et ce doit être là un des articles du contrat. Il serait bien impertinent de ne pas mourir dans trois mois. Le voici en propre personne.

MARIANE. — Ah! Frosine, quelle figure!

SCÈNE IX.

HARPAGON, MARIANE, FROSINE.

HARPAGON *à Mariane*. — Ne vous offensez pas, ma belle, si je viens à vous avec des lunettes. Je sais que vos appas frappent assez les yeux, sont assez visibles d'eux-mêmes, et qu'il n'est pas besoin de lunettes pour les apercevoir : mais enfin c'est avec des lunettes qu'on observe les astres ; et je maintiens et garantis que vous êtes un astre, mais un astre, le plus bel astre qui soit dans le pays des astres... Frosine, elle ne répond mot, et ne témoigne, ce me semble, aucune joie de me voir.

FROSINE. — C'est qu'elle est encore toute surprise : et puis les filles ont toujours honte à témoigner d'abord ce qu'elles ont dans l'âme.

HARPAGON *à Frosine*. — Tu as raison. (*A Mariane.*) Voilà, belle mignonne, ma fille qui vient vous saluer.

SCÈNE X.

HARPAGON, ÉLISE, MARIANE, FROSINE.

MARIANE. — Je m'acquitte bien tard, madame, d'une telle visite.

ÉLISE. — Vous avez fait, madame, ce que je devais faire; et c'était à moi de vous prévenir.

HARPAGON. — Vous voyez qu'elle est grande; mais mauvaise herbe croît toujours.

MARIANE *bas à Frosine*. — O l'homme déplaisant!

HARPAGON *à Frosine*. — Que dit la belle?

FROSINE. — Qu'elle vous trouve admirable.

HARPAGON. — C'est trop d'honneur que vous me faites, adorable mignonne.

MARIANE *à part*. — Quel animal!

HARPAGON. — Je vous suis trop obligé de ces sentiments.

MARIANE *à part*. — Je n'y puis plus tenir.

SCÈNE XI.

HARPAGON, MARIANE, ÉLISE, CLÉANTE, VALÈRE, FROSINE, BRINDAVOINE.

HARPAGON. — Voici mon fils aussi qui vous vient faire la révérence.

MARIANE *bas à Frosine.* — Ah! Frosine, quelle rencontre! C'est justement celui dont je t'ai parlé.

FROSINE *à Mariane.* — L'aventure est merveilleuse.

HARPAGON. — Je vois que vous vous étonnez de me voir de si grands enfants; mais je serai bientôt défait et de l'un et de l'autre.

CLÉANTE *à Mariane.* — Madame, à vous dire le vrai, c'est ici une aventure où, sans doute, je ne m'attendais pas; et mon père ne m'a pas peu surpris lorsqu'il m'a dit tantôt le dessein qu'il avait formé.

MARIANE. — Je puis dire la même chose : c'est une rencontre imprévue qui m'a surprise autant que vous; et je n'étais point préparée à une telle aventure.

CLÉANTE. — Il est vrai que mon père, madame, ne peut pas faire un plus beau choix, et que ce m'est une sensible joie que l'honneur de vous voir; mais, avec tout cela, je ne vous assurerai point que je me réjouis du dessein où vous pourriez être de devenir ma belle-mère. Le compliment, je vous l'avoue, est trop difficile pour moi; et c'est un titre, s'il vous plaît, que je ne vous souhaite point. Ce discours paraîtra brutal aux yeux de quelques-uns; mais je suis assuré que vous serez personne à le prendre comme il faudra; que c'est un mariage, madame, où vous vous imaginez bien que je dois avoir de la répugnance; que vous n'ignorez pas, sachant ce que je suis, comme il choque mes intérêts; et que vous voulez bien enfin que je vous dise, avec la permission de mon père, que, si les choses dépendaient de moi, cet hymen ne se ferait point.

HARPAGON. — Voilà un compliment bien impertinent! Quelle belle confession à lui faire!

MARIANE. — Et moi, pour vous répondre, j'ai à vous dire que les choses sont fort égales; et que, si vous auriez de la répugnance à me voir votre belle-mère, je n'en aurais pas moins, sans doute, à vous voir mon beau-fils. Ne croyez pas, je vous prie, que ce soit moi qui cherche à vous donner cette inquiétude. Je serais fort fâchée de vous causer du déplaisir; et, si je ne m'y vois forcée par une puissance absolue, je vous donne ma parole que je ne consentirai point au mariage qui vous chagrine.

HARPAGON. — Elle a raison : à sot compliment il faut une réponse de même. Je vous demande pardon, ma belle, de l'impertinence de mon fils; c'est un jeune sot qui ne sait pas encore la conséquence des paroles qu'il dit.

MARIANE. — Je vous promets que ce qu'il m'a dit ne m'a point du tout offensée; au contraire, il m'a fait plaisir de m'expliquer ainsi ses véritables sentiments. J'aime de lui un aveu de la sorte; et s'il avait parlé d'autre façon, je l'en estimerais bien moins.

HARPAGON. — C'est beaucoup de bonté à vous de vouloir ainsi excuser ses fautes. Le temps le rendra plus sage, et vous verrez qu'il changera de sentiments.

CLÉANTE. — Non, mon père, je ne suis point capable d'en changer, et je prie instamment madame de le croire.

HARPAGON. — Mais voyez quelle extravagance! il continue encore plus fort.

CLÉANTE. — Voulez-vous que je trahisse mon cœur?

HARPAGON. — Encore! Avez-vous envie de changer de discours?

CLÉANTE. — Hé bien! puisque vous voulez que je parle d'autre façon : Souffrez, madame, que je me mette ici à la place de mon père, et que je vous avoue que je n'ai rien vu dans le monde de si charmant que vous; que je ne conçois rien d'égal au bonheur de vous plaire, et que le titre de votre époux est une gloire, une félicité que je préférerais aux destinées des plus grands princes de la terre. Oui, madame, le bonheur de vous posséder est, à mes regards, la plus belle de toutes les fortunes; c'est où j'attache toute mon ambition. Il n'y a rien que je ne sois capable de faire pour une conquête si précieuse; et les obstacles les plus puissants...

HARPAGON. — Doucement, mon fils, s'il vous plaît.

CLÉANTE. — C'est un compliment que je fais pour vous à madame.

HARPAGON. — Mon Dieu! j'ai une langue pour m'expliquer moi-même, et je n'ai pas besoin d'un interprète comme vous. Allons, donnez des siéges.

FROSINE. — Non, il vaut mieux que de ce pas nous allions à la foire, afin d'en revenir plus tôt, et d'avoir tout le temps ensuite de nous entretenir.

HARPAGON à *Brindavoine.*—Qu'on mette donc les chevaux au carrosse.

SCÈNE XII.

HARPAGON, MARIANE, ÉLISE, CLÉANTE, VALÈRE, FROSINE.

HARPAGON à *Mariane.* — Je vous prie de m'excuser, ma belle, si je n'ai pas songé à vous donner un peu de collation avant que de partir.

CLÉANTE. — J'y ai pourvu, mon père; et j'ai fait apporter ici quelques bassins d'oranges de la Chine, de citrons doux et de confitures, que j'ai envoyé quérir de votre part.

HARPAGON bas à *Valère.* — Valère?

VALÈRE à *Harpagon.* — Il a perdu le sens.

CLÉANTE. — Est-ce que vous trouvez, mon père, que ce ne soit pas assez? Madame aura la bonté d'excuser cela, s'il lui plaît.

MARIANE. — C'est une chose qui n'était pas nécessaire.

CLÉANTE. — Avez-vous jamais vu, madame, un diamant plus vif que celui que vous voyez que mon père a au doigt?

MARIANE. — Il est vrai qu'il brille beaucoup.

CLÉANTE *ôtant du doigt de son père le diamant et le donnant à Mariane.* — Il faut que vous le voyiez de près.

MARIANE. — Il est fort beau, sans doute, et jette quantité de feux.

CLÉANTE *se mettant au-devant de Mariane, qui veut rendre le diamant.* — Non, madame, il est en de trop belles mains; c'est un présent que mon père vous fait.

HARPAGON. — Moi?

CLÉANTE. — N'est-il pas vrai, mon père, que vous voulez que madame le garde pour l'amour de vous?

HARPAGON *bas à son fils.* — Comment!

CLÉANTE *à Mariane.* — Belle demande! il me fait signe de vous le faire accepter.

MARIANE. — Je ne veux point...

CLÉANTE *à Mariane.* — Vous moquez-vous? Il n'a garde de le reprendre.

HARPAGON *à part.* — J'enrage!

MARIANE. — Ce serait...

CLÉANTE *empêchant toujours Mariane de rendre le diamant.* — Non, vous dis-je; c'est l'offenser.

MARIANE. — De grâce...

CLÉANTE. — Point du tout.

HARPAGON *à part.* — Peste soit....!

CLÉANTE. — Le voilà qui se scandalise de votre refus.

HARPAGON *bas à son fils.* — Ah! traître!

CLÉANTE *à Mariane.* — Vous voyez qu'il se désespère.

HARPAGON *bas à son fils en le menaçant.* — Bourreau que tu es!

CLÉANTE. — Mon père, ce n'est pas ma faute : je fais ce que je puis pour l'obliger à le garder; mais elle est obstinée.

HARPAGON *bas à son fils avec emportement.* — Pendard!

CLÉANTE. — Vous êtes cause, madame, que mon père me querelle.

HARPAGON *bas à son fils avec les mêmes gestes.* — Le coquin!

CLÉANTE *à Mariane.* — Vous le ferez tomber malade. De grâce, madame, ne résistez pas davantage.

FROSINE *à Mariane.* — Mon Dieu! que de façons! Gardez la bague, puisque monsieur le veut.

MARIANE *à Harpagon.* — Pour ne vous point mettre en colère, je la garde maintenant; et je prendrai un autre temps pour vous la rendre.

L'AVARE,

SCÈNE XIII.

HARPAGON, MARIANE, ÉLISE, CLÉANTE, VALÈRE, FROSINE, BRINDAVOINE.

BRINDAVOINE. — Monsieur, il y a là un homme qui veut vous parler.

HARPAGON. — Dis-lui que je suis empêché, et qu'il revienne une autre fois.

BRINDAVOINE. — Il dit qu'il vous apporte de l'argent.

HARPAGON *à Mariane*. — Je vous demande pardon, je reviens tout à l'heure.

SCÈNE XIV.

HARPAGON, MARIANE, ÉLISE, CLÉANTE, VALÈRE, FROSINE, LA MERLUCHE.

LA MERLUCHE *courant et faisant tomber Harpagon*. — Monsieur...

HARPAGON. — Ah! je suis mort.

CLÉANTE. — Qu'est-ce, mon père? Vous êtes-vous fait mal?

HARPAGON. — Le traître assurément a reçu de l'argent de mes débiteurs pour me faire rompre le cou!

VALÈRE *à Harpagon*. — Cela ne sera rien.

LA MERLUCHE *à Harpagon*. — Monsieur, je vous demande pardon; je croyais bien faire d'accourir vite.

HARPAGON. — Que viens-tu faire ici, bourreau?

LA MERLUCHE. — Vous dire que vos deux chevaux sont déferrés.

HARPAGON. — Qu'on les mène promptement chez le maréchal.

CLÉANTE. — En attendant qu'ils soient ferrés, je vais faire pour vous, mon père, les honneurs de votre logis, et conduire madame dans le jardin, où je ferai porter la collation.

SCÈNE XV.

HARPAGON, VALÈRE.

HARPAGON. — Valère, aie un peu l'œil à tout cela; et prends soin, je te prie, de m'en sauver le plus que tu pourras pour le renvoyer au marchand.

VALÈRE. — C'est assez.

HARPAGON *seul*. — O fils impertinent! as-tu envie de me ruiner?

ACTE QUATRIÈME.

SCÈNE I.

CLÉANTE, MARIANE, ÉLISE, FROSINE.

CLÉANTE. — Rentrons ici, nous serons beaucoup mieux ; il n'y a plus autour de nous personne de suspect, et nous pouvons parler librement.

ÉLISE. — Oui, madame, mon frère m'a fait confidence de la passion qu'il a pour vous. Je sais les chagrins et les déplaisirs que sont capables de causer de pareilles traverses ; et c'est, je vous assure, avec une tendresse extrême que je m'intéresse à votre aventure.

MARIANE. — C'est une douce consolation que de voir dans ses intérêts une personne comme vous ; et je vous conjure, madame, de me garder toujours cette généreuse amitié, si capable de m'adoucir les cruautés de la fortune.

FROSINE. — Vous êtes, par ma foi, de malheureuses gens, l'un et l'autre, de ne m'avoir point, avant tout ceci, avertie de votre affaire. Je vous aurais sans doute détourné cette inquiétude, et n'aurais point amené les choses où l'on voit qu'elles sont.

CLÉANTE. — Que veux-tu ! c'est ma mauvaise destinée qui l'a voulu ainsi. Mais, belle Mariane, quelles résolutions sont les vôtres ?

MARIANE. — Hélas ! suis-je en pouvoir de faire des résolutions ? et, dans la dépendance où je me vois, puis-je former que des souhaits ?

CLÉANTE. — Point d'autre appui pour moi dans votre cœur que de simples souhaits ? point de pitié officieuse ? point de secourable bonté ? point d'affection agissante ?

MARIANE. — Que saurais-je vous dire ? mettez-vous en ma place, et voyez ce que je puis faire. Avisez, ordonnez vous-même, je m'en remets à vous ; et je vous crois trop raisonnable pour vouloir exiger de moi que ce qui peut m'être permis par l'honneur et la bienséance.

CLÉANTE. — Hélas ! où me réduisez-vous, que de me renvoyer à ce que voudront me permettre les fâcheux sentiments d'un rigoureux honneur et d'une scrupuleuse bienséance ?

MARIANE. — Mais que voulez-vous que je fasse ? Quand je pourrais passer sur quantité d'égards où notre sexe est obligé, j'ai de la considération pour ma mère : elle m'a toujours élevée avec une tendresse extrême ; et je ne saurais me résoudre à lui donner du déplaisir. Faites, agissez auprès d'elle ; employez tous vos soins à gagner son esprit ; vous pouvez faire et dire tout ce que vous voudrez, je vous en donne la licence ; et, s'il ne tient qu'à me déclarer en votre faveur, je veux bien consentir à lui faire un aveu moi-même de tout ce que je sens pour vous.

CLÉANTE. — Frosine, ma pauvre Frosine, voudrais-tu nous servir?

FROSINE. — Par ma foi, faut-il le demander? je le voudrais de tout mon cœur. Vous savez que de mon naturel je suis assez humaine. Le ciel ne m'a point fait l'âme de bronze; et je n'ai que trop de tendresse à rendre de petits services, quand je vois des gens qui s'entr'aiment en tout bien et en tout honneur. Que pourrions-nous faire à ceci?

CLÉANTE. — Songe un peu, je te prie.

MARIANE. — Ouvre-nous des lumières.

ÉLISE. — Trouve quelque invention pour rompre ce que tu as fait.

FROSINE. — Ceci est assez difficile. (*A Mariane.*) Pour votre mère, elle n'est pas tout à fait déraisonnable; et peut-être pourrait-on la gagner et la résoudre à transporter au fils le don qu'elle veut faire au père. (*A Cléante.*) Mais le mal que j'y trouve, c'est que votre père est votre père.

CLÉANTE. — Cela s'entend.

FROSINE. — Je veux dire qu'il conservera du dépit si l'on montre qu'on le refuse, et qu'il ne sera point d'humeur ensuite à donner son consentement à votre mariage. Il faudrait, pour bien faire, que le refus vînt de lui-même, et tâcher par quelque moyen de le dégoûter de votre personne.

CLÉANTE. — Tu as raison.

FROSINE. — Oui, j'ai raison, je le sais bien. C'est là ce qu'il faudrait; mais le diantre est d'en pouvoir trouver les moyens... Attendez. Si nous avions quelque femme un peu sur l'âge, qui fût de mon talent, et jouât assez bien pour contrefaire une dame de qualité, par le moyen d'un train fait à la hâte, et d'un bizarre nom de marquise ou de vicomtesse, que nous supposerions de la basse Bretagne, j'aurais assez d'adresse pour faire accroire à votre père que ce serait une personne riche, outre ses maisons, de cent mille écus en argent comptant; qu'elle serait éperdument amoureuse de lui, et souhaiterait de se voir sa femme, jusqu'à lui donner tout son bien par contrat de mariage : et je ne doute point qu'il ne prêtât l'oreille à la proposition. Car enfin il vous aime fort, je le sais; mais il aime un peu plus l'argent : et quand, ébloui de ce leurre, il aurait une fois consenti à ce qui vous touche, il importerait peu ensuite qu'il se désabusât, en venant à vouloir voir clair aux affaires de notre marquise.

CLÉANTE. — Tout cela est fort bien pensé.

FROSINE. — Laissez-moi faire. Je viens de me ressouvenir d'une de mes amies qui sera notre fait.

CLÉANTE. — Sois assurée, Frosine, de ma reconnaissance, si tu viens à bout de la chose. Mais, charmante Mariane, commençons, je vous prie, par gagner votre mère; c'est toujours beaucoup faire que de rompre ce mariage. Faites-y, de votre part, je vous conjure, tous les efforts qu'il vous sera possible. Servez-vous de tout le pouvoir que vous donne sur elle cette amitié qu'elle a pour vous : déployez sans réserve les grâces éloquentes, les charmes tout-puissants que le ciel a placés dans vos yeux et dans votre bouche; et n'oubliez rien, s'il vous plaît, de ces tendres paroles, de ces douces prières, et de ces caresses touchantes à qui je suis persuadé qu'on ne saurait rien refuser.

MARIANE. — J'y ferai tout ce que je puis, et n'oublierai aucune chose.

SCÈNE II.

HARPAGON, CLÉANTE, MARIANE, ÉLISE, FROSINE.

HARPAGON *à part, sans être aperçu.* — Ouais! mon fils baise la main de sa prétendue belle-mère, et sa prétendue belle-mère ne s'en défend pas fort. Y aurait-il quelque mystère là-dessous?

ÉLISE. — Voilà mon père.

HARPAGON. — Le carrosse est tout prêt, vous pouvez partir quand il vous plaira.

CLÉANTE. — Puisque vous n'y allez pas, mon père, je m'en vais les conduire.

HARPAGON. — Non, demeurez; elles iront bien toutes seules, et j'ai besoin de vous.

SCENE III.

HARPAGON, CLÉANTE.

HARPAGON. — Oh çà, intérêt de belle-mère à part, que te semble, à toi, de cette personne?

CLÉANTE. — Ce qu'il m'en semble?

HARPAGON. — Oui, de son air, de sa taille, de sa beauté, de son esprit?

CLÉANTE. — La, la.

HARPAGON. — Mais encore?

CLÉANTE. — A vous en parler franchement, je ne l'ai pas trouvée ici ce que je l'avais crue. Son air est de franche coquette, sa taille est assez gauche, sa beauté très-médiocre, et son esprit des plus communs. Ne croyez pas que ce soit, mon père, pour vous en dégoûter; car, belle-mère pour belle-mère, j'aime autant celle-là qu'une autre.

HARPAGON. — Tu lui disais tantôt pourtant...

CLÉANTE. — Je lui ai dit quelques douceurs en votre nom; mais c'était pour vous plaire.

HARPAGON. — Si bien donc que tu n'aurais pas d'inclination pour elle?

CLÉANTE. — Moi? point du tout.

HARPAGON. — J'en suis fâché, car cela rompt une pensée qui m'était venue dans l'esprit. J'ai fait, en la voyant ici, réflexion sur mon âge;

et j'ai songé qu'on pourra trouver à redire de me voir marier à une si jeune personne. Cette considération m'en faisait quitter le dessein ; et comme je l'ai fait demander, et que je suis pour elle engagé de parole, je te l'aurais donnée, sans l'aversion que tu témoignes.

CLÉANTE. — A moi?

HARPAGON. — A toi.

CLÉANTE. — En mariage?

HARPAGON. — En mariage.

CLÉANTE. — Ecoutez. Il est vrai qu'elle n'est pas fort à mon goût : mais, pour vous faire plaisir, mon père, je me résoudrai à l'épouser, si vous voulez.

HARPAGON. — Moi? Je suis plus raisonnable que tu ne penses ; je ne veux point forcer ton inclination.

CLÉANTE. — Pardonnez-moi, je me ferai cet effort pour l'amour de vous.

HARPAGON. — Non, non ; un mariage ne saurait être heureux où l'inclination n'est pas.

CLÉANTE. — C'est une chose, mon père, qui peut-être viendra ensuite ; et l'on dit que l'amour est souvent un fruit du mariage.

HARPAGON. — Non : du côté de l'homme on ne doit point risquer l'affaire ; et ce sont des suites fâcheuses où je n'ai garde de me commettre. Si tu avais senti quelque inclination pour elle, à la bonne heure ; je te l'aurais fait épouser, au lieu de moi : mais, cela n'étant pas, je suivrai mon premier dessein, et je l'épouserai moi-même.

CLÉANTE. — Hé bien, mon père, puisque les choses sont ainsi, il faut vous découvrir mon cœur, il faut vous révéler notre secret. La vérité est que je l'aime, depuis un jour que je la vis dans une promenade ; que mon dessein était tantôt de vous la demander pour femme ; et que rien ne m'a retenu que la déclaration de vos sentiments et la crainte de vous déplaire.

HARPAGON. — Lui avez-vous rendu visite?

CLÉANTE. — Oui, mon père.

HARPAGON. — Beaucoup de fois?

CLÉANTE. — Assez, pour le temps qu'il y a.

HARPAGON. — Vous a-t-on bien reçu?

CLÉANTE. — Fort bien, mais sans savoir qui j'étais ; et c'est ce qui a fait tantôt la surprise de Mariane.

HARPAGON. — Lui avez-vous déclaré votre passion et le dessein où vous étiez de l'épouser?

CLÉANTE. — Sans doute ; et même j'en avais fait à sa mère quelque peu d'ouverture.

HARPAGON. — A-t-elle écouté pour sa fille votre proposition?

CLÉANTE. — Oui, fort civilement.

HARPAGON. — Et la fille correspond-elle fort à votre amour?

CLÉANTE. — Si j'en dois croire les apparences, je me persuade, mon père, qu'elle a quelque bonté pour moi.

HARPAGON *bas, à part*. — Je suis bien aise d'avoir appris un tel secret; et voilà justement ce que je demandais. (*Haut*.) Or sus, mon fils, savez-vous ce qu'il y a? C'est qu'il faut songer, s'il vous plaît, à vous défaire de votre amour, à cesser toutes vos poursuites auprès d'une personne que je prétends pour moi, et à vous marier dans peu avec celle qu'on vous destine.

CLÉANTE. — Oui, mon père, c'est ainsi que vous me jouez! Hé bien, puisque les choses en sont venues là, je vous déclare, moi, que je ne quitterai point la passion que j'ai pour Mariane; qu'il n'y a point d'extrémité où je ne m'abandonne pour vous disputer sa conquête; et que, si vous avez pour vous le consentement d'une mère, j'aurai d'autres secours peut-être qui combattront pour moi.

HARPAGON. — Comment, pendard! tu as l'audace d'aller sur mes brisées!

CLÉANTE. — C'est vous qui allez sur les miennes, et je suis le premier en date.

HARPAGON. — Ne suis-je pas ton père, et ne me dois-tu pas respect?

CLÉANTE. — Ce ne sont point ici des choses où les enfants soient obligés de déférer aux pères, et l'amour ne connaît personne.

HARPAGON. — Je te ferai bien me connaître avec de bons coups de bâton.

CLÉANTE. — Toutes vos menaces ne feront rien.

HARPAGON. — Tu renonceras à Mariane.

CLÉANTE. — Point du tout.

HARPAGON. — Donnez-moi un bâton tout à l'heure.

SCÈNE IV.

HARPAGON, CLÉANTE, MAÎTRE JACQUES.

Mᵉ JACQUES. — Hé! hé! hé! messieurs, qu'est-ce ci? à quoi songez-vous?

CLÉANTE. — Je me moque de cela.

Mᵉ JACQUES *à Cléante*. — Ah! monsieur, doucement!

HARPAGON. — Me parler avec cette impudence!

Mᵉ JACQUES *à Harpagon*. — Ah! monsieur, de grâce!

CLÉANTE. — Je n'en démordrai point.

Mᵉ JACQUES *à Cléante*. — Hé quoi! à votre père!

HARPAGON. — Laisse-moi faire.

Mᵉ JACQUES *à Harpagon*. — Hé quoi! à votre fils! Encore passe pour moi.

HARPAGON. — Je te veux faire toi-même, maître Jacques, juge de cette affaire, pour montrer comme j'ai raison.

Me JACQUES. — J'y consens. (*A Cléante.*) Eloignez-vous un peu.

HARPAGON. — J'aime une fille que je veux épouser, et le pendard a l'insolence de l'aimer avec moi, et d'y prétendre malgré mes ordres.

Me JACQUES. — Ah! il a tort.

HARPAGON. — N'est-ce pas une chose épouvantable qu'un fils qui veut entrer en concurrence avec son père? et ne doit-il pas, par respect, s'abstenir de toucher à mes inclinations?

Me JACQUES. — Vous avez raison. Laissez-moi lui parler, et demeurez là.

CLÉANTE *à maître Jacques qui s'approche de lui*. — Hé bien, oui, puisqu'il veut te choisir pour juge, je n'y recule point; il ne m'importe qui que ce soit : et je veux bien aussi me rapporter à toi, maître Jacques, de notre différend.

Me JACQUES. — C'est beaucoup d'honneur que vous me faites.

CLÉANTE. — Je suis épris d'une jeune personne qui répond à mes vœux, et reçoit tendrement les offres de ma foi; et mon père s'avise de venir troubler notre amour par la demande qu'il en fait faire.

Me JACQUES. — Il a tort assurément.

CLÉANTE. — N'a-t-il point de honte à son âge de songer à se marier? Lui sied-il bien d'être encore amoureux? et ne devrait-il pas laisser cette occupation aux jeunes gens?

Me JACQUES. — Vous avez raison, il se moque; laissez-moi lui dire deux mots. (*A Harpagon.*) Hé bien! votre fils n'est pas si étrange que vous le dites, et il se met à la raison : il dit qu'il sait le respect qu'il vous doit, qu'il ne s'est emporté que dans la première chaleur, et qu'il ne fera point refus de se soumettre à ce qu'il vous plaira, pourvu que vous vouliez le traiter mieux que vous ne faites, et lui donner quelque personne en mariage dont il ait lieu d'être content.

HARPAGON. — Ah! dis-lui, maître Jacques, que, moyennant cela, il pourra espérer toutes choses de moi, et que, hors Mariane, je lui laisse la liberté de choisir celle qu'il voudra.

Me JACQUES. — Laissez-moi faire. (*A Cléante.*) Hé bien! votre père n'est pas si déraisonnable que vous le faites; et il m'a témoigné que ce sont vos emportements qui l'ont mis en colère, et qu'il n'en veut seulement qu'à votre manière d'agir; et qu'il sera fort disposé à vous accorder ce que vous souhaitez, pourvu que vous vouliez vous y prendre par la douceur, et lui rendre les déférences, les respects et les soumissions qu'un fils doit à son père.

CLÉANTE. — Ah! maître Jacques, tu lui peux assurer que, s'il m'accorde Mariane, il me verra toujours le plus soumis de tous les hommes, et que jamais je ne ferai aucune chose que par ses volontés.

Me JACQUES *à Harpagon*. — Cela est fait, il consent à ce que vous dites.

HARPAGON. — Voilà qui va le mieux du monde.

Me JACQUES *à Cléante*. — Tout est conclu; il est content de vos promesses.

CLÉANTE. — Le ciel en soit loué!

Me JACQUES. — Messieurs, vous n'avez qu'à parler ensemble, vous voilà d'accord maintenant; et vous alliez vous quereller, faute de vous entendre.

CLÉANTE. — Mon pauvre maître Jacques, je te serai obligé toute ma vie.

Me JACQUES. — Il n'y a pas de quoi, monsieur.

HARPAGON. — Tu m'as fait plaisir, maître Jacques; et cela mérite une récompense.

(*Harpagon fouille dans sa poche, maître Jacques tend la main; mais Harpagon ne tire que son mouchoir en disant :*
Va, je m'en souviendrai, je t'assure.

Me JACQUES. — Je vous baise les mains.

SCÈNE V.

HARPAGON, CLÉANTE.

CLÉANTE. — Je vous demande pardon, mon père, de l'emportement que j'ai fait paraître.

HARPAGON. — Cela n'est rien.

CLÉANTE. — Je vous assure que j'en ai tous les regrets du monde.

HARPAGON. — Et moi j'ai toutes les joies du monde de te voir raisonnable.

CLÉANTE. — Quelle bonté à vous d'oublier si vite ma faute!

HARPAGON. — On oublie aisément les fautes des enfants lorsqu'ils rentrent dans leur devoir.

CLÉANTE. — Quoi! ne garder aucun ressentiment de toutes mes extravagances!

HARPAGON. — C'est une chose où tu m'obliges par la soumission et le respect où tu te ranges.

CLÉANTE. — Je vous promets, mon père, que, jusqu'au tombeau, je conserverai dans mon cœur le souvenir de vos bontés.

HARPAGON. — Et moi je te promets qu'il n'y aura aucune chose que tu n'obtiennes de moi.

CLÉANTE. — Ah! mon père, je ne vous demande plus rien, et c'est m'avoir assez donné que de me donner Mariane.

HARPAGON. — Comment?

CLÉANTE. — Je dis, mon père, que je suis trop content de vous, et que je trouve toutes choses dans la bonté que vous avez de m'accorder Mariane.

HARPAGON. — Qui est-ce qui parle de t'accorder Mariane?

CLÉANTE. — Vous, mon père.

HARPAGON. — Moi?

CLÉANTE. — Sans doute.

HARPAGON. — Comment! c'est toi qui as promis d'y renoncer.

CLÉANTE. — Moi, y renoncer?

HARPAGON. — Oui.

CLÉANTE. — Point du tout.

HARPAGON. — Tu ne t'es pas départi d'y prétendre?

CLÉANTE. — Au contraire, j'y suis porté plus que jamais.

HARPAGON. — Quoi, pendard! derechef?

CLÉANTE. — Rien ne me peut changer.

HARPAGON. — Laisse-moi faire, traître.

CLÉANTE. — Faites tout ce qu'il vous plaira.

HARPAGON. — Je te défends de me jamais voir.

CLÉANTE. — A la bonne heure.

HARPAGON. — Je t'abandonne.

CLÉANTE. — Abandonnez.

HARPAGON. — Je te renonce pour mon fils

CLÉANTE. — Soit.

HARPAGON. — Je te déshérite.

CLÉANTE. — Tout ce que vous voudrez.

HARPAGON. — Et je te donne ma malédiction.

CLÉANTE. — Je n'ai que faire de vos dons.

SCÈNE VI.

CLÉANTE, LA FLÈCHE.

LA FLÈCHE *sortant du jardin avec une cassette.* — Ah! monsieur, que je vous trouve à propos! Suivez-moi vite.

CLÉANTE. — Qu'y a-t-il?

LA FLÈCHE. — Suivez-moi, vous dis-je; nous sommes bien.

CLÉANTE. — Comment?

LA FLÈCHE. — Voici votre affaire.

CLÉANTE. — Quoi?

LA FLÈCHE. — J'ai guigné ceci tout le jour.

CLÉANTE. — Qu'est-ce que c'est?

LA FLÈCHE. — Le trésor de votre père, que j'ai attrapé.

CLÉANTE. — Comment as-tu fait?

LA FLÈCHE. — Vous saurez tout. Sauvons-nous, je l'entends crier.

SCÈNE VII.

HARPAGON *criant au voleur dès le jardin.*

Au voleur! au voleur! à l'assassin! au meurtrier! Justice, juste ciel! Je suis perdu, je suis assassiné; on m'a coupé la gorge, on m'a dérobé mon argent. Qui peut-ce être? Qu'est-il devenu? Où est-il? Où se cache-t-il? Que ferai-je pour le trouver? Où courir? Où ne pas courir? N'est-il point là? N'est-il point ici? Qui est-ce? Arrête. (*A lui-même se prenant par le bras.*) Rends-moi mon argent, coquin... Ah! c'est moi... Mon esprit est troublé, et j'ignore où je suis, qui je suis, et ce que je fais. Hélas! mon pauvre argent, mon pauvre argent, mon cher ami, on m'a privé de toi! et, puisque tu m'es enlevé, j'ai perdu mon support, ma consolation, ma joie; tout est fini pour moi, et je n'ai plus que faire au monde! Sans toi il m'est impossible de vivre. C'en est fait; je n'en puis plus, je me meurs, je suis mort, je suis enterré. N'y a-t-il personne qui veuille me ressusciter, en me rendant mon cher argent, ou en m'apprenant qui l'a pris? Hé! que dites-vous? Ce n'est personne. Il faut, qui que ce soit qui ait fait le coup, qu'avec beaucoup de soin on ait épié l'heure; et l'on a choisi justement le temps que je parlais à mon traître de fils. Sortons. Je veux aller querir la justice, et faire donner la question à toute ma maison, à servantes, à valets, à fils, à fille, et à moi aussi. Que de gens assemblés! Je ne jette mes regards sur personne qui ne me donne des soupçons, et tout me semble mon voleur. Hé! de quoi est-ce qu'on parle là? de celui qui m'a dérobé? Quel bruit fait-on là-haut? est-ce mon voleur qui y est? De grâce, si l'on sait des nouvelles de mon voleur, je supplie que l'on m'en dise. N'est-il point caché là parmi vous? Ils me regardent tous, et se mettent à rire. Vous verrez qu'ils ont part, sans doute, au vol que l'on m'a fait. Allons vite, des commissaires, des archers, des prévôts, des juges, des gênes, des potences et des bourreaux. Je veux faire pendre tout le monde; et, si je ne retrouve mon argent, je me pendrai moi-même après.

ACTE CINQUIÈME.

SCÈNE I.

HARPAGON, UN COMMISSAIRE.

LE COMMISSAIRE. — Laissez-moi faire, je sais mon métier, Dieu merci. Ce n'est pas d'aujourd'hui que je me mêle de découvrir des vols; et je voudrais avoir autant de sacs de mille francs que j'ai fait pendre de personnes.

HARPAGON. — Tous les magistrats sont intéressés à prendre cette affaire en main; et, si l'on ne me fait retrouver mon argent, je demanderai justice de la justice.

LE COMMISSAIRE. — Il faut faire toutes les poursuites requises. Vous dites qu'il y avait dans cette cassette?...

HARPAGON. — Dix mille écus bien comptés.

LE COMMISSAIRE. — Dix mille écus !

HARPAGON. — Dix mille écus.

LE COMMISSAIRE. — Le vol est considérable.

HARPAGON. — Il n'y a point de supplice assez grand pour l'énormité de ce crime; et, s'il demeure impuni, les choses les plus sacrées ne sont plus en sûreté.

LE COMMISSAIRE. — En quelles espèces était cette somme?

HARPAGON. — En bons louis d'or et pistoles bien trébuchantes.

LE COMMISSAIRE. — Qui soupçonnez-vous de ce vol?

HARPAGON. — Tout le monde; et je veux que vous arrêtiez prisonniers la ville et les faubourgs.

LE COMMISSAIRE. — Il faut, si vous m'en croyez, n'effaroucher personne, et tâcher doucement d'attraper quelques preuves, afin de procéder après, par la rigueur, au recouvrement des deniers qui vous ont été pris.

SCÈNE II.

HARPAGON, LE COMMISSAIRE, MAÎTRE JACQUES.

Me JACQUES *dans le fond du théâtre, en se retournant du côté par lequel il est entré.* — Je m'en vais revenir : qu'on me l'égorge tout à l'heure; qu'on me lui fasse griller les pieds; qu'on me le mette dans l'eau bouillante; et qu'on me le pende au plancher.

HARPAGON *à maître Jacques.* — Qui? celui qui m'a dérobé?

Mᵉ JACQUES. — Je parle d'un cochon de lait que votre intendant me vient d'envoyer, et je veux vous l'accommoder à ma fantaisie.

HARPAGON. — Il n'est pas question de cela, et voilà monsieur à qui il faut parler d'autre chose.

LE COMMISSAIRE *à maître Jacques.* — Ne vous épouvantez point; je suis homme à ne vous point scandaliser, et les choses iront dans la douceur.

Mᵉ JACQUES. — Monsieur est de votre souper?

LE COMMISSAIRE. — Il faut ici, mon cher ami, ne rien cacher à votre maître.

Mᵉ JACQUES. — Ma foi, monsieur, je montrerai tout ce que je sais faire, et je vous traiterai du mieux qu'il me sera possible.

HARPAGON. — Ce n'est pas là l'affaire.

Mᵉ JACQUES. — Si je ne vous fais pas aussi bonne chère que je voudrais, c'est la faute de monsieur notre intendant, qui m'a rogné les ailes avec les ciseaux de son économie.

HARPAGON. — Traître! il s'agit d'autre chose que de souper; et je veux que tu me dises des nouvelles de l'argent qu'on m'a pris.

Mᵉ JACQUES. — On vous a pris de l'argent?

HARPAGON. — Oui, coquin; et je m'en vais te faire pendre si tu ne me le rends.

LE COMMISSAIRE *à Harpagon.* — Mon Dieu! ne le maltraitez point. Je vois à sa mine qu'il est honnête homme, et que, sans se faire mettre en prison, il vous découvrira ce que vous voulez savoir. Oui, mon ami, si vous nous confessez la chose, il ne vous sera fait aucun mal, et vous serez récompensé comme il faut par votre maître. On lui a pris aujourd'hui son argent, et il n'est pas que vous ne sachiez quelque nouvelle de cette affaire.

Mᵉ JACQUES *bas à part.* — Voici justement ce qu'il me faut pour me venger de notre intendant. Depuis qu'il est entré céans, il est le favori; on n'écoute que ses conseils; et j'ai aussi sur le cœur les coups de bâton de tantôt.

HARPAGON. — Qu'as-tu à ruminer?

LE COMMISSAIRE *à Harpagon.* — Laissez-le faire, il se prépare à vous contenter; et je vous ai bien dit qu'il était honnête homme.

Mᵉ JACQUES. — Monsieur, si vous voulez que je vous dise les choses, je crois que c'est monsieur votre cher intendant qui a fait le coup.

HARPAGON. — Valère?

Mᵉ JACQUES. — Oui.

HARPAGON. — Lui, qui me paraît si fidèle?

Mᵉ JACQUES. — Lui-même. Je crois que c'est lui qui vous a dérobé.

HARPAGON. — Et sur quoi le crois-tu?

Mᵉ JACQUES. — Sur quoi?

HARPAGON. — Oui.

Mᵉ JACQUES. — Je le crois... sur ce que je le crois.

LE COMMISSAIRE. — Mais il est nécessaire de dire les indices que vous avez.

HARPAGON. — L'as-tu vu rôder autour du lieu où j'avais mis mon argent?

Mᵉ JACQUES. — Oui, vraiment. Où était-il, votre argent?

HARPAGON. — Dans le jardin.

Mᵉ JACQUES. — Justement. Je l'ai vu rôder dans le jardin. Et dans quoi est-ce que cet argent était?

HARPAGON. — Dans une cassette.

Mᵉ JACQUES. — Voilà l'affaire. Je lui ai vu une cassette.

HARPAGON. — Et cette cassette, comment est-elle faite? Je verrai bien si c'est la mienne.

Mᵉ JACQUES. — Comment elle est faite?

HARPAGON. — Oui.

Mᵉ JACQUES. — Elle est faite... elle est faite comme une cassette.

LE COMMISSAIRE. — Cela s'entend. Mais dépeignez-la un peu, pour voir.

Mᵉ JACQUES. — C'est une grande cassette...

HARPAGON. — Celle qu'on m'a volée est petite.

Mᵉ JACQUES. — Hé oui, elle est petite, si on le veut prendre par là; mais je l'appelle grande pour ce qu'elle contient.

LE COMMISSAIRE. — Et de quelle couleur est-elle?

Mᵉ JACQUES. — De quelle couleur?

LE COMMISSAIRE. — Oui.

Mᵉ JACQUES. — Elle est de couleur... là, d'une certaine couleur... Ne sauriez-vous m'aider à dire?

HARPAGON. — Hé?

Mᵉ JACQUES. — N'est-elle pas rouge?

HARPAGON. — Non, grise.

Mᵉ JACQUES. — Hé, oui, gris-rouge, c'est ce que je voulais dire.

HARPAGON. — Il n'y a point de doute, c'est elle assurément. Ecrivez, monsieur, écrivez sa déposition. Ciel! à qui désormais se fier? il ne faut plus jurer de rien; et je crois, après cela, que je suis homme à me voler moi-même.

Mᵉ JACQUES *à Harpagon*. — Monsieur, le voici qui revient. Ne lui allez pas dire au moins que c'est moi qui vous ai découvert cela.

ACTE V.

SCÈNE III.

HARPAGON, LE COMMISSAIRE, VALÈRE, MAÎTRE JACQUES.

HARPAGON. — Approche, viens confesser l'action la plus noire, l'attentat le plus horrible qui jamais ait été commis.

VALÈRE. — Que voulez-vous, monsieur?

HARPAGON. — Comment, traître! tu ne rougis pas de ton crime?

VALÈRE. — De quel crime voulez-vous donc parler?

HARPAGON. — De quel crime je veux parler, infâme! comme si tu ne savais pas ce que je veux dire! C'est en vain que tu prétendrais de le déguiser : l'affaire est découverte, et l'on vient de m'apprendre tout. Comment! abuser ainsi de ma bonté, et s'introduire exprès chez moi pour me trahir, pour me jouer un tour de cette nature!

VALÈRE. — Monsieur, puisqu'on vous a découvert tout, je ne veux point chercher de détours, et vous nier la chose.

Mᵉ JACQUES *à part.* — Oh! oh! aurais-je deviné sans y penser?

VALÈRE. — C'était mon dessein de vous en parler, et je voulais attendre pour cela des conjonctures favorables; mais, puisqu'il est ainsi, je vous conjure de ne vous point fâcher, et de vouloir entendre mes raisons.

HARPAGON. — Et quelles belles raisons peux-tu me donner, voleur, infâme?

VALÈRE. — Ah! monsieur, je n'ai pas mérité ces noms. Il est vrai que j'ai commis une offense envers vous; mais, après tout, ma faute est pardonnable.

HARPAGON. — Comment, pardonnable! un guet-apens, un assassinat de la sorte!

VALÈRE. — De grâce, ne vous mettez point en colère. Quand vous m'aurez ouï, vous verrez que le mal n'est pas si grand que vous le faites.

HARPAGON. — Le mal n'est pas si grand que je le fais! Quoi! mon sang, mes entrailles, pendard!

VALÈRE. — Votre sang, monsieur, n'est pas tombé dans de mauvaises mains. Je suis d'une condition à ne lui point faire tort; et il n'y a rien en tout ceci que je ne puisse bien réparer.

HARPAGON. — C'est bien mon intention, et que tu me restitues ce que tu m'as ravi.

VALÈRE. — Votre honneur, monsieur, sera pleinement satisfait.

HARPAGON. — Il n'est pas question d'honneur là-dedans. Mais, dis-moi, qui t'a porté à cette action?

VALÈRE. — Hélas! me le demandez-vous?

HARPAGON. — Oui, vraiment, je te le demande.

VALÈRE. — Un dieu qui porte les excuses de tout ce qu'il fait faire : l'Amour.

HARPAGON. — L'Amour!

VALÈRE. — Oui.

HARPAGON. — Bel amour! bel amour, ma foi! l'amour de mes louis d'or!

VALÈRE. — Non, monsieur, ce ne sont point vos richesses qui m'ont tenté, ce n'est pas cela qui m'a ébloui; et je proteste de ne prétendre rien à tous vos biens, pourvu que vous me laissiez celui que j'ai.

HARPAGON. — Non ferai, de par tous les diables; je ne te le laisserai pas. Mais voyez quelle insolence, de vouloir retenir le vol qu'il m'a fait!

VALÈRE. — Appelez-vous cela un vol?

HARPAGON. — Si je l'appelle un vol! un trésor comme celui-là!

VALÈRE. — C'est un trésor, il est vrai, et le plus précieux que vous ayez, sans doute; mais ce ne sera pas le perdre que de me le laisser. Je vous le demande à genoux, ce trésor plein de charmes; et pour bien faire il faut que vous me l'accordiez.

HARPAGON. — Je n'en ferai rien. Qu'est-ce à dire, cela?

VALÈRE. — Nous nous sommes promis une foi mutuelle, et avons fait serment de ne nous point abandonner.

HARPAGON. — Le serment est admirable, et la promesse plaisante!

VALÈRE. — Oui, nous nous sommes engagés d'être l'un à l'autre à jamais.

HARPAGON. — Je vous en empêcherai bien, je vous assure.

VALÈRE. — Rien que la mort ne nous peut séparer.

HARPAGON. — C'est être bien endiablé après mon argent!

VALÈRE. — Je vous ai déjà dit, monsieur, que ce n'était point l'intérêt qui m'avait poussé à faire ce que j'ai fait. Mon cœur n'a point agi par les ressorts que vous pensez, et un motif plus noble m'a inspiré cette résolution.

HARPAGON. — Vous verrez que c'est par charité chrétienne qu'il veut avoir mon bien. Mais j'y donnerai bon ordre; et la justice, pendard effronté, me va faire raison de tout.

VALÈRE. — Vous en userez comme vous voudrez, et me voilà prêt à souffrir toutes les violences qu'il vous plaira; mais je vous prie de croire au moins que, s'il y a du mal, ce n'est que moi qu'il en faut accuser, et que votre fille, en tout ceci, n'est aucunement coupable.

HARPAGON. — Je le crois bien, vraiment: il serait fort étrange que ma fille eût trempé dans ce crime. Mais je veux ravoir mon affaire, et que tu me confesses en quel endroit tu me l'as enlevée.

VALÈRE. — Moi? je ne l'ai point enlevée; et elle est encore chez vous.

HARPAGON *à part*. — O ma chère cassette! (*Haut.*) Elle n'est point sortie de ma maison?

VALÈRE. — Non, monsieur.

ACTE V.

HARPAGON. — Hé! dis-moi un peu; tu n'y as point touché?

VALÈRE. — Moi, y toucher! Ah! vous lui faites tort, aussi bien qu'à moi; et c'est d'une ardeur toute pure et respectueuse que j'ai brûlé pour elle.

HARPAGON *à part.* — Brûlé pour ma cassette!

VALÈRE. — J'aimerais mieux mourir que de lui avoir fait paraître aucune pensée offensante; elle est trop sage et trop honnête pour cela.

HARPAGON *à part.* — Ma cassette trop honnête.

VALÈRE. — Tous mes désirs se sont bornés à jouir de sa vue; et rien de criminel n'a profané la passion que ses beaux yeux m'ont inspirée.

HARPAGON *à part.* — Les beaux yeux de ma cassette! Il parle d'elle comme un amant d'une maîtresse.

VALÈRE. — Dame Claude, monsieur, sait la vérité de cette aventure, et elle vous peut rendre témoignage...

HARPAGON. — Quoi! ma servante est complice de l'affaire?

VALÈRE. — Oui, monsieur, elle a été témoin de notre engagement; et c'est après avoir connu l'honnêteté de ma flamme, qu'elle m'a aidé à persuader votre fille de me donner sa foi et de recevoir la mienne.

HARPAGON. — Hé! (*A part.*) Est-ce que la peur de la justice le fait extravaguer? (*A Valère.*) Que nous brouilles-tu ici de ma fille?

VALÈRE. — Je dis, monsieur, que j'ai eu toutes les peines du monde à faire consentir sa pudeur à ce que voulait mon amour.

HARPAGON. — La pudeur de qui?

VALÈRE. — De votre fille; et c'est seulement depuis hier qu'elle a pu se résoudre à nous signer mutuellement une promesse de mariage.

HARPAGON. — Ma fille t'a signé une promesse de mariage?

VALÈRE. — Oui, monsieur, comme de ma part je lui en ai signé une.

HARPAGON. — O ciel! autre disgrâce!

Mᵉ JACQUES *au commissaire.* — Ecrivez, monsieur, écrivez.

HARPAGON. — Rengrégement de mal! surcroît de désespoir! (*Au commissaire.*) Allons, monsieur, faites le dû de votre charge, et dressez-lui-moi son procès comme larron et comme suborneur.

Mᵉ JACQUES. — Comme larron et comme suborneur.

VALÈRE. — Ce sont des noms qui ne me sont point dus; et quand on saura qui je suis...

SCÈNE IV.

HARPAGON, ÉLISE, MARIANE, VALÈRE, FROSINE, MAÎTRE JACQUES, LE COMMISSAIRE.

HARPAGON. — Ah! fille scélérate! fille indigne d'un père comme moi! c'est ainsi que tu pratiques les leçons que je t'ai données! Tu te laisses prendre d'amour pour un voleur infâme, et tu lui engages ta foi sans mon consentement! Mais vous serez trompés l'un et l'autre. (A Élise.) Quatre bonnes murailles me répondront de ta conduite. (A Valère.) Et une bonne potence, pendard effronté, me fera raison de ton audace.

VALÈRE. — Ce ne sera point votre passion qui jugera l'affaire; et l'on m'écoutera au moins avant que de me condamner.

HARPAGON. — Je me suis abusé de dire une potence; et tu seras roué tout vif.

ÉLISE *aux genoux d'Harpagon.* — Ah! mon père, prenez des sentiments un peu plus humains, je vous prie; et n'allez point pousser les choses dans les dernières violences du pouvoir paternel. Ne vous laissez point entraîner aux premiers mouvements de votre passion; et donnez-vous le temps de considérer ce que vous voulez faire. Prenez la peine de mieux voir celui dont vous vous offensez. Il est tout autre que vos yeux ne le jugent; et vous trouverez moins étrange que je me sois donnée à lui, lorsque vous saurez que sans lui vous ne m'auriez plus il y a longtemps. Oui, mon père, c'est lui qui me sauva de ce grand péril que vous savez que je courus dans l'eau, et à qui vous devez la vie de cette même fille dont...

HARPAGON. — Tout cela n'est rien; et il valait bien mieux pour moi qu'il te laissât noyer que de faire ce qu'il a fait.

ÉLISE. — Mon père, je vous conjure par l'amour paternel de me...

HARPAGON. — Non, non, je ne veux rien entendre, et il faut que la justice fasse son devoir.

Mᵉ JACQUES *à part.* — Tu me payeras mes coups de bâton!

FROSINE *à part.* — Voici un étrange embarras.

SCÈNE V.

ANSELME, HARPAGON, ÉLISE, MARIANE, FROSINE, VALÈRE, LE COMMISSAIRE, MAÎTRE JACQUES.

ANSELME. — Qu'est-ce, seigneur Harpagon? je vous vois tout ému.

HARPAGON. — Ah! seigneur Anselme, vous me voyez le plus infortuné de tous les hommes, et voici bien du trouble et du désordre au contrat que vous venez faire. On m'assassine dans le bien, on m'assassine dans l'honneur; et voilà un traître, un scélérat qui a violé tous les droits les plus saints, qui s'est coulé chez moi, sous le titre de domestique, pour me dérober mon argent et pour me suborner ma fille.

VALÈRE. — Qui songe à votre argent, dont vous me faites un galimatias?

HARPAGON. — Oui, ils se sont donné l'un à l'autre une promesse de mariage. Cet affront vous regarde, seigneur Anselme; et c'est vous qui devez vous rendre partie contre lui, et faire à vos dépens toutes les poursuites de la justice pour vous venger de son insolence.

ACTE V.

ANSELME. — Ce n'est pas mon dessein de me faire épouser par force, et de rien prétendre à un cœur qui se serait donné; mais pour vos intérêts, je suis prêt à les embrasser ainsi que les miens propres,

HARPAGON. — Voilà monsieur, qui est un honnête commissaire, qui n'oubliera rien, à ce qu'il m'a dit, de la fonction de son office. (*Au commissaire, montrant Valère.*) Chargez-le comme il faut, monsieur, et rendez les choses bien criminelles.

VALÈRE. — Je ne vois pas quel crime on me peut faire de la passion que j'ai pour votre fille, et le supplice où vous croyez que je puisse être condamné pour notre engagement lorsqu'on saura ce que je suis.

HARPAGON. — Je me moque de tous ces contes; et le monde aujourd'hui n'est plein que de ces larrons de noblesse, que de ces imposteurs qui tirent avantage de leur obscurité, et s'habillent insolemment du premier nom illustre qu'ils s'avisent de prendre.

VALÈRE. — Sachez que j'ai le cœur trop bon pour me parer de quelque chose qui ne soit point à moi, et que tout Naples peut rendre témoignage de ma naissance.

ANSELME. — Tout beau! prenez garde à ce que vous allez dire. Vous risquez ici plus que vous ne pensez; et vous parlez devant un homme à qui tout Naples est connu, et qui peut aisément voir clair dans l'histoire que vous ferez.

VALÈRE. — Je ne suis point homme à rien craindre; et si Naples vous est connu, vous savez qui était don Thomas d'Alburci.

ANSELME. — Sans doute, je le sais; et peu de gens l'ont connu mieux que moi.

HARPAGON. — Je ne me soucie ni de don Thomas, ni de don Martin. (*Harpagon voyant deux chandelles allumées en souffle une.*)

ANSELME. — De grâce, laissez-le parler; nous verrons ce qu'il en veut dire.

VALÈRE. — Je veux dire que c'est lui qui m'a donné le jour.

ANSELME. — Lui?

VALÈRE. — Oui.

ANSELME. — Allez, vous vous moquez. Cherchez quelque autre histoire qui vous puisse mieux réussir; et ne prétendez pas vous sauver sous cette imposture.

VALÈRE. — Songez à mieux parler. Ce n'est point une imposture, et je n'avance rien qu'il ne me soit aisé de justifier.

ANSELME. — Quoi! vous osez vous dire fils de don Thomas d'Alburci?

VALÈRE. — Oui, je l'ose, et je suis prêt de soutenir cette vérité contre qui que ce soit.

ANSELME. — L'audace est merveilleuse! Apprenez, pour vous confondre, qu'il y a seize ans pour le moins que l'homme dont vous nous parlez périt sur mer avec ses enfants et sa femme, en voulant dérober leur vie aux cruelles persécutions qui ont accompagné les désordres de Naples, et qui en firent exiler plusieurs nobles familles.

VALÈRE. — Oui. Mais apprenez, pour vous confondre, vous, que son fils, âgé de sept ans, avec un domestique, fut sauvé de ce naufrage par un vaisseau espagnol, et que ce fils sauvé est celui qui vous parle. Apprenez que le capitaine de ce vaisseau, touché de ma fortune, prit amitié pour moi; qu'il me fit élever comme son propre fils; et que les armes furent mon emploi dès que je m'en trouvai capable; que j'ai su depuis peu que mon père n'était point mort, comme je l'avais toujours cru; que, passant ici pour l'aller chercher, une aventure par le ciel concertée me fit voir la charmante Élise; que cette vue me rendit esclave de ses beautés, et que la violence de mon amour et les sévérités de son père me firent prendre la résolution de m'introduire dans son logis, et d'envoyer un autre à la quête de mes parents.

ANSELME. — Mais quels témoignages encore, autres que vos paroles, nous peuvent assurer que ce ne soit point une fable que vous ayez bâtie sur une vérité?

VALÈRE. — Le capitaine espagnol, un cachet de rubis qui était à mon père, un bracelet d'agate que ma mère m'avait mis au bras, le vieux Pedro, ce domestique qui se sauva avec moi du naufrage.

MARIANE. — Hélas! à vos paroles je puis ici répondre, moi, que vous n'imposez point; et tout ce que vous dites me fait connaître clairement que vous êtes mon frère.

VALÈRE. — Vous ma sœur!

MARIANE. — Oui : mon cœur s'est ému dès le moment que vous avez ouvert la bouche; et notre mère, que vous allez ravir, m'a mille fois entretenue des disgrâces de notre famille. Le ciel ne nous fit point aussi périr dans ce triste naufrage, mais il ne nous sauva la vie que par la perte de notre liberté; et ce furent des corsaires qui nous recueillirent, ma mère et moi, sur un débris de notre vaisseau. Après dix ans d'esclavage, une heureuse fortune nous rendit notre liberté, et nous retournâmes dans Naples, où nous trouvâmes tout notre bien vendu, sans y pouvoir trouver des nouvelles de notre père. Nous passâmes à Gênes, où ma mère alla ramasser quelques malheureux restes d'une succession qu'on avait déchirée; et de là, fuyant la barbare injustice de ses parents, elle vint en ces lieux, où elle n'a presque vécu que d'une vie languissante.

ANSELME. — O ciel, quels sont les traits de ta puissance! et que tu fais bien voir qu'il n'appartient qu'à toi de faire des miracles! Embrassez-moi, mes enfants, et mêlez tous deux vos transports à ceux de votre père.

VALÈRE. — Vous êtes notre père?

MARIANE. — C'est vous que ma mère a tant pleuré?

ANSELME. — Oui, ma fille, oui, mon fils, je suis don Thomas d'Alburci, que le ciel garantit des ondes avec tout l'argent qu'il portait,

ACTE V.

et qui, vous ayant tous crus morts durant plus de seize ans, se préparait, après de longs voyages, à chercher dans l'hymen d'une douce et sage personne la consolation de quelque nouvelle famille. Le peu de sûreté que j'ai vu pour ma vie à retourner à Naples m'a fait y renoncer pour toujours; et ayant su trouver moyen d'y faire vendre ce que j'avais, je me suis habitué ici, où, sous le nom d'Anselme, j'ai voulu m'éloigner les chagrins de cet autre nom qui m'a causé tant de traverses.

HARPAGON *à Anselme*. — C'est là votre fils?

ANSELME. — Oui.

HARPAGON. — Je vous prends à partie pour me payer dix mille écus qu'il m'a volés.

ANSELME. — Lui, vous avoir volé?

HARPAGON. — Lui-même.

VALÈRE. — Qui vous dit cela?

HARPAGON. — Maître Jacques.

VALÈRE *à maître Jacques*. — C'est toi qui le dis?

Mᵉ JACQUES. — Vous voyez que je ne dis rien.

HARPAGON. — Oui, voilà monsieur le commissaire qui a reçu sa déposition.

VALÈRE. — Pouvez-vous me croire capable d'une action si lâche?

HARPAGON. — Capable ou non capable, je veux ravoir mon argent.

SCÈNE VI.

HARPAGON, ANSELME, ÉLISE, MARIANE, CLÉANTE, VALÈRE, FROSINE, LE COMMISSAIRE, MAÎTRE JACQUES, LA FLÈCHE.

CLÉANTE. — Ne vous tourmentez point, mon père, et n'accusez personne. J'ai découvert des nouvelles de votre affaire; et je viens ici pour vous dire que, si vous voulez vous résoudre à me laisser épouser Mariane, votre argent vous sera rendu.

HARPAGON. — Où est-il?

CLÉANTE. — Ne vous en mettez point en peine, il est en lieu dont je réponds, et tout ne dépend que de moi : c'est à vous de me dire à quoi vous vous déterminez; et vous pouvez choisir, ou de me donner Mariane, ou de perdre votre cassette.

HARPAGON. — N'en a-t-on rien ôté?

CLÉANTE. — Rien du tout. Voyez si c'est votre dessein de souscrire à ce mariage, et de joindre votre consentement à celui de sa mère, qui lui laisse la liberté de faire un choix entre nous deux.

MARIANE *à Cléante*. — Mais vous ne savez pas que ce n'est pas assez que ce consentement, et que le ciel, *(montrant Valère)* avec un frère que vous voyez, vient de me rendre un père (*montrant Anselme*) dont vous avez à m'obtenir.

ANSELME. — Le ciel, mes enfants, ne me redonne point à vous pour être contraire à vos vœux. Seigneur Harpagon, vous jugez bien que le choix d'une jeune personne tombera sur le fils plutôt que sur le père. Allons, ne vous faites point dire ce qu'il n'est pas nécessaire d'entendre; et consentez, ainsi que moi, à ce double hyménée.

HARPAGON. — Il faut pour me donner conseil que je voie ma cassette.

CLÉANTE. — Vous la verrez saine et entière.

HARPAGON. — Je n'ai point d'argent à donner en mariage à mes enfants.

ANSELME. — Hé bien, j'en ai pour eux; que cela ne vous inquiète point.

HARPAGON. — Vous obligerez-vous à faire tous les frais de ces deux mariages?

ANSELME. — Oui, je m'y oblige. Êtes-vous satisfait?

HARPAGON. — Oui, pourvu que pour les noces vous me fassiez faire un habit.

ANSELME. — D'accord. Allons jouir de l'allégresse que cet heureux jour nous présente.

LE COMMISSAIRE. — Holà, messieurs, holà. Tout doucement, s'il vous plaît. Qui me payera mes écritures?

HARPAGON. — Nous n'avons que faire de vos écritures.

LE COMMISSAIRE. — Oui; mais je ne prétends pas, moi, les avoir faites pour rien.

HARPAGON *montrant maître Jacques*. — Pour votre payement, voilà un homme que je vous donne à pendre.

Mᵉ JACQUES. — Hélas! comment faut-il donc faire? On me donne des coups de bâton pour dire vrai, et on me veut pendre pour mentir.

ANSELME. — Seigneur Harpagon, il faut lui pardonner cette imposture.

HARPAGON. — Vous payerez donc le commissaire?

ANSELME. — Soit. Allons vite faire part de notre joie à votre mère.

HARPAGON. — Et moi, voir ma chère cassette.

FIN DE L'AVARE.

GEORGE DANDIN
ou
LE MARI CONFONDU,
COMÉDIE EN TROIS ACTES.
1668.

NOTICE SUR GEORGE DANDIN.

Le 18 juillet 1668, après la conquête de la Franche-Comté et la paix d'Aix-la-Chapelle, Louis XIV vint donner à Versailles une fête magnifique, dont la relation a été publiée par André Félibien dans un énorme volume in-folio. Après la collation et avant le souper, la comédie de *George Dandin* fut représentée sur un théâtre dressé tout exprès dans une salle de verdure par le célèbre machiniste italien Vigarani. Elle était accompagnée d'intermèdes assez fades, dont Lulli avait composé la musique. Joué le 9 novembre de la même année sur le théâtre du Palais-Royal, *George Dandin* eut dix représentations successives.

Au moment où Molière allait mettre cette comédie au théâtre, un de ses amis lui fit entendre qu'il y avait dans le monde un homme qui pourrait bien se reconnaître dans le personnage de Dandin, et qui, par ses amis et sa famille, était en état de nuire au succès de la pièce : « Je sais, répondit Molière, un moyen sûr de me concilier cet homme ; j'irai lui lire ma comédie. » En effet, le même soir Molière l'aborde au spectacle, et lui demande une de ses heures perdues pour lui faire une lecture. L'homme en question se trouva si fort honoré de cette preuve de confiance, que, toute affaire cessante, il donna parole pour le lendemain. « Molière, disait-il à tout le monde, me lit ce soir une comédie ! Voulez-vous en être ? » Le soir, Molière trouva une nombreuse assemblée, et son homme qui la présidait. La pièce fut jugée excellente. Lorsque plus tard elle fut représentée, elle n'eut pas de plus zélé partisan que ce pauvre mari, qui ne s'était pas reconnu.

Deux nouvelles de Giovanni Boccaccio, cet illustre conteur italien, que nous connaissons sous le nom de Boccace, ont fourni les éléments de *George Dandin*. Dans la première, Arriguccio Berlinghieri, riche marchand, a fait la folie d'épouser une demoiselle noble, appelée Sismonde. Sa femme a un amant qu'elle reçoit la nuit à un signal convenu. S'apercevant une fois de leur manège, le mari descend dans la rue et s'élance à la poursuite de l'homme qui l'outrage ; puis il revient trouver sa femme ; mais Sismonde a eu la précaution de se cacher, d'éteindre la chandelle et de mettre à sa place sa servante. Arriguccio entre dans la chambre en criant : « Où es-tu, scélérate ? Il ne te sert de rien d'avoir éteint la lumière, tu ne m'échapperas pas ! » Et, se précipitant sur celle qu'il croit sa femme, il lui donne mille coups, il lui meurtrit le visage, lui coupe les cheveux et s'éloigne en disant : « Infâme ! je ne veux plus de toi ! Je vais appeler tes parents et les instruire de ta bonne vie. Ils te traiteront comme ils voudront; mais, quant à moi, je ne veux jamais te revoir. » A ces mots, Berlinghieri va trouver sa belle-mère et ses beaux-frères pour leur raconter l'aventure. Toute la parenté est saisie d'indignation; cependant la mère représente que la vertu est héréditaire dans sa maison, et que sa fille a été trop bien élevée pour forfaire à l'honneur. On arrive au logis. On trouve Sismonde parfaitement calme et sans la moindre égratignure. Berlinghieri, qui s'imaginait la voir presque assommée, est tellement déconcerté qu'il se laisse accuser d'imposture. Sismonde, après avoir protesté de son innocence, prend l'offensive et accable son époux de reproches. « Il me force, dit-elle à ses frères, de vous révéler son infâme conduite. Cet homme, qui devrait se faire honneur d'une alliance comme la nôtre, me traite de la façon la plus indigne. Il court les cabarets, et, quand il est ivre, il commet une foule d'extravagances. Ce qu'il vous a conté lui sera probablement arrivé dans quelque mauvais lieu. Voyez un peu sa mine, il n'est pas encore dégrisé; mais je lui pardonne de bon cœur, et je vous conseille d'en faire autant. — Comment! s'écrie la mère en fureur, de pareilles infamies se pardonnent-elles? Un homme que nous avons tiré du néant, un petit marchand de pommes traitera comme une misérable une femme de qualité! Si l'on m'avait écoutée, on vous aurait mariée à un gentilhomme; et vous n'auriez jamais épousé ce faquin, qui reconnaît en cherchant à vous déshonorer les bontés qu'on a eues pour lui! » Les frères adressent à leur tour une mercuriale à Berlinghieri, et sortent en le laissant non moins consterné que George Dandin.

Un autre conte de Boccace a donné la première idée de la scène où Angélique fait semblant de se poignarder. Tofan, riche habitant d'Arezzo, avait le défaut de s'enivrer, et, pendant qu'il cuvait son vin, sa femme s'échappait clandestinement. Il finit par concevoir des soupçons; et, pour s'assurer de la vérité, il s'abstint de boire pendant un jour, mais il donna en entrant tous les signes d'un complet abrutissement. Dès qu'il fut couché, sa femme s'éclipsa, Tofan se leva peu de temps après, ferma la porte en dedans et s'installa à la fenêtre en attendant le retour de la coupable. Celle-ci reparut et fit d'inutiles efforts pour forcer la serrure. « Tu perds ton temps, lui cria Tofan du haut de son observatoire, tu ne saurais entrer; retourne d'où tu viens : tu ne mettras jamais le pied dans ma maison que je ne t'aie fait la honte que tu mérites, en présence de tes parents et de mes voisins. » La belle eut beau le conjurer d'ouvrir, en lui protestant qu'elle venait de chez une voisine où elle était allée veiller; ses prières ne servirent de rien : son mari avait résolu de faire éclater leur commune infamie. Les prières ne pouvant l'émouvoir, elle en vint aux menaces et lui dit que, s'il n'ouvrait, elle allait le perdre. — Et que peux-tu me faire? répondit le mari. — Plutôt que de souffrir, reprit-elle, la honte dont tu veux me couvrir sans sujet, je me précipiterai dans ce puits. Comme tu passes avec justice pour un ivrogne de profession, tout le monde croira que tu m'y auras jetée; et alors on te fera mourir comme un meurtrier.

Cette menace ne produisant pas plus d'effet que la prière : — Dieu te pardonne, dit la belle, il faut donc voir si tu te trouveras bien de m'avoir mise au désespoir.

La nuit était des plus obscures; et la belle s'étant avancée du côté du puits prit une grosse pierre, qu'elle jeta dedans après avoir crié tout haut : Mon Dieu, veuillez me pardonner! Tofan, entendant le bruit que la pierre avait fait en tombant, ne doute point que sa femme ne se soit jetée dans le puits. La peur le prend, il sort sans fermer la porte, et va voir s'il n'entendra pas sa femme se débattre. La femme, qui s'était cachée près de la porte, entre aussitôt qu'il est sorti, ferme bien la porte sur elle, et se met à la fenêtre.

Tofan, entendant sa femme qui lui parlait, vit bien qu'il était pris pour dupe, et, trouvant la porte fermée, commença à prier à son tour; mais la belle ne parlait plus en suppliante. — Ivrogne, fâcheux que tu es, lui dit-elle, tu n'entreras point; je suis lasse de tes débauches. Je veux que tout le monde sache ta belle vie, et à quelle heure tu reviens au logis.

Tofan, au désespoir de se voir la dupe de sa femme, commence à crier et à lui dire des injures. Les voisins, entendant ce tintamarre, se mettent aux fenêtres, et demandent la raison d'un si grand bruit. « C'est ce malheureux, répond la belle en pleurant, qui revient ivre toutes les nuits. Il y a longtemps que je souffre ses débauches, et j'ai voulu le laisser dehors une fois, pour lui faire honte, et pour l'obliger à mieux vivre à l'avenir. »

Tofan, de son côté, contait comment la chose s'était passée, et menaçait la perfide avec emportement. « Admirez son effronterie! disait-elle aux voisins : tout le monde voit qu'il est dehors, et il a l'impudence de nier ce que je dis! Vous pouvez par là juger de sa sagesse et de sa bonne foi. Il a fait ce dont il m'accuse; c'est lui qui a jeté une grosse pierre dans le puits, croyant m'épouvanter. Plût à Dieu qu'il s'y fût jeté tout de bon, et que le vin qu'il a bu se fût bien trempé! »

Les voisins, voyant toutes les apparences contre Tofan, commencèrent à le blâmer et à lui dire des injures. Le bruit fut si grand qu'il parvint jusqu'aux parents de la belle ; ils accoururent, se saisirent du malheureux époux, et le rossèrent si bien qu'ils pensèrent l'assommer.

ÉMILE DE LA BÉDOLLIÈRE.

PERSONNAGES.

GEORGE DANDIN, riche paysan, mari d'Angélique.
ANGÉLIQUE, femme de George Dandin et fille de M. de Sotenville.
M. DE SOTENVILLE, gentilhomme campagnard, père d'Angélique.
MADAME DE SOTENVILLE.
CLITANDRE, amant d'Angélique.
CLAUDINE, suivante d'Angélique.
LUBIN, paysan servant Clitandre.
COLIN, valet de George Dandin.

La scène est devant la maison de George Dandin, à la campagne.

GEORGE DANDIN.

ACTE PREMIER.
SCÈNE I.
GEORGE DANDIN.

Ah! qu'une femme demoiselle est une étrange affaire! et que mon mariage est une leçon bien parlante à tous les paysans qui veulent s'élever au-dessus de leur condition, et s'allier, comme j'ai fait, à la maison d'un gentilhomme! La noblesse de soi est bonne, c'est une chose considérable assurément; mais elle est accompagnée de tant de mauvaises circonstances, qu'il est très-bon de ne s'y point frotter. Je suis devenu là-dessus savant à mes dépens, et connais le style des nobles lorsqu'ils nous font, nous autres, entrer dans leur famille. L'alliance qu'ils font est petite avec nos personnes, c'est notre bien seul qu'ils épousent; et j'aurais bien mieux fait, tout riche que je suis, de m'allier en bonne et franche paysannerie que de prendre une femme qui se tient au-dessus de moi, s'offense de porter mon nom, et pense qu'avec tout mon bien je n'ai pas assez acheté la qualité de son mari. George Dandin! George Dandin! vous avez fait une sottise la plus grande du monde. Ma maison m'est effroyable maintenant, et je n'y rentre point sans y trouver quelque chagrin.

SCÈNE II.
GEORGE DANDIN, LUBIN.

GEORGE DANDIN *à part voyant sortir Lubin de chez lui.* — Que diantre ce drôle-là vient-il faire chez moi?

LUBIN *à part apercevant George Dandin.* — Voilà un homme qui me regarde!

GEORGE DANDIN *à part.* — Il ne me connaît pas.

LUBIN *à part.* — Il se doute de quelque chose.

GEORGE DANDIN *à part.* — Ouais! il a grand' peine à saluer.

LUBIN *à part.* — J'ai peur qu'il n'aille dire qu'il m'a vu sortir de là-dedans.

GEORGE DANDIN. — Bonjour.

LUBIN. — Serviteur.

GEORGE DANDIN. — Vous n'êtes pas d'ici, que je crois?

LUBIN. — Non; je n'y suis venu que pour voir la fête de demain.

GEORGE DANDIN, — Hé! dites-moi un peu, s'il vous plaît, vous venez de là-dedans?

LUBIN. — Chut!

GEORGE DANDIN. — Comment?

LUBIN. — Paix!

GEORGE DANDIN. — Quoi donc?

LUBIN. — Motus! il ne faut pas dire que vous m'avez vu sortir de là.

GEORGE DANDIN. — Pourquoi?

LUBIN. — Mon Dieu! parce.

GEORGE DANDIN, — Mais encore?

LUBIN. — Doucement, j'ai peur qu'on ne nous écoute.

GEORGE DANDIN. — Point, point.

LUBIN. — C'est que je viens de parler à la maîtresse du logis de la part d'un certain monsieur qui lui fait les doux yeux; et ne faut pas qu'on sache cela, entendez-vous?

GEORGE DANDIN. — Oui.

LUBIN. — Voilà la raison. On m'a enchargé de prendre garde que personne ne me vît, et je vous prie au moins de ne pas dire que vous m'ayez vu.

GEORGE DANDIN. — Je n'ai garde.

LUBIN. — Je suis bien aise de faire les choses secrètement comme on m'a recommandé.

GEORGE DANDIN. — C'est bien fait.

LUBIN. — Le mari, à ce qu'ils disent, est un jaloux qui ne veut pas qu'on fasse l'amour à sa femme, et il ferait le diable à quatre si cela venait à ses oreilles. Vous comprenez bien?

GEORGE DANDIN. — Fort bien.

LUBIN. — Il ne faut pas qu'il sache rien de tout ceci.

GEORGE DANDIN. — Sans doute.

LUBIN. — On le veut tromper tout doucement. Vous entendez bien?

GEORGE DANDIN. — Le mieux du monde.

LUBIN. — Si vous alliez dire que vous m'avez vu sortir de chez lui, vous gâteriez toute l'affaire. Vous comprenez bien?

GEORGE DANDIN. — Assurément. Hé! comment nommez-vous celui qui vous a envoyé là-dedans?

LUBIN. — C'est le seigneur de notre pays, monsieur le vicomte de chose... Foin! je ne me souviens jamais comment diantre ils baragouinent ce nom-là : monsieur Cli... Clitandre.

GEORGE DANDIN. — Est-ce ce jeune courtisan qui demeure...?

LUBIN. — Oui, auprès de ces arbres.

GEORGE DANDIN *à part*. — C'est pour cela que depuis peu ce damoiseau poli s'est venu loger contre moi; j'avais bon nez, sans doute, et son voisinage déjà m'avait donné quelque soupçon.

LUBIN. — Têtigué! c'est le plus honnête homme que vous ayez jamais vu. Il m'a donné trois pièces d'or pour aller dire seulement à la femme qu'il est amoureux d'elle et qu'il souhaite fort l'honneur de pouvoir lui parler. Voyez s'il y a là une grande fatigue pour me payer si bien; et ce qu'est, au prix de cela, une journée de travail, où je ne gagne que dix sous.

GEORGE DANDIN. — Hé bien! avez-vous fait votre message?

LUBIN. — Oui: j'ai trouvé là-dedans une certaine Claudine qui, tout du premier coup, a compris ce que je voulais et qui m'a fait parler à sa maîtresse.

GEORGE DANDIN *à part*. — Ah! coquine de servante!

LUBIN. — Morguienne! cette Claudine-là est tout à fait jolie; elle a gagné mon amitié, et il ne tiendra qu'à elle que nous soyons mariés ensemble.

GEORGE DANDIN. — Mais quelle réponse a faite la maîtresse à ce monsieur le courtisan?

LUBIN. — Elle m'a dit de lui dire... Attendez, je ne sais si je me souviendrai bien de tout cela: qu'elle lui est tout à fait obligée de l'affection qu'il a pour elle; et qu'à cause de son mari, qui est fantasque, il garde d'en rien faire paraître, et qu'il faudra songer à chercher quelque invention pour se pouvoir entretenir tous deux.

GEORGE DANDIN *à part*. — Ah! pendarde de femme!

LUBIN. — Tétiguienne! cela sera drôle, car le mari ne se doutera point de la manigance, voilà ce qui est de bon; et il aura un pied de nez avec sa jalousie, est-ce pas?

GEORGE DANDIN. — Cela est vrai.

LUBIN. — Adieu. Bouche cousue au moins. Gardez bien le secret, afin que le mari ne le sache pas.

GEORGE DANDIN. — Oui, oui.

LUBIN. — Pour moi, je vais faire semblant de rien. Je suis un fin matois, et l'on ne dirait pas que j'y touche.

SCÈNE III.

GEORGE DANDIN *seul*.

Hé bien! George Dandin, vous voyez de quel air votre femme vous traite! Voilà ce que c'est d'avoir voulu épouser une demoiselle! L'on vous accommode de toutes pièces sans que vous puissiez vous venger, et la gentilhommerie vous tient les bras liés. L'égalité de condition laisse du moins à l'honneur d'un mari la liberté du ressentiment; et si c'était une paysanne, vous auriez maintenant toutes vos coudées franches à vous en faire la justice à bons coups de bâton. Mais vous avez voulu tâter de la noblesse, et il vous ennuyait d'être maître chez vous. Ah! j'enrage de tout mon cœur et je me donnerais volontiers des soufflets. Quoi! écouter impudemment l'amour d'un damoiseau et y promettre en même temps de la correspondance! Morbleu! je ne veux point laisser passer une occasion de la sorte. Il me faut de ce pas aller faire mes plaintes au père et à la mère, et les rendre témoins, à telle fin que de raison, des sujets de chagrin et de ressentiment que leur fille me donne. Mais les voici l'un et l'autre fort à propos.

SCÈNE IV.

M. DE SOTENVILLE, MADAME DE SOTENVILLE, GEORGE DANDIN.

M. DE SOTENVILLE. — Qu'est-ce, mon gendre? vous me paraissez tout troublé.

GEORGE DANDIN. — Aussi en ai-je du sujet, et...

Mme DE SOTENVILLE. — Mon Dieu! notre gendre, que vous avez peu de civilité de ne pas saluer les gens quand vous les approchez!

GEORGE DANDIN. — Ma foi, ma belle-mère, c'est que j'ai d'autres choses en tête, et...

Mme DE SOTENVILLE. — Encore! Est-il possible, notre gendre, que vous sachiez si peu votre monde, et qu'il n'y ait pas moyen de vous instruire de la manière qu'il faut vivre parmi les personnes de qualité?

GEORGE DANDIN. — Comment?

Mme DE SOTENVILLE. — Ne vous déferez-vous jamais avec moi de la familiarité de ce mot de ma belle-mère? et ne sauriez-vous vous accoutumer à me dire madame?

GEORGE DANDIN. — Parbleu! si vous m'appelez votre gendre, il me semble que je puis vous appeler ma belle-mère.

Mme DE SOTENVILLE. — Il y a fort à dire, et les choses ne sont pas égales. Apprenez, s'il vous plaît, que ce n'est pas à vous à vous servir de ce mot-là avec une personne de ma condition; que, tout notre gendre que vous soyez, il y a grande différence de vous à nous et que vous devez vous connaître.

M. DE SOTENVILLE. — C'en est assez, m'amour; laissons cela.

Mme DE SOTENVILLE. — Mon Dieu! monsieur de Sotenville, vous avez des indulgences qui n'appartiennent qu'à vous, et vous ne savez pas vous faire rendre par les gens ce qui vous est dû.

M. DE SOTENVILLE. — Corbleu! pardonnez-moi, on ne peut point me faire de leçons là-dessus; et j'ai su montrer en ma vie, par vingt actions de vigueur, que je ne suis point homme à démordre jamais d'un pouce de mes prétentions : mais il suffit de lui avoir donné un petit avertissement... Sachons un peu, mon gendre, ce que vous avez dans l'esprit.

GEORGE DANDIN. — Puisqu'il faut donc parler catégoriquement, je vous dirai, monsieur de Sotenville, que j'ai lieu de...

M. DE SOTENVILLE. — Doucement, mon gendre; apprenez qu'il n'est pas respectueux d'appeler les gens par leur nom, et qu'à ceux qui sont au-dessus de nous il faut dire monsieur tout court.

GEORGE DANDIN. — Hé bien! monsieur tout court, et non plus monsieur de Sotenville, j'ai à vous dire que ma femme me donne...

M. DE SOTENVILLE. — Tout beau! apprenez aussi que vous ne devez pas dire ma femme quand vous parlez de notre fille.

GEORGE DANDIN. — J'enrage! Comment! ma femme n'est pas ma femme?

Mme DE SOTENVILLE. — Oui, notre gendre, elle est votre femme; mais il ne vous est pas permis de l'appeler ainsi, et c'est tout ce que vous pourriez faire si vous aviez épousé une de vos pareilles.

GEORGE DANDIN *à part*. — Ah! George Dandin, où t'es-tu fourré! (*Haut.*) Hé! de grâce, mettez pour un moment votre gentilhommerie à côté, et souffrez que je vous parle maintenant comme je pourrai. (*A part.*) Au diantre soit la tyrannie de toutes ces histoires-là! (*A M. de Sotenville.*) Je vous dis donc que je suis mal satisfait de mon mariage.

M. DE SOTENVILLE. — Et la raison, mon gendre?

Mme DE SOTENVILLE. — Quoi! parler ainsi d'une chose dont vous avez tiré de si grands avantages!

GEORGE DANDIN. — Et quels avantages, madame? puisque madame y a. L'aventure n'a pas été mauvaise pour vous; car sans moi vos affaires, avec votre permission, étaient fort délabrées, et mon argent a servi à reboucher d'assez bons trous : mais, moi, de quoi y ai-je profité, je vous prie, que d'un allongement de nom, et, au lieu de George Dandin, d'avoir reçu par vous le titre de M. de la Dandinière?

M. DE SOTENVILLE. — Ne comptez-vous pour rien, mon gendre, l'avantage d'être allié à la maison de Sotenville?

Mme DE SOTENVILLE. — Et à celle de la Prudoterie, dont j'ai l'honneur d'être issue ; maison où le ventre anoblit, et qui par ce beau privilége rendra vos enfants gentilshommes?

GEORGE DANDIN. — Oui, voilà qui est bien, mes enfans seront gentilshommes, mais je serai cocu, moi, si l'on n'y met ordre.

M. DE SOTENVILLE. — Que veut dire cela, mon gendre?

GEORGE DANDIN. — Cela veut dire que votre fille ne vit pas comme il faut qu'une femme vive, et qu'elle fait des choses qui sont contre l'honneur.

Mme DE SOTENVILLE. — Tout beau! prenez garde à ce que vous dites. Ma fille est d'une race trop pleine de vertu pour se porter jamais à faire aucune chose dont l'honnêteté soit blessée, et, de la maison de la Prudoterie, il y a plus de trois cents ans qu'on n'a point remarqué qu'il y ait eu une femme, Dieu merci, qui ait fait parler d'elle.

M. DE SOTENVILLE. — Corbleu! dans la maison de Sotenville on n'a jamais vu de coquette; et la bravoure n'y est pas plus héréditaire aux mâles que la chasteté aux femelles.

Mme DE SOTENVILLE. — Nous avons eu une Jacqueline de la Prudoterie qui ne voulut jamais être la maîtresse d'un duc et pair gouverneur de notre province.

M. DE SOTENVILLE. — Il y a eu une Mathurine de Sotenville qui refusa vingt mille écus d'un favori du roi, qui ne demandait seulement que la faveur de lui parler.

GEORGE DANDIN. — Oh bien! votre fille n'est pas si difficile que cela, et elle s'est apprivoisée depuis qu'elle est chez moi.

M. DE SOTENVILLE. — Expliquez-vous, mon gendre. Nous ne sommes point gens à la supporter dans de mauvaises actions; et nous serons les premiers, sa mère et moi, à vous en faire la justice.

Mme DE SOTENVILLE. — Nous n'entendons point raillerie sur les matières de l'honneur, et nous l'avons élevée dans toute la sévérité possible.

GEORGE DANDIN. — Tout ce que je vous puis dire, c'est qu'il y a ici un certain courtisan que vous avez vu, qui est amoureux d'elle à ma barbe, et qui lui a fait faire des protestations d'amour qu'elle a très-humainement écoutées.

Mme DE SOTENVILLE. — Jour de Dieu! je l'étranglerais de mes propres mains, s'il fallait qu'elle forlignât de l'honnêteté de sa mère.

M. DE SOTENVILLE. — Corbleu! je lui passserais mon épée au travers du corps, à elle et au galant, si elle avait forfait à son honneur.

GEORGE DANDIN. — Je vous ai dit ce qui se passe pour vous faire mes plaintes: et je vous demande raison de cette affaire-là.

M. DE SOTENVILLE. — Ne vous tourmentez point, je vous la ferai de tous deux; et je suis homme pour serrer le bouton à qui que ce puisse être. Mais êtes-vous bien sûr aussi de ce que vous nous dites?

GEORGE DANDIN. — Très-sûr.

M. DE SOTENVILLE. — Prenez bien garde, au moins; car, entre gentilshommes, ce sont des choses chatouilleuses, et il n'est pas question d'aller faire ici un pas de clerc.

GEORGE DANDIN. — Je ne vous ai rien dit, vous dis-je, qui ne soit véritable.

M. DE SOTENVILLE. — M'amour, allez-vous-en parler à votre fille; tandis qu'avec mon gendre j'irai parler à l'homme.

Mme DE SOTENVILLE. — Se pourrait-il, mon fils, qu'elle s'oubliât de la sorte, après le sage exemple que vous savez vous-même que je lui ai donné!

M. DE SOTENVILLE. — Nous allons éclaircir l'affaire. Suivez-moi, mon gendre, et ne vous mettez pas en peine. Vous verrez de quel bois nous nous chauffons lorsqu'on s'attaque à ceux qui nous peuvent appartenir.

GEORGE DANDIN. — Le voici qui vient vers nous.

SCÈNE V.

M. DE SOTENVILLE, CLITANDRE, GEORGE DANDIN.

M. DE SOTENVILLE. — Monsieur, suis-je connu de vous?

CLITANDRE. — Non pas que je sache, monsieur.

M. DE SOTENVILLE. — Je m'appelle le baron de Sotenville.

CLITANDRE. — Je m'en réjouis fort.

M. DE SOTENVILLE. — Mon nom est connu à la cour; et j'eus l'honneur, dans ma jeunesse, de me signaler des premiers à l'arrière-ban de Nancy.

CLITANDRE. — A la bonne heure.

M. DE SOTENVILLE. — Monsieur mon père, Jean-Gilles de Sotenville, eut la gloire d'assister en personne au grand siége de Montauban.

CLITANDRE. — J'en suis ravi.

M. DE SOTENVILLE. — Et j'ai eu un aïeul, Bertrand de Sotenville, qui fut si considéré en son temps, que d'avoir permission de vendre tout son bien pour le voyage d'outre-mer.

CLITANDRE. — Je le veux croire.

M. DE SOTENVILLE. — Il m'a été rapporté, monsieur, que vous aimez et poursuivez une jeune personne, qui est ma fille, pour laquelle je m'intéresse (*montrant George Dandin*) et pour l'homme que vous voyez, qui a l'honneur d'être mon gendre.

CLITANDRE. — Qui? moi?

M. DE SOTENVILLE. — Oui; et je suis bien aise de vous parler, pour tirer de vous, s'il vous plaît, un éclaircissement de cette affaire.

CLITANDRE. — Voilà une étrange médisance! Qui vous a dit cela, monsieur?

M. DE SOTENVILLE. — Quelqu'un qui croit le bien savoir.

CLITANDRE. — Ce quelqu'un-là en a menti. Je suis honnête homme. Me croyez-vous capable, monsieur, d'une action aussi lâche que celle-là? Moi, aimer une jeune et belle personne qui a l'honneur d'être la fille de monsieur le baron de Sotenville! Je vous révère trop pour cela et suis trop votre serviteur. Quiconque vous l'a dit est un sot.

M. DE SOTENVILLE. — Allons, mon gendre.

GEORGE DANDIN. — Quoi?

CLITANDRE. — C'est un coquin et un maraud.

M. DE SOTENVILLE *à George Dandin.* — Répondez.

GEORGE DANDIN. — Répondez vous-même.

CLITANDRE. — Si je savais qui ce peut être, je lui donnerais, en votre présence, de l'épée dans le ventre.

M. DE SOTENVILLE *à George Dandin.* — Soutenez donc la chose.

GEORGE DANDIN. — Elle est toute soutenue. Cela est vrai.

CLITANDRE — Est-ce votre gendre, monsieur, qui...?

M. DE SOTENVILLE. — Oui, c'est lui-même qui s'en est plaint à moi.

CLITANDRE. — Certes, il peut remercier l'avantage qu'il a de vous appartenir; et sans cela je lui apprendrais bien à tenir de pareils discours d'une personne comme moi.

SCÈNE VI.
M. DE SOTENVILLE, MADAME DE SOTENVILLE, ANGÉLIQUE,
CLITANDRE, GEORGE DANDIN, CLAUDINE.

Mme DE SOTENVILLE. — Pour ce qui est de cela, la jalousie est une étrange chose! J'amène ici ma fille pour éclaircir l'affaire en présence de tout le monde.

CLITANDRE *à Angélique.* — Est-ce donc vous, madame, qui avez dit à votre mari que je suis amoureux de vous?

ANGÉLIQUE. — Moi? Hé! comment lui aurais-je dit? Est-ce que cela est? Je voudrais bien le voir, vraiment, que vous fussiez amoureux de moi. Jouez-vous-y, je vous en prie; vous trouverez à qui parler: c'est une chose que je vous conseille de faire. Ayez recours, pour voir, à tous les détours des amants : essayez un peu, par plaisir, à m'envoyer des ambassades, à m'écrire secrètement de petits billets doux, à épier les moments que mon mari n'y sera pas, ou le temps que je sortirai, pour me parler de votre amour; vous n'avez qu'à y venir, je vous promets que vous serez reçu comme il faut.

CLITANDRE. — Hé! la, la, madame, tout doucement. Il n'est pas nécessaire de me faire tant de leçons et de vous tant scandaliser. Qui vous dit que je songe à vous aimer?

ANGÉLIQUE. — Que sais-je, moi, ce qu'on me vient conter ici?

CLITANDRE. — On dira ce que l'on voudra; mais vous savez si je vous ai parlé d'amour lorsque je vous ai rencontrée.

ANGÉLIQUE. — Vous n'aviez qu'à le faire, vous auriez été bien venu.

CLITANDRE. — Je vous assure qu'avec moi vous n'avez rien à craindre; que je ne suis point homme à donner du chagrin aux belles, et que je vous respecte trop, et vous et messieurs vos parents, pour avoir la pensée d'être amoureux de vous.

Mme DE SOTENVILLE *à George Dandin.* — Hé bien, vous le voyez!

M. DE SOTENVILLE. — Vous voilà satisfait, mon gendre. Que dites-vous à cela?

GEORGE DANDIN. — Je dis que ce sont là des contes à dormir debout; que je sais bien ce que je sais, et que tantôt, puisqu'il faut parler net, elle a reçu une ambassade de sa part.

ANGÉLIQUE. — Moi, j'ai reçu une ambassade?

CLITANDRE. — J'ai envoyé une ambassade?

ANGÉLIQUE. — Claudine?

CLITANDRE *à Claudine.* — Est-il vrai?

CLAUDINE. — Par ma foi, voilà une étrange fausseté!

GEORGE DANDIN. — Taisez-vous, carogne que vous êtes. Je sais de vos nouvelles, et c'est vous qui tantôt avez introduit le courrier.

CLAUDINE. — Qui? moi?

GEORGE DANDIN. — Oui, vous. Ne faites point tant la sucrée.

CLAUDINE. — Hélas! que le monde aujourd'hui est rempli de méchanceté, de m'aller soupçonner ainsi, moi qui suis l'innocence même!

GEORGE DANDIN. — Taisez-vous, bonne pièce. Vous faites la sournoise, mais je vous connais il y a longtemps; et vous êtes une dessalée.

CLAUDINE *à Angélique.* — Madame, est-ce que...?

GEORGE DANDIN. — Taisez-vous, vous dis-je; vous pourriez bien porter la folle enchère de tous les autres, et vous n'avez point de père gentilhomme.

ANGÉLIQUE. — C'est une imposture si grande, et qui me touche si fort au cœur, que je ne puis pas même avoir la force d'y répondre. Cela est bien horrible d'être accusée par un mari, lorsqu'on ne lui fait rien qui ne soit à faire! Hélas! si je suis blâmable de quelque chose, c'est d'en user trop bien avec lui.

CLAUDINE. — Assurément.

ANGÉLIQUE. — Tout mon malheur est de le trop considérer, et plût au ciel que je fusse capable de souffrir, comme il dit, les galanteries de quelqu'un! Je ne serais point tant à plaindre. Adieu, je me retire; je ne puis plus endurer qu'on m'outrage de cette sorte.

SCÈNE VII.
M. DE SOTENVILLE, MADAME DE SOTENVILLE, CLITANDRE, GEORGE DANDIN, CLAUDINE.

Mme DE SOTENVILLE *à George Dandin.* — Allez, vous ne méritez pas l'honnête femme qu'on vous a donnée.

CLAUDINE. — Par ma foi, il mériterait qu'elle lui fît dire vrai : et, si j'étais en sa place, je n'y marchanderais pas. (*A Clitandre.*) Oui, monsieur, vous devez, pour le punir, faire l'amour à ma maîtresse. Poussez, c'est moi qui vous le dis, ce sera fort bien employé; et je m'offre à vous y servir, puisqu'il m'en a déjà taxée.

(*Claudine sort.*)

M. DE SOTENVILLE. — Vous méritez, mon gendre, qu'on vous dise ces choses-là, et votre procédé met tout le monde contre vous.

Mme DE SOTENVILLE. — Allez, songez à mieux traiter une demoiselle bien née; et prenez garde désormais à ne plus faire de pareilles bévues.

GEORGE DANDIN *a part.* — J'enrage de bon cœur d'avoir tort lorsque j'ai raison.

SCÈNE VIII.

M. DE SOTENVILLE, CLITANDRE, GEORGE DANDIN.

CLITANDRE *à M. de Sotenville.* — Monsieur, vous voyez comme j'ai été faussement accusé : vous êtes homme qui savez les maximes du point d'honneur; et je vous demande raison de l'affront qui m'a été fait.

M. DE SOTENVILLE. — Cela est juste, et c'est l'ordre des procédés. Allons, mon gendre, faites satisfaction à monsieur.

GEORGE DANDIN. — Comment! satisfaction?

M. DE SOTENVILLE. — Oui, cela se doit dans les règles, pour l'avoir à tort accusé.

GEORGE DANDIN. — C'est une chose, moi, dont je ne demeure pas d'accord, de l'avoir à tort accusé; et je sais bien ce que j'en pense.

M. DE SOTENVILLE. — Il n'importe. Quelque pensée qui vous puisse rester, il a nié, c'est satisfaire les personnes, et l'on n'a nul droit de se plaindre de tout homme qui se dédit.

GEORGE DANDIN. — Si bien donc que, si je le trouvais couché avec ma femme, il en serait quitte pour se dédire?

M. DE SOTENVILLE. — Point de raisonnement. Faites-lui les excuses que je vous dis.

GEORGE DANDIN. — Moi! je lui ferai encore des excuses après...!

M. DE SOTENVILLE. — Allons, vous dis-je, il n'y a rien à balancer; et vous n'avez que faire d'avoir peur d'en trop faire, puisque c'est moi qui vous conduis.

GEORGE DANDIN. — Je ne saurais...

M. DE SOTENVILLE. — Corbleu! mon gendre, ne m'échauffez pas la bile. Je me mettrais avec lui contre vous. Allons, laissez-vous gouverner par moi.

GEORGE DANDIN *à part.* — Ah! George Dandin!

M. DE SOTENVILLE. — Votre bonnet à la main le premier; monsieur est gentilhomme, et vous ne l'êtes pas.

GEORGE DANDIN *à part le bonnet à la main.* — J'enrage!

M. DE SOTENVILLE. — Répétez après moi... Monsieur...

GEORGE DANDIN. — Monsieur...

M. DE SOTENVILLE. — Je vous demande pardon... (*Voyant que George Dandin fait difficulté de lui obéir.*) Ah!

GEORGE DANDIN. — Je vous demande pardon...

M. DE SOTENVILLE. — Des mauvaises pensées que j'ai eues de vous.

GEORGE DANDIN. — Des mauvaises pensées que j'ai eues de vous.

M. DE SOTENVILLE. — C'est que je n'avais pas l'honneur de vous connaître.

GEORGE DANDIN. — C'est que je n'avais pas l'honneur de vous connaître.

M. DE SOTENVILLE. — Et je vous prie de croire...
GEORGE DANDIN. — Et je vous prie de croire...
M. DE SOTENVILLE. — Que je suis votre serviteur.
GEORGE DANDIN. — Voulez-vous que je sois serviteur d'un homme qui me veut faire cocu?
M. DE SOTENVILLE *le menaçant encore*. — Ah!
CLITANDRE. — Il suffit, monsieur.
M. DE SOTENVILLE. — Non; je veux qu'il achève, et que tout aille dans les formes... Que je suis votre serviteur.
GEORGE DANDIN. — Que je suis votre serviteur.
CLITANDRE *à George Dandin*. — Monsieur, je suis le vôtre de tout mon cœur; et je ne songe plus à ce qui s'est passé. (*A M. de Sotenville.*) Pour vous, monsieur, je vous donne le bonjour, et suis fâché du petit chagrin que vous avez eu.
M. DE SOTENVILLE. — Je vous baise les mains; et, quand il vous plaira, je vous donnerai le divertissement de courre un lièvre.
CLITANDRE. — C'est trop de grâce que vous me faites.
(*Clitandre sort.*)
M. DE SOTENVILLE. — Voilà, mon gendre, comme il faut pousser les choses. Adieu. Sachez que vous êtes entré dans une famille qui vous donnera de l'appui et ne souffrira point que l'on vous fasse aucun affront.

SCÈNE IX.

GEORGE DANDIN *seul*.

Ah! que je... Vous l'avez voulu, vous l'avez voulu, George Dandin, vous l'avez voulu; cela vous sied fort bien, et vous voilà ajusté comme il faut : vous avez justement ce que vous méritez. Allons, il s'agit seulement de désabuser le père et la mère; et je pourrai trouver peut-être quelque moyen d'y réussir.

ACTE DEUXIÈME.

SCÈNE I.

CLAUDINE, LUBIN.

CLAUDINE. — Oui, j'ai bien deviné qu'il fallait que cela vînt de toi, et que tu l'eusses dit à quelqu'un qui l'ait rapporté à notre maître.
LUBIN. — Par ma foi, je n'en ai touché qu'un petit mot en passant à un homme, afin qu'il ne dît point qu'il m'avait vu sortir, et il faut que les gens, en ce pays-ci, soient de grands babillards.
CLAUDINE. — Vraiment ce monsieur le vicomte a bien choisi son monde, que de te prendre pour son ambassadeur : et il s'est allé servir là d'un homme bien chanceux.

ACTE II.

LUBIN. — Va, une autre fois je serai plus fin, et je prendrai mieux garde à moi.

CLAUDINE. — Oui, oui, il sera temps.

LUBIN. — Ne parlons plus de cela. Ecoute.

CLAUDINE. — Que veux-tu que j'écoute?

LUBIN. — Tourne un peu ton visage devers moi.

CLAUDINE. — Hé bien! qu'est-ce?

LUBIN. — Claudine.

CLAUDINE. — Quoi?

LUBIN. — Hé! la, ne sais-tu pas bien ce que je veux dire?

CLAUDINE. — Non.

LUBIN. — Morgué! je t'aime.

CLAUDINE. — Tout de bon?

LUBIN. — Oui, le diable m'emporte! tu me peux croire, puisque j'en jure.

CLAUDINE. — A la bonne heure.

LUBIN. — Je me sens tout tribouiller le cœur quand je te regarde.

CLAUDINE. — Je m'en réjouis.

LUBIN. — Comment est-ce que tu fais pour être si jolie?

CLAUDINE. — Je fais comme font les autres.

LUBIN. — Vois-tu, il ne faut point tant de beurre pour faire un quarteron : si tu veux tu seras ma femme, je serai ton mari; et nous serons tous deux mari et femme.

CLAUDINE. — Tu serais peut-être jaloux comme notre maître.

LUBIN. — Point.

CLAUDINE. — Pour moi, je hais les maris soupçonneux; et j'en veux un qui ne s'épouvante de rien, un si plein de confiance, et si sûr de ma chasteté, qu'il me vît sans inquiétude au milieu de trente hommes.

LUBIN. — Hé bien! je serai tout comme cela.

CLAUDINE. — C'est la plus sotte chose du monde que de se défier d'une femme et de la tourmenter. La vérité de l'affaire est qu'on n'y gagne rien de bon : cela nous fait songer à mal; et ce sont souvent les maris qui, avec leurs vacarmes, se font eux-mêmes ce qu'ils sont.

LUBIN. — Hé bien! je te donnerai la liberté de faire tout ce qu'il te plaira.

CLAUDINE. — Voilà comme il faut faire pour n'être point trompé. Lorsqu'un mari se met à notre discrétion, nous ne prenons de liberté que ce qu'il nous en faut; et il en est comme avec ceux qui nous ouvrent leur bourse, et nous disent : Prenez; nous en usons honnêtement, et nous nous contentons de la raison. Mais ceux qui nous chicanent, nous nous efforçons de les tondre, et nous ne les épargnons point.

LUBIN. — Va, je serai de ceux qui ouvrent leur bourse, et tu n'as qu'à te marier avec moi.

CLAUDINE. — Hé bien, bien, nous verrons.

LUBIN. — Viens donc ici, Claudine.

CLAUDINE. — Que veux-tu?

LUBIN. — Viens, te dis-je.

CLAUDINE. — Ah! doucement. Je n'aime pas les patineurs.
LUBIN. — Hé! un petit brin d'amitié.
CLAUDINE. — Laisse-moi là, te dis-je; je n'entends pas raillerie
LUBIN. — Claudine.
CLAUDINE *repoussant Lubin.* — Hai!
LUBIN. — Ah! que tu es rude à pauvres gens! Fi! que cela est malhonnête de refuser les personnes! N'as-tu point de honte d'être belle et de ne vouloir pas qu'on te caresse? Hé! la!
CLAUDINE. — Je te donnerai sur le nez.
LUBIN. — Oh! la farouche! la sauvage! Fi! pouah! la vilaine, qui est cruelle!
CLAUDINE. — Tu t'émancipes trop.
LUBIN. — Qu'est-ce que cela te coûterait de me laisser un peu faire?
CLAUDINE. — Il faut que tu te donnes patience.
LUBIN. — Un petit baiser seulement, en rabattant sur notre mariage.
CLAUDINE. — Je suis votre servante.
LUBIN. — Claudine, je t'en prie, sur l'et tant moins.
CLAUDINE. — Hé! que nenni. J'y ai déjà été attrapée. Adieu. Va-t'en, et dis à monsieur le vicomte que j'aurai soin de rendre son billet.
LUBIN. — Adieu, beauté rude-ânière.
CLAUDINE. — Le mot est amoureux.
LUBIN. — Adieu, rocher, caillou, pierre de taille, et tout ce qu'il y a de plus dur au monde.
CLAUDINE *seule.* — Je vais remettre aux mains de ma maîtresse..... Mais la voici avec son mari : éloignons-nous, et attendons qu'elle soit seule.

SCÈNE II.

GEORGE DANDIN, ANGÉLIQUE.

GEORGE DANDIN. — Non, non, on ne m'abuse pas avec tant de facilité, et je ne suis que trop certain que le rapport que l'on m'a fait est véritable. J'ai de meilleurs yeux qu'on ne pense, et votre galimatias ne m'a point tantôt ébloui.

SCÈNE III.

CLITANDRE, ANGÉLIQUE, GEORGE DANDIN.

CLITANDRE *à part dans le fond du théâtre.* — Ah! la voilà; mais le mari est avec elle.
GEORGE DANDIN *sans voir Clitandre.* — Au travers de toutes vos grimaces, j'ai vu la vérité de ce que l'on m'a dit, et le peu de respect que vous avez pour le nœud qui nous joint.
(*Clitandre et Angélique se saluent.*)
Mon Dieu! laissez là votre révérence; ce n'est pas de ces sortes de respects dont je vous parle, et vous n'avez que faire de vous moquer.
ANGÉLIQUE. — Moi, me moquer! en aucune façon.
GEORGE DANDIN. — Je sais votre pensée, et connais... (*Clitandre et*

Angélique se saluent encore.) Encore! Ah! ne raillons point davantage. Je n'ignore pas qu'à cause de votre noblesse vous me tenez fort au-dessous de vous : et le respect que je veux dire ne regarde point ma personne; j'entends parler de celui que vous devez à des nœuds aussi vénérables que le sont ceux du mariage. (*Angélique fait signe à Clitandre.*) Il ne faut point lever les épaules, et je ne dis point de sottises.

ANGÉLIQUE. — Qui songe à lever les épaules?

GEORGE DANDIN. — Mon Dieu! nous voyons clair. Je vous dis encore une fois que le mariage est une chaîne à laquelle on doit porter toutes sortes de respects, et que c'est fort mal fait à vous d'en user comme vous faites. (*Angélique fait signe de la tête à Clitandre.*) Oui, oui, mal fait à vous, et vous n'avez que faire de hocher la tête et de me faire la grimace.

ANGÉLIQUE. — Moi! je ne sais ce que vous voulez dire.

GEORGE DANDIN. — Je le sais fort bien, moi; et vos mépris me sont connus. Si je ne suis pas né noble, au moins suis-je d'une race où il n'y a point de reproche; et la famille des Dandins...

CLITANDRE *derrière Angélique sans être aperçu de George Dandin.* — Un moment d'entretien.

GEORGE DANDIN *sans voir Clitandre.* — Hé!

ANGÉLIQUE. — Quoi? je ne dis mot.

(*George Dandin tourne autour de sa femme, et Clitandre se retire en faisant une grande révérence à George Dandin.*)

SCÈNE IV.

GEORGE DANDIN, ANGÉLIQUE.

GEORGE DANDIN. — Le voilà qui vient rôder autour de vous.

ANGÉLIQUE. — Hé bien! est-ce ma faute? Que voulez-vous que j'y fasse?

GEORGE DANDIN. — Je veux que vous y fassiez ce que fait une femme qui ne veut plaire qu'à son mari. Quoi qu'on en puisse dire, les galants n'obsèdent jamais que quand on le veut bien : il y a un certain air doucereux qui les attire, ainsi que le miel fait les mouches; et les honnêtes femmes ont des manières qui les savent chasser d'abord.

ANGÉLIQUE. — Moi, les chasser! et par quelle raison? Je ne me scandalise point qu'on me trouve bien faite; et cela me fait du plaisir.

GEORGE DANDIN. — Oui! Mais quel personnage voulez-vous que joue un mari pendant cette galanterie?

ANGÉLIQUE. — Le personnage d'un honnête homme, qui est bien aise de voir sa femme considérée.

GEORGE DANDIN. — Je suis votre valet. Ce n'est pas là mon compte, et les Dandins ne sont point accoutumés à cette mode-là.

ANGÉLIQUE. — Oh! les Dandins s'y accoutumeront s'ils veulent; car pour moi je vous déclare que mon dessein n'est pas de renoncer au monde et de m'enterrer toute vive dans un mari. Comment! parce qu'un homme s'avise de nous épouser, il faut d'abord que toutes choses soient finies pour nous, et que nous rompions tout commerce avec les vivants! C'est une chose merveilleuse que cette tyrannie de messieurs les maris; et je les trouve bons de vouloir qu'on soit morte à tous les divertissements, et qu'on ne vive que pour eux! Je me moque de cela, et ne veux point mourir si jeune.

GEORGE DANDIN. — C'est ainsi que vous satisfaites aux engagements de la foi que vous m'avez donnée publiquement?

ANGÉLIQUE. — Moi? je ne vous l'ai point donnée de bon cœur, et vous me l'avez arrachée. M'avez-vous avant le mariage demandé mon consentement, et si je voulais bien de vous? Vous n'avez consulté pour cela que mon père et ma mère : ce sont eux proprement qui vous ont épousé; et c'est pourquoi vous ferez bien de vous plaindre toujours à eux des torts que l'on pourra vous faire. Pour moi, qui ne vous ai point dit de vous marier avec moi, et que vous avez prise sans consulter mes sentiments, je prétends n'être point obligée à me soumettre en esclave à vos volontés; et je veux jouir, s'il vous plaît, de quelque nombre de beaux jours que m'offre la jeunesse, prendre les douces libertés que l'âge me permet, voir un peu le beau monde, et goûter le plaisir de m'ouïr dire des douceurs. Préparez-vous-y pour votre punition, et rendez grâces au ciel de ce que je ne suis pas capable de quelque chose de pis.

GEORGE DANDIN. — Oui! c'est ainsi que vous le prenez! Je suis votre mari, et je vous dis que je n'entends pas cela.

ANGÉLIQUE. — Moi, je suis votre femme, et je vous dis que je l'entends.

GEORGE DANDIN *à part*. — Il me prend des tentations d'accommoder tout son visage à la compote, et le mettre en état de ne plaire de sa vie aux diseurs de fleurettes. Ah! allons, George Dandin; je ne pourrais me retenir, et il vaut mieux quitter la place.

SCÈNE V.
ANGÉLIQUE, CLAUDINE.

CLAUDINE. — J'avais, madame, impatience qu'il s'en allât, pour vous rendre ce mot de la part que vous savez.

ANGÉLIQUE. — Voyons.

CLAUDINE *à part*. — A ce que je puis remarquer, ce qu'on lui écrit ne lui déplaît pas trop.

ANGÉLIQUE. — Ah! Claudine, que ce billet s'explique d'une façon galante! Que dans tous leurs discours et dans toutes leurs actions les gens de cour ont un air agréable! et qu'est-ce que c'est auprès d'eux que nos gens de province?

CLAUDINE. — Je crois qu'après les avoir vus les Dandins ne vous plaisent guère.

ANGÉLIQUE. — Demeure ici, je m'en vais faire la réponse.

CLAUDINE *seule*. — Je n'ai pas besoin, que je pense, de lui recommander de la faire agréable. Mais voici...

SCÈNE VI.

CLITANDRE, LUBIN, CLAUDINE.

CLAUDINE. — Vraiment, monsieur, vous avez pris là un habile messager !

CLITANDRE. — Je n'ai pas osé envoyer de mes gens. Mais, ma pauvre Claudine, il faut que je te récompense des bons offices que je sais que tu m'as rendus.

(Il fouille dans sa poche.)

CLAUDINE. — Hé ! monsieur, il n'est pas nécessaire. Non, monsieur, vous n'avez que faire de vous donner cette peine-là, et je vous rends service parce que vous le méritez ; et je me sens au cœur de l'inclination pour vous.

CLITANDRE *donnant de l'argent à Claudine.* — Je te suis obligé.

LUBIN *à Claudine.* — Puisque nous serons mariés, donne-moi cela que je le mette avec le mien.

CLAUDINE. — Je te le garde aussi bien que le baiser.

CLITANDRE *à Claudine.* — Dis-moi, as-tu rendu mon billet à ta belle maîtresse ?

CLAUDINE. — Oui ; elle est allée y répondre.

CLITANDRE. — Mais, Claudine, n'y a-t-il pas moyen que je la puisse entretenir ?

CLAUDINE. — Oui ; venez avec moi, je vous ferai parler à elle.

CLITANDRE. — Mais le trouvera-t-elle bon ? et n'y a-t-il rien à risquer ?

CLAUDINE. — Non, non. Son mari n'est pas au logis : et puis, ce n'est pas lui qu'elle a le plus à ménager, c'est son père et sa mère ; et pourvu qu'ils soient prévenus, tout le reste n'est point à craindre.

CLITANDRE. — Je m'abandonne à ta conduite.

LUBIN *seul.* — Testiguenne ! que j'aurai là une habile femme ! Elle a de l'esprit comme quatre.

SCÈNE VII.

GEORGE DANDIN, LUBIN.

GEORGE DANDIN *bas à part.* — Voici mon homme de tantôt. Plût au ciel qu'il pût se résoudre à vouloir rendre témoignage au père et à la mère de ce qu'ils ne veulent point croire !

LUBIN. — Ah ! vous voilà, monsieur le babillard, à qui j'avais tant recommandé de ne point parler, et qui me l'aviez tant promis ! Vous êtes donc un causeur, et vous allez redire ce que l'on vous dit en secret ?

GEORGE DANDIN. — Moi ?

LUBIN. — Oui ; vous avez été tout rapporter au mari, et vous êtes cause qu'il a fait du vacarme. Je suis bien aise de savoir que vous avez de la langue, et cela m'apprendra à ne vous plus rien dire.

GEORGE DANDIN. — Écoute, mon ami.

LUBIN. — Si vous n'aviez point babillé, je vous aurais conté ce qui se passe à cette heure; mais, pour votre punition, vous ne saurez rien du tout.

GEORGE DANDIN. — Comment! qu'est-ce qui se passe?

LUBIN. — Rien, rien. Voilà ce que c'est d'avoir causé; vous n'en tâterez plus, et je vous laisse sur la bonne bouche.

GEORGE DANDIN. — Arrête un peu.

LUBIN. — Point.

GEORGE DANDIN. — Je ne te veux dire qu'un mot.

LUBIN. — Nennin, nennin. Vous avez l'envie de me tirer les vers du nez.

GEORGE DANDIN. — Non, ce n'est pas cela.

LUBIN. — Hé! quelque sot... Je vous vois venir.

GEORGE DANDIN. — C'est autre chose. Ecoute.

LUBIN. — Point d'affaire. Vous voudriez que je vous dise que monsieur le vicomte vient de donner de l'argent à Claudine, et qu'elle l'a mené chez sa maîtresse. Mais je ne suis pas si bête.

GEORGE DANDIN. — De grâce!

LUBIN. — Non.

GEORGE DANDIN. — Je te donnerai...

LUBIN. — Tarare.

SCÈNE VIII.

GEORGE DANDIN seul.

Je n'ai pu me servir, avec cet innocent, de la pensée que j'avais. Mais le nouvel avis qui lui est échappé ferait la même chose; et, si le galant est chez moi, ce serait pour avoir raison aux yeux du père et de la mère, et les convaincre pleinement de l'effronterie de leur fille. Le mal de tout ceci, c'est que je ne sais comment faire pour profiter d'un tel avis. Si je rentre chez moi, je ferai évader le drôle; et, quelque chose que je puisse voir moi-même de mon déshonneur, je n'en serai point cru à mon serment, et l'on me dira que je rêve. Si, d'autre part, je vais querir beau-père et belle-mère sans être sûr de trouver chez moi le galant, ce sera la même chose; et je retomberai dans l'inconvénient de tantôt. Pourrais-je point m'éclaircir doucement s'il y est encore? (*Après avoir été regarder par le trou de la serrure.*) Ah ciel! il n'en faut plus douter, et je viens de l'apercevoir par le trou de la porte. Le sort me donne ici de quoi confondre ma partie; et, pour achever l'aventure, il fait venir à point nommé les juges dont j'avais besoin.

SCÈNE IX.

M. DE SOTENVILLE, MADAME DE SOTENVILLE, GEORGE DANDIN.

GEORGE DANDIN. — Enfin, vous ne m'avez pas voulu croire tantôt, et votre fille l'a emporté sur moi : mais j'ai en main de quoi vous faire voir comme elle m'accommode; et, Dieu merci, mon déshonneur est si clair maintenant, que vous n'en pourrez plus douter.

M. DE SOTENVILLE. — Comment! mon gendre, vous en êtes encore là-dessus?

GEORGE DANDIN. — Oui, j'y suis, et jamais je n'eus tant de sujet d'y être.

Mme DE SOTENVILLE. — Vous nous venez encore étourdir la tête?

GEORGE DANDIN. — Oui, madame; et l'on fait bien pis à la mienne.

M. DE SOTENVILLE. — Ne vous lassez-vous point de vous rendre importun?

GEORGE DANDIN. — Non; mais je me lasse fort d'être pris pour dupe.

Mme DE SOTENVILLE. — Ne voulez-vous point vous défaire de vos pensées extravagantes?

GEORGE DANDIN. — Non, madame; mais je voudrais bien me défaire d'une femme qui me déshonore.

Mme DE SOTENVILLE. — Jour de Dieu! notre gendre, apprenez à parler.

M. DE SOTENVILLE. — Corbleu! cherchez des termes moins offensants que ceux-là.

GEORGE DANDIN. — Marchand qui perd ne peut rire.

Mme DE SOTENVILLE. — Souvenez-vous que vous avez épousé une demoiselle.

GEORGE DANDIN. — Je m'en souviens assez, et ne m'en souviendrai que trop.

M. DE SOTENVILLE. — Si vous vous en souvenez, songez donc à parler d'elle avec plus de respect.

GEORGE DANDIN. — Mais que ne songe-t-elle plutôt à me traiter plus honnêtement? Quoi! parce qu'elle est demoiselle, il faut qu'elle ait la liberté de me faire ce qui lui plaît, sans que j'ose souffler?

M. DE SOTENVILLE. — Qu'avez-vous donc, et que pouvez-vous dire? N'avez-vous pas vu ce matin qu'elle s'est défendue de connaître celui dont vous m'étiez venu parler?

GEORGE DANDIN. — Oui; mais, vous, que pourrez-vous dire si je vous fais voir maintenant que le galant est avec elle?

Mme DE SOTENVILLE. — Avec elle?

GEORGE DANDIN. — Oui, avec elle, et dans ma maison.

M. DE SOTENVILLE. — Dans votre maison?

GEORGE DANDIN. — Oui, dans ma propre maison.

Mme DE SOTENVILLE. — Si cela est, nous serons pour vous contre elle.

M. DE SOTENVILLE. — Oui, l'honneur de notre famille nous est plus cher que toute chose; et, si vous dites vrai, nous la renoncerons pour notre sang, et l'abandonnerons à votre colère.

GEORGE DANDIN. — Vous n'avez qu'à me suivre.

Mme DE SOTENVILLE. — Gardez de vous tromper.

M. DE SOTENVILLE. — N'allez pas faire comme tantôt.

GEORGE DANDIN. — Mon Dieu! vous allez voir. (*Montrant Clitandre qui sort avec Angélique.*) Tenez, ai-je menti?

SCÈNE X.

ANGÉLIQUE, CLITANDRE, CLAUDINE, M. DE SOTENVILLE ET MADAME DE SOTENVILLE AVEC GEORGE DANDIN *dans le fond du théâtre.*

ANGÉLIQUE *à Clitandre.* — Adieu; j'ai peur qu'on vous surprenne ici, et j'ai quelques mesures à garder.

CLITANDRE. — Promettez-moi donc, madame, que je pourrai vous parler cette nuit.

ANGÉLIQUE. — J'y ferai mes efforts.

GEORGE DANDIN *à M. et à madame de Sotenville.* — Approchons doucement par derrière, et tâchons de n'être point vus.

CLAUDINE. — Ah! madame, tout est perdu! Voilà votre père et votre mère accompagnés de votre mari.

CLITANDRE. — Ah ciel!

ANGÉLIQUE *bas à Clitandre et à Claudine.*— Ne faites pas semblant de rien, et me laissez faire tous deux. (*Haut à Clitandre.*) Quoi! vous osez en user de la sorte, après l'affaire de tantôt, et c'est ainsi que vous dissimulez vos sentiments! On me vient rapporter que vous avez de l'amour pour moi, et que vous faites des desseins de me solliciter; j'en témoigne mon dépit, et m'explique à vous clairement en présence de tout le monde : vous niez hautement la chose, et me donnez parole de n'avoir aucune pensée de m'offenser ; et cependant le même jour vous prenez la hardiesse de venir chez moi me rendre visite, de me dire que vous m'aimez, et de me faire cent sots contes, pour me persuader de répondre à vos extravagances, comme si j'étais femme à violer la foi que j'ai donnée à un mari, et m'éloigner jamais de la vertu que mes parents m'ont enseignée! Si mon père savait cela, il vous apprendrait bien à tenter de ces entreprises! Mais une honnête femme n'aime point les éclats; je n'ai garde de lui en rien dire, (*après avoir fait signe à Claudine d'apporter un bâton*) et je veux vous montrer que, toute femme que je suis, j'ai assez de courage pour me venger moi-même des offenses que l'on me fait. L'action que vous avez faite n'est pas d'un gentilhomme, et ce n'est pas en gentilhomme aussi que je veux vous traiter.

(*Angélique prend le bâton et le lève sur Clitandre, qui se range de façon que les coups tombent sur George Dandin.*)

CLITANDRE *criant comme s'il avait été frappé.* — Ah! ah! ah! ah! ah! doucement!

SCÈNE XI.

M. DE SOTENVILLE, MADAME DE SOTENVILLE, ANGÉLIQUE, GEORGE DANDIN, CLAUDINE.

CLAUDINE. — Fort! madame, frappez comme il faut.

ANGÉLIQUE *faisant semblant de parler à Clitandre.* — S'il vous demeure quelque chose sur le cœur, je suis pour vous répondre.

CLAUDINE. — Apprenez à qui vous vous jouez.

ACTE II.

ANGÉLIQUE *faisant l'étonnée.* — Ah! mon père, vous êtes là?

M. DE SOTENVILLE. — Oui, ma fille; et je vois qu'en sagesse et en courage tu te montres un digne rejeton de la maison de Sotenville. Viens çà, approche-toi que je t'embrasse.

Mme DE SOTENVILLE. — Embrasse-moi aussi, ma fille. Las! je pleure de joie, et reconnais mon sang aux choses que tu viens de faire.

M. DE SOTENVILLE. — Mon gendre, que vous devez être ravi! et que cette aventure est pour vous pleine de douceurs! Vous aviez un juste sujet de vous alarmer; mais vos soupçons se trouvent dissipés le plus avantageusement du monde.

Mme DE SOTENVILLE. — Sans doute, notre gendre, et vous devez maintenant être le plus content des hommes.

CLAUDINE. — Assurément. Voilà une femme, celle-là! vous êtes trop heureux de l'avoir, et vous devriez baiser les pas où elle passe.

GEORGE DANDIN *à part.* — Hé! traîtresse!

M. DE SOTENVILLE. — Qu'est-ce, mon gendre! que ne remerciez-vous un peu votre femme de l'amitié que vous voyez qu'elle montre pour vous?

ANGÉLIQUE. — Non, non, mon père, il n'est pas nécessaire : il ne m'a aucune obligation de ce qu'il vient de voir, et tout ce que j'en fais n'est que pour l'amour de moi-même.

M. DE SOTENVILLE. — Où allez-vous, ma fille?

ANGÉLIQUE. — Je me retire, mon père, pour ne me voir point obligée à recevoir ses compliments.

CLAUDINE *à George Dandin.* — Elle a raison d'être en colère. C'est une femme qui mérite d'être adorée, et vous ne la traitez pas comme vous devriez.

GEORGE DANDIN *à part.* — Scélérate!

SCÈNE XII.

M. DE SOTENVILLE, MADAME DE SOTENVILLE, GEORGE DANDIN.

M. DE SOTENVILLE. — C'est un petit ressentiment de l'affaire de tantôt, et cela se passera avec un peu de caresses que vous lui ferez. Adieu, mon gendre; vous voilà en état de ne vous plus inquiéter. Allez-vous-en faire la paix ensemble, et tâchez de l'apaiser par des excuses de votre emportement.

Mme DE SOTENVILLE. — Vous devez considérer que c'est une jeune fille élevée à la vertu, et qui n'est point accoutumée à se voir soupçonner d'aucune vilaine action. Adieu. Je suis ravie de voir vos désordres finis, et des transports de joie que vous doit donner sa conduite.

SCÈNE XIII.

GEORGE DANDIN *seul.*

Je ne dis mot, car je ne gagnerais rien à parler; et jamais il ne s'est rien vu d'égal à ma disgrâce. Oui, j'admire mon malheur, et la subtile adresse de ma carogne de femme pour se donner toujours raison et me faire avoir tort. Est-il possible que toujours j'aurai le dessous avec elle, que les apparences toujours tourneront contre moi, et que je ne parviendrai point à convaincre mon effrontée? O ciel, seconde mes desseins, et m'accorde la grâce de faire voir aux gens que l'on me déshonore!

ACTE TROISIÈME.

SCENE I.

CLITANDRE, LUBIN.

CLITANDRE. — La nuit est avancée, et j'ai peur qu'il ne soit trop tard. Je ne vois point à me conduire, Lubin.

LUBIN. — Monsieur?

CLITANDRE. — Est-ce par ici?

LUBIN. — Je pense que oui. Morgué! voilà une sotte nuit, d'être si noire que cela!

CLITANDRE. — Elle a tort assurément; mais, si d'un côté elle nous empêche de voir, elle empêche de l'autre que nous ne soyons vus.

LUBIN. — Vous avez raison, elle n'a pas tant de tort. Je voudrais bien savoir, monsieur, vous qui êtes savant, pourquoi il ne fait point jour la nuit.

CLITANDRE. — C'est une grande question, et qui est difficile. Tu es curieux, Lubin.

LUBIN. — Oui. Si j'avais étudié, j'aurais été songer à des choses où on n'a jamais songé.

CLITANDRE. — Je le crois. Tu as la mine d'avoir l'esprit subtil et pénétrant.

LUBIN. — Cela est vrai. Tenez, j'explique du latin, quoique jamais je ne l'aie appris, et voyant l'autre jour écrit sur une grande porte, *collegium*, je devinai que cela voulait dire collége.

CLITANDRE. — Cela est admirable. Tu sais donc lire, Lubin?

LUBIN. — Oui, je sais lire la lettre moulée; mais je n'ai jamais su apprendre à lire l'écriture.

CLITANDRE. — Nous voici contre la maison. (*Après avoir frappé dans ses mains.*) C'est le signal que m'a donné Claudine.

LUBIN. — Par ma foi c'est une fille qui vaut de l'argent, et je l'aime de tout mon cœur.

CLITANDRE. — Aussi t'ai-je amené avec moi pour l'entretenir.

LUBIN. — Monsieur, je vous suis...

CLITANDRE. — Chut. J'entends quelque bruit.

SCÈNE II.

ANGÉLIQUE, CLAUDINE, CLITANDRE, LUBIN.

ANGÉLIQUE. — Claudine !
CLAUDINE. — Hé bien ?
ANGÉLIQUE. — Laisse la porte entr'ouverte.
CLAUDINE. — Voilà qui est fait.
(*Scène de nuit. Les acteurs se cherchent les uns les autres dans l'obscurité.*)
CLITANDRE *à Lubin*. — Ce sont elles. St !
ANGÉLIQUE. — St !
LUBIN. — St !
CLAUDINE. — St !
CLITANDRE *à Claudine, qu'il prend pour Angélique.* — Madame.
ANGÉLIQUE *à Lubin, qu'elle prend pour Clitandre.* — Quoi ?
LUBIN *à Angélique, qu'il prend pour Claudine.* — Claudine.
CLAUDINE *à Clitandre, qu'elle prend pour Lubin.* — Qu'est-ce ?
CLITANDRE *à Claudine, croyant parler à Angélique.* Ah ! madame, que j'ai de joie !
LUBIN *à Angélique, croyant parler à Claudine.* — Claudine, ma pauvre Claudine !
CLAUDINE *à Clitandre.* — Doucement, monsieur.
ANGÉLIQUE *à Lubin.* — Tout beau, Lubin.
CLITANDRE. — Est-ce toi, Claudine ?
CLAUDINE. — Oui.
LUBIN. — Est-ce vous, madame ?
ANGÉLIQUE. — Oui.
CLAUDINE *à Clitandre.* — Vous avez pris l'une pour l'autre.
LUBIN *à Angélique.* — Ma foi, la nuit on n'y voit goutte.
ANGÉLIQUE. — Est-ce pas vous, Clitandre ?
CLITANDRE. — Oui, madame.
ANGÉLIQUE. — Mon mari ronfle comme il faut, et j'ai pris ce temps pour nous entretenir ici.
CLITANDRE. — Cherchons quelque lieu pour nous asseoir.
CLAUDINE. — C'est fort bien avisé.
(*Angélique, Clitandre et Claudine vont s'asseoir dans le fond du théâtre.*)
LUBIN *cherchant Claudine.* — Claudine, où est-ce que tu es ?

SCÈNE III.

ANGÉLIQUE, CLITANDRE ET CLAUDINE *assis au fond du théâtre,* GEORGE DANDIN *à moitié déshabillé,* LUBIN.

GEORGE DANDIN *à part.* — J'ai entendu descendre ma femme, et je me suis vite habillé pour descendre après elle. Où peut-elle être allée ? Serait-elle sortie ?
LUBIN *cherchant Claudine.* — Où es-tu donc, Claudine ? (*Prenant George Dandin pour Claudine.*) Ah ! te voilà. Par ma foi, ton maître est plaisamment attrapé ; et je trouve ceci aussi drôle que les coups de

bâton de tantôt, dont on m'a fait récit. Ta maîtresse dit qu'il ronfle à cette heure comme tous les diantres, et il ne sait pas que monsieur le vicomte et elle sont ensemble pendant qu'il dort. Je voudrais bien savoir quel songe il fait maintenant. Cela est tout à fait risible. De quoi s'avise-t-il aussi d'être jaloux de sa femme, et de vouloir qu'elle soit à lui tout seul? C'est un impertinent, et monsieur le vicomte lui fait trop d'honneur. Tu ne dis mot, Claudine ! Allons, suivons-les ; et me donne ta petite menotte, que je la baise. Ah! que cela est doux ! il me semble que je mange des confitures. *(A George Dandin, qu'il prend toujours pour Claudine et qui le repousse rudement.)* Tubleu! comme vous y allez! Voilà une petite menotte qui est un peu bien rude.

GEORGE DANDIN. — Qui va là?

LUBIN. — Personne.

GEORGE DANDIN. — Il fuit, et me laisse informé de la nouvelle perfidie de ma coquine. Allons, il faut que, sans tarder, j'envoie appeler son père et sa mère ; et que cette aventure me serve à me faire séparer d'elle. Holà! Colin, Colin!

SCÈNE IV.

ANGÉLIQUE ET CLITANDRE AVEC CLAUDINE ET LUBIN *assis au fond du théâtre,* GEORGE DANDIN, COLIN.

COLIN *à la fenêtre.* — Monsieur?

GEORGE DANDIN. — Allons, vite ici-bas.

COLIN *sautant par la fenêtre.* — M'y voilà on ne peut pas plus vite.

GEORGE DANDIN. — Tu es là?

COLIN. — Oui, monsieur.

(Pendant que George Dandin va chercher Colin du côté où il a entendu sa voix, Colin passe de l'autre et s'endort.)

GEORGE DANDIN *se tournant du côté où il croit qu'est Colin.* — Doucement, parle bas. Ecoute. Va-t'en chez mon beau-père et ma belle-mère, et leur dis que je les prie très-instamment de venir tout à l'heure ici. Entends-tu? Hé! Colin, Colin!

COLIN *de l'autre côté se réveillant.* — Monsieur?

GEORGE DANDIN. — Où diable es-tu?

COLIN. — Ici.

GEORGE DANDIN. — Peste soit du maroufle, qui s'éloigne de moi! *(Pendant que George Dandin retourne du côté où il croit que Colin est resté, Colin, à moitié endormi, passe de l'autre côté et se rendort.)* Je te dis que tu ailles de ce pas trouver mon beau-père et ma belle-mère, et leur dire que je les conjure de se rendre ici tout à l'heure. M'entends-tu bien? Réponds. Colin, Colin!

COLIN *de l'autre côté, se réveillant.* — Monsieur?

GEORGE DANDIN. — Voilà un pendard qui me fera enrager. Viens-t'en à moi. *(Ils se rencontrent et tombent tous deux.)* Ah! le traître, il m'a estropié. Où est-ce que tu es? Approche, que je te donne mille coups. Je pense qu'il me fuit.

COLIN. — Assurément.

GEORGE DANDIN. — Veux-tu venir?

COLIN. — Nenni, ma foi.
GEORGE DANDIN. — Viens, té dis-je.
COLIN. — Point. Vous me voulez battre.
GEORGE DANDIN. — Hé bien! non. Je ne te ferai rien.
COLIN. — Assurément?
GEORGE DANDIN. — Oui. Approche. Bon. (*A Colin, qu'il tient par le bras.*) Tu es bien heureux de ce que j'ai besoin de toi. Va-t'en vite, de ma part, prier mon beau-père et ma belle-mère de se rendre ici le plus tôt qu'ils pourront, et leur dis que c'est pour une affaire de la dernière conséquence; et, s'ils faisaient quelque difficulté à cause de l'heure, ne manque pas de les presser et de leur bien faire entendre qu'il est très-important qu'ils viennent en quelque état qu'ils soient. Tu m'entends bien maintenant?
COLIN. — Oui, monsieur.
GEORGE DANDIN. — Va vite, et reviens de même. (*Se croyant seul.*) Et moi, je vais rentrer dans ma maison, attendant que..... Mais j'entends quelqu'un. Ne serait-ce point ma femme? Il faut que j'écoute et me serve de l'obscurité qu'il fait.
(*George Dandin se range près de la porte de sa maison.*)

SCÈNE V.
ANGÉLIQUE, CLITANDRE, CLAUDINE, LUBIN, GEORGE DANDIN.

ANGÉLIQUE *à Clitandre*. — Adieu, il est temps de se retirer.
CLITANDRE. — Quoi! sitôt?
ANGÉLIQUE. — Nous nous sommes assez entretenus.
CLITANDRE. — Ah! madame, puis-je assez vous entretenir et trouver en si peu de temps toutes les paroles dont j'ai besoin? Il me faudrait des journées entières pour me bien expliquer à vous de tout ce que je sens, et je ne vous ai pas dit encore la moindre partie de ce que j'ai à vous dire.
ANGÉLIQUE. — Nous en écouterons une autre fois davantage.
CLITANDRE. — Hélas! de quel coup me percez-vous l'âme, lorsque vous parlez de vous retirer! et avec combien de chagrins m'allez-vous laisser maintenant!
ANGÉLIQUE. — Nous trouverons moyen de nous revoir.
CLITANDRE. — Oui; mais je songe qu'en me quittant vous allez trouver un mari. Cette pensée m'assassine, et les priviléges qu'ont les maris sont des choses cruelles pour un amant qui aime bien.
ANGÉLIQUE. — Serez-vous assez faible pour avoir cette inquiétude? et pensez-vous qu'on soit capable d'aimer de certains maris qu'il y a? On les prend parce qu'on ne s'en peut défendre, et que l'on dépend de parents qui n'ont des yeux que pour le bien; mais on sait leur rendre justice, et l'on se moque fort de les considérer au delà de ce qu'ils méritent.
GEORGE DANDIN *à part*. — Voilà nos carognes de femmes!
CLITANDRE. — Ah! qu'il faut avouer que celui qu'on vous a donné était peu digne de l'honneur qu'il a reçu! et que c'est une étrange chose que l'assemblage qu'on a fait d'une personne comme vous avec un homme comme lui!

GEORGE DANDIN *à part*. — Pauvres maris, voilà comme on vous traite!

CLITANDRE. — Vous méritez, sans doute, une tout autre destinée, et le ciel ne vous a point faite pour être la femme d'un paysan.

GEORGE DANDIN. — Plût au ciel fût-elle la tienne! tu changerais bien de langage. Rentrons, c'en est assez.

(*George Dandin, étant rentré, ferme la porte en dedans.*)

SCÈNE VI.
ANGÉLIQUE, CLITANDRE, CLAUDINE, LUBIN.

CLAUDINE. — Madame, si vous avez à dire du mal de votre mari, dépêchez vite, car il est tard.

CLITANDRE. — Ah! Claudine, que tu es cruelle!

ANGÉLIQUE *à Clitandre*. — Elle a raison, séparons-nous.

CLITANDRE. — Il faut donc s'y résoudre, puisque vous le voulez; mais au moins je vous conjure de me plaindre un peu des méchants moments que je vais passer.

ANGÉLIQUE. — Adieu.

LUBIN. — Où es-tu, Claudine, que je te donne le bonsoir?

CLAUDINE. — Va, va, je le reçois de loin, et je t'en renvoie autant.

SCÈNE VII.
ANGÉLIQUE, CLAUDINE.

ANGÉLIQUE. — Rentrons sans faire de bruit.

CLAUDINE. — La porte s'est fermée.

ANGÉLIQUE. — J'ai le passe-partout.

CLAUDINE. — Ouvrez donc doucement.

ANGÉLIQUE. — On a fermé en dedans, et je ne sais comment nous ferons.

CLAUDINE. — Appelez le garçon qui couche là.

ANGÉLIQUE. — Colin! Colin! Colin!

SCÈNE VIII.
GEORGE DANDIN, ANGÉLIQUE, CLAUDINE.

GEORGE DANDIN *à la fenêtre*. — Colin! Colin! Ah! je vous y prends donc, madame ma femme; et vous faites des *escampativos* pendant que je dors! Je suis bien aise de cela, et de vous voir dehors à l'heure qu'il est.

ANGÉLIQUE. — Hé bien! quel grand mal est-ce qu'il y a à prendre le frais de la nuit?

GEORGE DANDIN. — Oui, oui, l'heure est bonne à prendre le frais. C'est bien plutôt le chaud, madame la coquine; et nous savons toute l'intrigue du rendez-vous et du damoiseau. Nous avons entendu votre galant entretien et les beaux vers à ma louange que vous avez dits l'un et l'autre. Mais ma consolation, c'est que je vais être vengé, et que votre père et votre mère seront convaincus maintenant de la justice de mes plaintes et du déréglement de votre conduite. Je les ai envoyé querir, et ils vont être ici dans un moment.

ANGÉLIQUE *à part.* — Ah! ciel!

CLAUDINE. — Madame!

GEORGE DANDIN. — Voilà un coup sans doute où vous ne vous attendiez pas. C'est maintenant que je triomphe, et j'ai de quoi mettre à bas votre orgueil et détruire vos artifices. Jusqu'ici vous avez joué mes accusations, ébloui vos parents et plâtré vos malversations. J'ai eu beau voir et beau dire, votre adresse toujours l'a emporté sur mon bon droit, et toujours vous avez trouvé moyen d'avoir raison; mais à cette fois, Dieu merci, les choses vont être éclaircies, et votre effronterie sera pleinement confondue.

ANGÉLIQUE. — Hé! je vous prie, faites-moi ouvrir la porte.

GEORGE DANDIN. — Non, non; il faut attendre la venue de ceux que j'ai mandés, et je veux qu'ils vous trouvent dehors à la belle heure qu'il est. En attendant qu'ils viennent, songez, si vous voulez, à chercher dans votre tête quelque nouveau détour pour vous tirer de cette affaire, à inventer quelque moyen de rhabiller votre escapade, à trouver quelque belle ruse pour éluder ici les gens et paraître innocente, quelque prétexte spécieux de pèlerinage nocturne ou d'amie en travail d'enfant que vous veniez de secourir.

ANGÉLIQUE. — Non, mon intention n'est pas de vous rien déguiser. Je ne prétends point me défendre ni vous nier les choses, puisque vous les savez.

GEORGE DANDIN. — C'est que vous voyez bien que tous les moyens vous en sont fermés, et que dans cette affaire vous ne sauriez inventer d'excuse qu'il ne me soit facile de convaincre de fausseté.

ANGÉLIQUE. — Oui, je confesse que j'ai tort et que vous avez sujet de vous plaindre; mais je vous demande par grâce de ne m'exposer point maintenant à la mauvaise humeur de mes parents, et de me faire promptement ouvrir.

GEORGE DANDIN. — Je vous baise les mains.

ANGÉLIQUE. — Hé! mon pauvre petit mari, je vous en conjure.

GEORGE DANDIN. — Ah! mon pauvre petit mari? Je suis votre petit mari maintenant parce que vous vous sentez prise. Je suis bien aise de cela, et vous ne vous étiez jamais avisée de me dire de ces douceurs.

ANGÉLIQUE. — Tenez, je vous promets de ne vous plus donner aucun sujet de déplaisir, et de me...

GEORGE DANDIN. — Tout cela n'est rien. Je ne veux point perdre cette aventure, et il m'importe qu'on soit une fois éclairci à fond de vos déportements.

ANGÉLIQUE. — De grâce, laissez-moi vous dire. Je vous demande un moment d'audience.

GEORGE DANDIN. — Hé bien, quoi?

ANGÉLIQUE. — Il est vrai que j'ai failli, je vous l'avoue encore une fois, et que votre ressentiment est juste; que j'ai pris le temps de sortir pendant que vous dormiez, et que cette sortie est un rendez-vous que j'avais donné à la personne que vous dites : mais enfin ce sont des actions que vous devez pardonner à mon âge, des emportements de jeune personne qui n'a encore rien vu et ne fait que d'entrer au monde, des libertés où l'on s'abandonne sans y penser de mal, et qui, sans doute, dans le fond n'ont rien de....

GEORGE DANDIN. — Oui, vous le dites, et ce sont de ces choses qui ont besoin qu'on les croie pieusement.

ANGÉLIQUE. — Je ne veux point m'excuser par là d'être coupable envers vous, et je vous prie seulement d'oublier une offense dont je vous demande pardon de tout mon cœur, et de m'épargner en cette rencontre le déplaisir que me pourraient causer les reproches fâcheux de mon père et de ma mère. Si vous m'accordez généreusement la grâce que je vous demande, ce procédé obligeant, cette bonté que vous me ferez voir me gagnera entièrement, elle touchera tout à fait mon cœur et y fera naître pour vous ce que tout le pouvoir de mes parents et les liens du mariage n'avaient pu y jeter; en un mot, elle sera cause que je renoncerai à toutes les galanteries, et n'aurai de l'attachement que pour vous. Oui, je vous donne ma parole que vous m'allez voir désormais la meilleure femme du monde, et que je vous témoignerai tant d'amitié, tant d'amitié, que vous en serez satisfait.

GEORGE DANDIN. — Ah! crocodile qui flatte les gens pour les étrangler!

ANGÉLIQUE. — Accordez-moi cette faveur.

GEORGE DANDIN. — Point d'affaire, je suis inexorable.

ANGÉLIQUE. — Montrez-vous généreux.

GEORGE DANDIN. — Non.

ANGÉLIQUE. — De grâce.

GEORGE DANDIN. — Point.

ANGÉLIQUE. — Je vous en conjure de tout mon cœur.

GEORGE DANDIN. — Non, non, non. Je veux qu'on soit détrompé de vous, et que votre confusion éclate.

ANGÉLIQUE. — Hé bien! si vous me réduisez au désespoir, je vous avertis qu'une femme en cet état est capable de tout, et que je ferai quelque chose ici dont vous vous repentirez.

GEORGE DANDIN. — Et que ferez-vous, s'il vous plaît?

ANGÉLIQUE. — Mon cœur se portera jusqu'aux extrêmes résolutions, et de ce couteau que voici je me tuerai sur la place.

GEORGE DANDIN. — Ah! ah! à la bonne heure.

ANGÉLIQUE. — Pas tant à la bonne heure pour vous que vous vous imaginez. On sait de tous côtés nos différends et les chagrins perpétuels que vous concevez contre moi. Lorsqu'on me trouvera morte, il n'y aura personne qui mette en doute que ce ne soit vous qui m'aurez tuée; et mes parents ne sont pas gens assurément à laisser cette mort impunie, et ils en feront sur votre personne toute la punition que leur pourront offrir et les poursuites de la justice et la chaleur de leur ressentiment. C'est par là que je trouverai moyen de me venger de vous; et je ne suis pas la première qui ait su recourir à de pareilles vengeances, qui n'ait pas fait difficulté de se donner la mort pour perdre ceux qui ont la cruauté de nous pousser à la dernière extrémité.

GEORGE DANDIN. — Je suis votre valet. On ne s'avise plus de se tuer soi-même, et la mode en est passée il y a longtemps.

ANGÉLIQUE. — C'est une chose dont vous pouvez vous tenir sûr; et, si vous persistez dans votre refus, si vous ne me faites ouvrir, je vous jure que tout à l'heure je vais vous faire voir jusqu'où peut aller la résolution d'une personne qu'on met au désespoir.

GEORGE DANDIN. — Bagatelles! bagatelles! c'est pour me faire peur.

ANGÉLIQUE. — Hé bien! puisqu'il le faut, voici qui nous contentera tous deux et montrera si je me moque. (*Après avoir fait semblant de se tuer.*) Ah! c'en est fait! fasse le ciel que ma mort soit vengée comme je le souhaite, et que celui qui en est cause reçoive un juste châtiment de la dureté qu'il a eue pour moi!

GEORGE DANDIN. — Ouais! serait-elle bien si malicieuse que de s'être tuée pour me faire pendre? Prenons un bout de chandelle pour aller voir.

SCÈNE IX.

ANGÉLIQUE, CLAUDINE.

ANGÉLIQUE *à Claudine.* — St! Paix! Rangeons-nous chacune immédiatement contre un des côtés de la porte.

SCÈNE X.

ANGÉLIQUE ET CLAUDINE *entrant dans la maison au moment que George Dandin en sort, et fermant la porte en dedans;* GEORGE DANDIN *une chandelle à la main.*

GEORGE DANDIN. — La méchanceté d'une femme irait-elle bien jusque-là? (*Seul, après avoir regardé partout.*) Il n'y a personne. Hé! je m'en étais bien douté; et la pendarde s'est retirée, voyant qu'elle ne gagnait rien après moi ni par prières, ni par menaces. Tant mieux, cela rendra ses affaires encore plus mauvaises; et le père et la mère, qui vont venir, en verront mieux son crime. (*Après avoir été à la porte de sa maison pour rentrer.*) Ah! ah! la porte s'est fermée! Holà! oh! quelqu'un! qu'on m'ouvre promptement.

SCÈNE XI.

ANGÉLIQUE ET CLAUDINE *à la fenêtre*, GEORGE DANDIN.

ANGÉLIQUE. — Comment! c'est toi! D'où viens-tu, bon pendard? Est-il l'heure de revenir chez soi quand le jour est près de paraître? et cette manière de vie est-elle celle que doit suivre un honnête mari?

CLAUDINE. — Cela est-il beau d'aller ivrogner toute la nuit, et de laisser ainsi toute seule une pauvre jeune femme dans la maison?

GEORGE DANDIN. — Comment! vous avez....

ANGÉLIQUE. — Va, va, traître, je suis lasse de tes déportements, et je m'en veux plaindre sans plus tarder à mon père et à ma mère.

GEORGE DANDIN. — Quoi! c'est ainsi que vous osez....

SCÈNE XII.

M. DE SOTENVILLE ET MADAME DE SOTENVILLE *en déshabillé de nuit,*
COLIN *portant une lanterne,* **ANGÉLIQUE ET CLAUDINE** *à la fenêtre,*
GEORGE DANDIN.

ANGÉLIQUE *à M. et madame de Sotenville.* — Approchez, de grâce, et venez me faire raison de l'insolence la plus grande du monde, d'un mari à qui le vin et la jalousie ont troublé de telle sorte la cervelle, qu'il ne sait plus ni ce qu'il dit ni ce qu'il fait, et vous a lui-même envoyé querir pour vous faire témoins de l'extravagance la plus étrange dont on ait jamais ouï parler. Le voilà qui revient, comme vous voyez, après s'être fait attendre toute la nuit : et, si vous voulez l'écouter, il vous dira qu'il a les plus grandes plaintes du monde à vous faire de moi ; que, durant qu'il dormait, je me suis dérobée d'auprès de lui pour m'en aller courir, et cent autres contes de même nature qu'il est allé rêver.

GEORGE DANDIN *à part.* — Voilà une méchante carogne.

CLAUDINE. — Oui, il nous a voulu faire accroire qu'il était dans la maison, et que nous en étions dehors ; et c'est une folie qu'il n'y a pas moyen de lui ôter de la tête.

M. DE SOTENVILLE. — Comment ! qu'est-ce à dire cela ?

Mme DE SOTENVILLE. — Voilà une furieuse impudence que de nous envoyer querir !

GEORGE DANDIN. — Jamais....

ANGÉLIQUE. — Non, mon père, je ne puis plus souffrir un mari de la sorte ; ma patience est poussée à bout : et il vient de me dire cent paroles injurieuses.

M. DE SOTENVILLE *à George Dandin.* — Corbleu ! vous êtes un malhonnête homme !

CLAUDINE. — C'est une conscience de voir une pauvre jeune femme traitée de la façon, et cela crie vengeance au ciel.

GEORGE DANDIN. — Peut-on....

M. DE SOTENVILLE. — Allez, vous devriez mourir de honte.

GEORGE DANDIN. — Laissez-moi vous dire deux mots.

ANGÉLIQUE. — Vous n'avez qu'à l'écouter, il va vous en conter de belles.

GEORGE DANDIN *à part.* — Je désespère.

CLAUDINE. — Il a tant bu, que je ne pense pas qu'on puisse durer contre lui ; et l'odeur du vin qu'il souffle est montée jusqu'à nous.

GEORGE DANDIN. — Monsieur mon beau-père, je vous conjure....

M. DE SOTENVILLE. — Retirez-vous : vous puez le vin à pleine bouche.

GEORGE DANDIN. — Madame, je vous prie....

Mme DE SOTENVILLE. — Fi ! ne m'approchez pas, votre haleine est empestée.

GEORGE DANDIN *à M. de Sotenville.* — Souffrez que je vous....

M. DE SOTENVILLE. — Retirez-vous, vous dis-je : on ne peut vous souffrir.

GEORGE DANDIN *à madame de Sotenville.* — Permettez, de grâce, que....

ACTE III. 157

Mme DE SOTENVILLE. — Pouah! vous m'engloutissez le cœur. Parlez de loin, si vous voulez.
GEORGE DANDIN. — Hé bien! oui, je parle de loin. Je vous jure que je n'ai bougé de chez moi, et que c'est elle qui est sortie.
ANGÉLIQUE. — Ne voilà pas ce que je vous ai dit?
CLAUDINE. — Vous voyez quelle apparence il y a.
M. DE SOTENVILLE *à George Dandin.* — Allez, vous vous moquez des gens. Descendez, ma fille, et venez ici.

SCÈNE XIII.

M. DE SOTENVILLE, MADAME DE SOTENVILLE, GEORGE DANDIN, COLIN.

GEORGE DANDIN. — J'atteste le ciel que j'étais dans la maison, et que....
M. DE SOTENVILLE. — Taisez-vous, c'est une extravagance qui n'est pas supportable.
GEORGE DANDIN. — Que la foudre m'écrase tout à l'heure si....
M. DE SOTENVILLE. — Ne nous rompez pas davantage la tête et songez à demander pardon à votre femme.
GEORGE DANDIN. — Moi! demander pardon?
M. DE SOTENVILLE. — Oui, pardon, et sur-le-champ.
GEORGE DANDIN. — Quoi! je....
M. DE SOTENVILLE. — Corbleu! si vous me répliquez, je vous apprendrai ce que c'est que de vous jouer à nous.
GEORGE DANDIN. — Ah! George Dandin!

SCÈNE XIV.

M. DE SOTENVILLE, MADAME DE SOTENVILLE, ANGÉLIQUE, GEORGE DANDIN, CLAUDINE, COLIN.

M. DE SOTENVILLE. — Allons, venez, ma fille, que votre mari vous demande pardon.
ANGÉLIQUE. — Moi! lui pardonner tout ce qu'il m'a dit? Non, non, mon père, il est impossible de m'y résoudre; et je vous prie de me séparer d'un mari avec lequel je ne saurais plus vivre.
CLAUDINE. — Le moyen d'y résister!
M. DE SOTENVILLE. — Ma fille, de semblables séparations ne se font point sans grand scandale; et vous devez vous montrer plus sage que lui, et patienter encore cette fois.
ANGÉLIQUE. — Comment! patienter, après de telles indignités? Non, mon père, c'est une chose où je ne puis consentir.
M. DE SOTENVILLE. — Il le faut, ma fille, et c'est moi qui vous le commande.
ANGÉLIQUE. — Ce mot me ferme la bouche, et vous avez sur moi une puissance absolue.
CLAUDINE. — Quelle douceur!
ANGÉLIQUE. — Il est fâcheux d'être contrainte d'oublier de telles injures; mais quelque violence que je me fasse, c'est à moi de vous obéir.

CLAUDINE. — Pauvre mouton!

M. DE SOTENVILLE *à Angélique.* — Approchez.

ANGÉLIQUE. — Tout ce que vous me faites faire ne servira de rien; et vous verrez que ce sera dès demain à recommencer.

M. DE SOTENVILLE. — Nous y donnerons ordre. (*A George Dandin.*) Allons, mettez-vous à genoux.

GEORGE DANDIN. — A genoux?

M. DE SOTENVILLE. — Oui, à genoux, et sans tarder.

GEORGE DANDIN *à genoux une chandelle à la main.* — (*A part.*) O ciel! (*A M. de Sotenville.*) Que faut-il dire?

M. DE SOTENVILLE. — Madame, je vous prie de me pardonner...

GEORGE DANDIN. — Madame, je vous prie de me pardonner...

M. DE SOTENVILLE. — L'extravagance que j'ai faite...

GEORGE DANDIN. — L'extravagance que j'ai faite... (*à part*) de vous épouser.

M. DE SOTENVILLE. — Et je vous promets de mieux vivre à l'avenir.

GEORGE DANDIN. — Et je vous promets de mieux vivre à l'avenir.

M. DE SOTENVILLE *à George Dandin.* — Prenez-y garde, et sachez que c'est ici la dernière de vos impertinences que nous souffrirons.

Mme DE SOTENVILLE. — Jour de Dieu! si vous y retournez, on vous apprendra le respect que vous devez à votre femme et à ceux de qui elle sort.

M. DE SOTENVILLE. — Voilà le jour qui va paraître. Adieu. (*A George Dandin.*) Rentrez chez vous, et songez bien à être sage. (*A madame de Sotenville.*) Et nous, m'amour, allons nous mettre au lit.

SCÈNE XV.
GEORGE DANDIN.

Ah! je le quitte maintenant, et je n'y vois plus de remède. Lorsqu'on a, comme moi, épousé une méchante femme, le meilleur parti qu'on puisse prendre, c'est de s'aller jeter dans l'eau la tête la première.

INTERMÈDES DE GEORGE DANDIN.

PERSONNAGES DES INTERMEDES.

GEORGE DANDIN.
BERGERS dansants, déguisés en valets de fête.
BERGERS jouant de la flûte.
CLIMÈNE, bergère chantante.
CHLORIS, bergère chantante.
TIRCIS, berger chantant, amant de Climène.
PHILÈNE, berger chantant, amant de Chloris.
UNE BERGÈRE.
BATELIERS dansants.
UN PAYSAN ami de George Dandin.
CHŒURS DE BERGERS chantants.
BERGERS ET BERGÈRES dansants.
UN SATYRE chantant.
UN SUIVANT DE BACCHUS chantant.
CHŒUR DE SUIVANTS DE BACCHUS chantants.
CHŒUR DE SUIVANTS DE L'AMOUR chantants.
UN BERGER chantant.
SUIVANTS DE BACCHUS ET BACCHANTES dansants.
SUIVANTS DE L'AMOUR dansants.

PREMIER INTERMÈDE.
SCÈNE I.
GEORGE DANDIN, BERGERS *déguisés en valets de fête*, BERGERS *jouant de la flûte.*

PREMIÈRE ENTRÉE.

Quatre bergers déguisés en valets de fête accompagnés de quatre bergers jouant de la flûte, entrent en dansant et obligent George Dandin de danser avec eux.

George Dandin, mal satisfait de son mariage, et n'ayant l'esprit rempli que de fâcheuses pensées, quitte bientôt les bergers avec lesquels il n'a demeuré que par contrainte.

SCÈNE II.
CLIMÈNE, CHLORIS.

CLIMÈNE.   L'autre jour, d'Anette
J'entendis la voix,
Qui sur sa musette
Chantait dans nos bois :
Amour, que sous ton empire
On souffre de maux cuisants !
Je le puis bien dire,
Puisque je le sens.

CHLORIS.   La jeune Lisette,
Au même moment,
Sur le ton d'Anette
Reprit tendrement :
Amour, si sous ton empire
Je souffre des maux cuisants,
C'est de n'oser dire
Tout ce que je sens.

SCÈNE III.
TIRCIS, PHILÈNE, CLIMÈNE, CHLORIS.

CHLORIS.   Laisse-nous en repos, Philène.
CLIMÈNE.   Tircis, ne viens point m'arrêter.
TIRCIS ET PHILÈNE ENSEMBLE. Ah! belle inhumaine,
Daigne un moment m'écouter.
CLIMÈNE ET CHLORIS ENSEMBLE. Mais que me veux-tu conter?
TIRCIS ET PHILÈNE ENSEMBLE. Que d'une flamme immortelle
Mon cœur brûle sous tes lois.
CLIMÈNE ET CHLORIS ENSEMBLE. Ce n'est pas une nouvelle,
Tu me l'as dit mille fois.
PHILÈNE *à Chloris.* Quoi! veux-tu, toute ma vie,
Que j'aime, et n'obtienne rien ?
CHLORIS.   Non, ce n'est pas mon envie;
N'aime plus, je le veux bien.
TIRCIS *à Climène.* Le ciel me force à l'hommage
Dont tous ces bois sont témoins.
CLIMÈNE.   C'est au ciel, puisqu'il t'engage,
A te payer de tes soins.
PHILÈNE *à Chloris.* C'est par ton mérite extrême
Que tu captives mes vœux.
CHLORIS.   Si je mérite qu'on m'aime,
Je ne dois rien à tes feux.
TIRCIS ET PHILÈNE ENSEMBLE. L'éclat de tes yeux me tue.
CLIMÈNE ET CHLORIS ENSEMBLE. Détourne de moi tes pas.
TIRCIS ET PHILÈNE ENSEMBLE. Je me plais dans cette vue.
CLIMÈNE ET CHLORIS ENSEMBLE. Berger, ne t'en plains donc pas.
PHILÈNE.   Ah! belle Climène !

TIRCIS. Ah! belle Chloris!
PHILÈNE *à Climène.* Rends-la pour moi plus humaine.
TIRCIS *à Chloris.* Dompte pour moi ses mépris.
CLIMÈNE *à Chloris.* Sois sensible à l'amour que te porte Philène.
CHLORIS *à Climène.* Sois sensible à l'ardeur dont Tircis est épris.
CLIMÈNE *à Chloris.* Si tu veux me donner ton exemple, bergère,
   Peut-être je le recevrai.
CHLORIS *à Climène.* Si tu veux te résoudre à marcher la première,
   Possible que je te suivrai.
CLIMÈNE ET CHLORIS ENSEMBLE. Adieu, berger.
CLIMÈNE *à Philène.*   Attends un favorable sort.
CHLORIS *à Tircis.* Attends un doux succès du mal qui te possède.
TIRCIS.   Je n'attends aucun remède.
PHILÈNE.   Et je n'attends que la mort.
TIRCIS ET PHILÈNE ENSEMBLE.
  Puisqu'il nous faut languir en de tels déplaisirs,
  Mettons fin, en mourant, à nos tristes soupirs.

ACTE PREMIER.

DEUXIÈME INTERMÈDE.

SCÈNE I.

GEORGE DANDIN, UNE BERGÈRE.

La bergère vient apprendre à George Dandin le désespoir de Tircis et de Philène, qui se sont précipités dans les eaux. George Dandin, agité d'autres inquiétudes, la quitte en colère.

SCÈNE II.

CHLORIS.

  Ah! mortelles douleurs!
  Qu'ai-je plus à prétendre?
  Coulez, coulez, mes pleurs :
  Je n'en puis trop répandre.
 Pourquoi faut-il qu'un tyrannique honneur
 Tienne notre âme en esclave asservie?
 Hélas! pour contenter sa barbare rigueur,
 J'ai réduit mon amant à sortir de la vie!
  Ah! mortelles douleurs!
  Qu'ai-je plus à prétendre?
 Coulez, coulez, mes pleurs :
 Je n'en puis trop répandre.
Me puis-je pardonner dans ce funeste sort
Les sévères froideurs dont je m'étais armée?

Quoi donc! mon cher amant, je t'ai donné la mort!
Est-ce le prix, hélas! de m'avoir tant aimée?
Ah! mortelles douleurs!
Qu'ai-je plus à prétendre?
Coulez, coulez, mes pleurs:
Je n'en puis trop répandre.

ACTE DEUXIÈME.
TROISIÈME INTERMÈDE.
SCÈNE I.
GEORGE DANDIN, UNE BERGÈRE, BATELIERS.

La bergère qui avait annoncé à George Dandin le malheur de Tircis et Philène lui vient dire que ces bergers ne sont point morts, et lui montre les bateliers qui les ont sauvés. George Dandin n'écoute pas plus tranquillement ce second récit de la bergère qu'il n'avait fait le premier, et se retire.

SCÈNE II.
ENTRÉE DE BALLET.

Les bateliers qui ont sauvé Tircis et Philène, ravis de la récompense qu'ils ont reçue, expriment leur joie en dansant, et font une manière de jeu avec leurs crocs.

ACTE TROISIÈME.
QUATRIÈME INTERMÈDE.
SCÈNE I.
GEORGE DANDIN, UN PAYSAN.

Ce paysan, ami de George Dandin, lui conseille de noyer dans le vin toutes ses inquiétudes, et l'emmène pour joindre sa troupe, voyant venir toute la foule des bergers amoureux, qui commencent à célébrer par des chants et des danses le pouvoir de l'Amour.

SCÈNE II.

Le théâtre change et représente de grandes roches entremêlées d'arbres où l'on voit plusieurs bergers qui jouent des instruments.
CHLORIS, CLIMÈNE, TIRCIS, PHILÈNE, CHOEUR DE BERGERS
CHANTANTS, BERGERS ET BERGÈRES DANSANTS.

CHLORIS.   Ici l'ombre des ormeaux
            Donne un teint frais aux herbettes,
            Et les bords de ces ruisseaux
            Brillent de mille fleurettes

Qui se mirent dans les eaux.
Prenez, bergers, vos musettes,
Ajustez vos chalumeaux,
Et mêlons nos chansonnettes
Aux chants des petits oiseaux.
Le zéphyr entre ces eaux
Fait mille courses secrètes;
Et les rossignols nouveaux
De leurs douces amourettes
Parlent aux tendres rameaux.
Prenez, bergers, vos musettes,
Ajustez vos chalumeaux,
Et mêlons nos chansonnettes
Aux chants des petits oiseaux.

PREMIÈRE ENTRÉE DE BALLET.

Bergers et bergères dansants.

CLIMÈNE. Ah! qu'il est doux, belle Sylvie,
Ah! qu'il est doux de s'enflammer!
Il faut retrancher de la vie
Ce qu'on en passe sans aimer.

CHLORIS. Ah! les beaux jours qu'Amour nous donne,
Lorsque sa flamme unit les cœurs!
Est-il ni gloire ni couronne
Qui vaille ses moindres douceurs?

TIRCIS. Qu'avec peu de raison on se plaint d'un martyre
Que suivent de si doux plaisirs!

PHILÈNE. Un moment de bonheur dans l'amoureux empire
Répare dix ans de soupirs.

TOUS ENSEMBLE. Chantons tous de l'Amour le pouvoir adorable;
Chantons tous dans ces lieux
Ses attraits glorieux:
Il est le plus aimable
Et le plus grand des dieux.

SCÈNE III.

Un grand rocher couvert d'arbres, sur lequel est assise toute la troupe de Bacchus, s'avance sur le bord du théâtre.

UN SATYRE, UN SUIVANT DE BACCHUS, CHŒUR DE SATYRES CHANTANTS, SUIVANTS DE BACCHUS ET BACCHANTES DANSANTS; CHLORIS, CLIMÈNE, TIRCIS, PHILÈNE, CHŒURS DE BERGERS CHANTANTS; BERGERS ET BERGÈRES DANSANTS.

LE SATYRE. Arrêtez, c'est trop entreprendre;
Un autre dieu, dont nous suivons les lois,
S'oppose à cet honneur qu'à l'Amour osent rendre
Vos musettes et vos voix:
A des titres si beaux Bacchus seul peut prétendre,
Et nous sommes ici pour défendre ses droits.

CHOEUR DE SATYRES. **Nous suivons de Bacchus le pouvoir adorable ;**
Nous suivons en tous lieux
Ses attraits glorieux :
Il est le plus aimable
Et le plus grand des dieux.

DEUXIÈME ENTRÉE DE BALLET.
Suivants de Bacchus et bacchantes dansants.

CLORIS. C'est le printemps qui rend l'âme
A nos champs semés de fleurs ;
Mais c'est l'amour et sa flamme
Qui font revivre nos cœurs.

UN SUIVANT DE BACCHUS. Le soleil chasse les ombres
Dont le ciel est obscurci ;
Et des âmes les plus sombres
Bacchus chasse le souci.

CHOEUR DES SUIVANTS DE BACCHUS.
Bacchus est révéré sur la terre et sur l'onde.

CHOEUR DES SUIVANTS DE L'AMOUR.
Et l'Amour est un dieu qu'on adore en tous lieux.

CHOEUR DES SUIVANTS DE BACCHUS.
Bacchus à son pouvoir a soumis tout le monde.

CHOEUR DES SUIVANTS DE L'AMOUR.
Et l'Amour a dompté les hommes et les dieux.

CHOEUR DES SUIVANTS DE BACCHUS.
Rien peut-il égaler sa douceur sans seconde ?

CHOEUR DES SUIVANTS DE L'AMOUR.
Rien peut-il égaler ses charmes précieux ?

CHOEUR DES SUIVANTS DE BACCHUS. Fi de l'Amour et de ses feux !

CHOEUR DES SUIVANTS DE L'AMOUR.
Ah ! quel plaisir d'aimer !

CHOEUR DES SUIVANTS DE BACCHUS.   Ah ! quel plaisir de boire !

CHOEUR DES SUIVANTS DE L'AMOUR.
A qui vit sans amour la vie est sans appas.

CHOEUR DES SUIVANTS DE BACCHUS.
C'est mourir que de vivre et de ne boire pas.

CHOEUR DES SUIVANTS DE L'AMOUR. Aimables fers !

CHOEUR DES SUIVANTS DE BACCHUS.   Douce victoire !

CHOEUR DES SUIVANTS DE L'AMOUR.
Ah ! quel plaisir d'aimer !

CHOEUR DES SUIVANTS DE BACCHUS.   Ah ! quel plaisir de boire !

TOUS ENSEMBLE. Non, non, c'est un abus :
Le plus grand dieu de tous,

CHOEUR DES SUIVANTS DE L'AMOUR.   C'est l'Amour.

CHOEUR DES SUIVANTS DE BACCHUS.   C'est Bacchus.

SCÈNE IV.
UN BERGER ET LES MÊMES ACTEURS.

LE BERGER. C'est trop, c'est trop, bergers. Hé! pourquoi ces débats?
Souffrons qu'en un parti la raison nous assemble.
L'Amour a des douceurs, Bacchus a des appas;
Ce sont deux déités qui sont fort bien ensemble;
Ne les séparons pas.
LES DEUX CHOEURS. Mêlons donc leurs douceurs aimables.
Mêlons nos voix dans ces lieux agréables,
Et faisons répéter aux échos d'alentour
Qu'il n'est rien de plus doux que Bacchus et l'Amour.

TROISIÈME ENTRÉE DE BALLET.

Les bergers et bergères se mêlent avec les suivants de Bacchus et les bacchantes. Les suivants de Bacchus frappent avec leurs thyrses les espèces de tambours de basque que portent les bacchantes pour représenter ces cribles qu'elles portaient anciennement aux fêtes de Bacchus; les uns et les autres font différentes postures pendant que les bergers et les bergères dansent plus sérieusement.

FIN DE GEORGE DANDIN.

L'AMOUR MÉDECIN,

COMÉDIE-BALLET EN TROIS ACTES.

1665.

NOTICE.

La plupart des médecins du temps de Louis XIV étaient dignes des sarcasmes de Molière. Gui Patin, qui se distinguait de ses confrères par un savoir réel, les qualifie dans ses Lettres de charlatans, d'empiriques, d'ignorants et d'assassins. Ceux qui étaient attachés à la cour méritaient surtout ces rudes épithètes, car ils devaient leur position moins à leur talent qu'à l'intrigue. C'étaient en 1665 les docteurs Guénaut, Esprit, Dacquin et Desfougerais. Guénaut, médecin de la reine, grand partisan de l'antimoine, a été attaqué par Boileau dans les satires IV et VI. Il avait donné ses soins au cardinal Mazarin pendant la maladie qui emporta ce ministre. Un jour que ce docteur se promenant à cheval, suivant son ordinaire, s'était fourvoyé dans un embarras de voitures, un charretier le reconnut et dit : « Laissons passer monsieur, c'est lui qui nous a fait la grâce de tuer le cardinal. » Guénaut mourut le 16 mai 1667.

Le docteur Esprit n'était remarquable que par son bredouillement. Dacquin avait une prédilection excessive pour la phlébotomie. Gui Patin, dans ses Lettres, le définit ainsi : « Pauvre cancre, race de juif, grand charlatan, il avait autrefois suivi la reine mère, qui l'a quitté avec grande raison. C'est un médecin de la cour qui est véritablement court de science, mais riche en fourberies chimiques et pharmaceutiques. » Le même auteur dit au sujet de Desfougerais : « Je ne crois pas qu'il y ait sur la terre un charlatan plus déterminé et plus perverti que ce malheureux chimiste, boiteux des deux côtés comme Vulcain, qui tue plus de monde avec son antimoine que trois hommes de bien n'en sauvent avec les remèdes ordinaires. Je pense que si cet homme croyait qu'il y eût au monde un plus grand charlatan que lui il tâcherait de le faire empoisonner. Il a dans sa pochette de la poudre blanche, de la rouge et de la jaune. Il guérit toutes sortes de maladies, et se fourre partout. »

Dans *l'Amour médecin*, représenté sur le théâtre de Versailles le 15 septembre 1665, Molière se permit de railler ces quatre personnages. Ayant besoin de déguiser leurs noms, il pria Boileau de leur en fabriquer de convenables; et Boileau tira du grec quatre appellations caractéristiques. Il donna à M. Desfougerais le nom de Desfonandrais, de φίνω, je tue, et de ἀνδρός, homme; à M. Esprit le nom de Bahis, de βαΰζειν, japper, aboyer; à M. Guénaut celui de Macroton, de μαχρός, lent, et τόνος, ton, parce que ce docteur parlait sentencieusement; à M. Dacquin le nom de Tomès, de τομής, coupant, parce qu'il aimait à trancher la veine.

L'Amour médecin, où l'on trouve tant de détails spirituels, fut écrit, appris et représenté en cinq jours. Transporté le 22 septembre 1665 sur le théâtre du Palais-Royal, il n'y eut pas moins de succès qu'à la cour; et ce mot de la scène 1 : « Vous êtes orfèvre, monsieur Josse, » devint rapidement proverbial.

ÉMILE DE LABÉDOLLIÈRE.

AU LECTEUR.

Ce n'est ici qu'un simple crayon, un petit inpromptu dont le roi a voulu se faire un divertissement. Il est le plus précipité de tous ceux que Sa Majesté m'ait commandés; et, lorsque je dirai qu'il a été proposé, fait, appris et représenté en cinq jours, je ne dirai que ce qui est vrai. Il n'est pas nécessaire de vous avertir qu'il y a beaucoup de choses qui dépendent de l'action. On sait bien que les comédies ne sont faites que pour être jouées, et je ne conseille de lire celle-ci qu'aux personnes qui ont des yeux pour découvrir dans la lecture tout le jeu du théâtre. Ce que je vous dirai, c'est qu'il serait à souhaiter que ces sortes d'ouvrages pussent toujours se montrer à vous avec les ornements qui les accompagnent chez le roi : vous les verriez dans un état beaucoup plus supportable; et les airs et les symphonies de l'incomparable M. Lulli, mêlés à la beauté des voix et à l'adresse des danseurs, leur donnent sans doute des grâces dont ils ont toutes les peines du monde à se passer.

PERSONNAGES DU PROLOGUE.

La comédie.
La musique.
Le ballet.

PERSONNAGES DE LA COMÉDIE.

SGANARELLE, père de Lucinde.
LUCINDE, fille de Sganarelle.
CLITANDRE, amant de Lucinde.
AMINTE, voisine de Sganarelle.
LUCRÈCE, nièce de Sganarelle.
LISETTE, suivante de Lucinde.
M. GUILLAUME, marchand de tapisseries.
M. JOSSE, orfévre.
M. TOMÈS,
M. DESFONANDRÈS,
M. MACROTON, } médecins.
M. BAHIS,
M. FILLERIN,
Un notaire.
CHAMPAGNE, valet de Sganarelle.

PERSONNAGES DU BALLET.

PREMIÈRE ENTRÉE.

CHAMPAGNE, valet de Sganarelle, dansant.
Quatre médecins dansants.

DEUXIÈME ENTRÉE.

Un opérateur chantant.
Trivelins et scaramouches dansants de la suite de l'opérateur.

TROISIÈME ENTRÉE.

La comédie.
La musique.
Le ballet.
Jeux, ris, plaisirs, dansants.

La scène est à Paris.

L'AMOUR MÉDECIN.

PROLOGUE.

LA COMÉDIE, LA MUSIQUE, LE BALLET.

LA COMÉDIE. Quittons, quittons notre vaine querelle;
  Ne nous disputons point nos talents tour à tour,
    Et d'une gloire plus belle
    Piquons-nous en ce jour.
  Unissons-nous tous trois d'une ardeur sans seconde
  Pour donner du plaisir au plus grand roi du monde.
TOUS TROIS ENSEMBLE. Unissons-nous tous trois d'une ardeur sans seconde
  Pour donner du plaisir au plus grand roi du monde.
LA MUSIQUE. De ses travaux, plus grands qu'on ne peut croire,
  Il se vient quelquefois délasser parmi nous.
LE BALLET.   Est-il de plus grande gloire?
    Est-il de bonheur plus doux?
TOUS TROIS ENSEMBLE. Unissons-nous tous trois d'une ardeur sans seconde
  Pour donner du plaisir au plus grand roi du monde.

ACTE PREMIER.

SCÈNE I.

ANARELLE, AMINTE, LUCRÈCE, M. GUILLAUME, M. JOSSE.

SGANARELLE. — Ah! l'étrange chose que la vie! et que je puis bien dire, avec ce grand philosophe de l'antiquité, que *qui terre a, guerre a*, et qu'un malheur ne vient jamais sans l'autre! Je n'avais qu'une femme, qui est morte.

M. GUILLAUME. — Et combien donc en vouliez-vous avoir?

SGANARELLE. — Elle est morte, monsieur Guillaume mon ami. Cette perte m'est très-sensible, et je ne puis m'en ressouvenir sans pleurer. Je n'étais pas fort satisfait de sa conduite, et nous avions le plus souvent dispute ensemble : mais enfin la mort rajuste toutes choses. Elle est morte, je la pleure. Si elle était en vie, nous nous querellerions. De tous les enfants que le ciel m'avait donnés, il ne m'a laissé qu'une fille, et cette fille est toute ma peine : car enfin je la vois dans une mélancolie la plus sombre du monde, dans une tristesse épouvantable, dont il n'y a pas moyen de la retirer, et dont je ne saurais même apprendre la cause. Pour moi, j'en perds l'esprit, et j'aurais besoin d'un bon conseil sur cette matière. (*A Lucrèce.*) Vous êtes ma nièce; (*à Aminte*) vous, ma voisine; (*à M. Guillaume et à M. Josse*) et vous, mes compères et mes amis : je vous prie de me conseiller tout ce que je dois faire.

M. JOSSE. — Pour moi, je tiens que la braverie, que l'ajustement est la chose qui réjouit le plus les filles; et, si j'étais que de vous, je lui achèterais dès aujourd'hui une belle garniture de diamants, ou de rubis ou d'émeraudes.

M. GUILLAUME. — Et moi, si j'étais en votre place, j'achèterais une belle tenture de tapisserie de verdure ou à personnages, que je ferais mettre dans sa chambre pour lui réjouir l'esprit et la vue.

AMINTE. — Pour moi, je ne ferais pas tant de façons; je la marierais fort bien, et le plus tôt que je pourrais, avec cette personne qui vous la fit, dit-on, demander il y a quelque temps.

LUCRÈCE. — Et moi je tiens que votre fille n'est point du tout propre pour le mariage. Elle est d'une complexion trop délicate et trop peu saine; c'est la vouloir envoyer bientôt en l'autre monde que de l'exposer, comme elle est, à faire des enfants. Le monde n'est point du tout son fait; et je vous conseille de la mettre dans un couvent, où elle trouvera des divertissements qui seront mieux de son humeur.

SGANARELLE. — Tous ces conseils sont admirables, assurément; mais je les trouve un peu intéressés, et trouve que vous me conseillez fort bien pour vous. Vous êtes orfèvre, monsieur Josse; et votre conseil sent son homme qui a envie de se défaire de sa marchandise. Vous vendez des tapisseries, monsieur Guillaume; et vous avez la mine d'avoir quelque tenture qui vous incommode. Celui que vous aimez, ma voisine, a, dit-on, quelque inclination pour ma fille; et vous ne seriez pas fâchée de la voir femme d'un autre. Et quant à vous, ma chère nièce, ce n'est pas mon dessein, comme on sait, de marier ma fille avec qui que ce soit, et j'ai mes raisons pour cela; mais le conseil que vous me donnez de la faire religieuse est d'une femme qui pourrait bien souhaiter charitablement d'être mon héritière universelle. Ainsi, messieurs et mesdames, quoique tous vos conseils soient les meilleurs du monde, vous trouverez bon, s'il vous plaît, que je n'en suive aucun. (*Seul.*) Voilà de mes donneurs de conseils à la mode.

SCÈNE II.

LUCINDE, SGANARELLE.

SGANARELLE. — Ah! voilà ma fille qui prend l'air. Elle ne me voit pas. Elle soupire; elle lève les yeux au ciel. (*A Lucinde.*) Dieu vous garde! Bonjour, ma mie. Hé bien! qu'est-ce? Comme vous en va? Hé quoi! toujours triste et mélancolique comme cela! et tu ne veux pas me dire ce que tu as! Allons donc, découvre-moi ton petit cœur. La, ma pauvre mie, dis, dis, dis tes petites pensées à ton petit papa mignon. Courage! Veux-tu que je te baise? Viens. (*A part.*) J'enrage de la voir de cette humeur-là. (*A Lucinde*) Mais, dis-moi, me veux-tu faire mourir de déplaisir? et ne puis-je savoir d'où vient cette grande langueur? Découvre-m'en la cause, et je te promets que je ferai toutes choses pour toi. Oui, tu n'as qu'à me dire le sujet de ta tristesse : je t'assure ici et te fais serment qu'il n'y a rien que je ne fasse pour te satisfaire ; c'est tout dire. Est-ce que tu es jalouse de quelqu'une de tes compagnes que tu voies plus brave que toi? et serait-il quelque étoffe nouvelle dont tu voulusses avoir un habit? Non. Est-ce que ta chambre ne te semble pas assez parée, et que tu souhaiterais quelque cabinet de la foire Saint-Laurent? Ce n'est pas cela. Aurais-tu envie d'apprendre quelque chose? et veux-tu que je te donne un maître pour te montrer à jouer du clavecin? Nenni. Aimerais-tu quelqu'un, et souhaiterais-tu d'être mariée? (*Lucinde fait signe qu'oui.*)

SCÈNE III.
SGANARELLE, LUCINDE, LISETTE.

LISETTE. — Hé bien! monsieur, vous venez d'entretenir votre fille : avez-vous su la cause de sa mélancolie?

SGANARELLE. — Non. C'est une coquine qui me fait enrager.

LISETTE. — Monsieur, laissez-moi faire, je m'en vais la sonder un peu.

SGANARELLE. — Il n'est pas nécessaire; et puisqu'elle veut être de cette humeur, je suis d'avis qu'on l'y laisse.

LISETTE. — Laissez-moi faire, vous dis-je : peut-être qu'elle se découvrira plus librement à moi qu'à vous. Quoi! madame, vous ne nous direz point ce que vous avez, et vous voulez affliger ainsi tout le monde? Il me semble qu'on n'agit point comme vous faites, et que si vous avez quelque répugnance à vous expliquer à un père, vous n'en devez avoir aucune à me découvrir votre cœur. Dites-moi, souhaitez-vous quelque chose de lui? Il nous a dit une fois plus d'une fois qu'il n'épargnerait rien pour vous contenter. Est-ce qu'il ne vous donne pas toute la liberté que vous souhaiteriez? et les promenades et les cadeaux ne tenteraient-ils point votre âme? Hé! avez-vous reçu quelque déplaisir de quelqu'un? Hé! n'auriez-vous point quelque secrète inclination avec qui vous souhaiteriez que votre père vous mariât? Ah! je vous entends, voilà l'affaire. Que diable! pourquoi tant de façons? Monsieur, le mystère est découvert; et...

SGANARELLE. — Va, fille ingrate, je ne te veux plus parler, et je te laisse dans ton obstination.

LUCINDE. — Mon père, puisque vous voulez que je vous dise la chose...

SGANARELLE. — Oui, je perds toute l'amitié que j'avais pour toi.

LISETTE. — Monsieur, sa tristesse...

SGANARELLE. — C'est une coquine qui me veut faire mourir.

LUCINDE. — Mon père, je veux bien...

SGANARELLE. — Ce n'est pas là la récompense de t'avoir élevée comme j'ai fait.

LISETTE. — Mais, monsieur...
SGANARELLE. — Non, je suis contre elle dans une colère épouvantable.
LUCINDE. — Mais, mon père...
SGANARELLE. — Je n'ai plus aucune tendresse pour toi.
LISETTE. — Mais...
SGANARELLE. — C'est une friponne...
LUCINDE. — Mais...
SGANARELLE. — Une ingrate...
LISETTE. — Mais...
SGANARELLE. — Une coquine, qui ne me veut pas dire ce qu'elle a.
LISETTE. — C'est un mari qu'elle veut.
SGANARELLE *faisant semblant de ne pas entendre.* — Je l'abandonne.
LISETTE. — Un mari.
SGANARELLE. — Je la déteste.
LISETTE. — Un mari.
SGANARELLE. — Et la renonce pour ma fille.
LISETTE. — Un mari.
SGANARELLE. — Non, ne m'en parlez point.
LISETTE. — Un mari.
SGANARELLE. — Ne m'en parlez point.
LISETTE. — Un mari.
SGANARELLE. — Ne m'en parlez point.
LISETTE. — Un mari, un mari, un mari!

SCÈNE IV.

LUCINDE, LISETTE.

LISETTE. — On dit bien vrai, qu'il n'y a point de pires sourds que ceux qui ne veulent pas entendre.

LUCINDE. — Hé bien! Lisette, j'avais tort de cacher mon déplaisir, et je n'avais qu'à parler pour avoir tout ce que je souhaitais de mon père! Tu le vois.

LISETTE. — Par ma foi, voilà un vilain homme; et je vous avoue que j'aurais un plaisir extrême à lui jouer quelque tour. Mais d'où vient donc, madame, que jusqu'ici vous m'avez caché votre mal?

LUCINDE. — Hélas! de quoi m'aurait servi de te le découvrir plus tôt? et n'aurais-je pas autant gagné à le tenir caché toute ma vie? Crois-tu que je n'aie pas bien prévu tout ce que tu vois maintenant, que je ne susse pas à fond tous les sentiments de mon père, et que le refus qu'il a fait porter à celui qui m'a demandée par un ami n'ait pas étouffé dans mon âme toute sorte d'espoir?

LISETTE. — Quoi! c'est cet inconnu qui vous a fait demander pour qui vous....

LUCINDE. — Peut-être n'est-il pas honnête à une fille de s'expliquer si librement; mais enfin je t'avoue que, s'il m'était permis de vouloir quelque chose, ce serait lui que je voudrais. Nous n'avons eu ensemble aucune conversation, et sa bouche ne m'a point déclaré la passion qu'il a pour moi; mais, dans tous les lieux où il m'a pu voir, ses regards et ses actions m'ont toujours parlé si tendrement, et la demande qu'il a fait faire de moi m'a paru d'un si honnête homme, que mon cœur n'a pu s'empêcher d'être sensible à ses ardeurs : et cependant tu vois où la dureté de mon père réduit toute cette tendresse.

LISETTE. — Allez, laissez-moi faire. Quelque sujet que j'aie de me plaindre de vous du secret que vous m'avez fait, je ne veux pas laisser de servir votre amour; et pourvu que vous ayez assez de résolution...

LUCINDE. — Mais que veux-tu que je fasse contre l'autorité d'un père? et s'il est inexorable à mes vœux...

LISETTE. — Allez, allez, il ne faut pas se laisser mener comme un oison; et, pourvu que l'honneur n'y soit pas offensé, on se peut libérer un peu de la tyrannie d'un père. Que prétend-il que vous fassiez? N'êtes-vous pas en âge d'être mariée? et croit-il que vous soyez de marbre? Allez, encore un coup, je veux servir votre passion, je prends dès à présent sur moi tout le soin de ses intérêts, et vous verrez que je sais des détours... Mais je vois votre père. Rentrons, et me laissez agir.

SCÈNE V.

SGANARELLE seul.

Il est bon quelquefois de ne point faire semblant d'entendre les choses qu'on n'entend que trop bien; et j'ai fait sagement de parer là déclaration d'un désir que je ne suis pas résolu de contenter. A-t-on jamais rien vu de plus tyrannique que cette coutume où l'on veut assujettir les pères, rien de plus impertinent et de plus ridicule que d'amasser du bien avec de grands travaux, et élever une fille avec beaucoup de soin et de tendresse, pour se dépouiller de l'un et de l'autre entre les mains d'un homme qui ne nous touche de rien? Non, non; je me moque de cet usage, et je veux garder mon bien et ma fille pour moi.

SCÈNE VI.

SGANARELLE, LISETTE.

LISETTE *courant sur le théâtre et feignant de ne pas voir Sganarelle.* — Ah! malheur! ah! disgrâce! Ah! pauvre seigneur Sganarelle, où pourrai-je te rencontrer?

SGANARELLE *à part.* — Que dit-elle là?

LISETTE *courant toujours.* — Ah! misérable père, que feras-tu quand tu sauras cette nouvelle?

SGANARELLE *à part.* — Que sera-ce?

LISETTE. — Ma pauvre maîtresse!

SGANARELLE *à part.* — Je suis perdu!

LISETTE. — Ah!

SGANARELLE *courant après Lisette.* — **Lisette!**

LISETTE. — Quelle infortune!

SGANARELLE. — Lisette!
LISETTE. — Quel accident!
SGANARELLE. — Lisette!
LISETTE. — Quelle fatalité!
SGANARELLE. — Lisette!
LISETTE *s'arrêtant.* — Ah! monsieur...
SGANARELLE. — Qu'est-ce?
LISETTE. — Monsieur...
SGANARELLE. — Qu'y a-t-il?
LISETTE. — Votre fille...
SGANARELLE. — Ah! ah!
LISETTE. — Monsieur, ne pleurez donc point comme cela, car vous me feriez rire.
SGANARELLE. — Dis donc vite.
LISETTE. — Votre fille, toute saisie des paroles que vous lui avez dites, et de la colère effroyable où elle vous a vu contre elle, est montée vite dans sa chambre, et, pleine de désespoir, a ouvert la fenêtre qui regarde sur la rivière.
SGANARELLE. — Hé bien?
LISETTE. — Alors levant les yeux au ciel : Non, a-t-elle dit, il m'est impossible de vivre avec le courroux de mon père; et, puisqu'il me renonce pour sa fille, je veux mourir.
SGANARELLE. — Elle s'est jetée?
LISETTE. — Non, monsieur : elle a fermé tout doucement la fenêtre et s'est allée mettre sur le lit. Là, elle s'est prise à pleurer amèrement, et tout d'un coup son visage a pâli, ses yeux se sont tournés, le cœur lui a manqué, et elle est demeurée entre mes bras.
SGANARELLE. — Ah! ma fille! Elle est morte?
LISETTE. — Non, monsieur. A force de la tourmenter, je l'ai fait revenir; mais cela lui reprend de moment en moment, et je crois qu'elle ne passera pas la journée.
SGANARELLE. — Champagne, Champagne, Champagne!

SCÈNE VII.

SGANARELLE, CHAMPAGNE, LISETTE.

SGANARELLE. — Vite, qu'on m'aille quérir des médecins, et en quantité. On n'en peut trop avoir dans une pareille aventure. Ah! ma fille! ma pauvre fille!

SCÈNE VIII.

PREMIÈRE ENTRÉE.

Champagne, valet de Sganarelle, frappe en dansant aux portes de quatre médecins.

SCÈNE IX.

Les quatre médecins dansent et entrent avec cérémonie chez Sganarelle.

ACTE DEUXIÈME.

SCÈNE I.
SGANARELLE, LISETTE.

LISETTE. — Que voulez-vous donc faire, monsieur, de quatre médecins? N'est-ce pas assez d'un pour tuer une personne?
SGANARELLE. — Taisez-vous. Quatre conseils valent mieux qu'un.
LISETTE. — Est-ce que votre fille ne peut pas bien mourir sans le secours de ces messieurs-là?
SGANARELLE. — Est-ce que les médecins font mourir?
LISETTE. — Sans doute; et j'ai connu un homme qui prouvait, par de bonnes raisons, qu'il ne faut jamais dire : Une telle personne est morte d'une fièvre et d'une fluxion sur la poitrine; mais : Elle est morte de quatre médecins et de deux apothicaires.
SGANARELLE. — Chut! n'offensez pas ces messieurs-là.
LISETTE. — Ma foi, monsieur, notre chat est réchappé depuis peu d'un saut qu'il fit du haut de la maison dans la rue, et il fut trois jours sans manger, et sans pouvoir remuer ni pied ni patte; mais il est bien heureux de ce qu'il n'y a point de chats médecins, car ses affaires étaient faites, et ils n'auraient pas manqué de le purger et de le saigner.
SGANARELLE. — Voulez-vous vous taire? vous dis-je. Mais voyez quelle impertinence! Les voici.
LISETTE. — Prenez garde, vous allez être bien édifié. Ils vous diront en latin que votre fille est malade.

SCÈNE II.
Messieurs TOMÈS, DESFONANDRÈS, MACROTON, BAHIS; SGANARELLE, LISETTE.

SGANARELLE. — Hé bien, messieurs?
M. TOMÈS. — Nous avons vu suffisamment la malade, et sans doute qu'il y a beaucoup d'impuretés en elle.
SGANARELLE. — Ma fille est impure!
M. TOMÈS. — Je veux dire qu'il y a beaucoup d'impuretés dans son corps, quantité d'humeurs corrompues.
SGANARELLE. — Ah! je vous entends.
M. TOMÈS. — Mais... nous allons consulter ensemble.
SGANARELLE. — Allons, faites donner des siéges.
LISETTE *à M. Tomès*. — Ah! monsieur, vous en êtes!
SGANARELLE *à Lisette*. — De quoi donc connaissez-vous monsieur?
LISETTE. — De l'avoir vu l'autre jour chez la bonne amie de madame votre nièce.

M. TOMÈS. — Comment se porte son cocher?
LISETTE. — Fort bien. Il est mort.
M. TOMÈS. — Mort?
LISETTE. — Oui.
M. TOMÈS. — Cela ne se peut.
LISETTE. — Je ne sais pas si cela se peut, mais je sais bien que cela est.
M. TOMÈS. — Il ne peut pas être mort, vous dis-je.
LISETTE. — Et moi, je vous dis qu'il est mort et enterré.
M. TOMÈS. — Vous vous trompez.
LISETTE. — Je l'ai vu.
M. TOMÈS. — Cela est impossible. Hippocrate dit que ces sortes de maladies ne se terminent qu'au quatorze, ou au vingt-un; et il n'y a que six jours qu'il est tombé malade.
LISETTE. — Hippocrate dira ce qu'il lui plaira; mais le cocher est mort.
SGANARELLE. — Paix, discoureuse. Allons, sortons d'ici. Messieurs, je vous supplie de consulter de la bonne manière. Quoique ce ne soit pas la coutume de payer auparavant, toutefois, de peur que je l'oublie, et afin que ce soit une affaire faite, voici...

(Il leur donne de l'argent, et chacun en le recevant fait un geste différent.)

SCÈNE III.

Messieurs DESFONANDRÈS, TOMÈS, MACROTON, BAHIS.

(Ils s'asseyent et toussent.)

M. DESFONANDRÈS — Paris est étrangement grand, et il faut faire de longs trajets quand la pratique donne un peu.
M. TOMÈS. — Il faut avouer que j'ai une mule admirable pour cela, et qu'on a peine à croire le chemin que je lui fais faire tous les jours.
M. DESFONANDRÈS. — J'ai un cheval merveilleux, et c'est un animal infatigable.
M. TOMÈS. — Savez-vous le chemin que ma mule a fait aujourd'hui? J'ai été premièrement tout contre l'Arsenal : de l'Arsenal, au bout du faubourg Saint-Germain; du faubourg Saint-Germain, au fond du Marais; du fond du Marais, à la porte Saint-Honoré; de la porte Saint-Honoré, au faubourg Saint-Jacques; du faubourg Saint-Jacques, à la porte de Richelieu; de la porte de Richelieu, ici; d'ici, je dois aller encore à la place Royale.
M. DESFONANDRÈS. — Mon cheval a fait tout cela aujourd'hui; et de plus, j'ai été à Ruel voir un malade.
M. TOMÈS. — Mais, à propos, quel parti prenez-vous dans la querelle des deux médecins Théophraste et Artémius? car c'est une affaire qui partage tout notre corps.
M. DESFONANDRÈS. — Moi, je suis pour Artémius.

M. TOMÈS. Et moi aussi. Ce n'est pas que son avis, comme on a vu, n'ait tué le malade, et que celui de Théophraste ne fût beaucoup meilleur assurément : mais enfin il a tort dans les circonstances, et il ne devait pas être d'un autre avis que son ancien. Qu'en dites-vous?

M. DESFONANDRÈS. — Sans doute, il faut toujours garder des formalités, quoi qu'il puisse arriver.

M. TOMÈS. — Pour moi, j'y suis sévère en diable, à moins que ce ne soit entre amis; et l'on nous assembla un jour, trois de nous autres, avec un médecin de dehors, pour une consultation, où j'arrêtai toute l'affaire, et ne voulus point endurer qu'on opinât, si les choses n'allaient dans l'ordre. Les gens de la maison faisaient ce qu'ils pouvaient, et la maladie pressait; mais je n'en voulus point démordre, et la malade mourut bravement pendant cette contestation.

M. DESFONANDRÈS. — C'est fort bien fait d'apprendre aux gens à vivre, et de leur montrer leur béjaune.

M. TOMÈS. — Un homme mort n'est qu'un homme mort, et ne fait point de conséquence; mais une formalité négligée porte un notable préjudice à tout le corps des médecins.

SCÈNE IV.

SGANARELLE, MESSIEURS TOMÈS, DESFONANDRÈS, MACROTON, BAHIS.

SGANARELLE. — Messieurs, l'oppression de ma fille augmente; je vous prie de me dire vite ce que vous avez résolu.

M. TOMÈS *à M. Desfonandrès*. — Allons, monsieur.

M. DESFONANDRÈS. — Non, monsieur; parlez, s'il vous plaît.

M. TOMÈS. — Vous vous moquez.

M. DESFONANDRÈS. — Je ne parlerai pas le premier.

M. TOMÈS. — Monsieur...

M. DESFONANDRÈS. — Monsieur...

SGANARELLE. — Hé! de grâce, messieurs, laissez toutes ces cérémonies, et songez que les choses pressent.

(*Ils parlent tous quatre à la fois.*)

M. TOMÈS. — La maladie de votre fille...

M. DESFONANDRÈS. — L'avis de tous ces messieurs tous ensemble...

M. MACROTON. — A-près a-voir bien con-sul-té...

M. BAHIS. — Pour raisonner...

SGANARELLE. — Hé! messieurs, parlez l'un après l'autre, de grâce.

M. TOMÈS. — Monsieur, nous avons raisonné sur la maladie de votre fille; et mon avis, à moi, est que cela procède d'une grande chaleur de sang : ainsi je conclus à la saigner le plus tôt que vous pourrez.

M. DESFONANDRÈS. — Et moi, je dis que sa maladie est une pourriture d'humeurs causée par une trop grande réplétion : ainsi je conclus à lui donner de l'émétique.

M. TOMÈS. — Je soutiens que l'émétique la tuera.

M. DESFONANDRÈS. — Et moi, que la saignée la fera mourir.

M. TOMÈS. — C'est bien à vous de faire l'habile homme!

M. DESFONANDRÈS. — Oui, c'est à moi; et je vous prêterai le collet en tout genre d'érudition.

M. TOMÈS. — Souvenez-vous de l'homme que vous fîtes crever ces jours passés.

M. DESFONANDRÈS. — Souvenez-vous de la dame que vous avez envoyée en l'autre monde il y a trois jours.

M. TOMÈS *à Sganarelle*. — Je vous ai dit mon avis.

M. DESFONANDRÈS *à Sganarelle*. — Je vous ai dit ma pensée

M. TOMÈS. — Si vous ne faites saigner tout à l'heure votre fille, c'est une personne morte. (*Il sort.*)

M. DESFONANDRÈS. — Si vous la faites saigner, elle ne sera pas en vie dans un quart d'heure. (*Il sort.*)

SCÈNE V.

SGANARELLE, MESSIEURS MACROTON, BAHIS.

SGANARELLE. — A qui croire des deux? et quelle résolution prendre sur des avis si opposés? Messieurs, je vous conjure de déterminer mon esprit, et de me dire sans passion ce que vous croyez le plus propre à soulager ma fille.

M. MACROTON. — Mon-si-eur, dans ces ma-ti-è-res-là, il faut pro-cé-der a-vec-que cir-con-spec-ti-on, et ne ri-en fai-re, com-me on dit, à la vo-lé-e, d'au-tant que les fau-tes qu'on y peut fai-re sont, se-lon no-tre maî-tre Hip-po-cra-te, d'u-ne dan-ge-reu-se con-sé-quen-ce.

M. BAHIS *bredouillant*. — Il est vrai; il faut bien prendre garde à ce qu'on fait, car ce ne sont point ici des jeux d'enfants; et quand on a failli, il n'est pas aisé de réparer le manquement et de rétablir ce qu'on a gâté. *Experimentum periculosum*. C'est pourquoi il s'agit de raisonner auparavant comme il faut, de peser mûrement les choses, de regarder le tempérament des gens, d'examiner les causes de la maladie, et de voir les remèdes qu'on y doit apporter.

SGANARELLE *à part*. — L'un va en tortue, et l'autre court la poste.

M. MACROTON. — Or, mon-si-eur, pour ve-nir au fait, je trou-ve que vo-tre fil-le a u-ne ma-la-die chro-ni-que, et qu'el-le peut pé-ri-cli-ter si on ne lui don-ne du se-cours, d'au-tant que les symp-tô-mes qu'el-le a sont in-di-ca-tifs d'u-ne va-peur fu-li-gi-neuse et mor-di-can-te qui lui pi-co-te les mem-bra-nes du cer-veau. Or cet-te va-peur, que nous nom-mons en grec *at-mos*, est cau-sé-e par des hu-meurs pu-tri-des, te-na-ces, con-glu-ti-neu-ses, qui sont con-te-nu-es dans le bas-ventre.

M. BAHIS. — Et comme ces humeurs ont été là engendrées par une longue succession de temps, elles s'y sont recuites, et ont acquis cette malignité qui fume vers la région du cerveau.

M. MACROTON. — Si bien donc que, pour ti-rer, dé-ta-cher, ar-ra-cher, ex-pul-ser, é-va-cu-er les-di-tes hu-meurs, il fau-dra u-ne pur-ga-ti-on vi-gou-reu-se. Mais, au pré-a-la-ble, je trou-ve à pro-pos et il n'y a pas d'in-con-vé-ni-ent d'u-ser de pe-tits re-mè-des a-no-dins, c'est-à-di-re de pe-tits la-ve-ments ré-mol-li-ents et dé-ter-sifs, de ju-leps et de si-rops ra-fraî-chis-sants qu'on mê-le-ra dans sa ti-sa-ne.

ACTE II.

M. BAHIS. — Après, nous en viendrons à la purgation et à la saignée, que nous réitérerons s'il en est besoin.

M. MACROTON. — Ce n'est pas qu'a-vec tout ce-la vo-tre fil-le ne puis-se mou-rir; mais au moins vous au-rez fait quel-que cho-se, et vous au-rez la con-so-la-tion qu'el-le se-ra mor-te dans les for-mes.

M. BAHIS. — Il vaut mieux mourir selon les règles que de réchapper contre les règles.

M. MACROTON. — Nous vous di-sons sin-cè-re-ment no-tre pen-sé-e.

M. BAHIS. — Et vous avons parlé comme nous parlerions à notre propre frère.

SGANARELLE *à M. Macroton, en allongeant ses mots.* — Je vous rends très-hum-bles grâ-ces. (*A M. Bahis, en bredouillant.*) Et vous suis infiniment obligé de la peine que vous avez prise.

SCÈNE VI.
SGANARELLE *seul.*

Me voilà justement un peu plus incertain que je n'étais auparavant. Morbleu! il me vient une fantaisie. Il faut que j'aille acheter de l'orviétan, et que je lui en fasse prendre. L'orviétan est un remède dont beaucoup de gens se sont bien trouvés. Holà!

SCÈNE VII.
DEUXIÈME ENTRÉE.
SGANARELLE, UN OPÉRATEUR.

SGANARELLE. — Monsieur, je vous prie de me donner une boîte de votre orviétan, que je m'en vais vous payer.

L'OPÉRATEUR *chante.*

    L'or de tous les climats qu'entoure l'Océan
    Peut-il jamais payer ce secret d'importance?
    Mon remède guérit, par sa rare excellence,
    Plus de maux qu'on n'en peut nombrer dans tout un an :
        La gale,
        La rogne,
        La teigne,
        La fièvre,
        La peste,
        La goutte,
        Vérole,
        Descente,
        Rougeole.
    O grande puissance
    De l'orviétan!

SGANARELLE. — Monsieur, je crois que tout l'or du monde n'est pas capable de payer votre remède; mais pourtant voici une pièce de trente sous, que vous prendrez, s'il vous plaît.

L'OPÉRATEUR *chante.*

    Admirez mes bontés et le peu qu'on vous vend
    Ce trésor merveilleux que ma main vous dispense.

Vous pouvez avec lui braver en assurance
Tous les maux que sur nous l'ire du ciel répand :
  La gale,
  La rogne,
  La teigne,
  La fièvre,
  La peste,
  La goutte,
  Vérole,
  Descente,
  Rougeole.
O grande puissance
De l'orviétan !

SCÈNE VIII.

Plusieurs Trivelins et plusieurs Scaramouches, valets de l'opérateur, se réjouissent en dansant.

ACTE TROISIÈME.

SCÈNE I.

Messieurs FILLERIN, TOMÈS, DESFONANDRÈS.

M. FILLERIN. — N'avez-vous point de honte, messieurs, de montrer si peu de prudence, pour des gens de votre âge, et de vous être querellés comme de jeunes étourdis ? Ne voyez-vous pas bien quel tort ces sortes de querelles nous font parmi le monde ? et n'est-ce pas assez que les savants voient les contrariétés et les dissensions qui sont entre nos auteurs et nos anciens maîtres, sans découvrir encore au peuple, par nos débats et nos querelles, la forfanterie de notre art ? Pour moi, je ne comprends rien du tout à cette méchante politique de quelques-uns de nos gens ; et il faut confesser que toutes ces contestations nous ont décriés depuis peu d'une étrange manière, et que, si nous n'y prenons garde, nous allons nous ruiner nous-mêmes. Je n'en parle pas pour mon intérêt ; car, Dieu merci, j'ai déjà établi mes petites affaires. Qu'il vente, qu'il pleuve, qu'il grêle, ceux qui sont morts sont morts, et j'ai de quoi me passer des vivants. Mais enfin toutes ces disputes ne valent rien pour la médecine. Puisque le ciel nous fait la grâce que, depuis tant de siècles, on demeure infatué de nous, ne désabusons point les hommes avec nos cabales extravagantes, et profitons de leurs sottises le plus doucement que nous pourrons. Nous ne sommes pas les seuls, comme vous savez, qui tâchons à nous prévaloir de la faiblesse humaine. C'est là que va l'étude de la plupart du monde, et chacun s'efforce de prendre les hommes par leur faible pour en tirer quelque profit. Les flatteurs, par exemple, cherchent à profiter de l'amour que les hommes ont pour les louanges, en leur donnant tout le vain encens qu'ils souhaitent; et c'est un art où l'on fait, comme on voit, des fortunes considérables : les alchimistes tâchent à profiter de la passion que l'on a pour les richesses, en promettant des montagnes d'or à ceux qui les écoutent : les diseurs d'horoscope, par leurs prédictions trompeuses, profitent de la vanité et de l'ambition des crédules esprits. Mais le plus grand faible des hommes, c'est l'amour qu'ils ont pour la vie; et nous en profitons, nous autres, par notre pompeux galimatias, et savons prendre nos avantages de cette vénération que la peur de mourir leur donne pour notre métier. Conservons-nous donc dans le degré d'estime où leur faiblesse nous a mis, et soyons de concert auprès des malades pour nous attribuer les heureux succès de la maladie, et rejeter sur la nature toutes les bévues de notre art. N'allons point, dis-je, détruire sottement les heureuses préventions d'une erreur qui donne du pain à tant de personnes, et, de l'argent de ceux que nous mettons en terre, nous fait élever de tous côtés de si beaux héritages.

M. TOMÈS. — Vous avez raison en tout ce que vous dites; mais ce sont chaleurs de sang dont parfois on n'est pas le maître.

M. FILLERIN. — Allons donc, messieurs, mettez bas toute rancune, et faisons ici votre accommodement.

M. DESFONANDRÈS. — J'y consens. Qu'il me passe mon émétique pour la malade dont il s'agit, et je lui passerai tout ce qu'il voudra pour le premier malade dont il sera question.

M. FILLERIN. — On ne peut pas mieux dire; et voilà se mettre à la raison.

M. DESFONANDRÈS. — Cela est fait.

M. FILLERIN. — Touchez donc là. Adieu. Une autre fois montrez plus de prudence.

SCÈNE II.

M. TOMÈS, M. DESFONANDRÈS, LISETTE.

LISETTE. — Quoi! messieurs, vous voilà, et vous ne songez pas à réparer le tort qu'on vient de faire à la médecine!

M. TOMÈS. — Comment, qu'est-ce?

LISETTE. — Un insolent qui a eu l'effronterie d'entreprendre sur votre métier, et, sans votre ordonnance, vient de tuer un homme d'un grand coup d'épée au travers du corps.

M. TOMÈS. — Ecoutez : vous faites la railleuse; mais vous passerez par nos mains quelque jour.

LISETTE. — Je vous permets de me tuer lorsque j'aurai recours à vous.

SCÈNE III.

CLITANDRE en habit de médecin, LISETTE.

CLITANDRE. — Hé bien! Lisette, que dis-tu de mon équipage? crois-tu qu'avec cet habit je puisse duper le bonhomme? me trouves-tu bien ainsi?

LISETTE. — Le mieux du monde, et je vous attendais avec impatience. Enfin le ciel m'a faite d'un naturel le plus humain du monde, et je ne puis voir deux amants soupirer l'un pour l'autre qu'il ne me prenne une tendresse charitable et un désir ardent de soulager les maux qu'ils souffrent. Je veux, à quelque prix que ce soit, tirer Lucinde de la tyrannie où elle est, et la mettre en votre pouvoir. Vous m'avez plu d'abord; je me connais en gens, et elle ne peut pas mieux choisir. L'amour risque des choses extraordinaires, et nous avons concerté ensemble une manière de stratagème qui pourra peut-être nous réussir. Toutes nos mesures sont déjà prises : l'homme à qui nous avons affaire n'est pas des plus fins de ce monde; et si cette aventure nous manque, nous trouverons mille autres voies pour arriver à notre but. Attendez-moi là seulement, je reviens vous quérir.

(*Clitandre se retire dans le fond du théâtre.*)

SCÈNE IV.

SGANARELLE, LISETTE.

LISETTE. — Monsieur, allégresse ! allégresse !
SGANARELLE. — Qu'est-ce?
LISETTE. — Réjouissez-vous.
SGANARELLE. — De quoi?
LISETTE. — Réjouissez-vous, vous dis-je.
SGANARELLE. — Dis-moi donc ce que c'est, et puis je me réjouirai peut-être.
LISETTE. — Non. Je veux que vous vous réjouissiez auparavant, que vous chantiez, que vous dansiez.
SGANARELLE. — Sur quoi?
LISETTE. — Sur ma parole.
SGANARELLE. — Allons donc. (*Il chante et danse.*) La lera la la, la lera la. Que diable !
LISETTE. — Monsieur, votre fille est guérie.
SGANARELLE. — Ma fille est guérie !
LISETTE. — Oui. Je vous amène un médecin, mais un médecin d'importance, qui fait des cures merveilleuses, et qui se moque des autres médecins.
SGANARELLE. — Où est-il?
LISETTE. — Je vais le faire entrer.
SGANARELLE *seul*. — Il faut voir si celui-ci fera plus que les autres.

SCÈNE V.

CLITANDRE *en habit de médecin*, SGANARELLE, LISETTE.

LISETTE *amenant Clitandre*. — Le voici.
SGANARELLE. — Voilà un médecin qui a la barbe bien jeune.
LISETTE. — La science ne se mesure pas à la barbe, et ce n'est pas par le menton qu'il est habile.

SGANARELLE. — Monsieur, on m'a dit que vous aviez des remèdes admirables pour faire aller à la selle.
CLITANDRE. — Monsieur, mes remèdes sont différents de ceux des autres. Ils ont l'émétique, les saignées, les médecines et les lavements; mais moi je guéris par des paroles, par des sons, par des lettres, par des talismans, et par des anneaux constellés.
LISETTE. — Que vous ai-je dit?
SGANARELLE. — Voilà un grand homme!
LISETTE. — Monsieur, comme votre fille est là tout habillée dans une chaise, je vais la faire passer ici.
SGANARELLE. — Oui. Fais.
CLITANDRE *tâtant le pouls à Sganarelle.* — Votre fille est bien malade.
SGANARELLE. — Vous connaissez cela ici?
CLITANDRE. — Oui, par la sympathie qu'il y a entre le père et la fille.

SCÈNE VI.
SGANARELLE, LUCINDE, CLITANDRE, LISETTE.

LISETTE *à Clitandre.* — Tenez, monsieur, voilà une chaise auprès d'elle. (*A Sganarelle.*) Allons, laissez-les là tous deux.
SGANARELLE. — Pourquoi? Je veux demeurer là.
LISETTE. — Vous moquez-vous! il faut s'éloigner. Un médecin a cent choses à demander qu'il n'est pas honnête qu'un homme entende.
(*Sganarelle et Lisette s'éloignent.*)
CLITANDRE *bas à Lucinde.* — Ah! madame, que le ravissement où je me trouve est grand! et que je sais peu par où vous commencer mon discours! Tant que je ne vous ai parlé que des yeux, j'avais, ce me semblait, cent choses à vous dire; et maintenant que j'ai la liberté de vous parler de la façon que je souhaitais, je demeure interdit, et la grande joie où je suis étouffe toutes mes paroles.
LUCINDE. — Je puis vous dire la même chose, et je sens comme vous des mouvements de joie qui m'empêchent de pouvoir parler.
CLITANDRE. — Ah! madame, que je serais heureux s'il était vrai que vous sentissiez tout ce que je sens, et qu'il me fût permis de juger de votre âme par la mienne! Mais, madame, puis-je au moins croire que ce soit à vous à qui je doive la pensée de cet heureux stratagème qui me fait jouir de votre présence?
LUCINDE. — Si vous ne m'en devez pas la pensée, vous m'êtes redevable au moins d'en avoir approuvé la proposition avec beaucoup de joie.
SGANARELLE *à Lisette.* — Il me semble qu'il lui parle de bien près.
LISETTE *à Sganarelle.* — C'est qu'il observe sa physionomie et tous les traits de son visage.
CLITANDRE *à Lucinde.* — Serez-vous constante, madame, dans ces bontés que vous me témoignez?
LUCINDE. — Mais vous, serez-vous ferme dans les résolutions que vous avez montrées?

CLITANDRE. — Ah! madame, jusqu'à la mort. Je n'ai point de plus forte envie que d'être à vous, et je vais le faire paraître dans ce que vous m'allez voir faire.

SGANARELLE *à Clitandre.* — Hé bien! notre malade? Elle me semble un peu plus gaie.

CLITANDRE. — C'est que j'ai déjà fait agir sur elle un de ces remèdes que mon art m'enseigne. Comme l'esprit a grand empire sur le corps, et que c'est de lui bien souvent que procèdent les maladies, ma coutume est de courir à guérir les esprits avant que de venir aux corps. J'ai donc observé ses regards, les traits de son visage et les lignes de ses deux mains; et, par la science que le ciel m'a donnée, j'ai reconnu que c'était de l'esprit qu'elle était malade, et que tout son mal ne venait que d'une imagination déréglée et d'un désir dépravé de vouloir être mariée. Pour moi, je ne vois rien de plus extravagant et de plus ridicule que cette envie qu'on a du mariage.

SGANARELLE *à part.* — Voilà un habile homme!

CLITANDRE. — Et j'ai eu et aurai pour lui, toute ma vie, une aversion effroyable.

SGANARELLE *à part.* — Voilà un grand médecin!

CLITANDRE. — Mais comme il faut flatter l'imagination des malades, et que j'ai vu en elle de l'aliénation d'esprit, et même qu'il y avait du péril à ne lui pas donner un prompt secours, je l'ai prise par son faible, et lui ai dit que j'étais venu ici pour vous la demander en mariage. Soudain son visage a changé, son teint s'est éclairci, ses yeux se sont animés; et si vous voulez, pour quelques jours, l'entretenir dans cette erreur, vous verrez que nous la tirerons d'où elle est.

SGANARELLE. — Oui-dà, je le veux bien.

CLITANDRE. — Après, nous ferons agir d'autres remèdes pour la guérir entièrement de cette fantaisie.

SGANARELLE. — Oui, cela est le mieux du monde. Hé bien! ma fille, voilà monsieur qui a envie de t'épouser, et je lui ai dit que je le voulais bien.

LUCINDE. — Hélas! est-il possible?

SGANARELLE. — Oui.

LUCINDE. — Mais tout de bon?

SGANARELLE. — Oui, oui.

LUCINDE *à Clitandre.* — Quoi! vous êtes dans les sentiments d'être mon mari?

CLITANDRE. — Oui, madame.

LUCINDE. — Et mon père y consent?

SGANARELLE. — Oui, ma fille.

LUCINDE. — Ah! que je suis heureuse si cela est véritable!

CLITANDRE. — N'en doutez point, madame. Ce n'est pas d'aujourd'hui que je vous aime, et que je brûle de me voir votre mari. Je ne suis venu ici que pour cela; et, si vous voulez que je vous dise nettement les choses comme elles sont, cet habit n'est qu'un prétexte inventé, et je n'ai fait le médecin que pour m'approcher de vous, et obtenir plus facilement ce que je souhaite.

LUCINDE. — C'est me donner des marques d'un amour bien tendre, et j'y suis sensible autant que je puis.
SGANARELLE *à part*. — O la folle! ô la folle! ô la folle!
LUCINDE. — Vous voulez donc bien, mon père, me donner monsieur pour époux?
SGANARELLE. — Oui. Çà, donne-moi ta main. Donnez-moi aussi un peu la vôtre, pour voir.
CLITANDRE. — Mais, monsieur...
SGANARELLE *étouffant de rire*. — Non, non; c'est pour... pour lui contenter l'esprit. Touchez là. Voilà qui est fait.
CLITANDRE. — Acceptez, pour gage de ma foi, cet anneau que je vous donne. (*Bas à Sganarelle.*) C'est un anneau constellé qui guérit les égarements d'esprit.
LUCINDE. — Faisons donc le contrat, afin que rien n'y manque.
CLITANDRE. — Hélas! Je le veux bien, madame. (*Bas à Sganarelle.*) Je vais faire monter l'homme qui écrit mes remèdes, et lui faire croire que c'est un notaire.
SGANARELLE. — Fort bien.
CLITANDRE. — Holà! faites monter le notaire que j'ai amené avec moi.
LUCINDE. — Quoi! vous aviez amené un notaire?
CLITANDRE. — Oui, madame.
LUCINDE. — J'en suis ravie.
SGANARELLE. — O la folle! ô la folle!

SCÈNE VII.

LE NOTAIRE, CLITANDRE, SGANARELLE, LUCINDE, LISETTE.

(*Clitandre parle bas au notaire.*)

SGANARELLE *au notaire*. — Oui, monsieur, il faut faire un contrat pour ces deux personnes-là. Ecrivez. (*A Lucinde.*) Voilà le contrat qu'on fait. (*Au notaire.*) Je lui donne vingt mille écus en mariage. Écrivez.
LUCINDE. — Je vous suis bien obligée, mon père.
LE NOTAIRE. — Voilà qui est fait. Vous n'avez qu'à venir signer.
SGANARELLE. — Voilà un contrat bientôt bâti.
CLITANDRE *à Sganarelle*. — Mais, au moins, monsieur...
SGANARELLE. — Hé! non, vous dis-je. Sait-on pas bien...? (*Au notaire.*) Allons, donnez-lui la plume pour signer. (*A Lucinde.*) Allons, signe, signe, signe. Va, va, je signerai tantôt, moi.
LUCINDE. — Non, non; je veux avoir le contrat entre mes mains
SGANARELLE. — Hé bien! tiens. (*Après avoir signé.*) Es-tu contente?
LUCINDE. — Plus qu'on ne peut s'imaginer.
SGANARELLE. — Voilà qui est bien, voilà qui est bien.
CLITANDRE. — Au reste, je n'ai pas eu seulement la précaution d'amener un notaire; j'ai eu celle encore de faire venir des voix, des

11.

instruments et des danseurs pour célébrer la fête et pour nous réjouir. Qu'on les fasse venir. Ce sont des gens que je mène avec moi, et dont je me sers tous les jours pour pacifier, avec leur harmonie et leurs danses, les troubles de l'esprit.

SCÈNE VIII.

SGANARELLE, LUCINDE, CLITANDRE, LISETTE.

TROISIÈME ENTRÉE.

LA COMÉDIE, LE BALLET, LA MUSIQUE, JEUX, RIS, PLAISIRS.

LA COMÉDIE, LE BALLET, LA MUSIQUE *ensemble.*
    Sans nous, tous les hommes
    Deviendraient malsains;
    Et c'est nous qui sommes
    Leurs grands médecins.
LA COMÉDIE. Veut-on qu'on rabatte,
    Par des moyens doux,
    Les vapeurs de rate
    Qui nous minent tous?
    Qu'on laisse Hippocrate,
    Et qu'on vienne à nous.
TOUS TROIS ENSEMBLE. Sans nous, tous les hommes
    Deviendraient malsains;
    Et c'est nous qui sommes
    Leurs grands médecins.

(*Pendant que les Jeux, les Ris et les Plaisirs dansent, Clitandre emmène Lucinde.*

SCÈNE IX.

SGANARELLE, LISETTE, LA COMÉDIE, LA MUSIQUE, LE BALLET, JEUX, RIS, PLAISIRS.

SGANARELLE. — Voilà une plaisante façon de guérir! Où est donc ma fille et le médecin?

LISETTE. — Ils sont allés achever le reste du mariage.

SGANARELLE. — Comment! le mariage!

LISETTE. — Ma foi, monsieur, la bécasse est bridée, et vous avez cru faire un jeu qui demeure une vérité.

SGANARELLE. — Comment diable! (*Il veut aller après Clitandre et Lucinde, les danseurs le retiennent.*) Laissez-moi aller, laissez-moi aller, vous dis-je. (*Les danseurs le retiennent toujours.*) Encore! (*Ils veulent faire danser Sganarelle de force.*) Peste des gens!

FIN DE L'AMOUR MÉDECIN.

M. DE POURCEAUGNAC,
COMÉDIE-BALLET EN TROIS ACTES.
1669.

NOTICE SUR M. DE POURCEAUGNAC.

Diderot a dit dans un discours sur la poésie dramatique : Si l'on croit qu'il y ait beaucoup plus d'hommes plus capables de faire *Pourceaugnac* que le *Misanthrope*, on se trompe. Aussi cette excellente bouffonnerie s'est elle maintenue au théâtre. Elle fut représentée au château de Chambord le lundi 6 octobre 1669, et le 15 novembre suivant sur le théâtre du Palais-Royal. Molière jouait M. de Pourceaugnac; Béjart, Oronte; Lagrange, Éraste; mademoiselle Molière, Julie; mademoiselle Béjart, Nérine; le comédien Hubert, Lucette.

Cizeron-Rival, auteur des *Récréations littéraires*, prétend que Lulli, ayant encouru la disgrâce de Louis XIV, rentra en faveur en jouant une seule fois le rôle de Pourceaugnac. Après avoir longtemps couru sur le théâtre pour éviter les apothicaires, se voyant serré de près, il sauta sur la boîte du clavecin, qui était au milieu de l'orchestre. Il s'y enfonça jusqu'au cou, de sorte qu'on ne voyait plus que sa tête sortant des débris. Le roi rit et fut désarmé. La tradition veut que, dans la dernière scène de l'acte I, on fasse paraître un nombre considérable de matassins, qui, après avoir poursuivi M. de Pourceaugnac dans tous les recoins de la scène, se montrent avec lui dans les loges, le long des galeries.

On trouve dans l'*Histoire générale des larrons*, imprimée en 1639, une aventure qui a pu fournir la première idée de *Monsieur de Pourceaugnac*. Un filou, après avoir prévenu un chirurgien qu'il va lui amener un jeune homme dont la tête est dérangée, entre chez un marchand et achète une pièce de drap. Il se fait accompagner par le commis, sous prétexte d'acquitter la facture, et il le laisse entre les mains du docteur, qui se dispose à le traiter malgré lui.

Cette anecdote se retrouve dans un fabliau du moyen âge et dans plusieurs autres opuscules profondément oubliés. Molière en a profité; mais ce n'est qu'un incident au milieu des péripéties amusantes et variées de sa comédie

Un sieur Chevalier avait fait représenter, en 1661, sur le théâtre du Marais, une comédie en un acte et en vers de huit syllabes, intitulée : *la Désolation des filoux sur la défense des armes* ou *les Malades qui se portent bien*. Dans cette pièce, composée en l'honneur de M. de la Reynie et de sa police, se trouve une scène analogue à la scène xv de l'acte I de *Monsieur de Pourceaugnac* :

La Roque a besoin d'argent pour régaler des dames ; il prie Guillot de lui procurer cinquante pistoles sur une bague qu'il lui remet, et sort. Un chevalier d'industrie a tout entendu : il offre à

Guillot de lui indiquer un homme qui fera son affaire, et le met entre les mains d'un autre fripon qui paraît en habit de médecin. Ce faux médecin lui annonce qu'il a promis de le guérir, et qu'il veut remplir sa promesse. Il appelle un apothicaire qui paraît une seringue à la main, et tient absolument à faire son office, séance tenante.

Le type de Pourceaugnac était un gentilhomme limosin, qui s'était pris un jour de querelle avec les comédiens : le poëte Robinet le dit expressément dans une lettre en vers, datée du 8 novembre 1669 :

> Tout est, dans ce sujet follet
> De comédie et de ballet,
> Digne de son rare génie,
> Qu'il tourne, certe, et qu'il manie
> Comme il lui plaît incessamment,
> Avec un nouvel agrément,
> Comme il tourne aussi sa personne,
> Ce qui pas moins ne nous étonne,
> Selon les sujets comme il veut.
> Il joue autant bien qu'il se peut
> Ce marquis de nouvelle fonte,
> Dont par hasard, à ce qu'on conte,
> L'original est à Paris :
> En colère autant que surpris
> De s'y voir dépeint de la sorte,
> Il jure, il tempête, il s'emporte,
> Et veut faire ajourner l'auteur
> En réparation d'honneur,
> Tant pour lui que pour sa famille,
> Laquelle en Pourceaugnacs fourmille.

M. Scribe a donné au théâtre du Gymnase, en 1818, un vaudeville intitulé le *Nouveau Pourceaugnac*, dont le héros, contrairement à celui de Molière, triomphe des machinations dirigées contre lui.

Comme nous ne voulons laisser sans éclaircissement aucune des difficultés que peut offrir le texte de Molière, nous terminerons cette notice par la traduction des couplets italiens des scènes XIII et XVI du Ier acte, ainsi que des patois languedocien et picard de l'acte II.

Dans la scène XIII, acte I, les couplets chantés par les deux médecins veulent dire :

« Bonjour, bonjour, bonjour. Ne vous laissez pas tuer par les souf-
» frances de la mélancolie. Nous vous ferons rire avec nos chants
» harmonieux. Nous ne sommes venus ici que pour vous guérir. Bon-
» jour, bonjour, bonjour.

» La folie n'est autre chose que la mélancolie. Le malade n'est pas
» désespéré, s'il veut prendre un peu de divertissement. La folie n'est
» pas autre chose que la mélancolie.

» Allons, courage. Chantez, dansez, riez ; et, si vous voulez encore
» mieux faire, quand vous sentirez approcher votre accès de folie, pre-
» nez un verre de vin, et quelquefois une prise de tabac. Allons, gai,
» monsieur de Pourceaugnac. »

Les vers de la scène XVI, Piglia lo sù, etc., signifient: « Prenez-le, » monsieur, prenez-le, il ne vous fera point de mal. »

Voici maintenant les scènes VIII, IX et X de l'acte II, rétablies en français :

SCÈNE VIII.

LUCETTE *contrefaisant une Languedocienne.* — Ah! tu es ici, et à la fin je te trouve après avoir fait tant d'allées et de venues. Peux-tu, scélérat, peux-tu soutenir ma vue?

M. DE POURCEAUGNAC. — Qu'est-ce que veut cette femme-là?

LUCETTE. — Ce que je te veux, infâme! tu fais semblant de ne me pas connaître, et tu ne rougis pas, impudent que tu es, tu ne rougis pas de me voir? (*A Oronte.*) J'ignore, monsieur, si c'est vous dont on m'a dit qu'il voulait épouser la fille; mais je vous déclare que je suis sa femme, et qu'il y a sept ans qu'en passant à Pézénas, il eut l'adresse, par ses mignardises qu'il sait si bien faire, de me gagner le cœur, et m'obligea par ce moyen à lui donner la main pour l'épouser.

ORONTE. — Oh! oh!

M. DE POURCEAUGNAC. — Que diable est-ce ci?

LUCETTE — Le traître me quitta trois ans après sous le prétexte de quelque affaire qui l'appelait dans son pays, et depuis je n'en ai point eu de nouvelles; mais, dans le temps que j'y songeais le moins, on m'a donné avis qu'il venait dans cette ville pour se remarier avec une autre jeune fille que ses parents lui ont promise, sans savoir rien de son premier mariage. J'ai tout quitté aussitôt, et je me suis rendue dans ce lieu le plus promptement que j'ai pu pour m'opposer à ce criminel mariage, et pour confondre, aux yeux de tout le monde, le plus méchant des hommes.

M. DE POURCEAUGNAC. — Voilà une étrange effrontée!

LUCETTE. — Impudent! n'as-tu pas honte de m'injurier, au lieu d'être confus des reproches secrets que ta conscience doit te faire?

M. DE POURCEAUGNAC. — Moi, je suis votre mari?

LUCETTE. — Infâme! oses-tu dire le contraire? Ah! tu sais bien, pour mon malheur, que tout ce que je te dis n'est que trop vrai; et plût au ciel que cela ne fût pas, et que tu m'eusses laissée dans l'état d'innocence et dans la tranquillité où mon âme vivait avant que tes charmes et tes tromperies m'en vinssent malheureusement faire sortir! je ne serais point réduite à faire le triste personnage que je fais présentement, à voir un mari cruel mépriser toute l'ardeur que j'ai eue pour lui, et me laisser sans aucune pitié à la douleur mortelle que j'ai ressentie de ses perfides actions.

ORONTE. — Je ne saurais m'empêcher de pleurer. (*A M. de Pourceaugnac.*) Allez, vous êtes un méchant homme.

M. DE POURCEAUGNAC. — Je ne connais rien à tout ceci.

SCÈNE IX.

NÉRINE *contrefaisant une Picarde.* — Ah! je n'en puis plus, je suis tout essoufflée. Ah! fanfaron, tu m'as bien fait courir, tu ne m'échapperas pas. Justice, justice! je mets empêchement au mariage. (*A Oronte.*) C'est mon mari, monsieur, et je veux pendre ce bon pendard-là.

M. DE POURCEAUGNAC. — Encore!

ORONTE *à part.* — Quel diable d'homme est-ce ci?

LUCETTE. — Et que voulez-vous dire avec votre empêchement et votre pendaison? Cet homme est votre mari?

NÉRINE. — Oui, madame, et je suis sa femme.

LUCETTE. — Cela est faux, et c'est moi qui suis sa femme; et s'il doit être pendu, ce sera moi qui le ferai pendre.

NÉRINE. — Je n'entends point ce langage-là.

LUCETTE. — Je vous dis que je suis sa femme.

NÉRINE. — Sa femme?

LUCETTE. — Oui.

NÉRINE. — Je vous dis encore un coup que c'est moi qui le suis.

LUCETTE. — Et je vous soutiens, moi, que c'est moi.

NÉRINE. — Il y a quatre ans qu'il m'a épousée.

LUCETTE. — Et moi, il y a sept ans qu'il m'a prise pour femme.

NÉRINE. — J'ai des garants de tout ce que je dis.

LUCETTE. — Tout mon pays le sait.

NÉRINE. — Notre ville en est témoin.

LUCETTE. — Tout Pézénas a vu notre mariage.

NÉRINE. — Tout Saint-Quentin a assisté à notre noce.

LUCETTE. — Il n'y a rien de plus véritable.

NÉRINE. — Il n'y a rien de plus certain.

LUCETTE *à Pourceaugnac.* — Oses-tu dire le contraire, vilain?

NÉRINE *à Pourceaugnac.* — Est-ce que tu me démentiras, méchant homme?

M. DE POURCEAUGNAC. — Il est aussi vrai l'un que l'autre.

LUCETTE. — Quel impudent! Comment, misérable, tu ne te souviens plus du pauvre François et de la pauvre Jeannette, qui sont les fruits de notre mariage?

NÉRINE. — Voyez un peu l'insolence! Quoi! tu ne te souviens plus de cette pauvre enfant, notre petite Magdeleine, que tu m'as laissée pour gage de ta foi?

M. DE POURCEAUGNAC. — Voilà deux impudentes carognes!

LUCETTE. — Venez, François; venez, Jeannette; venez tous, venez tous, venez faire voir à un père dénaturé l'insensibilité qu'il a pour nous tous.

NÉRINE. — Venez, Magdeleine, mon enfant, venez vite ici faire honte à votre père de l'impudence qu'il a.

SCÈNE X.

LES ENFANTS. — Ah! mon papa! mon papa! mon papa!

M. DE POURCEAUGNAC. — Diantre soit des petits fils de putains!

LUCETTE. — Comment, traître, tu n'es pas dans la dernière confusion de recevoir ainsi tes enfants, et de fermer l'oreille à la tendresse paternelle! Tu ne m'échapperas pas, infâme! je veux te suivre partout, et te reprocher ton crime jusqu'à tant que je me sois vengée, et que je t'aie fait pendre, coquin, je veux te faire pendre.

NÉRINE. — Ne rougis-tu pas de dire ces mots-là, et d'être insensible aux caresses de cette pauvre enfant? Tu ne te sauveras pas de mes pattes; en dépit de tes dents, je te ferai bien voir que je suis ta femme, et je te ferai pendre.

LES ENFANTS. — Mon papa! mon papa! mon papa!

M. DE POURCEAUGNAC. — Au secours! au secours! Où fuirai-je? Je n'en puis plus.

ORONTE. — Allez, vous ferez bien de le faire punir; et il mérite d'être pendu.

ÉMILE DE LA BÉDOLLIÈRE.

PERSONNAGES DE LA COMEDIE.

M. DE POURCEAUGNAC.
ORONTE, père de Julie.
JULIE, fille d'Oronte.
ÉRASTE, amant de Julie.
NÉRINE, femme d'intrigue, feinte Picarde.
LUCETTE, feinte Languedocienne.
SBRIGANI, Napolitain, homme d'intrigue.
Premier Médecin.
Second Médecin.
Un Apothicaire.
Un Paysan.
Une Paysanne.
Premier Suisse.
Second Suisse.
Un Exempt.
Deux Archers.

PERSONNAGES DU BALLET.

Une Musicienne.
Deux Musiciens.
Troupe de danseurs.
    Deux Maîtres a danser.
    Deux Pages dansants.
    Quatre Curieux de spectacle dansants.
    Deux Suisses dansants.
Deux Médecins grotesques.
Matasssins dansants.
Deux Avocats chantants.
Deux Procureurs dansants.
Deux Sergents dansants.
Troupe de masques.
    Une Égyptienne chantante.
    Un Égyptien chantant.
    Un Pantalon chantant.
    Chœur de masques chantants.
Sauvages dansants.
Biscayens dansants.

La scène est à Paris.

M. DE POURCEAUGNAC,

ACTE PREMIER.

SCÈNE I.

ÉRASTE; UNE MUSICIENNE, DEUX MUSICIENS CHANTANTS; PLUSIEURS AUTRES JOUANT DES INSTRUMENTS; TROUPE DE DANSEURS.

ÉRASTE *aux musiciens et aux danseurs.* — Suivez les ordres que je vous ai donnés pour la sérénade. Pour moi, je me retire, et ne veux point paraître ici.

SCÈNE II.

UNE MUSICIENNE, DEUX MUSICIENS CHANTANTS; PLUSIEURS AUTRES JOUANT DES INSTRUMENTS, TROUPE DE DANSEURS.

Cette sérénade est composée de chants, d'instruments et de danses. Les paroles qui s'y chantent ont rapport à la situation où Éraste se trouve avec Julie, et expriment les sentiments de deux amants qui sont traversés dans leur amour par le caprice de leurs parents.

UNE MUSICIENNE. Répands, charmante nuit, répands sur tous les yeux
  De tes pavots la douce violence,
Et ne laisse veiller en ces aimables lieux
Que les cœurs que l'amour soumet à sa puissance.
  Tes ombres et ton silence,
  Plus beaux que le plus beau jour,
Offrent de doux moments à soupirer d'amour.
PREMIER MUSICIEN. Que soupirer d'amour
  Est une douce chose,
Quand rien à nos vœux ne s'oppose!
A d'aimables penchants notre cœur nous dispose;
Mais on a des tyrans à qui l'on doit le jour.
  Que soupirer d'amour
  Est une douce chose
Quand rien à nos vœux ne s'oppose!
SECOND MUSICIEN. Tout ce qu'à nos vœux on oppose
Contre un parfait amour ne gagne jamais rien;
  Et pour vaincre toute chose
  Il ne faut que s'aimer bien.
TOUS TROIS ENSEMBLE. Aimons-nous donc d'une ardeur éternelle;

Les rigueurs des parents, la contrainte cruelle,
L'absence, les travaux, la fortune rebelle
Ne font que redoubler une amitié fidèle.
 Aimons-nous donc d'une ardeur éternelle ;
 Quand deux cœurs s'aiment bien,
 Tout le reste n'est rien.

PREMIÈRE ENTRÉE DE BALLET.

Danse de deux maîtres à danser.

DEUXIÈME ENTRÉE DE BALLET.

Danse de deux pages.

TROISIÈME ENTRÉE DE BALLET.

Quatre curieux de spectacle, qui ont pris querelle pendant la danse des deux pages, dansent en se battant l'épée à la main.

QUATRIÈME ENTRÉE DE BALLET.

Deux Suisses séparent les quatre combattants, et, après les avoir mis d'accord, dansent avec eux.

SCÈNE III.

JULIE, ÉRASTE, NÉRINE.

JULIE. — Mon Dieu ! Eraste, gardons d'être surpris. Je tremble qu'on ne nous voie ensemble ; et tout serait perdu, après la défense que l'on m'a faite.

ÉRASTE. — Je regarde de tous côtés, et je n'aperçois rien.

JULIE *à Nérine.* — Aie aussi l'œil au guet, Nérine ; et prends bien garde qu'il ne vienne personne.

NÉRINE *se retirant dans le fond du théâtre.* — Reposez-vous sur moi, et dites hardiment ce que vous avez à vous dire.

JULIE. — Avez-vous imaginé pour notre affaire quelque chose de favorable, et croyez-vous, Éraste, pouvoir venir à bout de détourner ce fâcheux mariage que mon père s'est mis en tête ?

ÉRASTE. — Au moins y travaillons-nous fortement ; et déjà nous avons préparé un bon nombre de batteries pour renverser ce dessein ridicule.

NÉRINE *accourant à Julie.* — Par ma foi, voilà votre père.

JULIE. — Ah ! séparons-nous vite.

NÉRINE. — Non, non, non, ne bougez ; je m'étais trompée.

JULIE. — Mon Dieu ! Nérine, que tu es sotte de nous donner de ces frayeurs !

ÉRASTE. — Oui, belle Julie, nous avons dressé pour cela quantité de machines; et nous ne feignons point de mettre tout en usage, sur la permission que vous m'avez donnée. Ne nous demandez point tous les ressorts que nous ferons jouer, vous en aurez le divertissement; et, comme aux comédies, il est bon de vous laisser le plaisir de la surprise, et de ne vous avertir point de tout ce qu'on vous fera voir : c'est assez de vous dire que nous avons en main divers stratagèmes tout prêts à produire dans l'occasion, et que l'ingénieuse Nérine et l'adroit Sbrigani entreprennent l'affaire.

NÉRINE. — Assurément. Votre père se moque-t-il de vouloir vous anger de son avocat de Limoges, monsieur de Pourceaugnac, qu'il n'a vu de sa vie, et qui vient par le coche vous enlever, à notre barbe? Faut-il que trois ou quatre mille écus de plus, sur la parole de votre oncle, lui fassent rejeter un amant qui vous agrée? Et une personne comme vous est-elle faite pour un Limosin? S'il a envie de se marier, que ne prend-il une Limosine, et ne laisse-t-il en repos les chrétiens? Le seul nom de monsieur de Pourceaugnac m'a mise dans une colère effroyable. J'enrage de monsieur de Pourceaugnac. Quand il n'y aurait que ce nom-là, monsieur de Pourceaugnac, j'y brûlerai mes livres, ou je romprai ce mariage, et vous ne serez point madame de Pourceaugnac. Pourceaugnac! cela se peut-il souffrir? Non, Pourceaugnac est une chose que je ne saurais supporter; et nous lui jouerons tant de pièces, nous lui ferons tant de niches sur niches, que nous renvoierons à Limoges monsieur de Pourceaugnac.

ÉRASTE. — Voici notre subtil Napolitain, qui nous dira des nouvelles.

SCÈNE IV.

JULIE, ÉRASTE, SBRIGANI, NÉRINE.

SBRIGANI. — Monsieur, votre homme arrive. Je l'ai vu à trois lieues d'ici, où a couché le coche; et, dans la cuisine, où il est descendu pour déjeuner, je l'ai étudié une bonne grosse demi-heure, et je le sais déjà par cœur. Pour sa figure, je ne veux point vous en parler; vous verrez de quel air la nature l'a dessiné, et si l'ajustement qui l'accompagne y répond comme il faut : mais pour son esprit, je vous avertis par avance qu'il est des plus épais qui se fassent; que nous trouvons en lui une matière tout à fait disposée pour ce que nous voulons, et qu'il est homme enfin à donner dans tous les panneaux qu'on lui présentera.

ÉRASTE. — Nous dis-tu vrai?

SBRIGANI. — Oui, si je me connais en gens.

NÉRINE. — Madame, voilà un illustre. Votre affaire ne pouvait être mise en de meilleures mains, et c'est le héros de notre siècle pour les exploits dont il s'agit; un homme qui vingt fois en sa vie, pour servir ses amis, a généreusement affronté les galères; qui, au péril de ses bras et de ses épaules, sait mettre noblement à fin les aventures les plus difficiles, et qui, tel que vous le voyez, est exilé de son pays pour je ne sais combien d'actions honorables qu'il a généreusement entreprises.

SBRIGANI. — Je suis confus des louanges dont vous m'honorez : et je pourrais vous en donner avec plus de justice sur les merveilles de votre vie, et principalement sur la gloire que vous acquîtes lorsqu'avec tant d'honnêté vous pipâtes au jeu, pour douze mille écus, ce jeune seigneur étranger que l'on mena chez vous; lorsque vous fîtes galamment ce faux contrat qui ruina toute une famille; lorsqu'avec tant de grandeur d'âme vous sûtes nier le dépôt qu'on vous avait confié, et que si généreusement on vous vit prêter votre témoignage à faire pendre ces deux personnes qui ne l'avaient pas mérité.

NÉRINE. — Ce sont petites bagatelles qui ne valent pas qu'on en parle; et vos éloges me font rougir.

SBRIGANI. — Je veux bien épargner votre modestie; laissons cela : et, pour commencer notre affaire, allons vite joindre notre provincial, tandis que de votre côté vous nous tiendrez prêts au besoin les autres acteurs de la comédie.

ÉRASTE. — Au moins, madame, souvenez-vous de votre rôle; et, pour mieux couvrir notre jeu, feignez, comme on vous l'a dit, d'être la plus contente du monde des résolutions de votre père.

JULIE. — S'il ne tient qu'à cela, les choses iront à merveille.

ÉRASTE. — Mais, belle Julie, si toutes nos machines venaient à ne pas réussir?

JULIE. — Je déclarerai à mon père mes véritables sentiments.

ÉRASTE. — Et si contre vos sentiments il s'obstinait à son dessein?

JULIE. — Je le menacerais de me jeter dans un couvent.

ÉRASTE. — Mais si malgré tout cela il voulait vous forcer à ce mariage?

JULIE. — Que voulez-vous que je vous dise?

ÉRASTE. — Ce que je veux que vous me disiez!

JULIE. — Oui.

ÉRASTE. — Ce qu'on dit quand on aime bien.

JULIE. — Mais quoi?

ÉRASTE. — Que rien ne pourra vous contraindre; et que, malgré tous les efforts d'un père, vous me promettez d'être à moi.

JULIE. — Mon Dieu! Eraste, contentez-vous de ce que je fais maintenant; n'allez point tenter sur l'avenir les résolutions de mon cœur; ne fatiguez point mon devoir par les propositions d'une fâcheuse extrémité dont peut-être n'aurons-nous pas besoin; et, s'il y faut venir, souffrez au moins que j'y sois entraînée par la suite des choses.

ÉRASTE. — Hé bien!...

SBRIGANI. — Ma foi, voici notre homme; songeons à nous.

NÉRINE. — Ah! comme il est bâti!

SCÈNE V.

M. DE POURCEAUGNAC, SBRIGANI.

M. DE POURCEAUGNAC *se retournant du côté d'où il est venu et parlant à des gens qui le suivent.* — Hé bien, quoi? qu'est-ce? qu'y a-t-il?

Au diantre soient la sotte ville et les sottes gens qui y sont! Ne pouvoir faire un pas sans trouver des nigauds qui vous regardent et se mettent à rire! Hé! messieurs les badauds, faites vos affaires, et laissez passer les personnes sans leur rire au nez. Je me donne au diable, si je ne baille un coup de poing au premier que je verrai rire.

SBRIGANI *parlant aux mêmes personnes.* — Qu'est-ce que c'est, messieurs, que veut dire cela? A qui en avez-vous? Faut-il se moquer ainsi des honnêtes étrangers qui arrivent ici?

M. DE POURCEAUGNAC. — Voilà un homme raisonnable, celui-là.

SBRIGANI. — Quel procédé est le vôtre! Et qu'avez-vous à rire?

M. DE POURCEAUGNAC. — Fort bien.

SBRIGANI. — Monsieur a-t-il quelque chose de ridicule en soi?

M. DE POURCEAUGNAC. — Oui?...

SBRIGANI. — Est-il autrement que les autres?

M. DE POURCEAUGNAC. — Suis-je tortu ou bossu?

SBRIGANI. — Apprenez à connaître les gens.

M. DE POURCEAUGNAC. — C'est bien dit.

SBRIGANI. — Monsieur est d'une mine à respecter.

M. DE POURCEAUGNAC. — Cela est vrai.

SBRIGANI. — Personne de condition.

M. DE POURCEAUGNAC. — Oui, gentilhomme limosin.

SBRIGANI. — Homme d'esprit.

M. DE POURCEAUGNAC. — Qui a étudié en droit.

SBRIGANI. — Il vous fait trop d'honneur de venir dans votre ville.

M. DE POURCEAUGNAC. — Sans doute.

SBRIGANI. — Monsieur n'est point une personne à faire rire.

M. DE POURCEAUGNAC. — Assurément.

SBRIGANI. — Et quiconque rira de lui aura affaire à moi.

M. DE POURCEAUGNAC *à Sbrigani.* — Monsieur, je vous suis infiniment obligé.

SBRIGANI. — Je suis fâché, monsieur, de voir recevoir de la sorte une personne comme vous, et je vous demande pardon pour la ville.

M. DE POURCEAUGNAC. — Je suis votre serviteur.

SBRIGANI. — Je vous ai vu ce matin, monsieur, avec le coche, lorsque vous avez déjeuné; et la grâce avec laquelle vous mangiez votre pain m'a fait naître d'abord de l'amitié pour vous : et comme je sais que vous n'êtes jamais venu en ce pays, et que vous y êtes tout neuf, je suis bien aise de vous avoir trouvé pour vous offrir mon service à cette arrivée, et vous aider à vous conduire parmi ce peuple, qui n'a pas parfois pour les honnêtes gens toute la considération qu'il faudrait.

M. DE POURCEAUGNAC. — C'est trop de grâce que vous me faites.

SBRIGANI. — Je vous l'ai déjà dit; du moment que je vous ai vu, je me suis senti pour vous de l'inclination.

M. DE POURCEAUGNAC. — Je vous suis obligé.

SBRIGANI. — Votre physionomie m'a plu.

M. DE POURCEAUGNAC. — Ce m'est beaucoup d'honneur.

SBRIGANI. — J'y ai vu quelque chose d'honnête...

M. DE POURCEAUGNAC. — Je suis votre serviteur.

SBRIGANI. — Quelque chose d'aimable...
M. DE POURCEAUGNAC. — Ah! ah!
SBRIGANI. — De gracieux...
M. DE POURCEAUGNAC. — Ah! ah!
SBRIGANI. — De doux...
M. DE POURCEAUGNAC. — Ah! ah!
SBRIGANI. — De majestueux...
M. DE POURCEAUGNAC. — Ah! ah!
SBRIGANI. — De franc...
M DE POURCEAUGNAC. — Ah! ah!
SBRIGANI. — Et de cordial.
M. DE POURCEAUGNAC. — Ah! ah!
SBRIGANI. — Je vous assure que je suis tout à vous.
M. DE POURCEAUGNAC. — Je vous ai beaucoup d'obligation.
SBRIGANI. — C'est du fond du cœur que je parle.
M. DE POURCEAUGNAC. — Je le crois.
SBRIGANI. — Si j'avais l'honneur d'être connu de vous, vous sauriez que je suis un homme tout à fait sincère...
M. DE POURCEAUGNAC. — Je n'en doute point.
SBRIGANI. — Ennemi de la fourberie...
M. DE POURCEAUGNAC. — J'en suis persuadé.
SBRIGANI. — Et qui n'est pas capable de déguiser ses sentiments. Vous regardez mon habit, qui n'est pas fait comme les autres : mais je suis originaire de Naples, à votre service, et j'ai voulu conserver un peu la manière de s'habiller et la sincérité de mon pays.
M. DE POURCEAUGNAC. — C'est fort bien fait. Pour moi, j'ai voulu me mettre à la mode de la cour pour la campagne.
SBRIGANI. — Ma foi, cela vous va mieux qu'à tous nos courtisans.
M. DE POURCEAUGNAC. — C'est ce que m'a dit mon tailleur. L'habit est propre et riche, et il fera du bruit ici.
SBRIGANI. — Sans doute. N'irez-vous pas au Louvre?
M. DE POURCEAUGNAC. — Il faudra bien aller faire ma cour.
SBRIGANI. — Le roi sera ravi de vous voir.
M. DE POURCEAUGNAC. — Je le crois.
SBRIGANI. — Vous avez arrêté un logis ?
M. DE POURCEAUGNAC. — Non, j'allais en chercher un.
SBRIGANI. — Je serai bien aise d'être avec vous pour cela, et je connais tout ce pays-ci.

SCÈNE VI.

ÉRASTE, M. DE POURCEAUGNAC, SBRIGANI.

ÉRASTE. — Ah! qu'est-ce ci, que vois-je? Quelle heureuse rencontre! Monsieur de Pourceaugnac! Que je suis ravi de vous voir! Comment! il semble que vous ayez peine à me reconnaître!
M. DE POURCEAUGNAC. — Monsieur, je suis votre serviteur.
ÉRASTE. — Est-il possible que cinq ou six années m'aient ôté de

votre mémoire, et que vous ne reconnaissiez pas le meilleur ami de toute la famille des Pourceaugnacs!

M. DE POURCEAUGNAC. — Pardonnez-moi. (*Bas à Sbrigani.*) Ma foi, je ne sais qui il est.

ÉRASTE. — Il n'y a pas un Pourceaugnac à Limoges que je ne connaisse, depuis le plus grand jusqu'au plus petit; je ne fréquentais qu'eux dans le temps que j'y étais, et j'avais l'honneur de vous voir presque tous les jours.

M. DE POURCEAUGNAC. — C'est moi qui l'ai reçu, monsieur.

ÉRASTE. — Vous ne vous remettez point mon visage?

M. DE POURCEAUGNAC. — Si fait. (*A Sbrigani.*) Je ne le connais point.

ÉRASTE. — Vous ne vous ressouvenez pas que j'ai eu le bonheur de boire avec vous je ne sais combien de fois?

M. DE POURCEAUGNAC. — Excusez-moi. (*A Sbrigani.*) Je ne sais ce que c'est.

ÉRASTE. — Comment appelez-vous ce traiteur de Limoges qui fait si bonne chère?

M. DE POURCEAUGNAC. — Petit-Jean.

ÉRASTE. — Le voilà. Nous allions le plus souvent ensemble chez lui nous réjouir. Comment est-ce que vous nommez à Limoges ce lieu où l'on se promène?

M. DE POURCEAUGNAC. — Le cimetière des Arènes.

ÉRASTE. — Justement. C'est où je passais de si douces heures à jouir de votre agréable conversation. Vous ne vous remettez pas tout cela?

M. DE POURCEAUGNAC. — Excusez-moi, je me le remets. (*A Sbrigani.*) Diable emporte si je m'en souviens!

SBRIGANI *bas à M. de Pourceaugnac.* — Il y a cent choses comme cela qui passent de la tête.

ÉRASTE. — Embrassez-moi donc, je vous prie, et resserrons les nœuds de notre ancienne amitié.

SBRIGANI *à M. de Pourceaugnac.* — Voilà un homme qui vous aime fort.

ÉRASTE. — Dites-moi un peu des nouvelles de toute la parenté. Comment se porte monsieur votre... la... qui est si honnête homme?

M. DE POURCEAUGNAC. — Mon frère le consul?

ÉRASTE. — Oui.

M. DE POURCEAUGNAC. — Il se porte le mieux du monde.

ÉRASTE. — Certes, j'en suis ravi. Et celui qui est de si bonne humeur? la... monsieur votre...

M. DE POURCEAUGNAC. — Mon cousin l'assesseur?

ÉRASTE. — Justement.

M. DE POURCEAUGNAC. — Toujours gai et gaillard.

ÉRASTE. — Ma foi, j'en ai beaucop de joie. Et monsieur votre oncle, le...

M. DE POURCEAUGNAC. — Je n'ai point d'oncle.

ÉRASTE. — Vous aviez pourtant en ce temps-là...

M. DE POURCEAUGNAC. — Non, rien qu'une tante.

ÉRASTE. — C'est ce que je voulais dire ; madame votre tante, comment se porte-t-elle ?

M. DE POURCEAUGNAC. — Elle est morte depuis six mois.

ÉRASTE. — Hélas ! la pauvre femme ! elle était si bonne personne !

M. DE POURCEAUGNAC. — Nous avons aussi mon neveu le chanoine, qui a pensé mourir de la petite vérole.

ÉRASTE. — Quel dommage ç'aurait été !

M. DE POURCEAUGNAC. — Le connaissez-vous aussi ?

ÉRASTE. — Vraiment, si je le connais ! un grand garçon bien fait.

M. DE POURCEAUGNAC. — Pas des plus grands.

ÉRASTE. — Non, mais de taille bien prise.

M. DE POURCEAUGNAC. — Hé ! oui.

ÉRASTE. — Qui est votre neveu...

M. DE POURCEAUGNAC. — Oui.

ÉRASTE. — Fils de votre frère ou de votre sœur...

M. DE POURCEAUGNAC. — Justement.

ÉRASTE. — Chanoine de l'église de... Comment l'appelez-vous ?

M. DE POURCEAUGNAC. — De Saint-Etienne.

ÉRASTE. — Le voilà ; je ne connais autre.

M. DE POURCEAUGNAC à *Sbrigani*. — Il dit toute la parenté.

SBRIGANI. — Il vous connaît plus que vous ne croyez.

M. DE POURCEAUGNAC. — A ce que je vois, vous avez demeuré longtemps dans notre ville ?

ÉRASTE. — Deux ans entiers.

M. DE POURCEAUGNAC. — Vous étiez donc là quand mon cousin l'élu fit tenir son enfant à monsieur notre gouverneur ?

ÉRASTE. — Vraiment oui, j'y fus convié des premiers.

M. DE POURCEAUGNAC. — Cela fut galant.

ÉRASTE. — Très-galant.

M. DE POURCEAUGNAC. — C'était un repas bien troussé.

ÉRASTE. — Sans doute.

M. DE POURCEAUGNAC. — Vous vîtes donc aussi la querelle que j'eus avec ce gentilhomme périgordin ?

ÉRASTE. — Oui.

M. DE POURCEAUGNAC. — Parbleu ! il trouva à qui parler.

ÉRASTE. — Ah ! ah !

M. DE POURCEAUGNAC. — Il me donna un soufflet ; mais je lui dis bien son fait.

ÉRASTE. — Assurément. Au reste, je ne prétends pas que vous preniez d'autre logis que le mien.

M. DE POURCEAUGNAC. — Je n'ai garde de...

ÉRASTE. — Vous moquez-vous ? Je ne souffrirai point du tout que mon meilleur ami soit autre part que dans ma maison.

M. DE POURCEAUGNAC. — Ce serait vous...

ÉRASTE. — Non ; le diable m'emporte ! vous logerez chez moi.

SBRIGANI à *M. de Pourceaugnac*. — Puisqu'il le veut obstinément, je vous conseille d'accepter l'offre.

ÉRASTE. — Où sont vos hardes ?

M. DE POURCEAUGNAC. — Je les ai laissées avec mon valet où je suis descendu.

ÉRASTE. — Envoyons les querir par quelqu'un.

M. DE POURCEAUGNAC. — Non, je lui ai défendu de bouger, à moins que j'y fusse moi-même, de peur de quelque fourberie.

SBRIGANI. C'est prudemment avisé.

M. DE POURCEAUGNAC. — Ce pays-ci est un peu sujet à caution.

ÉRASTE. — On voit les gens d'esprit en tout.

SBRIGANI. — Je vais accompagner monsieur, et le ramènerai où vous voudrez.

ÉRASTE. — Oui. Je suis bien aise de donner quelques ordres, et vous n'avez qu'à revenir à cette maison-là.

SBRIGANI. — Nous sommes à vous tout à l'heure.

ÉRASTE à *M. de Pourceaugnac*. — Je vous attends avec impatience.

M. DE POURCEAUGNAC à *Sbrigani*. — Voilà une connaissance où je ne m'attendais point.

SBRIGANI. — Il a la mine d'être honnête homme.

ÉRASTE *seul*. — Ma foi, monsieur de Pourceaugnac, nous vous en donnerons de toutes les façons : les choses sont préparées, et je n'ai qu'à frapper. Holà!

SCÈNE VII.

UN APOTHICAIRE, ÉRASTE.

ÉRASTE. — Je crois, monsieur, que vous êtes le médecin à qui l'on est venu parler de ma part?

L'APOTHICAIRE. — Non, monsieur, ce n'est pas moi qui suis le médecin; à moi n'appartient pas cet honneur; et je ne suis qu'apothicaire, apothicaire indigne, pour vous servir.

ÉRASTE. — Et monsieur le médecin est-il à la maison?

L'APOTHICAIRE. — Oui. Il est là embarrassé à expédier quelques malades, et je vais lui dire que vous êtes ici.

ÉRASTE. — Non, ne bougez; j'attendrai qu'il ait fait. C'est pour lui mettre entre les mains certain parent que nous avons, dont on lui a parlé, et qui se trouve attaqué de quelque folie que nous serions bien aises qu'il pût guérir avant que de le marier.

L'APOTHICAIRE. — Je sais ce que c'est, je sais ce que c'est, et j'étais avec lui quand on lui a parlé de cette affaire. Ma foi, ma foi, vous ne pouviez pas vous adresser à un médecin plus habile; c'est un homme qui sait la médecine à fond, comme je sais ma croix de par Dieu, et qui, quand on devrait crever, ne démordrait pas d'un *iota* des règles des anciens. Oui, il suit toujours le grand chemin, le grand chemin, et ne va pas chercher midi à quatorze heures; et pour tout l'or du monde, il ne voudrait pas avoir guéri une personne avec d'autres remèdes que ceux que la faculté permet.

ÉRASTE. — Il fait fort bien. Un malade ne doit point vouloir guérir que la faculté n'y consente.

L'APOTHICAIRE. — Ce n'est pas parce que nous sommes grands amis que j'en parle; mais il y a plaisir d'être son malade : et j'aimerais mieux mourir de ses remèdes que de guérir de ceux d'un autre. Car, quoi qu'il puisse arriver, on est assuré que les choses sont toujours dans l'ordre; et quand on meurt sous sa conduite, vos héritiers n'ont rien à vous reprocher.

ÉRASTE. — C'est une grande consolation pour un défunt.

L'APOTHICAIRE. — Assurément. On est bien aise au moins d'être mort méthodiquement. Au reste, il n'est pas de ces médecins qui marchandent les maladies : c'est un homme expéditif, expéditif, qui aime à dépêcher ses malades; et quand on a à mourir, cela se fait avec lui le plus vite du monde.

ÉRASTE. — En effet, il n'est rien tel que de sortir promptement d'affaire.

L'APOTHICAIRE. — Cela est vrai. A quoi bon tant barguigner et tant tourner autour du pot? Il faut savoir vitement le court ou le long d'une maladie.

ÉRASTE. — Vous avez raison.

L'APOTHICAIRE. — Voilà déjà trois de mes enfants, dont il m'a fait l'honneur de conduire la maladie, qui sont morts en moins de quatre jours, et qui entre les mains d'un autre auraient langui plus de trois mois.

ÉRASTE. — Il est bon d'avoir des amis comme cela.

L'APOTHICAIRE. — Sans doute. Il ne me reste plus que deux enfants dont il prend soin comme des siens; il les traite et gouverne à sa fantaisie sans que je me mêle de rien; et le plus souvent, quand je reviens de la ville, je suis tout étonné que je les trouve saignés ou purgés par son ordre.

ÉRASTE. — Voilà des soins fort obligeants.

L'APOTHICAIRE. — Le voici, le voici, le voici qui vient.

SCÈNE VIII.

ÉRASTE, PREMIER MÉDECIN, L'APOTHICAIRE, UN PAYSAN, UNE PAYSANNE.

LE PAYSAN *au médecin*. — Monsieur, il n'en peut plus; et il dit qu'il sent dans la tête les plus grandes douleurs du monde.

PREMIER MÉDECIN. — Le malade est un sot; d'autant plus que, dans la maladie dont il est attaqué, ce n'est pas la tête, selon Galien, mais la rate, qui lui doit faire mal.

LE PAYSAN. — Quoi que c'en soit, monsieur, il a toujours avec cela son cours de ventre depuis six mois.

PREMIER MÉDECIN. — Bon, c'est signe que le dedans se dégage. Je l'irai visiter dans deux ou trois jours : mais s'il mourait avant ce temps-là, ne manquez pas de m'en donner avis, car il n'est pas de la civilité qu'un médecin visite un mort.

LA PAYSANNE *au médecin*. — Mon père, monsieur, est toujours malade de plus en plus.

PREMIER MÉDECIN. — Ce n'est pas ma faute. Je lui donne des remèdes, que ne guérit-il! Combien a-t-il été saigné de fois?
LA PAYSANNE. — Quinze, monsieur, depuis vingt jours.
PREMIER MÉDECIN. — Quinze fois saigné?
LA PAYSANNE. — Oui.
PREMIER MÉDECIN. — Et il ne guérit point?
LA PAYSANNE. — Non, monsieur.
PREMIER MÉDECIN. — C'est signe que la maladie n'est pas dans le sang. Nous le ferons purger autant de fois, pour voir si elle n'est pas dans les humeurs; et si rien ne nous réussit, nous l'enverrons aux bains.
L'APOTHICAIRE. — Voilà le fin cela, voilà le fin de la médecine.

SCÈNE IX.

ÉRASTE, PREMIER MÉDECIN, L'APOTHICAIRE.

ÉRASTE *au médecin*. — C'est moi, monsieur, qui vous ai envoyé parler ces jours passés pour un parent un peu troublé d'esprit que je veux vous donner chez vous, afin de le guérir avec plus de commodité et qu'il soit vu de moins de monde.
PREMIER MÉDECIN. — Oui, monsieur; j'ai déjà disposé tout, et promets d'en avoir tous les soins imaginables.
ÉRASTE. — Le voici.
PREMIER MÉDECIN. — La conjoncture est tout à fait heureuse, et j'ai ici un ancien de mes amis avec lequel je serai bien aise de consulter sa maladie.

SCÈNE X.

M. DE POURCEAUGNAC, ÉRASTE, PREMIER MÉDECIN, L'APOTHICAIRE.

ÉRASTE *à M. de Pourceaugnac*. — Une petite affaire m'est survenue, qui m'oblige à vous quitter. (*Montrant le médecin.*) Mais voilà une personne entre les mains de qui je vous laisse, qui aura soin pour moi de vous traiter du mieux qu'il lui sera possible.
PREMIER MÉDECIN. — Le devoir de ma profession m'y oblige; et c'est assez que vous me chargiez de ce soin.
M. DE POURCEAUGNAC *à part*. — C'est son maître d'hôtel, sans doute; et il faut que ce soit un homme de qualité.
PREMIER MÉDECIN *à Éraste*. — Oui, je vous assure que je traiterai monsieur méthodiquement, et dans toutes les régularités de notre art.
M. DE POURCEAUGNAC. — Mon Dieu! il ne faut point tant de cérémonies; et je ne viens pas ici pour incommoder.
PREMIER MÉDECIN. — Un tel emploi ne me donne que de la joie.
ÉRASTE *au médecin*. — Voilà toujours dix pistoles d'avance, en attendant ce que j'ai promis.
M. DE POURCEAUGNAC. — Non, s'il vous plaît, je n'entends pas que vous fassiez de dépense et que vous envoyiez rien acheter pour moi.
ÉRASTE. — Mon Dieu! laissez faire; ce n'est pas pour ce que vous pensez.

M. DE POURCEAUGNAC. — Je vous demande de ne me traiter qu'en ami.

ÉRASTE. — C'est ce que je veux faire. (*Bas au médecin.*) Je vous recommande surtout de ne le point laisser sortir de vos mains ; car parfois il veut s'échapper.

PREMIER MÉDECIN. — Ne vous mettez pas en peine.

ÉRASTE *à M. de Pourceaugnac.* — Je vous prie de m'excuser de l'incivilité que je commets.

M. DE POURCEAUGNAC. — Vous vous moquez, et c'est trop de grâce que vous me faites.

SCÈNE XI.

M. DE POURCEAUGNAC, PREMIER MÉDECIN, SECOND MÉDECIN, L'APOTHICAIRE.

PREMIER MÉDECIN. — Ce m'est beaucoup d'honneur, monsieur, d'être choisi pour vous rendre service.

M. DE POURCEAUGNAC. — Je suis votre serviteur.

PREMIER MÉDECIN. — Voici un habile homme, mon confrère, avec lequel je vais consulter la manière dont nous vous traiterons.

M. DE POURCEAUGNAC. — Il ne faut point tant de façons, vous dis-je; je suis homme à me contenter de l'ordinaire.

PREMIER MÉDECIN. — Allons, des sièges.

(*Des laquais entrent et donnent des sièges.*)

M. DE POURCEAUGNAC *à part.* — Voilà, pour un jeune homme, des domestiques bien lugubres.

PREMIER MÉDECIN. — Allons, monsieur, prenez votre place, monsieur. (*Les deux médecins font asseoir M. de Pourceaugnac entre eux deux.*)

M. DE POURCEAUGNAC *s'asseyant.* — Votre très-humble valet. (*Les deux médecins lui prennent chacun une main pour lui tâter le pouls.*) Que veut dire cela ?

PREMIER MÉDECIN. — Mangez-vous bien, monsieur ?

M. DE POURCEAUGNAC. — Oui, et bois encore mieux.

PREMIER MÉDECIN. — Tant pis. Cette grande appétition du froid et de l'humide est une indication de la chaleur et sécheresse qui est au dedans. Dormez-vous fort ?

M. DE POURCEAUGNAC. — Oui, quand j'ai bien soupé.

PREMIER MÉDECIN. — Faites-vous des songes ?

M. DE POURCEAUGNAC. — Quelquefois.

PREMIER MÉDECIN. — De quelle nature sont-ils ?

M. DE POURCEAUGNAC. — De la nature des songes. Quelle diable de conversation est-ce là ?

PREMIER MÉDECIN. — Vos déjections, comment sont-elles ?

M. DE POURCEAUGNAC. — Ma foi, je ne comprends rien à toutes ces questions, et je veux plutôt boire un coup.

PREMIER MÉDECIN. — Un peu de patience : nous allons raisonner sur votre affaire devant vous, et nous le ferons en français pour être plus intelligibles.

ACTE I.

M. DE POURCEAUGNAC. — Quel grand raisonnement faut-il pour manger un morceau ?

PREMIER MÉDECIN. — Comme ainsi soit qu'on ne puisse guérir une maladie qu'on ne la connaisse parfaitement, et qu'on ne la puisse parfaitement connaître sans en bien établir l'idée particulière et la véritable espèce par ses signes diagnostiques et prognostiques, vous me permettrez, monsieur notre ancien, d'entrer en considération de la maladie dont il s'agit avant que de toucher à la thérapeutique et aux remèdes qu'il nous conviendra faire pour la parfaite curation d'icelle. Je dis donc, monsieur, avec votre permission, que notre malade ici présent est malheureusement attaqué, affecté, possédé, travaillé de cette sorte de folie que nous nommons fort bien mélancolie hypocondriaque, espèce de folie très-fâcheuse et qui ne demande pas moins qu'un Esculape comme vous, consommé dans notre art; vous, dis-je, qui avez blanchi, comme on dit, sous le harnais, et auquel il en a tant passé par les mains de toutes les façons. Je l'appelle mélancolie hypocondriaque, pour la distinguer des deux autres. Car le célèbre Galien établit doctement, à son ordinaire, trois espèces de cette maladie que nous nommons mélancolie, ainsi appelée non-seulement par les Latins, mais encore par les Grecs; ce qui est bien à remarquer pour notre affaire : la première, qui vient du propre vice du cerveau; la seconde, qui vient de tout le sang fait et rendu atrabilaire; la troisième, appelée hypocondriaque, qui est la nôtre, laquelle procède du vice de quelque partie du bas-ventre et de la région inférieure, mais particulièrement de la rate, dont la chaleur et l'inflammation portent au cerveau de notre malade beaucoup de fuligines épaisses et crasses dont la vapeur noire et maligne cause dépravation aux fonctions de la faculté princesse, et fait la maladie dont, par notre raisonnement, il est manifestement atteint et convaincu. Qu'ainsi ne soit : pour diagnostique incontestable de ce que je dis, vous n'avez qu'à considérer ce grand sérieux que vous voyez, cette tristesse accompagnée de crainte et de défiance, signes pathognomoniques et individuels de cette maladie, si bien marqués chez le divin vieillard Hippocrate; cette physionomie, ces yeux rouges et hagards, cette grande barbe, cette habitude du corps menue, grêle, noire et velue; lesquels signes le dénotent très-affecté de cette maladie, procédante du vice des hypocondres; laquelle maladie, par laps de temps naturalisée, envieillie, habituée, et ayant pris droit de bourgeoisie chez lui, pourrait bien dégénérer ou en manie, ou en phthisie, ou en apoplexie, ou même en fine frénésie et fureur. Tout ceci supposé, puisqu'une maladie bien connue est à demi guérie, car *ignoti nulla est curatio morbi*, il ne vous sera pas difficile de convenir des remèdes que nous devons faire à monsieur. Premièrement, pour remédier à cette pléthore obturante et à cette cacochymie luxuriante par tout le corps, je suis d'avis qu'il soit phlébotomisé libéralement, c'est-à-dire que les saignées soient fréquentes et plantureuses, en premier lieu de la basilique, puis de la céphalique, et même, si le mal est opiniâtre, de lui ouvrir la veine du front, et que l'ouverture soit large, afin que le gros sang puisse sortir, et en même temps de le purger, désopiler et évacuer par purgatifs propres et convenables, c'est-à-dire par cholagogues, mélanagogues, *et cœtera;* et comme la véritable source de tout le mal est ou une humeur crasse et féculente, ou une vapeur noire et grossière qui obscurcit, infecte et salit les esprits animaux, il est à propos ensuite qu'il prenne un bain d'eau pure et nette, avec force petit-lait clair, pour purifier par l'eau la féculence de l'humeur crasse, et éclaircir par le lait clair la noirceur de cette vapeur : mais, avant toute chose, je trouve qu'il est bon de le réjouir par agréables conversations, chants et instruments de musique; à quoi il n'y a pas d'inconvénient de joindre des danseurs, afin que leurs mouvements, disposition et agilité puissent exciter et réveiller la paresse de ses esprits engourdis, qui occasionne l'épaisseur de son sang, d'où procède la maladie. Voilà les remèdes que j'imagine, auxquels pourront être ajoutés beaucoup d'autres meilleurs par monsieur notre maître et ancien, suivant l'expérience, jugement, lumière et suffisance qu'il s'est acquis dans notre art. *Dixi*.

SECOND MÉDECIN. — A Dieu ne plaise, monsieur, qu'il me tombe en pensée d'ajouter rien à ce que vous venez de dire! Vous avez si bien discouru sur tous les signes, les symptômes et les causes de la maladie de monsieur, le raisonnement que vous en avez fait est si docte et si beau, qu'il est impossible qu'il ne soit pas fou et mélancolique hypocondriaque; et quand il ne le serait pas, il faudrait qu'il le devînt pour la beauté des choses que vous avez dites et la justesse du raisonnement que vous avez fait. Oui, monsieur, vous avez dépeint fort graphiquement, *graphice depinxisti*, tout ce qui appartient à cette maladie : il ne se peut rien de plus doctement, sagement, ingénieusement conçu, pensé, imaginé, que ce que vous avez prononcé au sujet de ce mal, soit pour la diagnose, ou la prognose, ou la thérapie; et il ne me reste rien ici que de féliciter monsieur d'être tombé entre vos mains, et de lui dire qu'il est trop heureux d'être fou pour éprouver l'efficace et la douceur des remèdes que vous avez si judicieusement proposés. Je les approuve tous, *manibus et pedibus descendo in tuam sententiam*. Tout ce que j'y voudrais, c'est de faire les saignées et les purgations en nombre impair : *numero Deus impare gaudet;* de prendre le lait clair avant le bain; de lui composer un fronteau où il entre du sel, le sel est symbole de la sagesse; de faire blanchir les murailles de sa chambre pour dissiper les ténèbres de ses esprits, *album est disgregativum visus;* et de lui donner tout à l'heure un petit lavement pour servir de prélude et d'introduction à ces judicieux remèdes, dont, s'il a à guérir, il doit recevoir du soulagement. Fasse le ciel que ces remèdes, monsieur, qui sont les vôtres, réussissent au malade selon notre intention!

M. DE POURCEAUGNAC. — Messieurs, il y a une heure que je vous écoute. Est-ce que nous jouons ici une comédie?

PREMIER MÉDECIN. — Non, monsieur, nous ne jouons point.

M. DE POURCEAUGNAC. — Qu'est-ce que tout ceci? et que voulez-vous dire avec votre galimatias et vos sottises?

PREMIER MÉDECIN. — Bon. Dire des injures, voilà un diagnostique qui nous manquait pour la confirmation de son mal; et ceci pourrait bien tourner en manie.

M. DE POURCEAUGNAC *à part.* — Avec qui m'a-t-on mis ici? (*Il crache deux ou trois fois.*)

PREMIER MÉDECIN. — Autre diagnostique, la sputation fréquente.

M. DE POURCEAUGNAC. — Laissons cela, et sortons d'ici.

PREMIER MÉDECIN. — Autre encore, l'inquiétude de changer de place.

M. DE POURCEAUGNAC. — Qu'est-ce donc que toute cette affaire? et que me voulez-vous?

PREMIER MÉDECIN. — Vous guérir, selon l'ordre qui nous a été donné.

M. DE POURCEAUGNAC. — Me guérir?

PREMIER MÉDECIN. — Oui.

M. DE POURCEAUGNAC. — Parbleu! je ne suis pas malade.

PREMIER MÉDECIN. — Mauvais signe, lorsqu'un malade ne sent pas son mal.

M. DE POURCEAUGNAC. — Je vous dis que je me porte bien.

PREMIER MÉDECIN. — Nous savons mieux que vous comment vous vous portez, et nous sommes médecins qui voyons clair dans votre constitution.

M. DE POURCEAUGNAC. — Si vous êtes médecins, je n'ai que faire de vous, et je me moque de la médecine.

PREMIER MÉDECIN. — Hon! hon! voici un homme plus fou que nous ne pensons.

M. DE POURCEAUGNAC. — Mon père et ma mère n'ont jamais voulu de remèdes, et ils sont morts tous deux sans l'assistance des médecins.

PREMIER MÉDECIN. — Je ne m'étonne pas s'ils ont engendré un fils qui est insensé. (*Au second médecin.*) Allons, procédons à la curation; et, par la douceur exhilarante de l'harmonie, adoucissons, lénifions et accoisons l'aigreur de ses esprits, que je vois prêts à s'enflammer.

SCÈNE XII.
M. DE POURCEAUGNAC *seul.*

Que diable est-ce là? Les gens de ce pays-ci sont-ils insensés? Je n'ai jamais rien vu de tel, et je n'y comprends rien du tout.

SCÈNE XIII.
M. DE POURCEAUGNAC, DEUX MÉDECINS GROTESQUES.

Ils s'asseyent d'abord tous trois; les médecins se lèvent à différentes reprises pour saluer M. de Pourceaugnac, qui se lève autant de fois pour les saluer.

LES DEUX MÉDECINS. Buon dì, buon dì, buon dì.
    Non vi lasciate uccidere
    Dal dolor malinconico :
    Noi vi faremo ridere

Col nostro canto armonico;
Sol' per guarirvi
Siamo venuti qui.
Buon dì, buon dì, buon dì.

PREMIER MÉDECIN. Altro non è la pazzia
Che malinconia.
Il malato
Non è disperato,
Se vol pigliar un poco d'allegria.
Altro non è la pazzia
Che malinconia.

SECOND MÉDECIN. Sù, cantate, ballate, ridete;
E, se far meglio volete,
Quando sentite il deliro vicino,
Pigliate del vino,
E qualche volta un poco di tabac,
Allegramente, monsu Pourceaugnac.

SCÈNE XIV.

M. DE POURCEAUGNAC, DEUX MÉDECINS GROTESQUES, MATASSINS.

ENTRÉE DE BALLET.

Danse des matassins autour de M. de Pourceaugnac.

SCÈNE XV.

M. DE POURCEAUGNAC, UN APOTHICAIRE *tenant une seringue.*

L'APOTHICAIRE. — Monsieur, voici un petit remède, un petit remède qu'il vous faut prendre, s'il vous plaît, s'il vous plaît.

M. DE POURCEAUGNAC. — Comment! je n'ai que faire de cela.

L'APOTHICAIRE. — Il a été ordonné, monsieur, il a été ordonné.

M. DE POURCEAUGNAC. — Ah! que de bruit!

L'APOTHICAIRE. — Prenez-le, monsieur, prenez-le; il ne vous fera point de mal, il ne vous fera point de mal.

M. DE POURCEAUGNAC. — Ah!

L'APOTHICAIRE. — C'est un petit clystère, un petit clystère, bénin, bénin; il est bénin, bénin; la, prenez, prenez, monsieur; c'est pour déterger, pour déterger, déterger.

SCÈNE XVI.

M. DE POURCEAUGNAC, L'APOTHICAIRE, LES DEUX MÉDECINS GROTESQUES, ET LES MATASSINS AVEC DES SERINGUES.

LES DEUX MÉDECINS. Piglia lo sù,
Signor monsu;

Piglia lo, piglia lo, piglia lo sù,
  Che non ti farà male.
Piglia lo sù questo servizziale;
    Piglia lo sù,
    Signor monsu:
Piglia lo, piglia lo, piglia lo sù.
M. DE POURCEAUGNAC. — Allez-vous-en au diable

(*M. de Pourceaugnac, mettant son chapeau pour se garantir des seringues, est suivi par les deux médecins et par les matassins; il passe par derrière le théâtre, et revient se mettre sur sa chaise, auprès de laquelle il trouve l'apothicaire, qui l'attendait; les deux médecins et les matassins rentrent aussi.*)

LES DEUX MÉDECINS. Piglia lo sù,
    Signor monsu;
Piglia lo, piglia lo, piglia lo sù,
  Che non ti farà male.
Piglia lo sù questo servizziale;
    Piglia lo sù,
    Signor monsu:
Piglia lo, piglia lo, piglia lo sù.

(*M. de Pourceaugnac s'enfuit avec la chaise, l'apothicaire appuie sa seringue contre, et les médecins et les matassins le suivent.*)

ACTE DEUXIÈME.

SCÈNE I.

PREMIER MÉDECIN, SBRIGANI.

PREMIER MÉDECIN. — Il a forcé tous les obstacles que j'avais mis, et s'est dérobé aux remèdes que je commençais de lui faire.

SBRIGANI. — C'est être bien ennemi de soi-même que de fuir des remèdes aussi salutaires que les vôtres.

PREMIER MÉDECIN. — Marque d'un cerveau démonté et d'une raison dépravée, que de ne vouloir pas guérir.

SBRIGANI. — Vous l'auriez guéri haut la main.

PREMIER MÉDECIN. — Sans doute, quand il y aurait eu complication de douze maladies.

SBRIGANI. — Cependant voilà cinquante pistoles bien acquises qu'il vous fait perdre.

PREMIER MÉDECIN. — Moi, je n'entends point les perdre, et je prétends le guérir en dépit qu'il en ait. Il est lié et engagé à mes remèdes; et je veux le faire saisir où je le trouverai, comme déserteur de la médecine et infracteur de mes ordonnances.

SBRIGANI. — Vous avez raison. Vos remèdes étaient un coup sûr, et c'est de l'argent qu'il vous vole.

PREMIER MÉDECIN. — Où puis-je en avoir des nouvelles?

SBRIGANI. — Chez le bonhomme Oronte, assurément, dont il vient épouser la fille, et qui, ne sachant rien de l'infirmité de son gendre futur, voudra peut-être se hâter de conclure le mariage.

PREMIER MÉDECIN. — Je vais lui parler tout à l'heure.

SBRIGANI. — Vous ne ferez point mal.

PREMIER MÉDECIN. — Il est hypothéqué à mes consultations; et un malade ne se moquera pas d'un médecin.

SBRIGANI. — C'est fort bien dit à vous; et, si vous m'en croyez, vous ne souffrirez point qu'il se marie que vous ne l'ayez pansé tout votre soûl.

PREMIER MÉDECIN. — Laissez-moi faire.

SBRIGANI *à part en s'en allant.* — Je vais, de mon côté, dresser une autre batterie; et le beau-père est aussi dupe que le gendre.

SCÈNE II.

ORONTE, PREMIER MÉDECIN.

PREMIER MÉDECIN. — Vous avez, monsieur, un certain monsieur de Pourceaugnac qui doit épouser votre fille.

ORONTE. — Oui; je l'attends de Limoges, et il devrait être arrivé.

PREMIER MÉDECIN. — Aussi l'est-il, et il s'en est fui de chez moi après y avoir été mis : mais je vous défends, de la part de la médecine, de procéder au mariage que vous avez conclu que je ne l'aie dûment préparé pour cela, et mis en état de procréer des enfants bien conditionnés et de corps et d'esprit.

ORONTE. — Comment donc?

PREMIER MÉDECIN. — Votre prétendu gendre a été constitué mon malade : sa maladie, qu'on m'a donnée à guérir, est un meuble qui m'appartient, et que je compte entre mes effets; et je vous déclare que je ne prétends point qu'il se marie, qu'au préalable il n'ait satisfait à la médecine, et subi les remèdes que je lui ai ordonnés.

ORONTE. — Il a quelque mal?

PREMIER MÉDECIN. — Oui.

ORONTE. — Et quel mal, s'il vous plaît?

PREMIER MÉDECIN. — Ne vous en mettez pas en peine.

ORONTE. — Est-ce quelque mal...?

PREMIER MÉDECIN. — Les médecins sont obligés au secret. Il suffit que je vous ordonne, à vous et à votre fille, de ne point célébrer sans mon consentement vos noces avec lui, sur peine d'encourir la disgrâce de la faculté, et d'être accablés de toutes les maladies qu'il nous plaira.

ORONTE. — Je n'ai garde, si cela est, de faire le mariage.

PREMIER MÉDECIN. — On me l'a mis entre les mains, et il est obligé d'être mon malade.

ORONTE. — A la bonne heure.

PREMIER MÉDECIN. — Il a beau fuir, je le ferai condamner par arrêt à se faire guérir par moi.

ORONTE. — J'y consens.

PREMIER MÉDECIN. — Oui, il faut qu'il crève, ou que je le guérisse.

ORONTE. — Je le veux bien.

PREMIER MÉDECIN. — Et si je ne le trouve, je m'en prendrai à vous; et je vous guérirai au lieu de lui.

ORONTE. — Je me porte bien.

PREMIER MÉDECIN. — Il n'importe; il me faut un malade, et je prendrai qui je pourrai.

ORONTE. — Prenez qui vous voudrez; mais ce ne sera pas moi. (*Seul.*) Voyez un peu la belle raison!

SCÈNE III.

ORONTE, SBRIGANI en *marchand flamand*.

SBRIGANI. — Montsir, avec le fostre permission, je suis un trancher marchend flamane qui foudrait bienne fous temandair un petit nouvel.

ORONTE. — Quoi, monsieur?

SBRIGANI. — Mettez le fostre chapeau sur le tête, montsir, si ve plaît.

ORONTE. — Dites-moi, monsieur, ce que vous voulez.

SBRIGANI. — Moi le dire rien, montsir, si fous le mettre pas le chapeau sur le tête.

ORONTE. — Soit. Qu'y a-t-il, monsieur?

SBRIGANI. — Fous connaître point en sti file un certe montsir Oronte?

ORONTE. — Oui, je le connais.

SBRIGANI. — Et quel homme est-il, montsir, si ve plaît?

ORONTE. — C'est un homme comme les autres.

SBRIGANI. — Je fous demande, montsir, s'il est un homme riche, qui a du bienne.

ORONTE. — Oui.

SBRIGANI. — Mais riche beaucoup grandement, montsir?

ORONTE. — Oui.

SBRIGANI. — J'en suis aise beaucoup, montsir.

ORONTE. — Mais pourquoi cela?

SBRIGANI. — L'est, montsir, pour un petit raisonne de conséquence pour nous.

ORONTE. — Mais encore, pourquoi?

SBRIGANI. — L'est, montsir, que sti montsir Oronte donne son fille en mariage à un certe montsir de Pourcegnac.

ORONTE. — Hé bien?

SBRIGANI. — Et sti montsir de Pourcegnac, montsir, l'est un homme que doive beaucoup grandement à dix ou douze marchanes flamanes qui être venus ici.

ORONTE. — Ce monsieur de Pourceaugnac doit beaucoup à dix ou douze marchands?

SBRIGANI. — Oui, montsir; et depuis huite mois nous afoir obtenir un petit sentence contre lui, et lui a remettre à payer tou ce créancier de sti mariage que sti montsir Oronte donne pour son fille.

ORONTE. — Hon! hon! il a remis là à payer ses créanciers?

SBRIGANI. — Oui, montsir; et avec un grant défotion nous tous attendre sti mariage.

ORONTE *à part*. — L'avis n'est pas mauvais. (*Haut.*) Je vous donne le bonjour.

SBRIGANI. — Je remercie montsir de la faveur grande.

ORONTE. — Votre très-humble valet.

SBRIGANI. — Je le suis, montsir, obliger plus que beaucoup du bon nouvel que montsir m'avoir donné. (*Seul, après avoir ôté sa barbe et dépouillé l'habit de Flamand qu'il a par-dessus le sien.*) Cela ne va pas mal. Quittons notre ajustement de Flamand pour songer à d'autres machines; et tâchons de semer tant de soupçons et de division entre le beau-père et le gendre, que cela rompe le mariage prétendu. Tous deux également sont propres à gober les hameçons qu'on leur veut tendre; et, entre nous autres fourbes de la première classe, nous ne faisons que nous jouer lorsque nous trouvons un gibier aussi facile que celui-là.

SCÈNE IV.

M. DE POURCEAUGNAC, SBRIGANI.

M. DE POURCEAUGNAC *se croyant seul*.
    Piglia lo sù, piglia lo sù,
    Signor monsu...
Que diable est-ce là? (*Apercevant Sbrigani.*) Ah!

SBRIGANI. — Qu'est-ce, monsieur? qu'avez-vous?

M. DE POURCEAUGNAC. — Tout ce que je vois me semble lavement.

SBRIGANI. — Comment?

M. DE POURCEAUGNAC. — Vous ne savez pas ce qui m'est arrivé dans ce logis à la porte duquel vous m'avez conduit?

SBRIGANI. — Non, vraiment. Qu'est-ce que c'est?

M. DE POURCEAUGNAC. — Je pensais y être régalé comme il faut.

SBRIGANI. — Hé bien?

M. DE POURCEAUGNAC. — Je vous laisse entre les mains de monsieur. Des médecins habillés de noir. Dans une chaise. Tâter le pouls. Comme ainsi soit. Il est fou. Deux gros joufflus. Grands chapeaux. *Buon dì, buon dì.* Six pantalons. Ta, ra, ta, ta; ta, ra, ta, ta; *allegramente, monsu Pourceaugnac.* Apothicaire. Lavement. Prenez, monsieur, prenez, prenez. Il est bénin, bénin, bénin. C'est pour déterger, pour déterger, déterger. *Piglia lo sù, signor monsu, piglia lo, piglia lo, piglia lo sù.* Jamais je n'ai été si soûl de sottises.

SBRIGANI. — Qu'est-ce que tout cela veut dire?

M. DE POURCEAUGNAC. — Cela veut dire que cet homme-là, avec ses grandes embrassades, est un fourbe, qui m'a mis dans une maison pour se moquer de moi et me faire une pièce.

SBRIGANI. — Cela est-il possible?

M. DE POURCEAUGNAC. — Sans doute. Ils étaient une douzaine de possédés après mes chausses; et j'ai eu toutes les peines du monde à m'échapper de leurs pattes.

SBRIGANI. — Voyez un peu; les mines sont bien trompeuses! Je l'aurais cru le plus affectionné de vos amis. Voilà un de mes étonnements, comme il est possible qu'il y ait des fourbes comme cela dans le monde.

M. DE POURCEAUGNAC. — Ne sens-je point le lavement? Voyez, je vous prie.

SBRIGANI. — Hé! il y a quelque petite chose qui approche de cela.

M. DE POURCEAUGNAC. — J'ai l'odorat et l'imagination tout remplis de cela; et il me semble toujours que je vois une douzaine de lavements qui me couchent en joue.

SBRIGANI. — Voilà une méchanceté bien grande! et les hommes sont bien traîtres et scélérats!

M. DE POURCEAUGNAC. — Enseignez-moi, de grâce, le logis de monsieur Oronte, je suis bien aise d'y aller tout à l'heure.

SBRIGANI. — Ah! ah! vous êtes donc de complexion amoureuse; et vous avez ouï parler que ce monsieur Oronte a une fille...

M. DE POURCEAUGNAC. — Oui, je viens l'épouser.

SBRIGANI. — L'é... l'épouser?

M. DE POURCEAUGNAC. — Oui.

SBRIGANI. — En mariage?

M. DE POURCEAUGNAC. — De quelle façon donc?

SBRIGANI. — Ah! c'est une autre chose; je vous demande pardon.

M. DE POURCEAUGNAC. — Qu'est-ce que cela veut dire?

SBRIGANI. — Rien.

M. DE POURCEAUGNAC. — Mais encore?

SBRIGANI. — Rien, vous dis-je. J'ai un peu parlé trop vite.

M. DE POURCEAUGNAC. — Je vous prie de me dire ce qu'il y a là-dessous.

SBRIGANI. — Non, cela n'est pas nécessaire.

M. DE POURCEAUGNAC. — De grâce.

SBRIGANI. — Point : je vous prie de m'en dispenser.

M. DE POURCEAUGNAC. — Est-ce que vous n'êtes point de mes amis?

SBRIGANI. — Si fait; on ne peut pas l'être davantage.

M. DE POURCEAUGNAC. — Vous devez donc ne me rien cacher.

SBRIGANI. — C'est une chose où il y va de l'intérêt du prochain.

M. DE POURCEAUGNAC. — Afin de vous obliger à m'ouvrir votre cœur, voilà une petite bague que je vous prie de garder pour l'amour de moi.

SBRIGANI. — Laissez-moi consulter un peu si je le puis faire en conscience. (*Après s'être un peu éloigné de M. de Pourceaugnac.*) C'est un homme qui cherche son bien, qui tâche de pourvoir sa fille le plus avantageusement qu'il est possible; et il ne faut nuire à personne :

ce sont des choses qui sont connues à la vérité; mais j'irai les découvrir à un homme qui les ignore, et il est défendu de scandaliser son prochain, cela est vrai. Mais d'autre part voilà un étranger qu'on veut surprendre, et qui, de bonne foi, vient se marier avec une fille qu'il ne connaît pas, et qu'il n'a jamais vue; un gentilhomme plein de franchise, pour qui je me sens de l'inclination, qui me fait l'honneur de me tenir pour son ami, prend confiance en moi, et me donne une bague à garder pour l'amour de lui. (*A M. de Pourceaugnac.*) Oui, je trouve que je puis vous dire les choses sans blesser ma conscience; mais tâchons de vous les dire le plus doucement qu'il nous sera possible, et d'épargner les gens le plus que nous pourrons. De vous dire que cette fille-là mène une vie déshonnête, cela serait un peu trop fort; cherchons, pour nous expliquer, quelques termes plus doux. Le mot de galante aussi n'est pas assez; celui de coquette achevée me semble propre à ce que nous voulons, et je m'en puis servir pour vous dire honnêtement ce qu'elle est.

M. DE POURCEAUGNAC. — L'on me veut donc prendre pour dupe?

SBRIGANI. — Peut-être dans le fond n'y a-t-il pas tant de mal que tout le monde croit; et puis il y a des gens après tout qui se mettent au-dessus de ces sortes de choses, et qui ne croient pas que leur honneur dépende...

M. DE POURCEAUGNAC. — Je suis votre serviteur, je ne me veux point mettre sur la tête un chapeau comme celui-là; et l'on aime à aller le front levé dans la famille des Pourceaugnacs.

SBRIGANI. — Voilà le père.

M. DE POURCEAUGNAC. — Ce vieillard-là?

SBRIGANI. — Oui. Je me retire.

SCÈNE V.

ORONTE, M. DE POURCEAUGNAC.

M. DE POURCEAUGNAC. — Bonjour, monsieur, bonjour.

ORONTE. — Serviteur, monsieur, serviteur.

M. DE POURCEAUGNAC. — Vous êtes monsieur Oronte, n'est-ce pas?

ORONTE. — Oui.

M. DE POURCEAUGNAC. — Et moi, monsieur de Pourceaugnac.

ORONTE. — A la bonne heure.

M. DE POURCEAUGNAC. — Croyez-vous, monsieur Oronte, que les Limosins soient des sots?

ORONTE. — Croyez-vous, monsieur de Pourceaugnac, que les Parisiens soient des bêtes?

M. DE POURCEAUGNAC. — Vous imaginez-vous, monsieur Oronte, qu'un homme comme moi soit si affamé de femme?

ORONTE. — Vous imaginez-vous, monsieur de Pourceaugnac, qu'une fille comme la mienne soit si affamée de mari?

SCÈNE VI.

JULIE, ORONTE, M. DE POURCEAUGNAC.

JULIE. — On vient de me dire, mon père, que monsieur de Pourceaugnac est arrivé. Ah! le voilà sans doute, et mon cœur me le dit. Qu'il est bien fait! Qu'il a bon air! Et que je suis contente d'avoir un tel époux! Souffrez que je l'embrasse, et que je lui témoigne...

ORONTE. — Doucement, ma fille, doucement.

M. DE POURCEAUGNAC *à part*. — Tudieu! quelle galante! Comme elle prend feu d'abord!

ORONTE. — Je voudrais bien savoir, monsieur de Pourceaugnac, par quelle raison vous venez...

JULIE *s'approche de M. de Pourceaugnac, le regarde d'un air languissant, et lui veut prendre la main*. — Que je suis aise de vous voir! et que je brûle d'impatience...

ORONTE. — Ah! ma fille, ôtez-vous de là, vous dis-je.

M. DE POURCEAUGNAC *à part* — Oh! oh! quelle égrillarde!

ORONTE. — Je voudrais bien, dis-je, savoir par quelle raison, s'il vous plaît, vous avez la hardiesse de...

(*Julie continue le même jeu.*)

M. DE POURCEAUGNAC *à part*. — Vertu de ma vie!

ORONTE *à Julie*. — Encore! qu'est-ce à dire, cela?

JULIE. — Ne voulez-vous pas que je caresse l'époux que vous m'avez choisi?

ORONTE. — Non. Rentrez là-dedans.

JULIE. — Laissez-moi le regarder.

ORONTE. — Rentrez, vous dis-je.

JULIE. — Je veux demeurer là, s'il vous plaît.

ORONTE. — Je ne veux pas, moi; et, si tu ne rentres tout à l'heure, je...

JULIE. — Hé bien! je rentre.

ORONTE. — Ma fille est une sotte qui ne sait pas les choses.

M. DE POURCEAUGNAC. — Comme nous lui plaisons!

ORONTE *à Julie, qui est restée après avoir fait quelques pas pour s'en aller*. — Tu ne veux pas te retirer?

JULIE. — Quand est-ce donc que vous me marierez avec monsieur?

ORONTE. — Jamais; et tu n'es pas pour lui.

JULIE. — Je le veux avoir, moi, puisque vous me l'avez promis.

ORONTE. — Si je te l'ai promis, je te le dépromets.

M. DE POURCEAUGNAC *à part*. — Elle voudrait bien me tenir.

JULIE. — Vous avez beau faire, nous serons mariés ensemble en dépit de tout le monde.

ORONTE. — Je vous en empêcherai bien tous deux, je vous assure. Voyez un peu quel vertigo lui prend!

SCÈNE VII.

ORONTE, M. DE POURCEAUGNAC.

M. DE POURCEAUGNAC. — Mon Dieu! notre beau-père prétendu, ne vous fatiguez point tant; on n'a pas envie de vous enlever votre fille, et vos grimaces n'attraperont rien.

ORONTE. — Toutes les vôtres n'auront pas grand effet.

M. DE POURCEAUGNAC. — Vous êtes-vous mis dans la tête que Léonard de Pourceaugnac soit un homme à acheter chat en poche, et qu'il n'ait pas là-dedans quelque morceau de judiciaire pour se conduire, pour se faire informer de l'histoire du monde, et voir, en se mariant, si son honneur a bien toutes ses sûretés?

ORONTE. — Je ne sais pas ce que cela veut dire : mais vous êtes-vous mis dans la tête qu'un homme de soixante et trois ans ait si peu de cervelle, et considère si peu sa fille, que de la marier avec un homme qui a ce que vous savez, et qui a été mis chez un médecin pour être pansé?

M. DE POURCEAUGNAC. — C'est une pièce que l'on m'a faite, et je n'ai aucun mal.

ORONTE. — Le médecin me l'a dit lui-même.

M. DE POURCEAUGNAC. — Le médecin en a menti. Je suis gentilhomme, et je le veux voir l'épée à la main.

ORONTE. — Je sais ce que j'en dois croire; et vous ne m'abuserez pas là-dessus, non plus que sur les dettes que vous avez assignées sur le mariage de ma fille.

M. DE POURCEAUGNAC. — Quelles dettes?

ORONTE. — La feinte ici est inutile; et j'ai vu le marchand flamand qui, avec les autres créanciers, a obtenu depuis huit mois sentence contre vous.

M. DE POURCEAUGNAC. — Quel marchand flamand? quels créanciers? quelle sentence obtenue contre moi?

ORONTE. — Vous savez bien ce que je veux dire.

SCÈNE VIII.

LUCETTE, ORONTE, M. DE POURCEAUGNAC.

LUCETTE *contrefaisant une Languedocienne.* — Ah! tu es assi, et à la fi yeu te trobi après abé fait tant de passés! Podes-tu, scélérat, podes-tu sousteni ma bisto?

M. DE POURCEAUGNAC. — Qu'est-ce que veut cette femme-là?

LUCETTE. — Que te boli, infame? Tu fas sémblan de nou me pas connouisse, et nou rougisses pas, impudint que tu sios, tu ne rougisses pas de me beyre? (*A Oronte.*) Nou sabi pas, moussur, saquos bous dont m'an dit que bouillo espousa la fillo; may yeu bous déclari que yeu soun sa fenno, et que y a set ans, moussur, qu'en passant à Pézénas, el auguet l'adresse, dambé sas mignardisos, commo saptabla fayre, de me gagna lou cor, et m'oubligel pra quel moueyen à ly donna la man per l'espousa.

ORONTE. — Oh! oh!

M. DE POURCEAUGNAC. — Que diable est-ce ci?

LUCETTE. — Lou trayté me quittel trés ans après, sul préteste de qualques affayres que l'apelabon dins soun pays, et despey noun l'y rescau put quaso de noubelo; may dins lou tens qu'y soungeabi lous mens, m'an dounat abist que begnio dins aquesto billo per se remarida dambé un autro jouena fillo, que sous parens ly an procurado, sensse saupré res de soun premier mariatge. Yeu ai tout quittat en diligensso, et me souy rendudo dins aquesto loc, lou pu leu qu'ay pouscut, per m'oupousa en aquel criminel mariatge; et confondre as elys de tout le mounde lou plus méchant day hommes.

M. DE POURCEAUGNAC. — Voilà une étrange effrontée!

LUCETTE. — Impudint, n'a pas honte de m'injuria, alloc d'étre confus day reproches secrets que ta conssiensso te deu fayre?

M. DE POURCEAUGNAC. — Moi, je suis votre mari?

LUCETTE. — Infame, gausos-tu dire lou contrairi? Hé! tu sabes bé, per ma penno, que n'es que trop bertat, et plaguesso al cel qu'aco nou fouguesso pas, et que m'auquesso layssado dins l'état d'innouessenço et dins la tranquillitat oun moun amo bibio daban que tous charmes et tas tromparìés oun m'en benguesson malheurousomen fayre sourti! yeu nou serio pas réduito à fayré lou tristé persounatge que yeu fave présentemen; à beyre un marit cruel mespresa touto l'ardou que yeu ay per el, et me laissa sensse cap de piétat abandounado à las mourtéles doulous que yeu ressenti de sas perfidos accius.

ORONTE. — Je ne saurais m'empêcher de pleurer. (A M. de Pourceaugnac.) Allez, vous êtes un méchant homme.

M. DE POURCEAUGNAC. — Je ne connais rien à tout ceci.

SCÈNE IX.

NÉRINE, LUCETTE, ORONTE, M. DE POURCEAUGNAC.

NÉRINE *contrefaisant une Picarde.* — Ah! je n'en pis plus, je sis tout essoflée. Ah! finfaron, tu m'as bien fait courir, mais tu ne m'écaperas mie. Justiche! justiche! je boute empêchement au mariage. (A Oronte.) Chés mon méri, monsieu, et je veux faire peindre ché bon pendard-là.

M. DE POURCEAUGNAC. — Encore!

ORONTE *à part.* — Quel diable d'homme est-ce ci!

LUCETTE. — Et que boulez-bous dire ambé bostre empachomen et bostro pendarie? qu'aquel homo es bostre marit?

NÉRINE. — Oui, medéme, et je sis sa femme.

LUCETTE. — Aquo es faus, aquos yeu que soun sa fenno; et se deustre pendut, aquo sera yeu que lou ferai penjat.

NÉRINE. — Je n'entains mie ché baragoin-là.

LUCETTE. — Yeu bous disi que yeu soun sa fenno.

NÉRINE. — Sa femme?
LUCETTE. — Oy.
NÉRINE. — Je vous di que chest mi, encore in coup, qui le sis.
LUCETTE. — Et yeu bous sousteni, yeu, qu'aquos yeu.
NÉRINE. — Il y a quetre ans qu'il m'a éposée.
LUCETTE. — Et yeu set ans y a que m'a preso per fenno.
NÉRINE. — J'ai des gairants de tout ce que je di.
LUCETTE. — Tout mon pay lo sap.
NÉRINE. — No ville en est témoin.
LUCETTE. — Tout Pézénas a bist notre mariatge.
NÉRINE. — Tout Chin-Quentin a assisté à nos noches.
LUCETTE. — Nou y a res de tant béritable.
NÉRINE. — Il gn'y a rien de plus chertain.
LUCETTE *à M. de Pourceaugnac*. — Gausos-tu dire lou contrari, valisquos?
NÉRINE *à M. de Pourceaugnac*. — Est-che que tu me démentiras, méchaint homme?
M. DE POURCEAUGNAC. — Il est aussi vrai l'un que l'autre.
LUCETTE. — Quaingn impudensso! Et coussy, misérable, nou te soubennes plus de la pauro Françon et del pauré Jeannet, que soun lous fruits de nostre mariatge?
NÉRINE. — Bayez un peu l'insolence! Quoi! tu ne te souviens mie de chette pauvre ainfain, no petite Madeleine, que tu m'as laichée pour gaige de ta foi?
M. DE POURCEAUGNAC. — Voilà deux impudentes carognes!
LUCETTE. — Beni, Françon; beni, Jeannet; beni touston, beni toustaine, beni fayre beyre à un payre dénaturat la duretat qu'el a per nostres.
NÉRINE. — Venez, Madeleine, men ainfain, venez-ves-en ichi faire honte à vo père de l'impudainche qu'il a.

SCÈNE X.

ORONTE, M. DE POURCEAUGNAC, LUCETTE, NÉRINE,
PLUSIEURS ENFANTS.

LES ENFANTS. — Ah! mon papa! mon papa! mon papa!
M. DE POURCEAUGNAC. — Diantre soit des petits fils de putains!
LUCETTE. — Coussy, trayte, tu nou sios pas dins la derniare contusiou de ressaupre à tal tous enfants, et de ferma l'orcillo à la tendresso paternello? Tu nou m'escaperas pas, infame! yeu te boly seguy per-tout, et te reproucha ton crime, jusquos à tant que me sio beriado, et que t'ayo fayt penjat: couquy, te boly fayre penjat.
NÉRINE. — Ne rougis-tu mie de dire ches mots-là, et d'être insainsible aux cairesses de chette pauvre ainfaint? Tu ne te sauveras mie de mes pattes; et, en dépit de tes dains, je ferai bien voir que je sis ta femme, et je te ferai pindre.
LES ENFANTS. — Mon papa! mon papa! mon papa!

M. DE POURCEAUGNAC. — Au secours! au secours! Où fuirai-je? Je n'en puis plus.

ORONTE *à Lucette et à Nérine.* — Allez, vous ferez bien de le faire punir; et il mérite d'être pendu.

SCÈNE XI.

SBRIGANI *seul.*

Je conduis de l'œil toutes choses, et tout cela ne va pas mal. Nous fatiguerons tant notre provincial, qu'il faudra, ma foi, qu'il déguerpisse.

SCÈNE XII.

M. DE POURCEAUGNAC, SBRIGANI.

M. DE POURCEAUGNAC. — Ah! je suis assommé. Quelle peine! quelle maudite ville! Assassiné de tous côtés!

SBRIGANI. — Qu'est-ce, monsieur? est-il encore arrivé quelque chose?

M. DE POURCEAUGNAC. — Oui; il pleut en ce pays des femmes et des lavements.

SBRIGANI. — Comment donc?

M. DE POURCEAUGNAC. — Deux carognes de baragouineuses me sont venues accuser de les avoir épousées toutes deux, et me menacent de la justice.

SBRIGANI. — Voilà une méchante affaire; et la justice en ce pays-ci est rigoureuse en diable contre cette sorte de crime.

M. DE POURCEAUGNAC. — Oui; mais quand il y aurait information, ajournement, décret et jugement obtenu par surprise, défaut et contumace, j'ai la voie du conflit de juridiction pour temporiser et venir aux moyens de nullité qui seront dans les procédures.

SBRIGANI. — Voilà en parler dans tous les termes; et l'on voit bien, monsieur, que vous êtes du métier.

M. DE POURCEAUGNAC. — Moi! point du tout; je suis gentilhomme.

SBRIGANI. — Il faut bien, pour parler ainsi, que vous ayez étudié la pratique.

M. DE POURCEAUGNAC. — Point; ce n'est que le sens commun qui me fait juger que je serai toujours reçu à mes faits justificatifs, et qu'on ne me saurait condamner, sur une simple accusation, sans un récolement et confrontation avec mes parties.

SBRIGANI. — En voilà du plus fin encore.

M. DE POURCEAUGNAC. — Ces mots-là me viennent sans que je les sache.

SBRIGANI. — Il me semble que le sens commun d'un gentilhomme peut bien aller à concevoir ce qui est du droit et de l'ordre de la justice, mais non pas à savoir les vrais termes de la chicane.

M. DE POURCEAUGNAC. — Ce sont quelques mots que j'ai retenus en lisant les romans.

sbrigani. — Fort bien.

m. de pourceaugnac. — Pour vous montrer que je n'entends rien du tout à la chicane, je vous prie de me mener chez quelque avocat pour consulter mon affaire.

sbrigani. — Je le veux, et vais vous conduire chez deux hommes fort habiles : mais j'ai auparavant à vous avertir de n'être point surpris de leur manière de parler; ils ont contracté du barreau une certaine habitude de déclamation, qui fait que l'on dirait qu'ils chantent, et vous prendrez pour musique tout ce qu'ils vous diront.

m. de pourceaugnac. — Qu'importe comme ils parlent, pourvu qu'ils me disent ce que je veux savoir!

SCÈNE XIII.

M. DE POURCEAUGNAC, SBRIGANI, DEUX AVOCATS, DEUX PROCUREURS, DEUX SERGENTS.

premier avocat *traînant ses paroles en chantant.*
    La polygamie est un cas,
      Est un cas pendable.
second avocat *chantant fort vite en bredouillant.*
        Votre fait
      Est clair et net;
      Et tout le droit,
      Sur cet endroit,
      Conclut tout droit.
Si vous consultez nos auteurs,
Législateurs et glossateurs,
Justinian, Papinian,
Ulpian et Tribonian,
Fernand, Rebuffe, Jean Imole,
Paul Castre, Julian, Barthole,
Jason, Alciat, et Cujas
  Ce grand homme si capable,
  La polygamie est un cas,
    Est un cas pendable.

PREMIÈRE ENTRÉE.

Danse de deux procureurs et de deux sergents. Pendant que le second avocat *chante les paroles qui suivent :*
    Tous les peuples policés,
      Et bien sensés,
  Les Français, Anglais, Hollandais,
    Danois, Suédois, Polonais,
  Portugais, Espagnols, Flamands,
    Italiens, Allemands

Sur ce fait tiennent loi semblable;
Et l'affaire est sans embarras.
La polygamie est un cas,
Est un cas pendable,

LE PREMIER AVOCAT *chante celles-ci :*
La polygamie est un cas,
Est un cas pendable.
(*M. de Pourceaugnac, impatienté, les chasse.*)

ACTE TROISIÈME.

SCÈNE I.

ÉRASTE, SBRIGANI.

SBRIGANI. — Oui, les choses s'acheminent où nous voulons; et comme ses lumières sont fort petites, et son sens le plus borné du monde, je lui ai fait prendre une frayeur si grande de la sévérité de la justice de ce pays, et des apprêts qu'on faisait déjà pour sa mort, qu'il veut prendre la fuite; et, pour se dérober avec plus de facilité aux gens que je lui ai dit qu'on avait mis pour l'arrêter aux portes de la ville, il s'est résolu à se déguiser, et le déguisement qu'il a pris est l'habit d'une femme.

ÉRASTE. — Je voudrais bien le voir en cet équipage.

SBRIGANI. — Songez de votre part à achever la comédie; et tandis que je jouerai mes scènes avec lui, allez-vous-en. (*Il lui parle à l'oreille.*) Vous entendez bien?

ÉRASTE. — Oui.

SBRIGANI. — Et lorsque je l'aurai mis où je veux.... (*Il lui parle à l'oreille.*)

ÉRASTE. — Fort bien.

SBRIGANI. — Et quand le père aura été averti par moi... (*Il lui parle encore à l'oreille.*)

ÉRASTE. — Cela va le mieux du monde.

SBRIGANI. — Voici notre demoiselle. Allez vite, qu'il ne nous voie ensemble.

SCÈNE II.

M. DE POURCEAUGNAC *en femme*, SBRIGANI.

SBRIGANI. — Pour moi, je ne crois pas qu'en cet état on puisse jamais vous connaître; et vous avez la mine comme cela d'une femme de condition.

M. DE POURCEAUGNAC. — Voilà qui m'étonne, qu'en ce pays-ci les formes de la justice ne soient point observées.

SBRIGANI. — Oui, je vous l'ai déjà dit, ils commencent ici par faire pendre un homme, et puis ils lui font son procès.

M. DE POURCEAUGNAC. — Voilà une justice bien injuste.

SBRIGANI. — Elle est sévère comme tous les diables, particulièrement sur ces sortes de crimes.

M. DE POURCEAUGNAC. — Mais quand on est innocent?

SBRIGANI. — N'importe, ils ne s'enquêtent point de cela : et puis ils ont en cette ville une haine effroyable pour les gens de votre pays; et ils ne sont pas plus ravis que de voir pendre un Limosin.

M. DE POURCEAUGNAC. — Qu'est-ce que les Limosins leur ont donc fait?

SBRIGANI. — Ce sont des brutaux, ennemis de la gentillesse et du mérite des autres villes. Pour moi, je vous avoue que je suis pour vous dans une peur épouvantable; et je ne me consolerais de ma vie si vous veniez à être pendu.

M. DE POURCEAUGNAC. — Ce n'est pas tant la peur de la mort qui me fait fuir, que de ce qu'il est fâcheux à un gentilhomme d'être pendu, et qu'une preuve comme celle-là ferait tort à nos titres de noblesse.

SBRIGANI. — Vous avez raison; on vous contesterait après cela le titre d'écuyer. Au reste étudiez-vous, quand je vous mènerai par la main, à bien marcher comme une femme, et à prendre le langage et toutes les manières d'une personne de qualité.

M. DE POURCEAUGNAC. — Laissez-moi faire; j'ai vu les personnes du bel air. Tout ce qu'il y a, c'est que j'ai un peu de barbe.

SBRIGANI. — Votre barbe n'est rien; il y a des femmes qui en ont autant que vous. Çà, voyons un peu comme vous ferez. (*Après que M. de Pourceaugnac a contrefait la femme de condition.*) Bon.

M. DE POURCEAUGNAC. — Allons donc, mon carrosse! où est-ce qu'est mon carrosse? Mon Dieu! qu'on est misérable d'avoir des gens comme cela! Est-ce qu'on me fera attendre toute la journée sur le pavé, et qu'on ne me fera point venir mon carrosse?

SBRIGANI. — Fort bien.

M. DE POURCEAUGNAC. — Holà! ho! cocher, petit laquais! Ah! petit fripon, que de coups de fouet je vous ferai donner tantôt! Petit laquais, petit laquais! Où est-ce donc qu'est ce petit laquais? ce petit laquais ne se trouvera-t-il point? ne me fera-t-on point venir ce petit laquais? Est-ce que je n'ai point un petit laquais dans le monde?

SBRIGANI. — Voilà qui va à merveille. Mais je remarque une chose : cette coiffe est un peu trop déliée; j'en vais querir une un peu plus épaisse pour vous mieux cacher le visage en cas de quelque rencontre.

M. DE POURCEAUGNAC. — Que deviendrai-je cependant?

SBRIGANI. — Attendez-moi là, je suis à vous dans un moment; vous n'avez qu'à vous promener.

(*M. de Pourceaugnac fait plusieurs tours sur le théâtre en continuant à contrefaire la femme de qualité.*)

SCÈNE III.

M. DE POURCEAUGNAC, DEUX SUISSES.

premier suisse *sans voir M. de Pourceaugnac.* — Allons, dépêchons, camerade; ly faut allair tous deux nous à la Crève, pour regarter un peu chousticier sti montsir de Porcegnac, qui l'a été contané par ortonnance à l'être pendu par son cou.

second suisse *sans voir M. de Pourceaugnac.* — Ly faut nous loër un fenestre pour foir sti choustice.

premier suisse. — Ly disent que l'on fait téjà planter un grand potence toute neuve pour ly accrocher sti Porcegnac.

second suisse. — Ly sira, ma foi, un grant plaisir d'y regarter pendre sti Limossin.

premier suisse. — Oui, te ly foir gambiller les pieds en haut tefant tout le monde.

second suisse. — Ly est un plaisant drôle, oui : ly disent que s'être marié troy foie.

premier suisse. — Sti diable ly fouloir troy femmes à ly tout seul; ly être bien assez t'une.

second suisse *en apercevant M. de Pourceaugnac.* — Ah! pon chour, mameselle.

premier suisse. — Que faire fous là tout seul?

m. de pourceaugnac. — J'attends mes gens, messieurs.

second suisse. — Ly être belle, par mon foi.

m. de pourceaugnac. — Doucement, messieurs.

premier suisse. — Fous, mameselle, fouloir finir rechouir fous à la Crève? Nous faire foir à fous un petit pendement pien choli.

m. de pourceaugnac. — Je vous rends grâce.

second suisse. — L'être un gentilhomme limossin, qui sera pendu chantiment à un grand potence.

m. de pourceaugnac. — Je n'ai pas de curiosité.

premier suisse. — Ly être là un petit téton qui l'est trôle.

m. de pourceaugnac. — Tout beau.

premier suisse. — Mon foi, moi couchair pien afec fous.

m. de pourceaugnac. — Ah! c'en est trop; et ces sortes d'ordures-là ne se disent point à une femme de ma condition.

second suisse. — Laisse, toi; l'être moi qui veux couchair afec elle.

premier suisse. — Moi, ne fouloir pas laisser.

second suisse. — Moi, ly fouloir, moi.

(*Les deux Suisses tirent M. de Pourceaugnac avec violence.*)

premier suisse. — Moi, ne faire rien.

second suisse. — Toi, l'afoir pien menti.

premier suisse. — Parti, toi, l'afoir menti toi-même.

m. de pourceaugnac. — Au secours! à la force!

SCÈNE IV.

M. DE POURCEAUGNAC, UN EXEMPT, DEUX ARCHERS, DEUX SUISSES.

L'EXEMPT. — Qu'est-ce? Quelle violence est-ce là? Et que voulez-vous faire à madame? Allons, que l'on sorte de là, si vous ne voulez que je vous mette en prison.
PREMIER SUISSE. — Parti, pon, toi ne l'afoir point.
SECOND SUISSE. — Parti, pon aussi, toi ne l'avoir point encore.

SCÈNE V.

M. DE POURCEAUGNAC, UN EXEMPT.

M. DE POURCEAUGNAC. — Je vous suis obligée, monsieur, de m'avoir délivrée de ces insolents.
L'EXEMPT. — Ouais! voilà un visage qui ressemble bien à celui que l'on m'a dépeint.
M. DE POURCEAUGNAC. — Ce n'est pas moi, je vous assure.
L'EXEMPT. — Ah! ah! qu'est-ce que veut dire...?
M. DE POURCEAUGNAC. — Je ne sais pas.
L'EXEMPT. — Pourquoi donc dites-vous cela?
M. DE POURCEAUGNAC. — Pour rien.
L'EXEMPT. — Voilà un discours qui marque quelque chose; et je vous arrête prisonnier.
M. DE POURCEAUGNAC. — Hé! monsieur, de grâce!
L'EXEMPT. — Non, non; à votre mine et à vos discours, il faut que vous soyez ce monsieur de Pourceaugnac que nous cherchons, qui se soit déguisé de la sorte, et vous viendrez en prison tout à l'heure.
M. DE POURCEAUGNAC. — Hélas!

SCÈNE VI.

M. DE POURCEAUGNAC, SBRIGANI, UN EXEMPT, DEUX ARCHERS.

SBRIGANI *à M. de Pourceaugnac.* — Ah! ciel! que veut dire cela?
M. DE POURCEAUGNAC. — Ils m'ont reconnu.
L'EXEMPT. — Oui, oui; c'est de quoi je suis ravi.
SBRIGANI *à l'exempt.* — Hé! monsieur, pour l'amour de moi, vous savez que nous sommes amis depuis longtemps, je vous conjure de ne le point mener en prison.
L'EXEMPT. — Non, il m'est impossible.
SBRIGANI. — Vous êtes homme d'accommodement. N'y a-t-il pas moyen d'ajuster cela avec quelques pistoles?
L'EXEMPT *à ses archers.* — Retirez-vous un peu.

SCÈNE VII.

M. DE POURCEAUGNAC, SBRIGANI, UN EXEMPT.

SBRIGANI *à M. de Pourceaugnac*. — Il faut lui donner de l'argent pour vous laisser aller. Faites vite.

M. DE POURCEAUGNAC *donnant de l'argent à Sbrigani*. — Ah! maudite ville!

SBRIGANI. — Tenez, monsieur.

L'EXEMPT. — Combien y a-t-il?

SBRIGANI. — Un, deux, trois, quatre, cinq, six, sept, huit, neuf, dix.

L'EXEMPT. — Non, mon ordre est trop exprès.

SBRIGANI *à l'exempt, qui veut s'en aller*. — Mon Dieu! attendez. (*A M. de Pourceaugnac.*) Dépêchez, donnez-lui-en encore autant.

M. DE POURCEAUGNAC. — Mais...

SBRIGANI. — Dépêchez-vous, vous dis-je, et ne perdez point de temps. Vous auriez un grand plaisir quand vous seriez pendu!

M. DE POURCEAUGNAC. — Ah! (*Il donne encore de l'argent à Sbrigani.*)

SBRIGANI *à l'exempt*. — Tenez, monsieur.

L'EXEMPT *à Sbrigani*. — Il faut donc que je m'enfuie avec lui; car il n'y aurait point ici de sûreté pour moi. Laissez-le-moi conduire, et ne bougez d'ici.

SBRIGANI. — Je vous prie donc d'en avoir un grand soin.

L'EXEMPT. — Je vous promets de ne le point quitter que je ne l'aie mis en lieu de sûreté.

M. DE POURCEAUGNAC *à Srigani*. — Adieu. Voilà le seul honnête homme que j'aie trouvé en cette ville.

SBRIGANI. — Ne perdez point de temps. Je vous aime tant que je voudrais que vous fussiez déjà bien loin. (*Seul.*) Que le ciel te conduise! Par ma foi, voilà une grande dupe. Mais voici...

SCÈNE VIII.

ORONTE, SBRIGANI.

SBRIGANI *feignant de ne point voir Oronte*. — Ah! quelle étrange aventure! Quelle fâcheuse nouvelle pour un père! Pauvre Oronte, que je te plains! Que diras-tu? et de quelle façon pourras-tu supporter cette douleur mortelle?

ORONTE. — Qu'est-ce? Quel malheur me présages-tu?

SBRIGANI. — Ah! monsieur, ce perfide Limosin, ce traître de monsieur de Pourceaugnac vous enlève votre fille!

ORONTE. — Il m'enlève ma fille?

SBRIGANI. — Oui. Elle en est devenue si folle, qu'elle vous quitte pour le suivre; et l'on dit qu'il a un caractère pour se faire aimer de toutes les femmes.

ORONTE. — Allons vite à la justice. Des archers après eux,

SCÈNE IX.

ORONTE, ÉRASTE, JULIE, SBRIGANI.

ÉRASTE *à Julie*. — Allons, vous viendrez malgré vous, et je veux vous remettre entre les mains de votre père. Tenez, monsieur, voilà votre fille, que j'ai tirée de force d'entre les mains de l'homme avec qui elle s'enfuyait : non pas pour l'amour d'elle, mais pour votre seule considération ; car, après l'action qu'elle a faite, je dois la mépriser, et me guérir absolument de l'amour que j'avais pour elle.

ORONTE. — Ah ! infâme que tu es !

ÉRASTE *à Julie*. — Comment ! me traiter de la sorte après toutes les marques d'amitié que je vous ai données ! Je ne vous blâme point de vous être soumise aux volontés de monsieur votre père ; il est sage et judicieux dans les choses qu'il fait, et je ne me plains point de lui de m'avoir rejeté pour un autre. S'il a manqué à la parole qu'il m'avait donnée, il a ses raisons pour cela. On lui a fait croire que cet autre est plus riche que moi de quatre ou cinq mille écus ; et quatre ou cinq mille écus est un denier considérable, et qui vaut bien la peine qu'un homme manque à sa parole. Mais oublier en un moment toute l'ardeur que je vous ai montrée, vous laisser d'abord enflammer d'amour pour un nouveau venu, et le suivre honteusement sans le consentement de monsieur votre père, après les crimes qu'on lui impute, c'est une chose condamnée de tout le monde, et dont mon cœur ne peut vous faire d'assez sanglants reproches.

JULIE. — Hé bien ! oui. J'ai conçu de l'amour pour lui, et je l'ai voulu suivre puisque mon père me l'avait choisi pour époux. Quoi que vous me disiez, c'est un fort honnête homme ; et tous les crimes dont on l'accuse sont faussetés épouvantables.

ORONTE. — Taisez-vous, vous êtes une impertinente, et je sais mieux que vous ce qui en est.

JULIE. — Ce sont sans doute des pièces qu'on lui fait, et c'est peut-être lui (*montrant Eraste*) qui a trouvé cet artifice pour vous en dégoûter.

ÉRASTE. — Moi ! je serais capable de cela ?

JULIE. — Oui, vous.

ORONTE. — Taisez-vous, vous dis-je ; vous êtes une sotte.

ÉRASTE. — Non, non, ne vous imaginez pas que j'aie aucune envie de détourner ce mariage, et que ce soit ma passion qui m'ait forcé à courir après vous. Je vous l'ai déjà dit, ce n'est que la seule considération que j'ai pour monsieur votre père ; et je n'ai pu souffrir qu'un honnête homme comme lui fût exposé à la honte de tous les bruits qui pourraient suivre une action comme la vôtre.

ORONTE. — Je vous suis, seigneur Eraste, infiniment obligé.

ÉRASTE. — Adieu, monsieur. J'avais toutes les ardeurs du monde d'entrer dans votre alliance, j'ai fait tout ce que j'ai pu pour obtenir un tel honneur ; mais j'ai été malheureux, et vous ne m'avez pas jugé digne de cette grâce. Cela n'empêchera pas que je ne conserve pour vous les sentiments d'estime et de vénération où votre personne m'oblige; et si je n'ai pu être votre gendre, au moins serai-je éternellement votre serviteur.

ORONTE. — Arrêtez, seigneur Eraste; votre procédé me touche l'âme, et je vous donne ma fille en mariage.

JULIE. — Je ne veux point d'autre mari que monsieur de Pourceaugnac.

ORONTE. — Et je veux, moi, tout à l'heure, que tu prennes le seigneur Eraste. Çà, la main.

JULIE. — Non, je n'en ferai rien.

ORONTE. — Je te donnerai sur les oreilles.

ÉRASTE. — Non, non, monsieur; ne lui faites point de violence, je vous en prie.

ORONTE. — C'est à elle à m'obéir, et je sais me montrer le maître.

ÉRASTE. — Ne voyez-vous pas l'amour qu'elle a pour cet homme-là? et voulez-vous que je possède un corps dont un autre possédera le cœur?

ORONTE. — C'est un sortilège qu'il lui a donné; et vous verrez qu'elle changera de sentiment avant qu'il soit peu. Donnez-moi votre main. Allons.

JULIE. — Je ne...

ORONTE. — Ah! que de bruit! Çà, votre main, vous dis-je. Ah! ah! ah!

ÉRASTE à Julie. — Ne croyez pas que ce soit pour l'amour de vous que je vous donne la main; ce n'est que monsieur votre père dont je suis amoureux, et c'est lui que j'épouse.

ORONTE. — Je vous suis beaucoup obligé, et j'augmente de dix mille écus le mariage de ma fille. Allons, qu'on fasse venir le notaire pour dresser le contrat.

ÉRASTE. — En attendant qu'il vienne, nous pouvons jouir du divertissement de la saison, et faire entrer les masques que le bruit des noces de monsieur de Pourceaugnac a attirés ici de tous les endroits de la ville.

SCÈNE X.

TROUPES DE MASQUES DANSANTS ET CHANTANTS.

UN MASQUE en *Egyptienne*. Sortez, sortez de ces lieux,
     Soucis, chagrins et tristesse;
     Venez, venez, ris et jeux,
     Plaisirs, amours et tendresse.
  Ne songeons qu'à nous réjouir,
  La grande affaire est le plaisir.

CHOEUR DE MASQUES CHANTANTS. Ne songeons qu'à nous réjouir,
  La grande affaire est le plaisir.

L'ÉGYPTIENNE. A me suivre tous ici
     Votre ardeur est non commune;
     Et vous êtes en souci
     De votre bonne fortune :
     Soyez toujours amoureux.

C'est le moyen d'être heureux.
UN MASQUE *en Egyptien*. Aimons jusques au trépas;
La raison nous y convie.
Hélas! si l'on n'aimait pas,
Que serait-ce de la vie?
Ah! perdons plutôt le jour
Que de perdre notre amour.
L'ÉGYPTIEN. Les biens,
L'ÉGYPTIENNE. la gloire,
L'ÉGYPTIEN. les grandeurs,
L'ÉGYPTIENNE. Les sceptres, qui font tant d'envie,
L'ÉGYPTIEN. Tout n'est rien, si l'amour n'y mêle ses ardeurs.
L'ÉGYPTIENNE. Il n'est point, sans l'amour, de plaisir dans la vie.
TOUS DEUX ENSEMBLE. Soyons toujours amoureux,
C'est le moyen d'être heureux.
CHOEUR. Sus, sus, chantons tous ensemble,
Dansons, sautons, jouons-nous.
UN MASQUE *en Pantalon*. Lorsque pour rire on s'assemble,
Les plus sages, ce me semble,
Sont ceux qui sont les plus fous.
TOUS ENSEMBLE. Ne songeons qu'à nous réjouir,
La grande affaire est le plaisir.

PREMIÈRE ENTRÉE DE BALLET.

Danse de sauvages.

DEUXIÈME ENTRÉE DE BALLET.

Danse de Biscayens.

FIN DE M. DE POURCEAUGNAC.

LE SICILIEN OU L'AMOUR PEINTRE,
COMÉDIE-BALLET EN UN ACTE.
1667.

NOTICE.

Le ballet des *Muses* devait être dansé une seconde fois à Saint-Germain-en-Laye, dans les premiers jours de janvier 1667. Molière se hâta de composer le *Sicilien* et de le substituer à *Mélicerte* et à la Pastorale comique, dont il n'était pas content. Ce ne fut que le 10 juin suivant que le *Sicilien* parut sur le théâtre du Palais-Royal. La mauvaise santé de Molière fut cause de ce long retard. Cette pièce, destinée à faire partie d'une fête de la cour, se terminait par un ballet général plaisamment lié à l'action. Le roi, Madame, mademoiselle de Lavallière et plusieurs seigneurs de la cour y dansèrent. Il était difficile d'imaginer un sujet qui prêtât davantage aux divertissements, et de combiner une action où ils pussent être mieux placés. On serait tenté de croire que la comédie-ballet du *Sicilien* a donné naissance à l'opéra-comique. Ne trouve-t-on pas en effet dans la pièce de Molière les duos, les ariettes, les couplets dont le dialogue de nos comédies lyriques est entremêlé, et jusqu'à ces divertissements que le poëte place à la fin des actes, comme autant de canevas préparés pour la musique et la chorégraphie? Le *Sicilien* d'ailleurs est coupé comme un opéra-comique; les tableaux, les situations, les airs y sont préparés et amenés de la même manière. Cette similitude a paru si exacte qu'en 1780 on a donné la pièce sur le Théâtre-Italien sans y faire aucun autre changement que de rimer en quelques endroits la prose de Molière, afin de multiplier les morceaux de chant.

Cette pièce appartient au genre qu'on a depuis appelé romantique. Elle commence sur une place publique, elle se continue dans un appartement, et se termine près de la porte d'un sénateur.

Le livret du ballet des *Muses*, dont le *Sicilien* faisait partie, porte cette indication pour la scène ix : « L'esclave turc, après avoir chanté, craignant que don Pèdre ne vienne à comprendre le sens de ce qu'il vient de dire, et à s'apercevoir de sa fourberie, se tourne entièrement vers don Pèdre, et, pour l'amuser, lui chante en langage franc ces paroles.

Les paroles prononcées en langue franque par l'esclave signifient:

« Je suis bon Turc, je nai point d'argent. Voulez-vous m'acheter? » je vous servirai, si vous payez pour moi. Je ferai une bonne cuisine, » je me lèverai matin, je ferai bouillir la marmite. Parlez, parlez, » voulez-vous m'acheter? »

Don Pèdre répond :

« Je ne t'achèterai pas; mais je te bâtonnerai si tu ne t'en vas pas. » Va-t'en, va-t'en, ou je te bâtonnerai. »

ÉMILE DE LA BÉDOLLIÈRE.

PERSONNAGES DE LA COMÉDIE.

Don PÈDRE, gentilhomme sicilien.
ADRASTE, gentilhomme français, amant d'Isidore.
ISIDORE, Grecque, esclave de don Pèdre.
ZAIDE, jeune esclave.
Un Sénateur.
HALI, Turc, esclave d'Adraste.
Deux Laquais.

PERSONNAGES DU BALLET.

Musiciens.
Esclave chantant.
Esclaves dansants.
Maures et Mauresques dansants.

La scène est à Messine, dans une place publique.

LE SICILIEN.

SCÈNE I.
HALI, MUSICIENS.

HALI *aux musiciens*. — Chut. N'avancez pas davantage, et demeurez dans cet endroit jusqu'à ce que je vous appelle.

SCÈNE II.
HALI *seul*.

Il fait noir comme dans un four. Le ciel s'est habillé ce soir en scaramouche, et je ne vois pas une étoile qui montre le bout de son nez. Sotte condition que celle d'un esclave, de ne vivre jamais pour soi, et d'être toujours tout entier aux passions d'un maître, de n'être réglé que par ses humeurs, et de se voir réduit à faire ses propres affaires de tous les soucis qu'il peut prendre! Le mien me fait ici épouser ses inquiétudes; et, parce qu'il est amoureux, il faut que nuit et jour je n'aie aucun repos. Mais voici des flambeaux, et sans doute c'est lui.

SCÈNE III.
ADRASTE, DEUX LAQUAIS *portant chacun un flambeau*, HALI.

ADRASTE. — Est-ce toi, Hali?

HALI. — Et qui pourrait-ce être que moi, à ces heures de nuit? Hors vous et moi, monsieur, je ne crois pas que personne s'avise de courir maintenant les rues.

ADRASTE. — Aussi ne crois-je pas qu'on puisse voir personne qui sente dans son cœur la peine que je sens. Car, enfin, ce n'est rien d'avoir à combattre l'indifférence ou les rigueurs d'une beauté qu'on aime, on a toujours au moins le plaisir de la plainte et la liberté des soupirs: mais ne pouvoir trouver aucune occasion de parler à ce qu'on adore, ne pouvoir savoir d'une belle si l'amour qu'inspirent ses yeux est pour lui plaire ou lui déplaire, c'est la plus fâcheuse, à mon gré, de toutes les inquiétudes; et c'est où me réduit l'incommode jaloux qui veille avec tant de souci sur ma charmante Grecque, et ne fait pas un pas sans la traîner à ses côtés.

HALI. — Mais il est en amour plusieurs façons de se parler; et il me semble, à moi, que vos yeux et les siens, depuis près de deux mois, se sont dit bien des choses.

ADRASTE. — Il est vrai qu'elle et moi souvent nous nous sommes parlé des yeux; mais comment reconnaître que chacun de notre côté nous ayons comme il faut expliqué ce langage? Et que sais-je, après tout, si elle entend bien tout ce que mes regards lui disent, et si les siens me disent ce que je crois parfois entendre?

HALI. — Il faut chercher quelque moyen de se parler d'autre manière.

ADRASTE. — As-tu là tes musiciens?

HALI. — Oui.

ADRASTE. — Fais-les approcher. (*Seul.*) Je veux jusqu'au jour les faire ici chanter, et voir si leur musique n'obligera point cette belle à paraître à quelque fenêtre.

SCÈNE IV.

ADRASTE, HALI, MUSICIENS.

HALI. — Les voici. Que chanteront-ils?

ADRASTE. — Ce qu'ils jugeront de meilleur

HALI. — Il faut qu'ils chantent un trio qu'ils me chantèrent l'autre jour.

ADRASTE. — Non. Ce n'est pas ce qu'il me faut.

HALI. — Ah! monsieur, c'est du beau bécarre.

ADRASTE. — Que diantre veux-tu dire avec ton beau bécarre?

HALI. — Monsieur, je tiens pour le bécarre. Vous savez que je m'y connais. Le bécarre me charme; hors du bécarre point de salut en harmonie. Ecoutez un peu ce trio.

ADRASTE. — Non, je veux quelque chose de tendre et de passionné, quelque chose qui m'entretienne dans une douce rêverie.

HALI. — Je vois bien que vous êtes pour le bémol. Mais il y a moyen de nous contenter l'un et l'autre : il faut qu'ils vous chantent une certaine scène d'une petite comédie que je leur ai vu essayer. Ce sont deux bergers amoureux, tout remplis de langueur, qui, sur bémol, viennent séparément faire leurs plaintes dans un bois, puis se découvrent l'un à l'autre la cruauté de leurs maîtresses; et là-dessus vient un berger joyeux avec un bécarre admirable qui se moque de leur faiblesse.

ADRASTE. — J'y consens. Voyons ce que c'est.

HALI. — Voici tout juste un lieu propre à servir de scène ; et voilà deux flambeaux pour éclairer la comédie.

ADRASTE. — Place-toi contre ce logis, afin qu'au moindre bruit que l'on fera dedans je fasse cacher les lumières.

FRAGMENT DE COMEDIE

CHANTÉ ET ACCOMPAGNÉ PAR LES MUSICIENS QU'HALI A AMENÉS.

SCÈNE I.

PHILÈNE, TIRCIS.

PREMIER MUSICIEN *représentant Philène.*
  Si du triste récit de mon inquiétude
  Je trouble le repos de votre solitude,
   Rochers, ne soyez point fâchés :
  Quand vous saurez l'excès de mes peines secrètes,
   Tout rochers que vous êtes,
   Vous en serez touchés.
DEUXIÈME MUSICIEN *représentant Tircis.*
  Les oiseaux réjouis dès que le jour s'avance
  Recommencent leurs chants dans ces vastes forêts,
   Et moi j'y recommence
  Mes soupirs languissants et mes tristes regrets.
   Ah! mon cher Philène...
PHILÈNE. Ah! mon cher Tircis...
TIRCIS. Que je sens de peine!
PHILÈNE. Que j'ai de soucis!
TIRCIS. Toujours sourde à mes vœux est l'ingrate Climène.
PHILÈNE. Chloris n'a point pour moi de regards adoucis.
TOUS DEUX ENSEMBLE. Ô loi trop inhumaine!
  Amour, si tu ne peux les contraindre d'aimer,
  Pourquoi leur laisses-tu le pouvoir de charmer?

SCÈNE II.

PHILÈNE, TIRCIS, UN PATRE.

TROISIÈME MUSICIEN *représentant un pâtre.*
   Pauvres amants, quelle erreur
   D'adorer des inhumaines!
   Jamais les âmes bien saines
   Ne se payent de rigueur;
   Et les faveurs sont des chaînes
   Qui doivent lier un cœur.
   On voit cent belles ici
   Auprès de qui je m'empresse;
   A leur vouer ma tendresse
   Je mets mon plus doux souci :
   Mais lorsque l'on est tigresse,
   Ma foi, je suis tigre aussi.
PHILÈNE ET TIRCIS ENSEMBLE. Heureux, hélas! qui peut aimer ainsi!

HALI. — Monsieur, je viens d'ouïr quelque bruit au dedans.
ADRASTE. — Qu'on se retire vite, et qu'on éteigne les flambeaux.

SCÈNE V.

DON PÈDRE, ADRASTE, HALI.

DON PÈDRE *sortant de sa maison en bonnet de nuit et en robe de chambre avec une épée sous son bras.* — Il y a quelque temps que j'entends chanter à ma porte; et sans doute cela ne se fait pas pour rien. Il faut que dans l'obscurité je tâche à découvrir quelles gens ce peuvent être.

ADRASTE. — Hali!
HALI. — Quoi?
ADRASTE. — N'entends-tu plus rien?
HALI. — Non.

(*Don Pèdre est derrière eux, qui les écoute.*)

ADRASTE. — Quoi! tous nos efforts ne pourront obtenir que je parle un moment à cette aimable Grecque! et ce jaloux maudit, ce traître de Sicilien, me fermera toujours tout accès auprès d'elle!

HALI. — Je voudrais de bon cœur que le diable l'eût emporté, pour la fatigue qu'il nous donne, le fâcheux, le bourreau qu'il est! Ah! si nous le tenions ici, que je prendrais de joie à venger sur son dos tous les pas inutiles que sa jalousie nous fait faire!

ADRASTE. — Si faut-il bien pourtant trouver quelque moyen, quelque invention, quelque ruse, pour attraper notre brutal. J'y suis trop engagé pour en avoir le démenti; et quand j'y devrais employer...

HALI. — Monsieur, je ne sais pas ce que cela veut dire, mais la porte est ouverte; et, si vous voulez, j'entrerai doucement pour découvrir d'où cela vient.

(*Don Pèdre se retire sur sa porte.*)

ADRASTE. — Oui, fais, mais sans faire de bruit. Je ne m'éloigne pas de toi. Plût au ciel que ce fût la charmante Isidore!

DON PÈDRE *donnant un soufflet à Hali.* — Qui va là?
HALI *rendant le soufflet à don Pèdre.* — Ami.
DON PÈDRE. — Holà! Francisque, Dominique, Simon, Martin, Pierre, Thomas, George, Charles, Barthélemi: allons, promptement, mon épée, ma rondache, ma hallebarde, mes pistolets, mes mousquetons, mes fusils. Vite, dépêchez. Allons, tue, point de quartier.

SCÈNE VI.

ADRASTE, HALI.

ADRASTE. — Je n'entends remuer personne. Hali, Hali!
HALI *caché dans un coin.* — Monsieur.
ADRASTE. — Où donc te caches-tu?
HALI. — Ces gens sont-ils sortis?
ADRASTE. — Non. Personne ne bouge.

HALI *sortant d'où il était caché.* — S'ils viennent, ils seront frottés.

ADRASTE. — Quoi! tous nos soins seront donc inutiles! et toujours ce fâcheux jaloux se moquera de nos desseins!

HALI. — Non. Le courroux du point d'honneur me prend; il ne sera pas dit qu'on triomphe de mon adresse; ma qualité de fourbe s'indigne de tous ces obstacles, et je prétends faire éclater les talents que j'ai eus du ciel.

ADRASTE. — Je voudrais seulement que, par quelque moyen, par un billet, par quelque bouche, elle fût avertie des sentiments qu'on a pour elle, et savoir les siens là-dessus. Après, on peut trouver facilement les moyens...

HALI. — Laissez-moi faire seulement. J'en essaierai tant, de toutes les manières, que quelque chose enfin nous pourra réussir. Allons, le jour paraît; je vais chercher mes gens et venir attendre en ce lieu que notre jaloux sorte.

SCÈNE VII.

DON PÈDRE, ISIDORE.

ISIDORE. — Je ne sais pas quel plaisir vous prenez à me réveiller si matin. Cela s'ajuste assez mal, ce me semble, au dessein que vous avez pris de me faire peindre aujourd'hui; et ce n'est guère pour avoir le teint frais et les yeux brillants que se lever ainsi dès la pointe du jour.

DON PÈDRE. — J'ai une affaire qui m'oblige à sortir à l'heure qu'il est.

ISIDORE. — Mais l'affaire que vous avez eût bien pu se passer, je crois, de ma présence; et vous pouviez, sans vous incommoder, me laisser goûter les douceurs du sommeil du matin.

DON PÈDRE. — Oui. Mais je suis bien aise de vous voir toujours avec moi. Il n'est pas mal de s'assurer un peu contre les soins des surveillants; et cette nuit encore on est venu chanter sous nos fenêtres.

ISIDORE. — Il est vrai: la musique en était admirable.

DON PÈDRE. — C'était pour vous que cela se faisait.

ISIDORE. — Je le veux croire ainsi, puisque vous me le dites.

DON PÈDRE. — Vous savez qui était celui qui donnait cette sérénade?

ISIDORE. — Non pas; mais, qui que ce puisse être, je lui suis obligée.

DON PÈDRE. — Obligée!

ISIDORE. — Sans doute, puisqu'il cherche à me divertir.

DON PÈDRE. — Vous trouvez donc bon qu'on vous aime?

ISIDORE. — Fort bon. Cela n'est jamais qu'obligeant.

DON PÈDRE. — Et vous voulez du bien à tous ceux qui prennent ce soin?

ISIDORE. — Assurément.

DON PÈDRE. — C'est dire fort net ses pensées.

ISIDORE. — A quoi bon de dissimuler? Quelque mine qu'on fasse, on est toujours bien aise d'être aimée. Ces hommages à nos appas ne sont jamais pour nous déplaire. Quoi qu'on en puisse dire, la grande ambition des femmes est, croyez-moi, d'inspirer de l'amour. Tous les soins qu'elles prennent ne sont que pour cela, et l'on n'en voit point de si fière qui ne s'applaudisse en son cœur des conquêtes que font ses yeux.

DON PÈDRE. — Mais si vous prenez, vous, du plaisir à vous voir aimée, savez-vous bien, moi qui vous aime, que je n'y en prends nullement?

ISIDORE. — Je ne sais pas pourquoi cela; et si j'aimais quelqu'un, je n'aurais point de plus grand plaisir que de le voir aimé de tout le monde. Y a-t-il rien qui marque davantage la beauté du choix que l'on fait? et n'est-ce pas pour s'applaudir, que ce que nous aimons soit trouvé fort aimable?

DON PÈDRE. — Chacun aime à sa guise, et ce n'est pas là ma méthode. Je serai fort ravi qu'on ne vous trouve pas si belle, et vous m'obligerez de n'affecter point tant de le paraître à d'autres yeux.

ISIDORE. — Quoi! jaloux de ces choses-là?

DON PÈDRE. — Oui, jaloux de ces choses-là; mais jaloux comme un tigre, et, si vous voulez, comme un diable. Mon amour vous veut toute à moi. Sa délicatesse s'offense d'un souris, d'un regard qu'on vous peut arracher; et tous les soins qu'on me voit prendre ne sont que pour fermer tout accès aux galants, et m'assurer la possession d'un cœur dont je ne puis souffrir qu'on me vole la moindre chose.

ISIDORE. — Certes, voulez-vous que je dise? vous prenez un mauvais parti; et la possession d'un cœur est fort mal assurée, lorsqu'on prétend le retenir par force. Pour moi, je vous l'avoue, si j'étais galant d'une femme qui fût au pouvoir de quelqu'un, je mettrais toute mon étude à rendre ce quelqu'un jaloux, et l'obligerais à veiller nuit et jour celle que je voudrais gagner. C'est un admirable moyen d'avancer ses affaires; et l'on ne tarde guère à profiter du chagrin et de la colère que donnent à l'esprit d'une femme la contrainte et la servitude.

DON PÈDRE. — Si bien donc que si quelqu'un vous en contait, il vous trouverait disposée à recevoir ses vœux?

ISIDORE. — Je ne vous dis rien là-dessus. Mais les femmes enfin n'aiment pas qu'on les gêne; et c'est beaucoup risquer que de leur montrer des soupçons et de les tenir renfermées.

DON PÈDRE. — Vous reconnaissez peu ce que vous me devez; et il me semble qu'une esclave qu'on a affranchie et dont on veut faire sa femme...

ISIDORE. — Quelle obligation vous ai-je, si vous changez mon esclavage en un autre beaucoup plus rude, si vous ne me laissez jouir d'aucune liberté, et me fatiguez, comme on voit, d'une garde continuelle?

DON PÈDRE. — Mais tout cela ne part que d'un excès d'amour.

ISIDORE. — Si c'est votre façon d'aimer, je vous prie de me haïr.

DON PÈDRE. — Vous êtes aujourd'hui dans une humeur désobligeante; et je pardonne ces paroles au chagrin où vous pouvez être de vous être levée matin.

SCÈNE VIII.

DON PÈDRE, ISIDORE, HALI *habillé en Turc et faisant plusieurs révérences à don Pèdre.*

DON PÈDRE. — Trêve aux cérémonies : que voulez-vous?

HALI *se mettant entre don Pèdre et Isidore.* (*Il se tourne vers Isidore à chaque parole qu'il dit à don Pèdre, et lui fait des signes pour lui faire connaître le dessein de son maître.*) — Signor (avec la permission de la signore), je vous dirai (avec la permission de la signore) que je viens vous trouver (avec la permission de la signore) pour vous prier (avec la permission de la signore) de vouloir bien (avec la permission de la signore)...

DON PÈDRE. — Avec la permission de la signore, passez un peu de ce côté.

(*Don Pèdre se met entre Hali et Isidore.*)

HALI. — Signor, je suis un virtuose.

DON PÈDRE. — Je n'ai rien à donner.

HALI. — Ce n'est pas ce que je demande. Mais comme je me mêle un peu de musique et de danse, j'ai instruit quelques esclaves qui voudraient bien trouver un maître qui se plût à ces choses; et comme je sais que vous êtes une personne considérable, je voudrais vous prier de les voir et de les entendre, pour les acheter s'ils vous plaisent, ou pour leur enseigner quelqu'un de vos amis qui voulût s'en accommoder.

ISIDORE. — C'est une chose à voir, et cela nous divertira. Faites-les-nous venir.

HALI. — Chala bala... Voici une chanson nouvelle qui est du temps. Ecoutez bien. Chala bala.

SCÈNE IX.

DON PÈDRE, ISIDORE, HALI, ESCLAVES TURCS.

UN ESCLAVE *chantant à Isidore.*

D'un cœur ardent, en tous lieux,
Un amant suit une belle;
Mais d'un jaloux odieux
La vigilance éternelle
Fait qu'il ne peut que des yeux
S'entretenir avec elle.
Est-il peine plus cruelle
Pour un cœur bien amoureux?
    (*A don Pèdre.*)
Chiribirida ouch alla,
  Star bon Turca,
  Non aver danara,
  Ti voler comprara :

Mi servir a ti,
Se pagar per mi;
Far bona coucina,
Mi levar matina,
Far boller caldara.
Parlara, parlara :
Ti voler comprara.

PREMIÈRE ENTRÉE DE BALLET.

(*Danse des esclaves.*)

L'ESCLAVE *à Isidore.* C'est un supplice, à tous coups,
Sous qui cet amant expire;
Mais si d'un œil un peu doux
La belle voit son martyre,
Et consent qu'aux yeux de tous
Pour ses attraits il soupire,
Il pourrait bientôt se rire
De tous les soins du jaloux.
(*A don Pèdre.*)
Chiribirida ouch alla,
Star bon Turca,
Non aver danara,
Ti voler comprara :
Mi servir a ti,
Se pagar per mi;
Far bona coucina,
Mi levar matina,
Far boller caldara.
Parlara, parlara :
Ti voler comprara.

DEUXIÈME ENTRÉE DE BALLET.

(*Les esclaves recommencent leurs danses.*)

DON PÈDRE *chante.* Savez-vous, mes drôles,
Que cette chanson
Sent, pour vos épaules,
Les coups de bâton?
Chiribirida ouch alla,
Mi ti non comprara,
Ma ti bastonara,
Si, si non andara;
Andara, andara,
O ti bastonara.
Oh! oh! quels égrillards! (*A Isidore.*) Allons, rentrons ici : j'ai changé

de pensée, et puis le temps se couvre un peu. (*A Hali, qui paraît encore.*) Ah! fourbe, que je vous y trouve...

HALI. — Hé bien oui, mon maître l'adore. Il n'a point de plus grand désir que de lui montrer son amour, et, si elle y consent, il la prendra pour femme.

DON PÈDRE. — Oui, oui, je la lui garde.

HALI. — Nous l'aurons malgré vous.

DON PÈDRE. — Comment! coquin...

HALI. — Nous l'aurons, dis-je, en dépit de vos dents.

DON PÈDRE. — Si je prends...

HALI. — Vous avez beau faire la garde, j'en ai juré, elle sera à nous.

DON PÈDRE. — Laisse-moi faire, je t'attraperai sans courir.

HALI. — C'est nous qui vous attraperons. Elle sera notre femme; la chose est résolue. (*Seul.*) Il faut que j'y périsse, ou que j'en vienne à bout.

SCÈNE X.

ADRASTE, HALI, DEUX LAQUAIS.

ADRASTE. — Hé bien! Hali, nos affaires s'avancent-elles?

HALI. — Monsieur, j'ai déjà fait quelque petite tentative, mais je...

ADRASTE. — Ne te mets point en peine, j'ai trouvé par hasard tout ce que je voulais, et je vais jouir du bonheur de voir chez elle cette belle. Je me suis rencontré chez le peintre Damon, qui m'a dit qu'aujourd'hui il venait faire le portrait de cette adorable personne; et comme il est depuis longtemps de mes plus intimes amis, il a voulu servir mes feux, et m'envoie à sa place avec un petit mot de lettre pour me faire accepter. Tu sais que de tout temps je me suis plu à la peinture, et que parfois je manie le pinceau, contre la coutume de France, qui ne veut pas qu'un gentilhomme sache rien faire; ainsi j'aurai la liberté de voir cette belle à mon aise. Mais je ne doute pas que mon jaloux fâcheux ne soit toujours présent et n'empêche tous les propos que nous pourrions avoir ensemble; et, pour te dire vrai, j'ai par le moyen d'une jeune esclave un stratagème prêt pour tirer cette belle Grecque des mains de son jaloux, si je puis obtenir d'elle qu'elle y consente.

HALI. — Laissez-moi faire, je veux vous faire un peu de jour à la pouvoir entretenir. Il ne sera pas dit que je ne serve de rien dans cette affaire-là. Quand y allez-vous?

ADRASTE. — Tout de ce pas, et j'ai déjà préparé toutes choses.

HALI. — Je vais de mon côté me préparer aussi.

ADRASTE *seul.* — Je ne veux point perdre de temps. Holà! Il me tarde que je ne goûte le plaisir de la voir!

SCÈNE XI.

DON PÈDRE, ADRASTE, DEUX LAQUAIS.

DON PÈDRE. — Que cherchez-vous, cavalier, dans cette maison?

ADRASTE. — J'y cherche le seigneur don Pèdre.

DON PÈDRE. — Vous l'avez devant vous.

ADRASTE. — Il prendra, s'il lui plaît, la peine de lire cette lettre.

DON PÈDRE *lit*. — « Je vous envoie au lieu de moi, pour le portrait
» que vous savez, ce gentilhomme français, qui, comme curieux d'obli-
» ger les honnêtes gens, a bien voulu prendre ce soin, sur la proposi-
» tion que je lui en ai faite. Il est, sans contredit, le premier homme
» du monde pour ces sortes d'ouvrages, et j'ai cru que je ne vous
» pouvais rendre un service plus agréable que de vous l'envoyer, dans
» le dessein que vous avez d'avoir un portrait achevé de la personne
» que vous aimez. Gardez-vous bien surtout de lui parler d'aucune ré-
» compense, car c'est un homme qui s'en offenserait et qui ne fait les
» choses que pour la gloire et la réputation. »
Seigneur Français, c'est une grande grâce que vous me voulez faire,
et je vous suis fort obligé.

ADRASTE. — Toute mon ambition est de rendre service aux gens
de nom et de mérite.

DON PÈDRE. — Je vais faire venir la personne dont il s'agit.

SCÈNE XII.

ISIDORE, DON PÈDRE, ADRASTE, DEUX LAQUAIS.

DON PÈDRE *à Isidore*. — Voici un gentilhomme que Damon nous envoie, qui se veut bien donner la peine de vous peindre. (*A Adraste,
qui embrasse Isidore en la saluant.*) Holà! seigneur Français, cette
façon de saluer n'est point d'usage en ce pays.

ADRASTE. — C'est la manière de France.

DON PÈDRE. — La manière de France est bonne pour vos femmes;
mais pour les nôtres elle est un peu trop familière.

ISIDORE. — Je reçois cet honneur avec beaucoup de joie. L'aventure
me surprend fort; et, pour dire le vrai, je ne m'attendais pas d'avoir
un peintre si illustre.

ADRASTE. — Il n'y a personne sans doute qui ne tînt à beaucoup de
gloire de toucher à un tel ouvrage. Je n'ai pas grande habileté; mais
le sujet ici ne fournit que trop de lui-même, et il y a moyen de faire
quelque chose de beau sur un original fait comme celui-là.

ISIDORE. — L'original est peu de chose, mais l'adresse du peintre en
saura couvrir les défauts.

ADRASTE. — Le peintre n'y en voit aucun; et tout ce qu'il souhaite est d'en pouvoir représenter les grâces aux yeux de tout le monde, aussi grandes qu'il les peut voir.

ISIDORE. — Si votre pinceau flatte autant que votre langue, vous allez me faire un portrait qui ne me ressemblera pas.

ADRASTE. — Le ciel, qui fit l'original, nous ôte le moyen d'en faire un portrait qui puisse flatter.

ISIDORE. — Le ciel, quoi que vous en disiez, ne...

DON PÈDRE. — Finissons cela, de grâce. Laissons les compliments, et songeons au portrait.

ADRASTE *aux laquais.* — Allons, apportez tout.

(*On apporte tout ce qu'il faut pour peindre Isidore.*)

ISIDORE *à Adraste.* — Où voulez-vous que je me place?

ADRASTE. — Ici. Voici le lieu le plus avantageux, et qui reçoit le mieux les vues favorables de la lumière que nous cherchons.

ISIDORE *après s'être assise.* — Suis-je bien ainsi?

ADRASTE. — Oui. Levez-vous un peu, s'il vous plaît. Un peu plus de ce côté-là. Le corps tourné ainsi. La tête un peu levée, afin que la beauté du col paraisse. Ceci un peu plus découvert. (*Il découvre un peu plus sa gorge.*) Bon là. Un peu davantage : encore tant soit peu.

DON PÈDRE *à Isidore.* — Il y a bien de la peine à vous mettre : ne sauriez-vous vous tenir comme il faut?

ISIDORE. — Ce sont ici des choses toutes neuves pour moi; et c'est à monsieur à me mettre de la façon qu'il veut.

ADRASTE *assis.* — Voilà qui va le mieux du monde, et vous vous tenez à merveille. (*La faisant tourner un peu devers lui.*) Comme cela, s'il vous plaît. Le tout dépend des attitudes qu'on donne aux personnes qu'on peint.

DON PÈDRE. — Fort bien.

ADRASTE. — Un peu plus de ce côté. Vos yeux toujours tournés vers moi, je vous en prie; vos regards attachés aux miens.

ISIDORE. — Je ne suis pas comme ces femmes qui veulent, en se faisant peindre, des portraits qui ne sont point elles, et ne sont point satisfaites du peintre s'il ne les fait toujours plus belles qu'elles ne sont. Il faudrait, pour les contenter, ne faire qu'un portrait pour toutes : car toutes demandent les mêmes choses; un teint tout de lis et de roses, un nez bien fait, une petite bouche, et de grands yeux vifs, bien fendus, et surtout le visage pas plus gros que le poing, l'eussent-elles d'un pied de large. Pour moi, je vous demande un portrait qui soit moi, et qui n'oblige point à demander qui c'est.

ADRASTE. — Il serait malaisé qu'on demandât cela du vôtre; et vous avez des traits à qui fort peu d'autres ressemblent. Qu'ils ont de douceur et de charmes! et qu'on court risque à les peindre!

DON PÈDRE. — Le nez me semble un peu trop gros.

ADRASTE. — J'ai lu, je ne sais où, qu'Apelle peignit autrefois une maîtresse d'Alexandre, d'une merveilleuse beauté, et qu'il en devint, la peignant, si éperdument amoureux, qu'il fut près d'en perdre la vie; de sorte qu'Alexandre par générosité lui céda l'objet de ses vœux. (*A don Pèdre.*) Je pourrais faire ici ce qu'Apelle fit autrefois; mais vous ne feriez pas peut-être ce que fit Alexandre.

(*Don Pèdre fait la grimace.*)

ISIDORE *à don Pèdre.* — Tout cela sent la nation; et toujours messieurs les Français ont un fonds de galanterie qui se répand partout.

ADRASTE. — On ne se trompe guère à ces sortes de choses, et vous avez l'esprit trop éclairé pour ne pas voir de quelle source partent les choses qu'on vous dit. Oui, quand Alexandre serait ici, et que ce serait votre amant, je ne pourrais m'empêcher de vous dire que je n'ai rien vu de si beau que ce que je vois maintenant, et que...

DON PÈDRE. — Seigneur Français, vous ne devriez pas, ce me semble, tant parler; cela vous détourne de votre ouvrage.

ADRASTE. — Ah! point du point. J'ai toujours coutume de parler quand je peins; et il est besoin dans ces choses d'un peu de conversation pour réveiller l'esprit et tenir les visages dans la gaieté nécessaire aux personnes que l'on veut peindre.

SCÈNE XIII.

HALI *vêtu en Espagnol,* DON PÈDRE, ADRASTE, ISIDORE.

DON PÈDRE. — Que veut dire cet homme-là? Et qui laisse monter les gens sans nous en avertir?

HALI *à don Pèdre.* — J'entre ici librement; mais entre cavaliers telle liberté est permise. Seigneur, suis-je connu de vous?

DON PÈDRE. — Non, seigneur.

HALI. — Je suis don Gilles d'Avalos; et l'histoire d'Espagne vous doit avoir instruit de mon mérite.

DON PÈDRE. — Souhaitez-vous quelque chose de moi?

HALI. — Oui, un conseil sur un fait d'honneur. Je sais qu'en ces matières il est malaisé de trouver un cavalier plus consommé que vous. Mais je vous demande pour grâce que nous nous tirions à l'écart.

DON PÈDRE. — Nous voilà assez loin.

ADRASTE *à don Pèdre, qui le surprend parlant bas à Isidore.* — J'observais de près la couleur de ses yeux.

HALI *tirant don Pèdre pour l'éloigner d'Adraste et d'Isidore.* — Seigneur, j'ai reçu un soufflet. Vous savez ce qu'est un soufflet, lorsqu'il se donne à main ouverte sur le beau milieu de la joue. J'ai ce soufflet fort sur le cœur; et je suis dans l'incertitude si, pour me venger de l'affront, je dois me battre avec mon homme, ou bien le faire assassiner.

SCÈNE XIII.

DON PÈDRE. — Assassiner : c'est le plus sûr et le plus court chemin. Quel est votre ennemi?

HALI. — Parlons bas, s'il vous plaît.

(*Hali tient don Pèdre en lui parlant, de façon qu'il ne peut voir Adraste.*)

ADRASTE *aux genoux d'Isidore pendant que don Pèdre et Hali parlent bas ensemble.* — Oui, charmante Isidore, mes regards vous le disent depuis plus de deux mois, et vous les avez entendus : je vous aime plus que tout ce que l'on peut aimer; et je n'ai point d'autre pensée, d'autre but, d'autre passion, que d'être à vous toute ma vie.

ISIDORE. — Je ne sais si vous dites vrai, mais vous persuadez.

ADRASTE. — Mais vous persuadé-je jusqu'à vous inspirer quelque peu de bonté pour moi?

ISIDORE. — Je ne crains que d'en trop avoir.

ADRASTE. — En aurez-vous assez pour consentir, belle Isidore, au dessein que je vous ai dit?

ISIDORE. — Je ne puis encore vous le dire.

ADRASTE. — Qu'attendez-vous pour cela?

ISIDORE. — A me résoudre.

ADRASTE. — Ah! quand on aime bien, on se résout bientôt.

ISIDORE. — Hé bien! allez; oui, j'y consens.

ADRASTE. — Mais consentez-vous, dites-moi, que ce soit dès ce moment même?

ISIDORE. — Lorsqu'on est une fois résolu sur la chose, s'arrête-t-on sur le temps?

DON PÈDRE *à Hali.* — Voilà mon sentiment, et je vous baise les mains.

HALI. — Seigneur, quand vous aurez reçu quelque soufflet, je suis homme aussi de conseil; et je pourrai vous rendre la pareille.

DON PÈDRE. — Je vous laisse aller sans vous reconduire; mais entre cavaliers cette liberté est permise.

ADRASTE *à Isidore.* — Non, il n'est rien qui puisse effacer de mon cœur les tendres témoignages... (*A don Pèdre apercevant Adraste qui parle de près à Isidore.*) Je regardais ce petit trou qu'elle a au côté du menton; et je croyais d'abord que ce fût une tache. Mais c'est assez pour aujourd'hui, nous finirons une autre fois. (*A don Pèdre, qui veut voir le portrait.*) Non, ne regardez rien encore; faites serrer cela, je vous prie. (*A Isidore.*) Et vous, je vous conjure de ne vous relâcher point, et de garder un esprit gai, pour le dessein que j'ai d'achever notre ouvrage.

ISIDORE. — Je conserverai pour cela toute la gaieté qu'il faut.

SCÈNE XIV.

DON PEDRE, ISIDORE.

ISIDORE. — Qu'en dites-vous? Ce gentilhomme me paraît le plus civil du monde; et l'on doit demeurer d'accord que les Français ont quelque chose en eux de poli, de galant, que n'ont point les autres nations.

DON PÈDRE. — Oui : mais ils ont cela de mauvais, qu'ils s'émancipent un peu trop, et s'attachent en étourdis à conter des fleurettes à toutes celles qu'ils rencontrent.

ISIDORE. — C'est qu'ils savent qu'on plaît aux dames par ces choses.

DON PÈDRE. — Oui : mais s'ils plaisent aux dames, ils déplaisent fort aux messieurs; et l'on n'est point bien aise de voir sous sa moustache cajoler hardiment sa femme ou sa maîtresse.

ISIDORE. — Ce qu'ils en font n'est que par jeu.

SCÈNE XV.

ZAIDE, DON PÈDRE, ISIDORE.

ZAÏDE. — Ah! seigneur cavalier, sauvez-moi, s'il vous plaît, des mains d'un mari furieux dont je suis poursuivie. Sa jalousie est incroyable, et passe dans ses mouvements tout ce qu'on peut imaginer. Il va jusqu'à vouloir que je sois toujours voilée; et pour m'avoir trouvé le visage un peu découvert, il a mis l'épée à la main, et m'a réduite à me jeter chez vous pour vous demander votre appui contre son injustice. Mais je le vois paraître. De grâce, seigneur cavalier, sauvez-moi de sa fureur.

DON PÈDRE *à Zaïde, lui montrant Isidore*. — Entrez là-dedans avec elle, et n'appréhendez rien.

SCÈNE XVI.

ADRASTE, DON PÈDRE.

DON PÈDRE. — Hé quoi! seigneur, c'est vous! Tant de jalousie pour un Français! je pensais qu'il n'y eût que nous qui en fussions capables.

ADRASTE. — Les Français excellent toujours dans toutes les choses qu'ils font; et quand nous nous mêlons d'être jaloux, nous le sommes vingt fois plus qu'un Sicilien. L'infâme croit avoir trouvé chez vous un assuré refuge; mais vous êtes trop raisonnable pour blâmer mon ressentiment. Laissez-moi, je vous prie, la traiter comme elle mérite.

DON PÈDRE. — Ah! de grâce, arrêtez. L'offense est trop petite pour un courroux si grand.

SCÈNE XIX.

ADRASTE. — La grandeur d'une telle offense n'est pas dans l'importance des choses que l'on fait; elle est à transgresser les ordres qu'on nous donne : et, sur de pareilles matières, ce qui n'est qu'une bagatelle devient fort criminel lorsqu'il est défendu.

DON PÈDRE. — De la façon qu'elle a parlé, tout ce qu'elle en a fait a été sans dessein; et je vous prie enfin de vous remettre bien ensemble.

ADRASTE. — Hé quoi! vous prenez son parti, vous qui êtes si délicat sur ces sortes de choses!

DON PÈDRE. — Oui, je prends son parti; et, si vous voulez m'obliger, vous oublierez votre colère, et vous vous réconcilierez tous deux. C'est une grâce que je vous demande, et je la recevrai comme un essai de l'amitié que je veux qui soit entre nous.

ADRASTE. — Il ne m'est pas permis, à ces conditions, de vous rien refuser. Je ferai ce que vous voudrez.

SCÈNE XVII.

ZAIDE, DON PÈDRE, ADRASTE *dans un coin du théâtre.*

DON PÈDRE *à Zaïde.* — Holà! venez. Vous n'avez qu'à me suivre, et j'ai fait votre paix. Vous ne pouviez jamais mieux tomber que chez moi.

ZAÏDE. — Je vous suis obligée plus qu'on ne saurait croire. Mais je m'en vais prendre mon voile; je n'ai garde, sans lui, de paraître à ses yeux.

SCÈNE XVIII.

DON PÈDRE, ADRASTE.

DON PÈDRE. — La voici qui s'en va venir; et son âme, je vous assure, a paru toute réjouie lorsque je lui ai dit que j'avais raccommodé tout.

SCÈNE XIX.

ISIDORE *sous le voile de Zaïde,* ADRASTE, DON PÈDRE.

DON PÈDRE *à Adraste.* — Puisque vous m'avez bien voulu abandonner votre ressentiment, trouvez bon qu'en ce lieu je vous fasse toucher dans la main l'un de l'autre, et que tous deux je vous conjure de vivre, pour l'amour de moi, dans une parfaite union.

ADRASTE. — Oui, je vous promets que, pour l'amour de vous, je m'en vais, avec elle, vivre le mieux du monde.

DON PÈDRE. — Vous m'obligez sensiblement, et j'en garderai la mémoire.

ADRASTE. — Je vous donne ma parole, seigneur don Pèdre, qu'à votre considération je m'en vais la traiter du mieux qu'il me sera possible.

DON PÈDRE. — C'est trop de grâce que vous me faites. (*Seul.*) Il est bon de pacifier et d'adoucir toutes les choses. Holà! Isidore, venez.

SCÈNE XX.

ZAIDE, DON PÈDRE.

DON PÈDRE. — Comment! que veut dire cela?

ZAÏDE *sans voile*. — Ce que cela veut dire? Qu'un jaloux est un monstre haï de tout le monde, et qu'il n'y a personne qui ne soit ravi de lui nuire, n'y eût-il point d'autre intérêt; que toutes les serrures et les verrous du monde ne retiennent point les personnes, et que c'est le cœur qu'il faut arrêter par la douceur et par la complaisance; qu'Isidore est entre les mains du cavalier qu'elle aime, et que vous êtes pris pour dupe.

DON PÈDRE. — Don Pèdre souffrira cette injure mortelle! non, non, j'ai trop de cœur, et je vais demander l'appui de la justice pour pousser le perfide à bout. C'est ici le logis d'un sénateur. Holà!

SCÈNE XXI.

UN SÉNATEUR, DON PÈDRE.

LE SÉNATEUR. — Serviteur, seigneur don Pèdre. Que vous venez à propos!

DON PÈDRE. — Je viens me plaindre à vous d'un affront qu'on m'a fait.

LE SÉNATEUR. — J'ai fait une mascarade la plus belle du monde.

DON PÈDRE. — Un traître de Français m'a joué une pièce...!

LE SÉNATEUR. — Vous n'avez, dans votre vie, jamais rien vu de si beau.

DON PÈDRE. — Il m'a enlevé une fille que j'avais affranchie.

LE SÉNATEUR. — Ce sont gens vêtus en Maures, qui dansent admirablement.

DON PÈDRE. — Vous voyez si c'est une injure qui se doive souffrir.

LE SÉNATEUR. — Des habits merveilleux, et qui sont faits exprès.

DON PÈDRE. — Je demande l'appui de la justice contre cette action.

LE SÉNATEUR. — Je veux que vous voyiez cela. On la va répéter pour en donner le divertissement au peuple.

DON PÈDRE. — Comment! de quoi parlez-vous là?

LE SÉNATEUR. — Je parle de ma mascarade.

DON PÈDRE. — Je vous parle de mon affaire.

LE SÉNATEUR. — Je ne veux point aujourd'hui d'autres affaires que de plaisir. Allons, messieurs, venez. Voyons si cela ira bien.

DON PÈDRE. — La peste soit du fou avec sa mascarade !
LE SÉNATEUR. — Diantre soit le fâcheux avec son affaire !

SCÈNE XXII.

UN SÉNATEUR, TROUPE DE DANSEURS.

ENTRÉE DE BALLET.

(Plusieurs danseurs vêtus en Maures dansent devant le sénateur et finissent la comédie.)

FIN DU SICILIEN.

MÉLICERTE,
PASTORALE HÉROIQUE EN DEUX ACTES.
1666.

NOTICE SUR MÉLICERTE.

Le 2 décembre 1666, le roi dansa sur le théâtre du château de Saint-Germain-en-Laye un ballet appelé le *Ballet des Muses*, composé par Benserade, et mis en musique par Lulli. Ce divertissement se divisait en treize entrées, dont voici les titres exacts :

1° Uranie et les sept planètes.
2° Melpomène, muse de la tragédie; *Pyrame et Thisbé*, tragédie de Théophile Viaud.
3° Thalie, muse de la comédie; *la Pastorale comique*, par Molière.
4° Euterpe, muse de la pastorale; *Mélicerte*, pastorale héroïque en vers et en deux actes, par Molière.
5° Clio, muse de l'histoire; un ballet guerrier.
6° Calliope, muse des beaux vers; *les Poëtes*, comédie en un acte et en vers, par un anonyme.
7° *Orphée.*
8° Erato, muse qu'on invoque particulièrement en amour.
9° Polymnie, muse de l'éloquence; une dispute entre trois philosophes grecs et trois orateurs latins.
10° Terpsichore, muse de la danse; un ballet champêtre.
11° Les neuf Muses et les filles de Piérus.
12° Jugement des Muses et des Piérides par trois nymphes.
13° Métamorphose des Piérides.

Au milieu de ce fatras dramatique et chorégraphique, la *Mélicerte* de Molière se distinguait par sa grâce et sa naïveté. Néanmoins, Molière ne pensa pas que cette pièce méritât d'être achevée. Quant à la *Pastorale comique*, qui faisait aussi partie du *Ballet des Muses*, il en brûla le manuscrit, et les morceaux décousus qui en restent ont été recueillis dans la partition de Lulli, auteur de la musique.

Le comédien Guérin, fils de Guérin et de la veuve de Molière, entreprit d'exécuter le plan de *Mélicerte* que sa mère avait sans doute retrouvé. Il fit représenter, le 10 janvier 1699, *Myrtil et Mélicerte*, pastorale héroïque en trois actes avec un divertissement.

Le rôle de Myrtil, dans la pièce de Molière, était rempli par Baron, alors âgé de treize ans. Mademoiselle Molière, dans une discussion avec ce jeune acteur, s'étant emportée au point de lui donner un soufflet, Baron, justement indigné, demanda un congé aussitôt après l'unique représentation de *Mélicerte*, et il ne rentra que plus tard dans la troupe.

ÉMILE DE LA BÉDOLLIÈRE.

PERSONNAGES.

MÉLICERTE, bergère.
DAPHNÉ, bergère.
ÉROXÈNE, bergère.
MYRTIL, amant de Mélicerte.
ACANTE, amant de Daphné.
TIRÈNE, amant d'Éroxène.
LICARSIS, pâtre, cru père de Myrtil.
CORINNE, confidente de Mélicerte.
NICANDRE, berger.
MOPSE, berger, cru oncle de Mélicerte.

La scène est en Thessalie, dans la vallée de Tempé.

MÉLICERTE.

ACTE PREMIER.

SCÈNE I.

DAPHNÉ, ÉROXÈNE, ACANTE, TIRÈNE.

ACANTE. Ah! charmante Daphné!
TIRÈNE. Trop aimable Eroxène!
DAPHNÉ. Acante, laisse-moi.
ÉROXÈNE. Ne me suis point, Tirène.
ACANTE *à Daphné.* Pourquoi me chasses-tu?
TIRÈNE *à Eroxène.* Pourquoi fuis-tu mes pas?
DAPHNÉ *à Acante.* Tu me plais loin de moi.
ÉROXÈNE *à Tirène.* Je m'aime où tu n'es pas.
ACANTE. Ne cesseras-tu point cette rigueur mortelle?
TIRÈNE. Ne cesseras-tu point de m'être si cruelle?
DAPHNÉ. Ne cesseras-tu point tes inutiles vœux?
ÉROXÈNE. Ne cesseras-tu point de m'être si fâcheux?
ACANTE. Si tu n'en prends pitié, je succombe à ma peine.
TIRÈNE. Si tu ne me secours, ma mort est trop certaine.
DAPHNÉ. Si tu ne veux partir, je vais quitter ce lieu.
ÉROXÈNE. Si tu veux demeurer, je te vais dire adieu.
ACANTE. Hé bien! en m'éloignant je te vais satisfaire.
TIRÈNE. Mon départ va t'ôter ce qui peut te déplaire.
ACANTE. Généreuse Eroxène, en faveur de mes feux
Daigne au moins, par pitié, lui dire un mot ou deux.
TIRÈNE. Obligeante Daphné, parle à cette inhumaine,
Et sache d'où pour moi procède tant de haine.

SCÈNE II.

DAPHNÉ, ÉROXÈNE.

ÉROXÈNE. Acante a du mérite et t'aime tendrement;
D'où vient que tu lui fais un si dur traitement?
DAPHNÉ. Tirène vaut beaucoup et languit pour tes charmes;
D'où vient que sans pitié tu vois couler ses larmes?
ÉROXÈNE. Puisque j'ai fait ici la demande avant toi,
La raison te comdamne à répondre avant moi.
DAPHNÉ. Pour tous les soins d'Acante on me voit inflexible,
Parce qu'à d'autres vœux je me trouve sensible.
ÉROXÈNE. Je ne fais pour Tirène éclater que rigueur,

	Parce qu'un autre choix est maître de mon cœur.
DAPHNÉ.	Puis-je savoir de toi ce choix qu'on te voit faire ?
ÉROXÈNE.	Oui, si tu veux du tien m'apprendre le mystère.
DAPHNÉ.	Sans te nommer celui qu'amour m'a fait choisir,
	Je puis facilement contenter ton désir;
	Et de la main d'Atis, ce peintre inimitable,
	J'en garde dans ma poche un portrait admirable
	Qui jusqu'au moindre trait lui ressemble si fort
	Qu'il est sûr que tes yeux le connaîtront d'abord.
ÉROXÈNE.	Je puis te contenter par une même voie,
	Et payer ton secret en pareille monnoie.
	J'ai de la main aussi de ce peintre fameux
	Un aimable portrait de l'objet de mes vœux,
	Si plein de tous ses traits et de sa grâce extrême,
	Que tu pourras d'abord te le nommer toi-même.
DAPHNÉ.	La boîte que le peintre a fait faire pour moi
	Est tout à fait semblable à celle que je voi.
ÉROXÈNE.	Il est vrai, l'une à l'autre entièrement ressemble,
	Et certe il faut qu'Atis les ait fait faire ensemble.
DAPHNÉ.	Faisons en même temps, par un peu de couleurs,
	Confidence à nos yeux du secret de nos cœurs.
ÉROXÈNE.	Voyons à qui plus vite entendra ce langage,
	Et qui parle le mieux de l'un ou l'autre ouvrage.
DAPHNÉ.	La méprise est plaisante, et tu te brouilles bien;
	Au lieu de ton portrait, tu m'as rendu le mien.
ÉROXÈNE.	Il est vrai; je ne sais comme j'ai fait la chose.
DAPHNÉ.	Donne. De cette erreur ta rêverie est cause.
ÉROXÈNE.	Que veut dire ceci? Nous nous jouons, je croi :
	Tu fais de ces portraits même chose que moi.
DAPHNÉ.	Certes, c'est pour en rire, et tu peux me le rendre.
ÉROXÈNE	*mettant les deux portraits l'un à côté de l'autre.*
	Voici le vrai moyen de ne se point méprendre.
DAPHNÉ.	De mes sens prévenus est-ce une illusion?
ÉROXÈNE.	Mon âme sur mes yeux fait-elle impression?
DAPHNÉ.	Myrtil à mes regards s'offre dans cet ouvrage.
ÉROXÈNE.	De Myrtil dans ces traits je rencontre l'image.
DAPHNÉ.	C'est le jeune Myrtil qui fait naître mes feux.
ÉROXÈNE.	C'est au jeune Myrtil que tendent tous mes vœux.
DAPHNÉ.	Je venais aujourd'hui te prier de lui dire
	Les soins que pour son sort son mérite m'inspire.
ÉROXÈNE.	Je venais te chercher pour servir mon ardeur
	Dans le dessein que j'ai de m'assurer son cœur.
DAPHNÉ.	Cette ardeur qu'il t'inspire est-elle si puissante?
ÉROXÈNE.	L'aimes-tu d'une amour qui soit si violente?
DAPHNÉ.	Il n'est point de froideur qu'il ne puisse enflammer,
	Et sa grâce naissante a de quoi tout charmer.
ÉROXÈNE.	Il n'est nymphe en l'aimant qui ne se tînt heureuse;
	Et Diane, sans honte, en serait amoureuse.

ACTE I.   263

DAPHNÉ. Rien que son air charmant ne me touche aujourd'hui ;
Et si j'avais cent cœurs, ils seraient tous pour lui.
ÉROXÈNE. Il efface à mes yeux tout ce qu'on voit paraître ;
Et si j'avais un sceptre, il en serait le maître.
DAPHNÉ. Ce serait donc en vain qu'à chacune, en ce jour,
On nous voudrait du sein arracher cet amour :
Nos âmes dans leurs vœux sont trop bien affermies.
Ne tâchons, s'il se peut, qu'à demeurer amies ;
Et puisqu'en même temps, pour le même sujet,
Nous avons toutes deux formé même projet,
Mettons dans ce débat la franchise en usage,
Ne prenons l'une et l'autre aucun lâche avantage,
Et courons nous ouvrir ensemble à Licarsis
Des tendres sentiments où nous jette son fils.
ÉROXÈNE. J'ai peine à concevoir, tant la surprise est forte,
Comme un tel fils est né d'un père de la sorte ;
Et sa taille, son air, sa parole et ses yeux,
Feraient croire qu'il est issu du sang des dieux.
Mais enfin j'y souscris, courons trouver ce père,
Allons-lui de nos cœurs découvrir le mystère ;
Et consentons qu'après Myrtil entre nous deux
Décide par son choix ce combat de nos vœux.
DAPHNÉ. Soit. Je vois Licarsis avec Mopse et Nicandre.
Ils pourront le quitter, cachons-nous pour attendre.

SCÈNE III.
LICARSIS, MOPSE, NICANDRE.

NICANDRE *à Licarsis.* Dis-nous donc ta nouvelle.
LICARSIS.   Ah ! que vous me pressez !
Cela ne se dit pas comme vous le pensez.
MOPSE. Que de sottes façons, et que de badinage !
Ménalque pour chanter n'en fait pas davantage.
LICARSIS. Parmi les curieux des affaires d'État,
Une nouvelle à dire est d'un puissant éclat.
Je me veux mettre un peu sur l'homme d'importance,
Et jouir quelque temps de votre impatience.
NICANDRE. Veux-tu par tes délais nous fatiguer tous deux ?
MOPSE. Prends-tu quelque plaisir à te rendre fâcheux ?
NICANDRE. De grâce, parle, et mets ces mines en arrière.
LICARSIS. Priez-moi donc tous deux de la bonne manière,
Et me dites chacun quel don vous me ferez
Pour obtenir de moi ce que vous désirez.
MOPSE. La peste soit du fat ! Laissons-le là, Nicandre ;
Il brûle de parler, bien plus que nous d'entendre.
Sa nouvelle lui pèse, il veut s'en décharger,
Et ne l'écouter pas est le faire enrager.
LICARSIS. Hé !
NICANDRE. Te voilà puni de tes façons de faire,

LICAISIS. Je m'en vais vous le dire, écoutez.
MOPSE.   Point d'affaire.
LICARSIS. Quoi! vous ne voulez pas m'entendre?
NICANDRE.   Non.
LICARSIS.   Hé bien!
Je ne dirai donc mot, et vous ne saurez rien.
MOPSE. Soit.
LICARSIS.   Vous ne saurez pas qu'avec magnificence
Le roi vient honorer Tempé de sa présence;
Qu'il entra dans Larisse hier sur le haut du jour;
Qu'à l'aise je l'y vis avec toute sa cour;
Que ces bois vont jouir aujourd'hui de sa vue,
Et qu'on raisonne fort touchant cette venue.
NICANDRE. Nous n'avons pas envie aussi de rien savoir.
LICARSIS. Je vis cent choses là, ravissantes à voir:
Ce ne sont que seigneurs, qui, des pieds à la tête,
Sont brillants et parés comme au jour d'une fête;
Ils surprennent la vue; et nos prés au printemps,
Avec toutes leurs fleurs, sont bien moins éclatants.
Pour le prince, entre tous sans peine on le remarque,
Et d'un stade de loin il sent son grand monarque:
Dans toute sa personne il a je ne sais quoi
Qui d'abord fait juger que c'est un maître roi.
Il le fait d'une grâce à nulle autre seconde;
Et cela, sans mentir, lui sied le mieux du monde.
On ne croirait jamais comme de toutes parts
Toute sa cour s'empresse à chercher ses regards:
Ce sont autour de lui confusions plaisantes;
Et l'on dirait d'un tas de mouches reluisantes
Qui suivent en tous lieux un doux rayon de miel.
Enfin l'on ne voit rien de si beau sous le ciel;
Et la fête de Pan, parmi nous si chérie,
Auprès de ce spectacle est une gueuserie.
Mais puisque sur le fier vous vous tenez si bien,
Je garde ma nouvelle, et ne veux dire rien.
MOPSE. Et nous ne te voulons aucunement entendre.
LICARSIS. Allez vous promener.
MOPSE.   Va-t'en te faire pendre.

SCÈNE IV.
ÉROXÈNE, DAPHNÉ, LICARSIS.

LICARSIS *se croyant seul.* C'est de cette façon que l'on punit les gens,
Quand ils font les benêts et les impertinents.
DAPHNÉ. Le ciel tienne, pasteur, vos brebis toujours saines!
ÉROXÈNE. Cérès tienne de grains vos granges toujours pleines!
LICARSIS. Et le grand Pan vous donne à chacune un époux
Qui vous aime beaucoup et soit digne de vous!
DAPHNÉ. Ah! Licarsis, nos vœux à même but aspirent.

ACTE I.

ÉROXÈNE. C'est pour le même objet que nos deux cœurs soupirent.
DAPHNÉ. Et l'Amour, cet enfant qui cause nos langueurs,
A pris chez vous le trait dont il blesse nos cœurs.
ÉROXÈNE. Et nous venons ici chercher votre alliance,
Et voir qui de nous deux aura la préférence.
LICARSIS. Nymphes...
DAPHNÉ. Pour ce bien seul nous poussons des soupirs.
LICARSIS. Je suis...
ÉROXÈNE. A ce bonheur tendent tous nos désirs,
DAPHNÉ. C'est un peu librement exprimer sa pensée.
LICARSIS. Pourquoi?
ÉROXÈNE. La bienséance y semble un peu blessée.
LICARSIS. Ah! point.
DAPHNÉ. Mais quand le cœur brûle d'un noble feu,
On peut, sans nulle honte, en faire un libre aveu.
LICARSIS. Je...
ÉROXÈNE. Cette liberté nous peut être permise,
Et du choix de nos cœurs la beauté l'autorise.
LICARSIS. C'est blesser ma pudeur que me flatter ainsi.
ÉROXÈNE. Non, non, n'affectez point de modestie ici.
DAPHNÉ. Enfin tout notre bien est en votre puissance.
ÉROXÈNE. C'est de vous que dépend notre unique espérance.
DAPHNÉ. Trouverons-nous en vous quelques difficultés?
LICARSIS. Ah!
ÉROXÈNE. Nos vœux, dites-moi, seront-ils rejetés?
LICARSIS. Non, j'ai reçu du ciel une âme peu cruelle:
Je tiens de feu ma femme; et je me sens, comme elle,
Pour les désirs d'autrui beaucoup d'humanité,
Et je ne suis point homme à garder de fierté.
DAPHNE. Accordez donc Myrtil à notre amoureux zèle.
ÉROXÈNE. Et souffrez que son choix règle notre querelle.
LICARSIS. Myrtil!
DAPHNÉ. Oui, c'est Myrtil que de vous nous voulons.
ÉROXÈNE. De qui pensez-vous donc qu'ici nous vous parlons?
LICARSIS. Je ne sais; mais Myrtil n'est guère dans un âge
Qui soit propre à ranger au joug du mariage.
DAPHNÉ. Son mérite naissant peut frapper d'autres yeux;
Et l'on veut s'engager un bien si précieux,
Prévenir d'autres cœurs, et braver la fortune
Sous les fermes liens d'une chaîne commune.
ÉROXÈNE. Comme par son esprit et ses autres brillants
Il rompt l'ordre commun et devance le temps,
Notre flamme pour lui veut en faire de même,
Et régler tous ses vœux sur son mérite extrême.
LICARSIS. Il est vrai qu'à son âge il surprend quelquefois;
Et cet Athénien qui fut chez moi vingt mois,
Qui, le trouvant joli, se mit en fantaisie
De lui remplir l'esprit de philosophie,

Sur de certains discours l'a rendu si profond,
Que, tout grand que je suis, souvent il me confond.
Mais, avec tout cela, ce n'est encor qu'enfance,
Et son fait est mêlé de beaucoup d'innocence.

DAPHNÉ. Il n'est point tant enfant, qu'à le voir chaque jour
Je ne le croie atteint déjà d'un peu d'amour;
Et plus d'une aventure à mes yeux s'est offerte,
Où j'ai connu qu'il suit la jeune Mélicerte.

ÉROXÈNE. Ils pourraient bien s'aimer, et je vois...

LICARSIS. Franc abus.
Pour elle, passe encore; elle a deux ans de plus,
Et deux ans, dans son sexe, est une grande avance.
Mais pour lui, le jeu seul l'occupe tout, je pense,
Et les petits désirs de se voir ajusté
Ainsi que les bergers de haute qualité.

DAPHNÉ. Enfin nous désirons par le nœud d'hyménée
Attacher sa fortune à notre destinée.

ÉROXÈNE. Nous voulons, l'une et l'autre, avec pareille ardeur,
Nous assurer de loin l'empire de son cœur.

LICARSIS. Je m'en tiens honoré plus qu'on ne saurait croire.
Je suis un pauvre pâtre; et ce m'est trop de gloire
Que deux nymphes d'un rang le plus haut du pays
Disputent à se faire un époux de mon fils.
Puisqu'il vous plaît qu'ainsi la chose s'exécute,
Je consens que son choix règle votre dispute;
Et celle qu'à l'écart laissera cet arrêt
Pourra, pour son recours, m'épouser, s'il lui plaît.
C'est toujours même sang, et presque même chose.
Mais le voici. Souffrez qu'un peu je le dispose.
Il tient quelque moineau qu'il a pris fraîchement :
Et voilà ses amours et son attachement.

SCÈNE V.

ÉROXÈNE, DAPHNÉ ET LICARSIS *dans le fond du théâtre*, MYRTIL.

MYRTIL *se croyant seul et tenant un moineau dans une cage.*

Innocente petite bête,
Qui contre ce qui vous arrête
Vous débattez tant à mes yeux,
De votre liberté ne plaignez point la perte :
Votre destin est glorieux,
Je vous ai pris pour Mélicerte :
Elle vous baisera vous prenant dans sa main;
Et de vous mettre en son sein
Elle vous fera la grâce.
Est-il un sort au monde et plus doux et plus beau?
Et qui des rois, hélas! heureux petit moineau,
Ne voudrait être en votre place?

LICARSIS. Myrtil! Myrtil! un mot. Laissons là ces joyaux,

ACTE I.

Il s'agit d'autre chose ici que de moineaux.
Ces deux nymphes, Myrtil, à la fois te prétendent,
Et tout jeune déjà pour époux te demandent;
Je dois par un hymen t'engager à leurs vœux,
Et c'est toi que l'on veut qui choisisses des deux.

MYRTIL. Ces nymphes?

LICARSIS. Oui. Des deux tu peux en choisir une.
Vois quel est ton bonheur, et bénis la fortune.

MYRTIL. Ce choix qui m'est offert peut-il m'être un bonheur,
S'il n'est aucunement souhaité de mon cœur?

LICARSIS. Enfin qu'on le reçoive, et que, sans se confondre,
A l'honneur qu'elles font on songe à bien répondre.

ÉROXÈNE. Malgré cette fierté qui règne parmi nous,
Deux nymphes, ô Myrtil, viennent s'offrir à vous,
Et de vos qualités les merveilles écloses
Font que nous renversons ici l'ordre des choses.

DAPHNÉ. Nous vous laissons, Myrtil, pour l'avis le meilleur,
Consulter sur ce choix vos yeux et votre cœur;
Et nous n'en voulons point prévenir les suffrages
Par un récit paré de tous nos avantages.

MYRTIL. C'est me faire un honneur dont l'éclat me surprend;
Mais cet honneur pour moi, je l'avoue, est trop grand.
A vos rares bontés il faut que je m'oppose:
Pour mériter ce sort, je suis trop peu de chose;
Et je serais fâché, quels qu'en soient les appas,
Qu'on vous blâmât pour moi de faire un choix trop bas.

ÉROXÈNE. Contentez nos désirs, quoi qu'on en puisse croire,
Et ne vous chargez point du soin de notre gloire.

DAPHNÉ. Non, ne descendez point dans ces humilités,
Et laissez-nous juger ce que vous méritez.

MYRTIL. Le choix qui m'est offert s'oppose à votre attente,
Et peut seul empêcher que mon cœur vous contente.
Le moyen de choisir de deux grandes beautés,
Egales en naissance et rares qualités?
Rejeter l'une ou l'autre est un crime effroyable,
Et n'en choisir aucune est bien plus raisonnable.

ÉROXÈNE. Mais en faisant refus de répondre à nos vœux,
Au lieu d'une, Myrtil, vous en outragez deux.

DAPHNE. Puisque nous consentons à l'arrêt qu'on peut rendre,
Ces raisons ne font rien à vouloir s'en défendre.

MYRTIL. Hé bien! si ces raisons ne vous satisfont pas,
Celle-ci le fera : J'aime d'autres appas,
Et je sens bien qu'un cœur qu'un bel objet engage
Est insensible et sourd à tout autre avantage.

LICARSIS. Comment donc! Qu'est-ce ci? Qui l'eût pu présumer?
Et savez-vous, morveux, ce que c'est que d'aimer?

MYRTIL. Sans savoir ce que c'est, mon cœur a su le faire.

LICARSIS. Mais cet amour me choque, et n'est pas nécessaire.

MYRTIL. Vous ne deviez donc pas, si cela vous déplaît,
Me faire un cœur sensible et tendre comme il est.
LICARSIS. Mais ce cœur que j'ai fait me doit obéissance.
MYRTIL. Oui, lorsque d'obéir il est en sa puissance.
LICARSIS. Mais, enfin, sans mon ordre il ne doit point aimer.
MYRTIL. Que n'empêchiez-vous donc que l'on pût le charmer?
LICARSIS. Hé bien! je vous défends que cela continue.
MYRTIL. La défense, j'ai peur, sera trop tard venue.
LICARSIS. Quoi! les pères n'ont pas des droits supérieurs?
MYRTIL. Les dieux, qui sont bien plus, ne forcent point les cœurs.
LICARSIS. Les dieux... Paix, petit sot. Cette philosophie
Me...
DAPHNÉ. Ne vous mettez point en courroux, je vous prie.
LICARSIS. Non, je veux qu'il se donne à l'une pour époux,
Ou je vais lui donner le fouet tout devant vous.
Ah! ah! je vous ferai sentir que je suis père.
DAPHNÉ. Traitons, de grâce, ici les choses sans colère.
ÉROXÈNE. Peut-on savoir de vous cet objet si charmant
Dont la beauté, Myrtil, vous a fait son amant?
MYRTIL. Mélicerte, madame. Elle en peut faire d'autres.
ÉROXÈNE. Vous comparez, Myrtil, ses qualités aux nôtres!
DAPHNÉ. Le choix d'elle et de nous est assez inégal!...
MYRTIL. Nymphes, au nom des dieux, n'en dites point de mal.
Daignez considérer, de grâce, que je l'aime,
Et ne me jetez point dans un désordre extrême.
Si j'outrage, en l'aimant, vos célestes attraits,
Elle n'a point de part au crime que je fais;
C'est de moi, s'il vous plaît, que vient toute l'offense.
Il est vrai, d'elle à vous je sais la différence:
Mais par sa destinée on se trouve enchaîné;
Et je sens bien enfin que le ciel m'a donné
Pour vous tout le respect, nymphes, imaginable,
Pour elle tout l'amour dont une âme est capable.
Je vois, à la rougeur qui vient de vous saisir,
Que ce que je vous dis ne vous fait pas plaisir.
Si vous parlez, mon cœur appréhende d'entendre
Ce qui peut le blesser par l'endroit le plus tendre;
Et, pour me dérober à de semblables coups,
Nymphes, j'aime bien mieux prendre congé de vous.
LICARSIS. Myrtil! holà, Myrtil! Veux-tu revenir, traître?
Il fuit; mais on verra qui de nous est le maître.
Ne vous effrayez point de tous ces vains transports;
Vous l'aurez pour époux, j'en réponds corps pour corps.

ACTE SECOND.

SCÈNE I.

MÉLICERTE, CORINNE.

MÉLICERTE. Ah! Corinne, tu viens de l'apprendre de Stelle,
Et c'est de Licarsis qu'elle tient la nouvelle...
CORINNE. Oui.
MÉLICERTE. Que les qualités dont Myrtil est orné
Ont su toucher d'amour Eroxène et Daphné?
CORINNE. Oui.
MÉLICERTE. Que pour l'obtenir leur ardeur est si grande,
Qu'ensemble elles en ont déjà fait la demande;
Et que, dans ce débat, elles ont fait dessein
De passer dès cette heure à recevoir sa main?
Ah! que tes mots ont peine à sortir de ta bouche!
Et que c'est faiblement que mon souci te touche!
CORINNE. Mais quoi! que voulez-vous? C'est là la vérité,
Et vous redites tout comme je l'ai conté.
MÉLICERTE. Mais comment Licarsis reçoit-il cette affaire?
CORINNE. Comme un honneur, je crois, qui doit beaucoup lui plaire.
MÉLICERTE. Et ne vois-tu pas bien, toi qui sais mon ardeur,
Qu'avec ces mots, hélas! tu me perces le cœur?
CORINNE. Comment?
MÉLICERTE. Me mettre aux yeux que le sort implacable
Auprès d'elles me rend trop peu considérable,
Et qu'à moi, par leur rang, on les va préférer,
N'est-ce pas une idée à me désespérer?
CORINNE. Mais quoi! je vous réponds, et dis ce que je pense.
MÉLICERTE. Ah! tu me fais mourir par ton indifférence.
Mais dis, quels sentiments Myrtil a-t-il fait voir?
CORINNE. Je ne sais.
MÉLICERTE. Et c'est là ce qu'il fallait savoir,
Cruelle!
CORINNE. En vérité, je ne sais comment faire,
Et de tous les côtés je trouve à vous déplaire.
MÉLICERTE. C'est que tu n'entres point dans tous les mouvements
D'un cœur, hélas! rempli de tendres sentiments.
Va-t'en; laisse-moi seule en cette solitude
Passer quelques moments de mon inquiétude.

SCÈNE II.

MÉLICERTE seule.

Vous le voyez, mon cœur, ce que c'est que d'aimer,
Et Bélise avait su trop bien m'en informer.

Cette charmante mère, avant sa destinée,
Me disait une fois, sur le bord du Pénée:
« Ma fille, songe à toi; l'amour aux jeunes cœurs
» Se présente toujours entouré de douceurs.
» D'abord il n'offre aux yeux que choses agréables;
» Mais il traîne après lui des troubles effroyables:
» Et si tu veux passer tes jours dans quelque paix,
» Toujours, comme d'un mal, défends-toi de ses traits. »
De ces leçons, mon cœur, je m'étais souvenue;
Et quand Myrtil venait à s'offrir à ma vue,
Qu'il jouait avec moi, qu'il me rendait des soins,
Je vous disais toujours de vous y plaire moins.
Vous ne me crûtes point, et votre complaisance
Se vit bientôt changée en trop de bienveillance.
Dans ce naissant amour, qui flattait vos désirs,
Vous ne vous figuriez que joie et que plaisirs;
Cependant vous voyez la cruelle disgrâce
Dont en ce triste jour le destin vous menace,
Et la peine mortelle où vous voilà réduit.
Ah! mon cœur, ah! mon cœur, je vous l'avais bien dit.
Mais tenons, s'il se peut, notre douleur couverte.
Voici...

SCÈNE III.

MYRTIL, MÉLICERTE.

MYRTIL. J'ai fait tantôt, charmante Mélicerte,
Un petit prisonnier que je garde pour vous,
Et dont peut-être un jour je deviendrai jaloux.
C'est un jeune moineau qu'avec un soin extrême
Je veux, pour vous l'offrir, apprivoiser moi-même.
Le présent n'est pas grand; mais les divinités
Ne jettent leurs regards que sur les volontés.
C'est le cœur qui fait tout; et jamais la richesse
Des présents que... Mais, ciel! d'où vient cette tristesse?
Qu'avez-vous, Mélicerte? et quel sombre chagrin
Se voit dans vos beaux yeux répandu ce matin?...
Vous ne répondez point, et ce morne silence
Redouble encor ma peine et mon impatience.
Parlez. De quel ennui ressentez-vous les coups?
Qu'est-ce donc?
MÉLICERTE. Ce n'est rien.
MYRTIL. Ce n'est rien, dites-vous?
Et je vois cependant vos yeux couverts de larmes.
Cela s'accorde-t-il, beauté pleine de charmes?
Ah! ne me faites point un secret dont je meurs,
Et m'expliquez, hélas! ce que disent ces pleurs.
MÉLICERTE. Rien ne me servirait de vous le faire entendre.

ACTE II.

MYRTIL. Devez-vous rien avoir que je ne doive apprendre?
Et ne blessez-vous pas notre amour aujourd'hui
De vouloir me voler ma part de votre ennui?
Ah! ne le cachez point à l'ardeur qui m'inspire.
MÉLICERTE. Hé bien! Myrtil, hé bien! il faut donc vous le dire :
J'ai su que, par un choix plein de gloire pour vous,
Eroxène et Daphné vous veulent pour époux;
Et je vous avouerai que j'ai cette faiblesse
De n'avoir pu, Myrtil, le savoir sans tristesse,
Sans accuser du sort la rigoureuse loi
Qui les rend dans leurs vœux préférables à moi.
MYRTIL. Et vous pouvez l'avoir, cette injuste tristesse!
Vous pouvez soupçonner mon amour de faiblesse,
Et croire qu'engagé par des charmes si doux
Je puisse être jamais à quelque autre qu'à vous;
Que je puisse accepter une autre main offerte!
Hé! que vous ai-je fait, cruelle Mélicerte,
Pour traiter ma tendresse avec tant de rigueur,
Et faire un jugement si mauvais de mon cœur?
Quoi! faut-il que de lui vous ayez quelque crainte!
Je suis bien malheureux de souffrir cette atteinte!
Et que me sert d'aimer comme je fais, hélas!
Si vous êtes si prête à ne le croire pas?
MÉLICERTE. Je pourrais moins, Myrtil, redouter ces rivales,
Si les choses étaient de part et d'autre égales;
Et, dans un rang pareil, j'oserais espérer
Que peut-être l'amour me ferait préférer:
Mais l'inégalité de bien et de naissance,
Qui peut d'elles à moi faire la différence...
MYRTIL. Ah! leur rang de mon cœur ne viendra point à bout,
Et vos divins appas vous tiennent lieu de tout.
Je vous aime, il suffit, et dans votre personne
Je vois rang, biens, trésors, États, sceptre, couronne,
Et des rois les plus grands m'offrît-on le pouvoir,
Je n'y changerais pas le bien de vous avoir.
C'est une vérité toute sincère et pure,
Et pouvoir en douter est me faire une injure.
MÉLICERTE. Hé bien! je crois, Myrtil, puisque vous le voulez,
Que vos vœux par leur rang ne sont point ébranlés,
Et que, bien qu'elles soient nobles, riches et belles,
Votre cœur m'aime assez pour me mieux aimer qu'elles.
Mais ce n'est pas l'amour dont vous suivez la voix;
Votre père, Myrtil, règlera votre choix;
Et de même qu'à vous je ne lui suis pas chère,
Pour préférer à tout une simple bergère.
MYRTIL. Non, chère Mélicerte, il n'est père ni dieux,
Qui me puissent forcer à quitter vos beaux yeux;
Et toujours de mes vœux reine comme vous êtes...

MÉLICERTE. Ah! Myrtil, prenez garde à ce qu'ici vous faites.
N'allez point présenter un espoir à mon cœur,
Qu'il recevrait peut-être avec trop de douceur,
Et qui, tombant après comme un éclair qui passe,
Me rendrait plus cruel le coup de ma disgrâce.
MYRTIL. Quoi! faut-il des serments appeler le secours,
Lorsque l'on vous promet de vous aimer toujours?
Que vous vous faites tort par de telles alarmes,
Et connaissez bien peu le pouvoir de vos charmes!
Hé bien! puisqu'il le faut, je jure par les dieux
Et, si ce n'est assez, je jure par vos yeux,
Qu'on me tuera plutôt que je vous abandonne.
Recevez-en ici la foi que je vous donne;
Et souffrez que ma bouche, avec ravissement,
Sur cette belle main en signe le serment.
MÉLICERTE. Ah! Myrtil, levez-vous, de peur qu'on ne vous voie.
MYRTIL. Est-il rien?... Mais, ô ciel! on vient troubler ma joie.

SCÈNE IV.
LICARSIS, MYRTIL, MÉLICERTE.

LICARSIS. Ne vous contraignez pas pour moi.
MÉLICERTE *à part.*   Quel sort fâcheux!
LICARSIS. Cela ne va pas mal, continuez tous deux.
Peste! mon petit fils, que vous avez l'air tendre!
Et qu'en maître déjà vous savez vous y prendre!
Vous a-t-il, ce savant qu'Athènes exila,
Dans sa philosophie appris ces choses-là?
Et vous qui lui donnez, de si douce manière,
Votre main à baiser, la gentille bergère,
L'honneur vous apprend-il ces mignardes douceurs
Par qui vous débauchez ainsi les jeunes cœurs?
MYRTIL. Ah! quittez de ces mots l'outrageante bassesse,
Et ne m'accablez point d'un discours qui la blesse.
LICARSIS. Je veux lui parler, moi. Toutes ces amitiés...
MYRTIL. Je ne souffrirai point que vous la maltraitiez.
A du respect pour vous la naissance m'engage;
Mais je saurai sur moi vous punir de l'outrage.
Oui, j'atteste le ciel que, si, contre mes vœux,
Vous lui dites encor le moindre mot fâcheux,
Je vais, avec ce fer qui m'en fera justice,
Au milieu de mon sein vous chercher un supplice,
Et par mon sang versé lui marquer promptement
L'éclatant désaveu de votre emportement.
MÉLICERTE. Non, non, ne croyez pas qu'avec art je l'enflamme,
Et que mon dessein soit de séduire son âme.
S'il s'attache à me voir et me veut quelque bien,
C'est de son mouvement, je ne l'y force en rien.

Ce n'est pas que mon cœur veuille ici se défendre
De répondre à ses vœux d'une ardeur assez tendre :
Je l'aime, je l'avoue, autant qu'on puisse aimer;
Mais cet amour n'a rien qui vous doive alarmer,
Et pour vous arracher toute injuste créance,
Je vous promets ici d'éviter sa présence,
De faire place au choix où vous vous résoudrez,
Et ne souffrir ses vœux que quand vous le voudrez.

SCÈNE V.
LICARSIS, MYRTIL.

MYRTIL. Hé bien! vous triomphez avec cette retraite,
Et dans ces mots votre âme a ce qu'elle souhaite :
Mais apprenez qu'en vain vous vous réjouissez,
Que vous serez trompé dans ce que vous pensez,
Et qu'avec tous vos soins, toute votre puissance,
Vous ne gagnerez rien sur ma persévérance.

LICARSIS. Comment! à quel orgueil, fripon, vous vois-je aller?
Est-ce de la façon que l'on me doit parler?

MYRTIL. Oui, j'ai tort, il est vrai, mon transport n'est pas sage :
Pour rentrer au devoir, je change de langage,
Et je vous prie ici, mon père, au nom des dieux,
Et par tout ce qui peut vous être précieux,
De ne vous point servir dans cette conjoncture
Des fiers droits que sur moi vous donne la nature :
Ne m'empoisonnez point vos bienfaits les plus doux.
Le jour est un présent que j'ai reçu de vous;
Mais de quoi vous serai-je aujourd'hui redevable,
Si vous me l'allez rendre, hélas! insupportable?
Il est, sans Mélicerte, un supplice à mes yeux;
Sans ses divins appas rien ne m'est précieux,
Ils font tout mon bonheur et toute mon envie;
Et si vous me l'ôtez, vous m'arrachez la vie.

LICARSIS *à part.* Aux douleurs de son âme il me fait prendre part.
Qui l'aurait jamais cru de ce petit pendard?
Quel amour! quels transports! quels discours pour son âge!
J'en suis confus, et sens que cet amour m'engage.

MYRTIL *se jetant aux genoux de Licarsis.*
Voyez, me voulez-vous ordonner de mourir?
Vous n'avez qu'à parler, je suis prêt d'obéir.

LICARSIS *à part.* Je n'y puis plus tenir, il m'arrache des larmes,
Et ses tendres propos me font rendre les armes.

MYRTIL. Que si dans votre cœur un reste d'amitié
Vous peut de mon destin donner quelque pitié,
Accordez Mélicerte à mon ardente envie,
Et vous ferez bien plus que me donner la vie.

LICARSIS. Lève-toi.

MYRTIL. Serez-vous sensible à mes soupirs?

LICARSIS. Oui.
MYRTIL. J'obtiendrai de vous l'objet de mes désirs?
LICARSIS. Oui.
MYRTIL. Vous ferez pour moi que son oncle l'oblige
A me donner sa main?
LICARSIS. Oui. Lève-toi, te dis-je.
MYRTIL. O père le meilleur qui jamais ait été!
Que je baise vos mains après tant de bonté.
LICARSIS. Ah! que pour ses enfants un père a de faiblesse!
Peut-on rien refuser à leurs mots de tendresse?
Et ne se sent-on pas certains mouvements doux,
Quand on vient à songer que cela sort de vous?
MYRTIL. Me tiendrez-vous au moins la parole avancée?
Ne changerez-vous point, dites-moi, de pensée?
LICARSIS. Non.
MYRTIL. Me permettez-vous de vous désobéir,
Si de ces sentiments on vous fait revenir?
Prononcez le mot.
LICARSIS. Oui. Ah! nature, nature!
Je m'en vais trouver Mopse, et lui faire ouverture
De l'amour que sa nièce et toi vous vous portez.
MYRTIL. Ah! que ne dois-je point à vos rares bontés!
(*Seul.*)
Quelle heureuse nouvelle à dire à Mélicerte!
Je n'accepterais pas une couronne offerte,
Pour le plaisir que j'ai de courir lui porter
Ce merveilleux succès qui la doit contenter.

SCÈNE VI.

ACANTE, TIRÈNE, MYRTIL.

ACANTE. Ah! Myrtil, vous avez du ciel reçu des charmes
Qui nous ont préparé des matières de larmes;
Et leur naissant éclat, fatal à nos ardeurs,
De ce que nous aimons nous enlève les cœurs.
TIRÈNE. Peut-on savoir, Myrtil, vers qui de ces deux belles
Vous tournerez ce choix dont courent les nouvelles,
Et sur qui doit de nous tomber ce coup affreux
Dont se voit foudroyé tout l'espoir de nos vœux?
ACANTE. Ne faites point languir deux amants davantage,
Et nous dites quel sort votre cœur nous partage.
TIRÈNE. Il vaut mieux, quand on craint ces malheurs éclatants,
En mourir tout d'un coup que traîner si longtemps.
MYRTIL. Rendez, nobles bergers, le calme à votre flamme;
La belle Mélicerte a captivé mon âme.
Auprès de cet objet mon sort est assez doux,
Pour ne pas consentir à rien prendre sur vous;
Et si vos vœux enfin n'ont que les miens à craindre,
Vous n'aurez, l'un ni l'autre, aucun lieu de vous plaindre.

ACTE II.

ACANTE. Ah! Myrtil, se peut-il que deux tristes amants...
TIRÈNE. Est-il vrai que le ciel, sensible à nos tourments...
MYRTIL. Oui : content de mes fers comme d'une victoire,
Je me suis excusé de ce choix plein de gloire;
J'ai de mon père encor changé les volontés,
Et l'ai fait consentir à mes félicités.
ACANTE *à Tirène.* Ah! que cette aventure est un charmant miracle!
Et qu'à notre poursuite elle ôte un grand obstacle!
TIRÈNE *à Acante.* Elle peut renvoyer ces nymphes à nos vœux,
Et nous donner moyen d'être contents tous deux.

SCÈNE VII.
NICANDRE, MYRTIL, ACANTE, TIRÈNE.

NICANDRE. Savez-vous en quel lieu Mélicerte est cachée?
MYRTIL. Comment?
NICANDRE. En diligence elle est partout cherchée.
MYRTIL. Et pourquoi?
NICANDRE. Nous allons perdre cette beauté.
C'est pour elle qu'ici le roi s'est transporté;
Avec un grand seigneur on dit qu'il la marie.
MYRTIL. O ciel! expliquez-moi ce discours, je vous prie.
NICANDRE. Ce sont des incidents grands et mystérieux.
Oui, le roi vient chercher Mélicerte en ces lieux;
Et l'on dit qu'autrefois feu Bélise sa mère,
Dont tout Tempé croyait que Mopse était le frère...
Mais je me suis chargé de la chercher partout :
Vous saurez tout cela tantôt de bout en bout.
MYRTIL. Ah! dieux! quelle rigueur! Hé! Nicandre, Nicandre!
ACANTE. Suivons aussi ses pas, afin de tout apprendre.

FIN DE MÉLICERTE.

PASTORALE COMIQUE,
1666.

PERSONNAGES DE LA PASTORALE.

IRIS, bergère.
LYCAS, riche pasteur, amant d'Iris.
PHILÈNE, riche pasteur, amant d'Iris.
CORYDON, berger, confident de Lycas, amant d'Iris.
UN PATRE, ami de Philène.
UN BERGER.

PERSONNAGES DU BALLET.

MAGICIENS dansants.
MAGICIENS chantants.
DÉMONS dansants.
PAYSANS.
UNE ÉGYPTIENNE chantant et dansant.
ÉGYPTIENS dansants.

La scène est en Thessalie, dans un hameau de la vallée de Tempé.

PASTORALE COMIQUE

SCÈNE I.
LYCAS, CORYDON.

SCÈNE II.
LYCAS, MAGICIENS *chantants et dansants*, DÉMONS.

PREMIÈRE ENTRÉE DE BALLET.

(*Deux magiciens commencent, en dansant, un enchantement pour embellir Lycas : ils frappent la terre avec leurs baguettes, et en font sortir six démons qui se joignent à eux. Trois magiciens sortent aussi de dessous terre.*)

TROIS MAGICIENS CHANTANTS. Déesse des appas,
　　Ne nous refuse pas
　　La grâce qu'implorent nos bouches.
　　Nous t'en prions par tes rubans,
　　Par tes boucles de diamants,
　　Ton rouge, ta poudre, tes mouches,
　　Ton masque, ta coiffe et tes gants.

UN MAGICIEN *seul*. O toi qui peux rendre agréables
　　Les visages les plus mal faits,
　　Répands, Vénus, de tes attraits
　　Deux ou trois doses charitables
　　Sur ce museau tondu tout frais.

TROIS MAGICIENS CHANTANTS. Déesse des appas,
　　Ne nous refuse pas
　　La grâce qu'implorent nos bouches.
　　Nous t'en prions par tes rubans,
　　Par tes boucles de diamants,
　　Ton rouge, ta poudre, tes mouches,
　　Ton masque, ta coiffe et tes gants.

DEUXIÈME ENTRÉE DE BALLET.

(*Les six démons dansants habillent Lycas d'une manière ridicule et bizarre.*)

LES TROIS MAGICIENS CHANTANTS. Ah! qu'il est beau
　　Le jouvenceau!
　　Ah! qu'il est beau! ah! qu'il est beau!
　　Qu'il va faire mourir de belles!
　　Auprès de lui les plus cruelles

Ne pourront tenir dans leur peau.
  Ah! qu'il est beau
  Le jouvenceau!
Ah! qu'il est beau! ah! qu'il est beau!
Ho! ho! ho! ho! ho! ho! ho! ho!

TROISIÈME ENTRÉE DE BALLET.

(*Les magiciens et les démons continuent leurs danses, tandis que les trois magiciens chantants continuent à se moquer de Lycas.*)

LES TROIS MAGICIENS CHANTANTS. Qu'il est joli,
  Gentil, poli!
Qu'il est joli! qu'il est joli!
Est-il des yeux qu'il ne ravisse?
Il passe en beauté feu Narcisse,
Qui fut un blondin accompli.
  Qu'il est joli,
  Gentil, poli!
Qu'il est joli! qu'il est joli!
Hi, hi, hi, hi, hi, hi, hi, hi.

(*Les trois magiciens chantants s'enfoncent dans la terre, et les magiciens dansants disparaissent.*)

SCÈNE III.

LYCAS, PHILÈNE.

PHILÈNE, *sans voir Lycas, chante.*
Paissez, chères brebis, les herbettes naissantes;
Ces prés et ces ruisseaux ont de quoi vous charmer:
Mais si vous désirez vivre toujours contentes,
  Petites innocentes,
  Gardez-vous bien d'aimer.
LYCAS *sans voir Philène.*
(*Ce pasteur, voulant faire des vers pour sa maîtresse, prononce le nom d'Iris assez haut pour que Philène l'entende.*)
PHILÈNE *à Lycas.* Est-ce toi que j'entends, téméraire? Est-ce toi
Qui nommes la beauté qui me tient sous sa loi?
LYCAS.   Oui, c'est moi; oui, c'est moi.
PHILÈNE. Oses-tu bien, en aucune façon,
  Proférer ce beau nom?
LYCAS.   Hé! pourquoi non? hé! pourquoi non?
PHILÈNE. Iris charme mon âme;
  Et qui pour elle aura
  Le moindre brin de flamme,
  Il s'en repentira.
LYCAS.   Je me moque de cela,
  Je me moque de cela.

PHILÈNE.   Je t'étranglerai, mangerai,
Si tu nommes jamais ma belle.
Ce que je dis, je le ferai,
Je t'étranglerai, mangerai;
Il suffit que j'en ai juré.
Quand les dieux prendraient ta querelle,
Je t'étranglerai, mangerai,
Si tu nommes jamais ma belle.

LYCAS.   Bagatelle, bagatelle.

SCÈNE IV.
IRIS, LYCAS.

SCÈNE V.
LYCAS, UN PATRE.

(*Le pâtre apporte à Lycas un cartel de la part de Philène.*)

SCÈNE VI.
LYCAS, CORYDON.

SCÈNE VII.
PHILÈNE, LYCAS.

PHILÈNE *chante*.   Arrête, malheureux;
Tourne, tourne visage,
Et voyons qui des deux
Obtiendra l'avantage.
(*Lycas hésite à se battre.*)

PHILÈNE.   C'est par trop discourir;
Allons, il faut mourir.

SCÈNE VIII.
PHILÈNE, LYCAS, PAYSANS.

(*Les paysans viennent pour séparer Philène et Lycas.*)

QUATRIÈME ENTRÉE DE BALLET.

(*Les paysans prennent querelle en voulant séparer les deux pasteurs, et dansent en se battant.*)

SCÈNE IX.
CORYDON, LYCAS, PHILÈNE, PAYSANS.

(*Corydon, par ses discours, trouve moyen d'apaiser la querelle des paysans.*)

CINQUIÈME ENTRÉE DE BALLET

(Les paysans réconciliés dansent ensemble.)

SCÈNE X.

CORYDON, LYCAS, PHILÈNE.

SCÈNE XI.

IRIS, CORYDON.

SCÈNE XII.

PHILÈNE, LYCAS, IRIS, CORYDON.

(Lycas et Philène, amants de la bergère, la pressent de décider lequel des deux aura la préférence.)

PHILÈNE à *Iris*. N'attendez pas qu'ici je me vante moi-même
Pour le choix que vous balancez;
Vous avez des yeux, je vous aime :
C'est vous en dire assez.

(La bergère décide en faveur de Corydon.)

SCÈNE XIII.

PHILÈNE, LYCAS.

PHILÈNE *chante*. Hélas! peut-on sentir de plus vive douleur?
Nous préférer un servile pasteur!
O ciel!
LYCAS *chante*. O sort!
PHILÈNE. Quelle rigueur!
LYCAS. Quel coup!
PHILÈNE. Quoi! tant de pleurs...
LYCAS. Tant de persévérance...
PHILÈNE. Tant de langueur...
LYCAS. Tant de souffrance...
PHILÈNE. Tant de vœux...
LYCAS. Tant de soins...
PHILÈNE. Tant d'ardeur...
LYCAS. Tant d'amour...
PHILÈNE. Avec tant de mépris sont traités en ce jour!
Ah! cruelle!
LYCAS. Cœur dur!
PHILÈNE. Tigresse!
LYCAS. Inexorable!
PHILÈNE. Inhumaine!

SCÈNE XV.

LYCAS. Insensible!
PHILÈNE. Ingrate!
LYCAS. Impitoyable!
PHILÈNE. Tu veux donc nous faire mourir!
Il te faut contenter.
LYCAS. Il te faut obéir.
PHILÈNE *tirant son javelot.* Mourons, Lycas.
LYCAS *tirant son javelot.* Mourons, Philène.
PHILÈNE. Avec ce fer finissons notre peine.
LYCAS. Pousse.
PHILÈNE. Ferme!
LYCAS. Courage!
PHILÈNE. Allons, va le premier.
LYCAS. Non, je veux marcher le dernier.
PHILÈNE. Puisque même malheur aujourd'hui nous assemble,
Allons, partons ensemble.

SCÈNE XIV.

UN BERGER, LYCAS, PHILÈNE.

LE BERGER *chante.* Ah! quelle folie
De quitter la vie
Pour une beauté
Dont on est rebuté!
On peut, pour un objet aimable,
Dont le cœur nous est favorable,
Vouloir perdre la clarté;
Mais quitter la vie
Pour une beauté
Dont on est rebuté,
Ah! quelle folie!

SCÈNE XV.

UNE ÉGYPTIENNE, ÉGYPTIENS *dansants.*

L'ÉGYPTIENNE. D'un pauvre cœur
Soulagez le martyre;
D'un pauvre cœur
Soulagez la douleur.
J'ai beau vous dire
Ma vive ardeur,
Je vous vois rire
De ma langueur :
Ah! cruel, j'expire
Sous tant de rigueur!
D'un pauvre cœur
Soulagez le martyre;

D'un pauvre cœur
Soulagez la douleur.

SIXIÈME ENTRÉE DE BALLET.

(Douze Egyptiens, dont quatre jouent de la guitare, quatre des castagnettes, quatre des gnacares, dansent avec l'Egyptienne aux chansons qu'elle chante.)

L'ÉGYPTIENNE. Croyez-moi, hâtons-nous, ma Sylvie,
Usons bien des moments précieux,
Contentons ici notre envie;
De nos ans le feu nous y convie :
Nous ne saurions, vous et moi, faire mieux.
Quand l'hiver a glacé nos guérets,
Le printemps vient reprendre sa place,
Et ramène à nos champs leurs attraits;
Mais, hélas! quand l'âge nous glace,
Nos beaux jours ne reviennent jamais.
Ne cherchons tous les jours qu'à nous plaire;
Soyons-y l'un et l'autre empressés;
Du plaisir faisons notre affaire :
Des chagrins songeons à nous défaire,
Il vient un temps où l'on en prend assez.
Quand l'hiver a glacé nos guérets,
Le printemps vient reprendre sa place,
Et ramène à nos champs leurs attraits;
Mais, hélas! quand l'âge nous glace,
Nos beaux jours ne reviennent jamais.

FIN DE LA PASTORALE COMIQUE.

LES AMANTS MAGNIFIQUES,
COMÉDIE-BALLET EN CINQ ACTES.
1670.

NOTICE SUR LES AMANTS MAGNIFIQUES.

Ce fut Louis XIV qui indiqua à Molière le sujet de cette comédie-ballet, jouée à Saint-Germain-en-Laye au mois de février 1670, et le 15 octobre de la même année à Paris, sur le théâtre de la rue Guénégaud. Molière remplit le rôle de Clitidas, et sa femme celui d'Eriphile. Quoique les caractères de l'astrologue et du fou ne soient pas dénués d'originalité, Molière avait condamné cet ouvrage de commande, qui ne fut imprimé qu'après sa mort. Dancourt essaya vainement de le remettre au théâtre avec quelques changements.

ÉMILE DE LA BÉDOLLIÈRE.

PERSONNAGES DE LA COMEDIE.

ARISTIONE, princesse, mère d'Ériphile.
ÉRIPHILE, fille de la princesse.
IPHICRATE, prince, amant d'Ériphile.
TIMOCLÈS, prince, amant d'Ériphile.
SOSTRATE, général d'armée, amant d'Ériphile.
CLÉONICE, confidente d'Ériphile.
ANAXARQUE, astrologue.
CLÉON, fils d'Anaxarque.
CHORÈBE, suivant d'Aristione.
CLITIDAS, plaisant de cour.
Une fausse VÉNUS, d'intelligence avec Anaxarque.

PERSONNAGES DES INTERMÈDES.

PREMIER INTERMÈDE.

ÉOLE.
Tritons chantants.
Fleuves chantants.
Amours chantants.
Pécheurs de corail dansants.
NEPTUNE.
Six dieux marins dansants.

DEUXIÈME INTERMÈDE.

Trois pantomimes dansants.

TROISIÈME INTERMEDE.

La Nymphe de la vallée de Tempé.

PERSONNAGES DE LA PASTORALE EN MUSIQUE.

TIRCIS, berger, amant de Caliste.
CALISTE, bergère.
LICASTE, berger, ami de Tircis.
MÉNANDRE, berger, ami de Tircis.
PREMIER SATYRE, amant de Caliste.
SECOND SATYRE, amant de Caliste.
SIX DRYADES dansantes.
SIX FAUNES dansants.
CLIMÈNE, bergère.
PHILÈNE, berger.
TROIS PETITES DRYADES dansantes.
TROIS PETITS FAUNES dansants.

QUATRIÈME INTERMÈDE.

HUIT STATUES qui dansent.

CINQUIÈME INTERMÈDE

QUATRE PANTOMIMES dansants.

SIXIÈME INTERMÈDE.

Fête des jeux pythiens.

LA PRÊTRESSE.
DEUX SACRIFICATEURS chantants.
SIX MINISTRES DU SACRIFICE, portant des haches, dansants.
CHŒUR DE PEUPLES.
SIX VOLTIGEURS, sautant sur des chevaux de bois.
QUATRE CONDUCTEURS D'ESCLAVES dansants.
HUIT ESCLAVES dansants.
QUATRE HOMMES ARMÉS A LA GRECQUE.
QUATRE FEMMES ARMÉES A LA GRECQUE.
UN HÉRAUT.
SIX TROMPETTES.
UN TIMBALIER.
APOLLON.
SUIVANTS D'APOLLON dansants.

La scène est en Thessalie, dans la vallée de Tempé.

LES AMANTS MAGNIFIQUES.

PREMIER INTERMÈDE.

Le théâtre représente une vaste mer, bordée de chaque côté de quatre grands rochers, dont le sommet de chacun porte un fleuve appuyé sur une urne. Au pied de ces rochers sont douze tritons, et, dans le milieu de la mer, quatre amours sur des dauphins : Éole est élevé au-dessus des ondes sur un nuage.

SCÈNE I.
ÉOLE, FLEUVES, TRITONS, AMOURS.

ÉOLE.   Vents qui troublez les plus beaux jours,
    Rentrez dans vos grottes profondes;
    Et laissez régner sur les ondes
    Les zéphirs et les amours.

SCÈNE II.

La mer se calme, et, du milieu des ondes, on voit s'élever une ville. Huit pêcheurs sortent du fond de la mer avec des nacres de perles et des branches de corail.

ÉOLE, FLEUVES, TRITONS, AMOURS, PÊCHEURS DE CORAIL.

UN TRITON. Quels beaux yeux ont percé nos demeures humides?
    Venez, venez, tritons; cachez-vous, néréides.
CHOEUR DE TRITONS. Allons tous au-devant de ces divinités;
    Et rendons par nos chants hommage à leurs beautés.
UN AMOUR.   Ah! que ces princesses sont belles!
UN AUTRE AMOUR. Quels sont les cœurs qui ne s'y rendraient pas?
UN AUTRE AMOUR. La plus belle des immortelles,
    Notre mère, a bien moins d'appas.
CHOEUR. Allons tous au-devant de ces divinités;
    Et rendons par nos chants hommage à leurs beautés.

PREMIÈRE ENTRÉE DE BALLET.

Les pêcheurs forment une danse, après laquelle ils vont se placer chacun sur un rocher au-dessous d'un fleuve.

UN TRITON.   Quel noble spectacle s'avance?

Neptune le grand dieu, Neptune, avec sa cour,
Vient honorer ce beau séjour
De son auguste présence.

CHOEUR. Redoublons nos concerts,
Et faisons retentir dans le vague des airs
Notre réjouissance.

SCÈNE III.

NEPTUNE, DIEUX MARINS, ÉOLE, TRITONS, FLEUVES, AMOURS, PÊCHEURS.

DEUXIÈME ENTRÉE DE BALLET.

Neptune danse avec sa suite. Les Tritons, les fleuves et les pêcheurs accompagnent ses pas de gestes différents et de bruits de conques de perles.

VERS POUR LE ROI REPRÉSENTANT NEPTUNE.

Le ciel, entre les dieux les plus considérés,
Me donne pour partage un rang considérable,
Et, me faisant régner sur des flots azurés,
Rend à tout l'univers mon pouvoir redoutable.

Il n'est aucune terre, à me bien regarder,
Qui ne doive trembler que je ne m'y répande;
Point d'Etats qu'à l'instant je ne puisse inonder
Des flots impétueux que mon pouvoir commande.

Rien n'en peut arrêter le fier débordement;
Et d'une triple digue à leur force opposée
On les verrait forcer le ferme empêchement,
Et se faire en tous lieux une ouverture aisée.

Mais je sais retenir la fureur de ces flots
Par la sage équité du pouvoir que j'exerce,
Et laisser en tous lieux, au gré des matelots,
La douce liberté d'un paisible commerce.

On trouve des écueils parfois dans mes États,
On voit quelques vaisseaux y périr par l'orage;
Mais contre ma puissance on n'en murmure pas,
Et chez moi la vertu ne fait jamais naufrage.

POUR M. LE GRAND, REPRÉSENTANT UN DIEU MARIN.

L'empire où nous vivons est fertile en trésors,

Tous les mortels en foule accourent sur ses bords;
Et, pour faire bientôt une haute fortune,
Il ne faut rien qu'avoir la faveur de Neptune.

POUR LE MARQUIS DE VILLEROI, REPRÉSENTANT UN DIEU MARIN.

Sur la foi de ce dieu de l'empire flottant
On peut bien s'embarquer avec toute assurance :
Les flots ont de l'inconstance,
Mais le Neptune est constant.

POUR LE MARQUIS DE RASSENT, REPRÉSENTANT UN DIEU MARIN.

Voguez sur cette mer d'un zèle inébranlable
C'est le moyen d'avoir Neptune favorable.

ACTE PREMIER.

SCÈNE I.
SOSTRATE, CLITIDAS.

CLITIDAS *à part.* — Il est attaché à ses pensées.
SOSTRATE *se croyant seul.* — Non, Sostrate, je ne vois rien où tu puisses avoir recours; et tes maux sont d'une nature à ne te laisser nulle espérance d'en sortir.
CLITIDAS *à part.* — Il raisonne tout seul.
SOSTRATE *se croyant seul.* — Hélas!
CLITIDAS *à part.* — Voilà des soupirs qui veulent dire quelque chose, et ma conjecture se trouvera véritable.
SOSTRATE *se croyant seul.* — Sur quelles chimères, dis-moi, pourrais-tu bâtir quelque espoir? et que peux-tu envisager, que l'affreuse longueur d'une vie malheureuse, et des ennuis à ne finir que par la mort?
CLITIDAS *à part.*— Cette tête-là est plus embarrassée que la mienne.
SOSTRATE *se croyant seul.* — Ah! mon cœur! ah! mon cœur! où m'avez-vous jeté?
CLITIDAS. — Serviteur, seigneur Sostrate.
SOSTRATE. — Où vas-tu, Clitidas?
CLITIDAS. — Mais vous, plutôt, que faites-vous ici? et quelle secrète mélancolie, quelle humeur sombre, s'il vous plaît, vous peut retenir dans ces bois, tandis que tout le monde a couru en foule à la magnificence de la fête dont l'amour du prince Iphicrate vient de régaler sur la mer la promenade des princesses, tandis qu'elles y ont reçu des cadeaux merveilleux de musique et de danse, et qu'on a vu les rochers et les ondes se parer de divinités pour faire honneur à leurs attraits?

SOSTRATE. — Je me figure assez, sans la voir, cette magnificence; et tant de gens d'ordinaire s'empressent à porter de la confusion dans ces sortes de fêtes, que j'ai cru à propos de ne pas augmenter le nombre des importuns.

CLITIDAS. — Vous savez que votre présence ne gâte jamais rien, et que vous n'êtes point de trop en quelque lieu que vous soyez. Votre visage est bienvenu partout, et il n'a garde d'être de ces visages disgraciés qui ne sont jamais bien reçus des regards souverains. Vous êtes également bien auprès des deux princesses; et la mère et la fille vous font assez connaître l'estime qu'elles font de vous pour n'appréhender pas de fatiguer leurs yeux; et ce n'est pas cette crainte enfin qui vous a retenu.

SOSTRATE. — J'avoue que je n'ai pas naturellement grande curiosité pour ces sortes de choses.

CLITIDAS. — Mon Dieu! quand on n'aurait nulle curiosité pour les choses, on en a toujours pour aller où l'on trouve tout le monde; et, quoi que vous puissiez dire, on ne demeure point tout seul pendant une fête à rêver parmi des arbres comme vous faites, à moins d'avoir en tête quelque chose qui vous embarrasse.

SOSTRATE. — Que voudrais-tu que j'y pusse avoir?

CLITIDAS. — Ouais! je ne sais d'où cela vient; mais il sent ici l'amour. Ce n'est pas moi. Ah! par ma foi, c'est vous.

SOSTRATE. — Que tu es fou, Clitidas!

CLITIDAS. — Je ne suis point fou. Vous êtes amoureux; j'ai le nez délicat, et j'ai senti cela d'abord.

SOSTRATE. — Sur quoi prends-tu cette pensée?

CLITIDAS. — Sur quoi? Vous seriez bien étonné si je vous disais encore de qui vous êtes amoureux.

SOSTRATE. — Moi?

CLITIDAS. — Oui. Je gage que je vais deviner tout à l'heure celle que vous aimez. J'ai mes secrets aussi bien que notre astrologue dont la princesse Aristione est entêtée; et s'il a la science de lire dans les astres la fortune des hommes, j'ai celle de lire dans les yeux le nom des personnes qu'on aime. Tenez-vous un peu et ouvrez les yeux. E, par soi, é; r, i, ri, éri; p, h, i, phi; ériphi; l, e, le; Eriphile. Vous êtes amoureux de la princesse Eriphile.

SOSTRATE. — Ah! Clitidas, j'avoue que je ne puis cacher mon trouble; et tu me frappes d'un coup de foudre.

CLITIDAS. — Vous voyez si je suis savant!

SOSTRATE. — Hélas! si par quelque aventure tu as pu découvrir le secret de mon cœur, je te conjure au moins de ne le révéler à qui que ce soit, et surtout de le tenir caché à la belle princesse dont tu viens de dire le nom.

CLITIDAS. — Et, sérieusement parlant, si dans vos actions j'ai bien pu connaître depuis un temps la passion que vous voulez tenir secrète, pensez-vous que la princesse Eriphile puisse avoir manqué de lumières pour s'en apercevoir? Les belles, croyez-moi, sont toujours les plus clairvoyantes à découvrir les ardeurs qu'elles causent; et le langage des yeux et des soupirs se fait entendre, mieux qu'à toute autre, à celle à qui il s'adresse.

SOSTRATE. — Laissons-la, Clitidas, laissons-la voir, si elle peut, dans mes soupirs et mes regards d'amour que ses charmes m'inspirent; mais gardons bien que par nulle autre voie elle en apprenne jamais rien.

CLITIDAS. — Et qu'appréhendez-vous? Est-il possible que ce même Sostrate, qui n'a pas craint ni Brennus ni tous les Gaulois, et dont le bras a si glorieusement contribué à nous défaire de ce déluge de barbares qui ravageaient la Grèce; est-il possible, dis-je, qu'un homme si assuré dans la guerre soit si timide en amour, et que je le voie trembler à dire seulement qu'il aime?

SOSTRATE. — Ah! Clitidas, je tremble avec raison; et tous les Gaulois du monde ensemble sont bien moins redoutables que deux beaux yeux pleins de charmes.

CLITIDAS. — Je ne suis pas de cet avis; et je sais bien pour moi qu'un seul Gaulois l'épée à la main me ferait beaucoup plus trembler que cinquante beaux yeux ensemble les plus charmants du monde. Mais, dites-moi un peu, qu'espérez-vous faire?

SOSTRATE. — Mourir, sans déclarer ma passion.

CLITIDAS. — L'espérance est belle! Allez, allez, vous vous moquez; un peu de hardiesse réussit toujours aux amants : il n'y a en amour que les honteux qui perdent; et je dirais ma passion à une déesse, moi, si j'en devenais amoureux.

SOSTRATE. — Trop de choses, hélas! condamnent mes feux à un éternel silence.

CLITIDAS. — Et quoi?

SOSTRATE. — La bassesse de ma fortune, dont il plaît au ciel de rabattre l'ambition de mon amour; le rang de la princesse, qui met entre elle et mes désirs une distance si fâcheuse; la concurrence de deux princes appuyés de tous les grands titres qui peuvent soutenir les prétentions de leurs flammes; de deux princes qui, par mille et mille magnificences, se disputent à tous moments la gloire de sa conquête, et sur l'amour de qui l'on attend tous les jours de voir son choix se déclarer; mais plus que tout, Clitidas, le respect inviolable où ses beaux yeux assujettissent toute la violence de mon ardeur.

CLITIDAS. — Le respect bien souvent n'oblige pas tant que l'amour; et je me trompe fort, ou la jeune princesse a connu votre flamme et n'y est pas insensible.

SOSTRATE. — Ah! ne t'avise point de vouloir flatter par pitié le cœur d'un misérable.

CLITIDAS. — Ma conjecture est bien fondée. Je lui vois reculer beaucoup le choix de son époux, et je veux éclaircir un peu cette petite affaire-là. Vous savez que je suis auprès d'elle en quelque espèce de faveur, que j'y ai les accès ouverts, et qu'à force de me tourmenter je me suis acquis le privilége de me mêler à la conversation et de parler à tort et à travers de toutes choses. Quelquefois cela ne me réussit pas, mais quelquefois aussi cela me réussit. Laissez-moi faire, je suis de vos amis, les gens de mérite me touchent, et je veux prendre mon temps pour entretenir la princesse de...

SOSTRATE. — Ah! de grâce, quelque bonté que mon malheur t'inspire, garde-toi bien de lui rien dire de ma flamme. J'aimerais mieux mourir que de pouvoir être accusé par elle de la moindre témérité; et ce profond respect où ses charmes divins....

CLITIDAS. — Taisons-nous, voici tout le monde.

SCÈNE II.

ARISTIONE, IPHICRATE, TIMOCLÈS, SOSTRATE, ANAXARQUE, CLÉON, CLITIDAS.

ARISTIONE *à Iphicrate.* — Prince, je ne puis me lasser de le dire, il n'est point de spectacle au monde qui puisse le disputer en magnificence à celui que vous venez de nous donner. Cette fête a eu des ornements qui l'emportent sans doute sur tout ce que l'on saurait voir; et elle vient de produire à nos yeux quelque chose de si noble, de si grand et de si majestueux, que le ciel même ne saurait aller au delà; et je puis dire assurément qu'il n'y a rien dans l'univers qui s'y puisse égaler.

TIMOCLÈS. — Ce sont des ornements dont on ne peut pas espérer que toutes les fêtes soient embellies; et je dois fort trembler, madame, pour la simplicité du petit divertissement que je m'apprête à vous donner dans le bois de Diane.

ARISTIONE. — Je crois que nous n'y verrons rien que de fort agréable; et, certes, il faut avouer que la campagne a lieu de nous paraître belle, et que nous n'avons pas le temps de nous ennuyer dans cet agréable séjour qu'ont célébré tous les poëtes sous le nom de Tempé. Car enfin, sans parler des plaisirs de la chasse que nous y prenons à toute heure, et de la solennité des jeux pythiens que l'on y célèbre tantôt, vous prenez soin l'un et l'autre de nous y combler de tous les divertissements qui peuvent charmer les chagrins les plus mélancoliques. D'où vient, Sostrate, qu'on ne vous a point vu dans notre promenade?

SOSTRATE. — Une petite indisposition, madame, m'a empêché de m'y trouver.

IPHICRATE. — Sostrate est de ces gens, madame, qui croient qu'il ne sied pas bien d'être curieux comme les autres, et qu'il est beau d'affecter de ne pas courir où tout le monde court.

SOSTRATE. — Seigneur, l'affectation n'a guère de part à tout ce que je fais; et, sans vous faire compliment, il y avait des choses à voir dans cette fête qui pouvaient m'attirer, si quelque autre motif ne m'avait retenu.

ARISTIONE. — Et Clitidas a-t-il vu cela?

CLITIDAS. — Oui, madame, mais du rivage.

ARISTIONE. — Et pourquoi du rivage?

CLITIDAS. — Ma foi, madame, j'ai craint quelqu'un des accidents qui arrivent d'ordinaire dans ces confusions. Cette nuit j'ai songé de poisson mort et d'œufs cassés; et j'ai appris du seigneur Anaxarque que les œufs cassés et le poisson mort signifient malencontre.

ANAXARQUE. — Je remarque une chose, que Clitidas n'aurait rien à dire s'il ne parlait de moi.

CLITIDAS. — C'est qu'il y a tant de choses à dire de vous, qu'on n'en saurait parler assez.

ANAXARQUE. — Vous pourriez prendre d'autres matières, puisque je vous en ai prié.

CLITIDAS. — Le moyen? Ne dites-vous pas que l'ascendant est plus fort que tout? et s'il est écrit dans les astres que je sois enclin à parler de vous, comment voulez-vous que je résiste à ma destinée?

ANAXARQUE. — Avec tout le respect, madame, que je vous dois, il y a une chose qui est fâcheuse dans votre cour, que tout le monde y prenne la liberté de parler, et que le plus honnête homme y soit exposé aux railleries du premier méchant plaisant.

CLITIDAS. — Je vous rends grâce de l'honneur...

ARISTIONE *à Anaxarque.* — Que vous êtes fou de vous chagriner de ce qu'il dit!

CLITIDAS. — Avec tout le respect que je dois à madame, il y a une chose qui m'étonne dans l'astrologie, que des gens qui savent tous les secrets des dieux, et qui possèdent des connaissances à se mettre au-dessus de tous les hommes, aient besoin de faire leur cour et de demander quelque chose.

ANAXARQUE. — Vous devriez gagner un peu mieux votre argent et donner à madame de meilleures plaisanteries.

CLITIDAS. — Ma foi, on les donne telles qu'on peut. Vous en parlez fort à votre aise, et le métier de plaisant n'est pas comme celui d'astrologue. Bien mentir et bien plaisanter sont deux choses fort différentes, et il est bien plus facile de tromper les gens que de les faire rire.

ARISTIONE. — Hé! qu'est-ce donc que cela veut dire?

CLITIDAS *se parlant à lui-même.* — Paix, impertinent que vous êtes; ne savez-vous pas bien que l'astrologie est une affaire d'État, et qu'il ne faut point toucher à cette corde-là? Je vous l'ai dit plusieurs fois, vous vous émancipez trop, et vous prenez de certaines libertés qui vous joueront un mauvais tour, je vous en avertis. Vous verrez qu'un de ces jours on vous donnera du pied au cul et qu'on vous chassera comme un faquin. Taisez-vous, si vous êtes sage.

ARISTIONE. — Où est ma fille?

TIMOCLÈS. — Madame, elle s'est écartée; et je lui ai présenté une main qu'elle a refusé d'accepter.

ARISTIONE. — Princes, puisque l'amour que vous avez pour Ériphile a bien voulu se soumettre aux lois que j'ai voulu vous imposer, puisque j'ai su obtenir de vous que vous fussiez rivaux sans devenir ennemis, et qu'avec pleine soumission aux sentiments de ma fille vous attendez un choix dont je l'ai faite seule maîtresse, ouvrez-moi tous deux le fond de votre âme, et me dites sincèrement quel progrès vous croyez l'un et l'autre avoir fait sur son cœur.

TIMOCLÈS. — Madame, je ne suis point pour me flatter; j'ai fait ce que j'ai pu pour toucher le cœur de la princesse Ériphile, et je m'y suis pris, que je crois, de toutes les tendres manières dont un amant se peut servir; je lui ai fait des hommages soumis de tous mes vœux, j'ai montré des assiduités; j'ai rendu des soins chaque jour; j'ai fait chanter ma passion aux voix les plus touchantes, et l'ai fait exprimer en vers aux plumes les plus délicates; je me suis plaint de mon martyre en des termes passionnés; j'ai fait dire à mes yeux, aussi bien qu'à ma bouche, le désespoir de mon amour; j'ai poussé à ses pieds des soupirs languissants; j'ai même répandu des larmes : mais tout cela inutilement; et je n'ai point connu qu'elle ait dans l'âme aucun ressentiment de mon ardeur.

ARISTIONE. — Et vous, prince?

IPHICRATE. — Pour moi, madame, connaissant son indifférence et le peu de cas qu'elle fait des devoirs qu'on lui rend, je n'ai voulu perdre auprès d'elle ni plaintes, ni soupirs, ni larmes. Je sais qu'elle est toute soumise à vos volontés, et que ce n'est que de votre main seule qu'elle voudra prendre un époux : aussi n'est-ce qu'à vous que je m'adresse pour l'obtenir, à vous plutôt qu'à elle que je rends tous mes soins et tous mes hommages. Et plût au ciel, madame, que vous eussiez pu vous résoudre à tenir sa place, que vous eussiez voulu jouir des conquêtes que vous lui faites et recevoir pour vous les vœux que vous lui renvoyez!

ARISTIONE. — Prince, le compliment est d'un amant adroit, et vous avez entendu dire qu'il fallait cajoler les mères pour obtenir les filles; mais ici, par malheur, tout cela devient inutile, et je me suis engagée à laisser le choix tout entier à l'inclination de ma fille.

IPHICRATE. — Quelque pouvoir que vous lui donniez pour ce choix, ce n'est point compliment, madame, que ce que je vous dis. Je ne recherche la princesse Ériphile que parce qu'elle est votre sang; je la trouve charmante par tout ce qu'elle tient de vous, et c'est vous que j'adore en elle.

ARISTIONE. — Voilà qui est fort bien.

IPHICRATE. — Oui, madame, toute la terre voit en vous des attraits et des charmes que je...

ARISTIONE. — De grâce, prince, ôtons ces charmes et ces attraits : vous savez que ce sont des mots que je retranche des compliments qu'on me veut faire. Je souffre qu'on me loue de ma sincérité; qu'on dise que je suis une bonne princesse, que j'ai de la parole pour tout le monde, de la chaleur pour mes amis et de l'estime pour le mérite et la vertu; je puis tâter de tout cela : mais pour les douceurs de charmes et d'attraits, je suis bien aise qu'on ne m'en serve point; et quelque vérité qui s'y pût rencontrer, on doit faire quelque scrupule d'en goûter la louange quand on est mère d'une fille comme la mienne.

IPHICRATE. — Ah! madame, c'est vous qui voulez être mère malgré tout le monde; il n'est point d'yeux qui ne s'y opposent; et, si vous le vouliez, la princesse Ériphile ne serait que votre sœur.

ARISTIONE. — Mon Dieu! prince, je ne donne point dans tous ces galimatias où donnent la plupart des femmes; je veux être mère parce que je le suis; et ce serait en vain que je ne le voudrais pas être. Ce titre n'a rien qui me choque, puisque de mon consentement je me suis exposée à le recevoir. C'est un faible de notre sexe dont, grâce au ciel, je suis exempte; et je ne m'embarrasse point de ces grandes disputes d'âge sur quoi nous voyons tant de folles. Revenons à notre discours. Est-il possible que jusqu'ici vous n'ayez pu connaître où penche l'inclination d'Eriphile?

IPHICRATE. — Ce sont obscurités pour moi.

TIMOCLÈS. — C'est pour moi un mystère impénétrable.

ARISTIONE — La pudeur peut-être l'empêche de s'expliquer à vous et à moi. Servons-nous de quelque autre pour découvrir le secret de son cœur. Sostrate, prenez de ma part cette commission, et rendez cet office à ces princes, de savoir adroitement de ma fille vers qui des deux ses sentiments peuvent tourner.

SOSTRATE. — Madame, vous avez cent personnes dans votre cour sur qui vous pourriez mieux verser l'honneur d'un tel emploi, et je me sens mal propre à bien exécuter ce que vous souhaitez de moi.

ARISTIONE. — Votre mérite, Sostrate, n'est point borné aux seuls emplois de la guerre : vous avez de l'esprit, de la conduite, de l'adresse, et ma fille fait cas de vous.

SOSTRATE. — Quelque autre mieux que moi, madame...

ARISTIONE. — Non, non; en vain vous vous en défendez.

SOSTRATE. — Puisque vous le voulez, madame, il vous faut obéir; mais je vous jure que dans toute votre cour vous ne pouviez choisir personne qui ne fût en état de s'acquitter beaucoup mieux que moi d'une telle commission.

ARISTIONE. — C'est trop de modestie, et vous vous acquitterez toujours bien de toutes les choses dont on vous chargera. Découvrez doucement les sentiments d'Eriphile, et faites-la ressouvenir qu'il faut se rendre de bonne heure dans le bois de Diane.

SCÈNE III.

IPHICRATE, TIMOCLÈS, SOSTRATE, CLITIDAS.

IPHICRATE à *Sostrate*. — Vous pouvez croire que je prends part à l'estime que la princesse vous témoigne.

TIMOCLÈS à *Sostrate*. — Vous pouvez croire que je suis ravi du choix que l'on a fait de vous.

IPHICRATE. — Vous voilà en état de servir vos amis.

TIMOCLÈS. — Vous avez de quoi rendre de bons offices aux gens qu'il vous plaira.

IPHICRATE. — Je ne vous recommande point mes intérêts.

TIMOCLÈS. — Je ne vous dis point de parler pour moi.

SOSTRATE. — Seigneurs, il serait inutile. J'aurais tort de passer les ordres de ma commission; et vous trouverez bon que je ne parle ni pour l'un ni pour l'autre.

IPHICRATE. — Je vous laisse agir comme il vous plaira.

TIMOCLÈS. — Vous en userez comme vous voudrez.

SCÈNE IV.

IPHICRATE, TIMOCLÈS, CLITIDAS.

IPHICRATE *bas à Clitidas.* — Clitidas se ressouvient bien qu'il est de mes amis; je lui recommande toujours de prendre mes intérêts auprès de sa maîtresse contre ceux de mon rival.

CLITIDAS *bas à Iphicrate.* — Laissez-moi faire. Il y a bien de la comparaison de lui à vous! et c'est un prince bien bâti pour vous le disputer!

IPHICRATE *bas à Clitidas.* — Je reconnaîtrai ce service.

SCÈNE V.

TIMOCLÈS, CLITIDAS.

TIMOCLÈS. — Mon rival fait sa cour à Clitidas; mais Clitidas sait bien qu'il m'a promis d'appuyer contre lui les prétentions de mon amour.

CLITIDAS. — Assurément; et il se moque de croire l'emporter sur vous. Voilà auprès de vous un beau petit morveux de prince!

TIMOCLÈS. — Il n'y a rien que je ne fasse pour Clitidas.

CLITIDAS *seul.* — Belles paroles de tous côtés! Voici la princesse; prenons mon temps pour l'aborder.

SCÈNE VI.

ÉRIPHILE, CLÉONICE.

CLÉONICE. — On trouvera étrange, madame, que vous vous soyez ainsi écartée de tout le monde.

ÉRIPHILE. — Ah! qu'aux personnes comme nous qui sommes toujours accablées de tant de gens, un peu de solitude est parfois agréable! et qu'après mille impertinents entretiens il est doux de s'entretenir avec ses pensées! Qu'on me laisse ici promener toute seule.

CLÉONICE. — Ne voudriez-vous pas, madame, voir un petit essai de la disposition de ces gens admirables qui veulent se donner à vous? Ce sont des personnes qui, par leurs pas, leurs gestes et leurs mouvements, expriment aux yeux toutes choses; et on appelle cela pantomimes. J'ai tremblé à vous dire ce mot; et il y a des gens dans votre cour qui ne me le pardonneraient pas.

ÉRIPHILE. — Vous avez bien la mine, Cléonice, de me venir ici régaler d'un mauvais divertissement; car, grâce au ciel, vous ne manquez pas de vouloir produire indifféremment tout ce qui se présente à vous, et vous avez une affabilité qui ne rejette rien. Aussi est-ce à vous seule qu'on voit avoir recours toutes les muses nécessitantes; vous êtes la grande protectrice du mérite incommodé; et tout ce qu'il y a de vertueux indigents au monde va débarquer chez vous.

CLÉONICE. — Si vous n'avez pas envie de les voir, madame, il ne faut que les laisser là.

ÉRIPHILE. — Non, non, voyons-les; faites-les venir.

CLÉONICE. — Mais peut-être, madame, que leur danse sera méchante.
ÉRIPHILE. — Méchante ou non, il la faut voir. Ce ne serait avec vous que reculer la chose, et il vaut mieux en être quitte.
CLÉONICE. — Ce ne sera ici, madame, qu'une danse ordinaire; une autre fois...
ÉRIPHILE. — Point de préambule, Cléonice; qu'ils dansent.

DEUXIÈME INTERMÈDE.

ENTRÉE DE BALLET.

Trois pantomimes dansent devant Eriphile.

ACTE DEUXIÈME.

SCÈNE I.

ÉRIPHILE, CLÉONICE.

ÉRIPHILE. — Voilà qui est admirable. Je ne crois pas qu'on puisse mieux danser qu'ils dansent, et je suis bien aise de les avoir à moi.
CLÉONICE. — Et moi, madame, je suis bien aise que vous ayez vu que je n'ai pas si méchant goût que vous avez pensé.
ÉRIPHILE. — Ne triomphez point tant, vous ne tarderez guère à me faire avoir ma revanche. Qu'on me laisse ici.

SCÈNE II.

ÉRIPHILE, CLÉONICE, CLITIDAS.

CLÉONICE *allant au-devant de Clitidas.* — Je vous avertis, Clitidas, que la princesse veut être seule.
CLITIDAS. — Laissez-moi faire, je suis homme qui sais ma cour.

SCÈNE III.

ÉRIPHILE, CLITIDAS.

CLITIDAS *en chantant.* — La, la, la, la. (*Faisant l'étonné en voyant Eriphile.*) Ah!
ÉRIPHILE *à Clitidas qui feint de vouloir s'éloigner.* — Clitidas,

CLITIDAS. — Je ne vous avais pas vue là, madame.
ÉRIPHILE. — Approche. D'où viens-tu?
CLITIDAS. — De laisser la princesse votre mère qui s'en allait vers le temple d'Apollon accompagnée de beaucoup de gens.
ÉRIPHILE. — Ne trouves-tu pas ces lieux les plus charmants du monde?
CLITIDAS. — Assurément. Les princes vos amants y étaient.
ÉRIPHILE. — Le fleuve Pénée fait ici d'agréables détours.
CLITIDAS. — Fort agréables. Sostrate y était aussi.
ÉRIPHILE. — D'où vient qu'il n'est pas venu à la promenade?
CLITIDAS. — Il a quelque chose dans la tête qui l'empêche de prendre plaisir à tous ces beaux régals. Il m'a voulu entretenir; mais vous m'avez défendu si expressément de me charger d'aucune affaire auprès de vous, que je n'ai point voulu lui prêter l'oreille, et que je lui ai dit nettement que je n'avais pas le loisir de l'entendre.
ÉRIPHILE. — Tu as eu tort de lui dire cela, et tu devais l'écouter.
CLITIDAS. — Je lui ai dit d'abord que je n'avais pas le loisir de l'entendre; mais après je lui ai donné audience.
ÉRIPHILE. — Tu as bien fait.
CLITIDAS. — En vérité, c'est un homme qui me revient, un homme fait comme je veux que les hommes soient fait, ne prenant point de manières bruyantes et des tons de voix assommants, sage et posé en toutes choses, ne parlant jamais que bien à propos, point prompt à décider, point du tout exagérateur incommode, et, quelques beaux vers que nos poëtes lui aient récités, je ne lui ai jamais ouï dire : Voilà qui est plus beau que tout ce qu'a jamais fait Homère. Enfin c'est un homme pour qui je me sens de l'inclination; et si j'étais princesse, il ne serait point malheureux.
ÉRIPHILE. — C'est un homme d'un grand mérite assurément. Mais de quoi t'a-t-il parlé?
CLITIDAS. — Il m'a demandé si vous aviez témoigné grande joie au magnifique régal que l'on vous a donné, m'a parlé de votre personne avec des transports les plus grands du monde, vous a mise au-dessus du ciel, et vous a donné toutes les louanges qu'on peut donner à la princesse la plus accomplie de la terre, entremêlant tout cela de plusieurs soupirs qui disaient plus qu'il ne voulait. Enfin, à force de le tourner de tous côtés et de le presser sur la cause de cette profonde mélancolie dont toute la cour s'aperçoit, il a été contraint de m'avouer qu'il était amoureux.
ÉRIPHILE. — Comment, amoureux! Quelle témérité est la sienne! C'est un extravagant que je ne verrai de ma vie.
CLITIDAS. — De quoi vous plaignez-vous, madame?
ÉRIPHILE. — Avoir l'audace de m'aimer! et, de plus, avoir l'audace de le dire!
CLITIDAS. — Ce n'est pas de vous, madame, dont il est amoureux.
ÉRIPHILE. — Ce n'est pas de moi?
CLITIDAS. — Non, madame; il vous respecte trop pour cela, et est trop sage pour y penser.
ÉRIPHILE. — Et de qui donc Clitidas?

CLITIDAS. — D'une de vos filles, la jeune Arsinoé.

ÉRIPHILE. — A-t-elle tant d'appas qu'il n'ait trouvé qu'elle digne de son amour?

CLITIDAS. — Il l'aime éperdument, et vous conjure d'honorer sa flamme de votre protection.

ÉRIPHILE. — Moi?

CLITIDAS. — Non, non, madame; je vois que la chose ne vous plaît pas. Votre colère m'a obligé à prendre ce détour, et, pour vous dire la vérité, c'est vous qu'il aime éperdument.

ÉRIPHILE. — Vous êtes un insolent de venir ainsi surprendre mes sentiments. Allons, sortez d'ici; vous vous mêlez de vouloir lire dans les âmes, de vouloir pénétrer dans les secrets du cœur d'une princesse. Otez-vous de mes yeux, et que je ne vous voie jamais.... Clitidas.

CLITIDAS. — Madame?

ÉRIPHILE. — Venez ici; je vous pardonne cette affaire-là.

CLITIDAS. — Trop de bonté, madame...

ÉRIPHILE. — Mais à condition, prenez bien garde à ce que je vous dis, que vous n'en ouvrirez la bouche à personne du monde, sur peine de la vie.

CLITIDAS. — Il suffit.

ÉRIPHILE. — Sostrate t'a donc dit qu'il m'aimait?

CLITIDAS. — Non, madame; il faut vous dire la vérité. J'ai tiré de son cœur, par surprise, un secret qu'il veut cacher à tout le monde, et avec lequel il est, dit-il, résolu de mourir. Il a été au désespoir du vol subtil que je lui en ai fait, et bien loin de me charger de vous le découvrir, il m'a conjuré, avec toutes les instantes prières qu'on saurait faire, de ne vous en rien révéler; et c'est trahison contre lui que ce que je viens de vous dire.

ÉRIPHILE. — Tant mieux : c'est par son seul respect qu'il peut me plaire, et, s'il était si hardi que de me déclarer son amour, il perdrait pour jamais et ma présence et mon estime.

CLITIDAS. — Ne craignez point, madame...

ÉRIPHILE. — Le voici. Souvenez-vous au moins, si vous êtes sage, de la défense que je vous ai faite.

CLITIDAS. — Cela est fait, madame. Il ne faut pas être courtisan indiscret.

SCÈNE IV.

ÉRIPHILE, SOSTRATE.

SOSTRATE. — J'ai une excuse, madame, pour oser interrompre votre solitude, et j'ai reçu de la princesse votre mère une commission qui autorise la hardiesse que je prends maintenant.

ÉRIPHILE. — Quelle commission, Sostrate?

SOSTRATE. — Celle, madame, de tâcher d'apprendre de vous vers lequel des deux princes peut incliner votre cœur.

ÉRIPHILE. — La princesse ma mère montre un esprit judicieux dans le choix qu'elle a fait de vous pour un pareil emploi. Cette commission, Sostrate, vous a été agréable sans doute, et vous l'avez acceptée avec beaucoup de joie?

SOSTRATE. — Je l'ai acceptée, madame, par la nécessité que mon devoir m'impose d'obéir, et si la princesse avait voulu recevoir mes excuses, elle aurait honoré quelque autre de cet emploi.

ÉRIPHILE. — Quelle cause, Sostrate, vous obligeait à le refuser?

SOSTRATE. — La crainte, madame, de m'en acquitter mal.

ÉRIPHILE. — Croyez-vous que je ne vous estime pas assez pour vous ouvrir mon cœur et vous donner toutes les lumières que vous pourrez désirer de moi sur le sujet de ces deux princes?

SOSTRATE. — Je ne désire rien pour moi là-dessus, madame, et je ne vous demande que ce que vous croirez devoir donner aux ordres qui m'amènent.

ÉRIPHILE. — Jusqu'ici je me suis défendue de m'expliquer, et la princesse ma mère a eu la bonté de souffrir que j'aie reculé toujours ce choix qui me doit engager : mais je serai bien aise de témoigner à tout le monde que je veux faire quelque chose pour l'amour de vous, et, si vous m'en pressez, je rendrai cet arrêt qu'on attend depuis si longtemps.

SOSTRATE. — C'est une chose, madame, dont vous ne serez point importunée par moi, et je ne saurais me résoudre à presser une princesse qui sait trop ce qu'elle a à faire.

ÉRIPHILE. — Mais c'est ce que la princesse ma mère attend de vous.

SOSTRATE. — Ne lui ai-je pas dit aussi que je m'acquitterais mal de cette commission?

ÉRIPHILE. — Or çà, Sostrate, les gens comme vous ont toujours les yeux pénétrants, et je pense qu'il ne doit y avoir guère de choses qui échappent aux vôtres. N'ont-ils pu découvrir, vos yeux, ce dont tout le monde est en peine? et ne vous ont-ils point donné quelques petites lumières du penchant de mon cœur? Vous voyez les soins qu'on me rend, l'empressement qu'on me témoigne. Quel est celui de ces deux princes que vous croyez que je regarde d'un œil plus doux?

SOSTRATE. — Les doutes que l'on forme sur ces sortes de choses ne sont réglés d'ordinaire que par les intérêts qu'on prend.

ÉRIPHILE. — Pour qui, Sostrate, pencheriez-vous des deux? Quel est celui, dites-moi, que vous souhaiteriez que j'épousasse?

SOSTRATE. — Ah! madame, ce ne seront pas mes souhaits, mais votre inclination qui décidera de la chose.

ÉRIPHILE. — Mais si je me conseillais à vous pour ce choix?

SOSTRATE. — Si vous vous conseilliez à moi, je serais fort embarrassé.

ÉRIPHILE. — Vous ne pourriez pas dire qui des deux vous semble plus digne de cette préférence?

SOSTRATE. — Si l'on s'en rapporte à mes yeux, il n'y aura personne qui soit digne de cet honneur. Tous les princes du monde seront trop peu de chose pour aspirer à vous; les dieux seuls y pourront prétenare, et vous ne souffrirez des hommes que l'encens et les sacrifices.

ÉRIPHILE. — Cela est obligeant, et vous êtes de mes amis : mais je veux que vous me disiez pour qui des deux vous vous sentez plus d'inclination, quel est celui que vous mettez le plus au rang de vos amis.

SCÈNE V.

ÉRIPHILE, SOSTRATE, CHORÈBE.

CHORÈBE. — Madame, voilà la princesse qui vient vous prendre ici pour aller au bois de Diane.

SOSTRATE *à part*. — Hélas! petit garçon, que tu es venu à propos!

SCÈNE VI.

ARISTIONE, ÉRIPHILE, IPHICRATE, TIMOCLÈS, SOSTRATE, ANAXARQUE, CLITIDAS.

ARISTIONE. — On vous a demandée, ma fille, et il y a des gens que votre absence chagrine fort.

ÉRIPHILE. — Je pense, madame, qu'on m'a demandée par compliment, et on ne s'inquiète pas tant qu'on vous dit.

ARISTIONE. — On enchaîne pour nous ici tant de divertissements les uns aux autres, que toutes nos heures sont retenues, et nous n'avons aucun moment à perdre si nous voulons les goûter tous. Entrons vite dans le bois, et voyons ce qui nous y attend. Ce lieu est le plus beau du monde, prenons vite nos places.

TROISIÈME INTERMÈDE.

Le théâtre représente un bois consacré à Diane.

LA NYMPHE DE TEMPÉ. Venez, grande princesse, avec tous vos appas,
 Venez prêter vos yeux aux innocents débats
  Que notre désert vous présente :
 N'y cherchez point l'éclat des fêtes de la cour;
  On ne sent ici que l'amour,
  Ce n'est que l'amour qu'on y chante.

PASTORALE.

SCÈNE I.

TIRCIS.

Vous chantez sous ces feuillages,
Doux rossignols pleins d'amour;
Et de vos tendres ramages
Vous réveillez tour à tour
Les échos de ces bocages :
Hélas! petits oiseaux, hélas.
Si vous aviez mes maux, vous ne chanteriez pas.

SCÈNE II.

LICASTE, MÉNANDRE, TIRCIS.

LICASTE. Hé quoi! toujours languissant, sombre et triste?
MÉNANDRE. Hé quoi! toujours aux pleurs abandonné?
TIRCIS. Toujours adorant Caliste,
Et toujours infortuné.
LICASTE. Dompte, dompte, berger, l'ennui qui te possède.
TIRCIS. Hé! le moyen, hélas!
MÉNANDRE. Fais, fais-toi quelque effort.
TIRCIS. Hé! le moyen, hélas! quand le mal est trop fort?
LICASTE. Ce mal trouvera son remède.
TIRCIS. Je ne guérirai qu'à la mort.
LICASTE ET MÉNANDRE. Ah! Tircis!
TIRCIS. Ah! bergers!
LICASTE ET MÉNANDRE. Prends sur toi plus d'empire.
TIRCIS. Rien ne me peut secourir.
LICASTE ET MÉNANDRE. C'est trop, c'est trop céder.
TIRCIS. C'est trop, c'est trop souffrir.
LICASTE ET MÉNANDRE. Quelle faiblesse!
TIRCIS. Quel martyre!
LICASTE ET MÉNANDRE. Il faut prendre courage.
TIRCIS. Il faut plutôt mourir.
LICASTE. Il n'est point de bergère
Si froide et si sévère
Dont la pressante ardeur
D'un cœur qui persévère
Ne vainque la froideur.
MÉNANDRE. Il est dans les affaires
Des amoureux mystères
Certains petits moments
Qui changent les plus fières
Et font d'heureux amants.

TIRCIS.   Je la vois, la cruelle,
               Qui porte ici ses pas :
               Gardons d'être vus d'elle;
               L'ingrate, hélas!
               N'y viendrait pas.

SCÈNE III.
CALISTE seule.

Ah! que sur notre cœur
La sévère loi de l'honneur
Prend un cruel empire!
Je ne fais voir que rigueurs pour Tircis;
Et cependant, sensible à ses cuisants soucis,
De sa langueur en secret je soupire,
Et voudrais bien soulager son martyre.
C'est à vous seuls que je le dis,
Arbres, n'allez pas le redire.
Puisque le ciel a voulu nous former
Avec un cœur qu'amour peut enflammer,
Quelle rigueur impitoyable
Contre des traits si doux nous force à nous armer?
Et pourquoi, sans être blâmable,
Ne peut-on pas aimer
Ce que l'on trouve aimable?
Hélas! que vous êtes heureux,
Innocents animaux, de vivre sans contrainte,
Et de pouvoir suivre sans crainte
Les doux emportements de vos cœurs amoureux!
Hélas! petits oiseaux, que vous êtes heureux
De ne sentir nulle contrainte,
Et de pouvoir suivre sans crainte
Les doux emportements de vos cœurs amoureux!
Mais le sommeil sur ma paupière
Verse de ses pavots l'agréable fraîcheur :
Donnons-nous à lui tout entière;
Nous n'avons point de loi sévère
Qui défende à nos sens d'en goûter la douceur.
(*Elle s'endort sur un lit de gazon.*)

SCÈNE IV.
CALISTE *endormie*, TIRCIS, LICASTE, MÉNANDRE.

TIRCIS.   Vers ma belle ennemie
               Portons sans bruit nos pas,
               Et ne réveillons pas
               Sa rigueur endormie.

tous trois. Dormez, dormez, beaux yeux, adorables vainqueurs,
   Et goûtez le repos que vous ôtez aux cœurs.
tircis.   Silence, petits oiseaux;
            Vents, n'agitez nulle chose;
            Coulez doucement, ruisseaux :
            C'est Caliste qui repose.
tous trois. Dormez, dormez, beaux yeux, adorables vainqueurs,
   Et goûtez le repos que vous ôtez aux cœurs.
caliste *en se réveillant à Tircis.* Ah! quelle peine extrême
            Suivre partout mes pas!
tircis.   Que voulez-vous qu'on suive, hélas!
            Que ce qu'on aime?
caliste.   Berger, que voulez-vous?
tircis.   Mourir, belle bergère,
            Mourir à vos genoux,
            Et finir ma misère.
         Puisqu'en vain à vos pieds on me voit soupirer,
            Il y faut expirer.
caliste. Ah! Tircis, ôtez-vous : j'ai peur que dans ce jour
   La pitié dans mon cœur n'introduise l'amour.
licaste et ménandre *ensemble.* Soit amour, soit pitié,
            Il sied bien d'être tendre.
            C'est par trop vous défendre,
            Bergère, il faut se rendre
            A sa longue amitié.
            Soit amour, soit pitié,
            Il sied bien d'être tendre.
caliste *à Tircis.* C'est trop, c'est trop de rigueur.
            J'ai maltraité votre ardeur,
            Chérissant votre personne;
            Vengez-vous de mon cœur,
            Tircis, je vous le donne.
tircis. O ciel! bergers! Caliste! Ah! je suis hors de moi!
   Si l'on meurt de plaisir, je dois perdre la vie.
licaste.   Digne prix de ta foi!
ménandre.   O sort digne d'envie!

SCÈNE V.

DEUX SATYRES, CALISTE, TIRCIS, LICASTE, MÉNANDRE.

premier satyre *à Caliste.* Quoi! tu me fuis, ingrate, et je te vois ici
   De ce berger à moi faire une préférence!
second satyre. Quoi! mes soins n'ont rien pu sur ton indifférence,
   Et pour ce langoureux ton cœur s'est adouci!
caliste.   Le destin le veut ainsi;
            Prenez tous deux patience.
premier satyre. Aux amants qu'on pousse à bout
            L'amour fait verser des larmes;

PASTORALE, SCÈNE VII.

	Mais ce n'est pas notre goût,
	Et la bouteille a des charmes
	Qui nous consolent de tout.
SECOND SATYRE.	Notre amour n'a pas toujours
	Tout le bonheur qu'il désire;
	Mais nous avons un secours,
	Et le bon vin nous fait rire,
	Quand on rit de nos amours.
TOUS.	Champêtres divinités,
	Faunes, Dryades, sortez
	De vos paisibles retraites;
	Mêlez vos pas à nos sons,
	Et tracez sur les herbettes
	L'image de nos chansons.

SCÈNE VI.

CALISTE, TIRCIS, LICASTE, MÉNANDRE, FAUNES, DRYADES.

PREMIÈRE ENTRÉE DE BALLET.

Danse des Faunes et des Dryades.

SCÈNE VII.

CLIMÈNE, PHILINTE, CALISTE, TIRCIS, LICASTE, MÉNANDRE, FAUNES, DRYADES.

PHILINTE.	Quand je plaisais à tes yeux,
	J'étais content de ma vie,
	Et ne voyais rois ni dieux
	Dont le sort me fît envie.
CLIMÈNE.	Lorsqu'à toute autre personne
	Me préférait ton ardeur,
	J'aurais quitté la couronne
	Pour régner dessus ton cœur.
PHILINTE.	Une autre a guéri mon âme
	Des feux que j'avais pour toi.
CLIMÈNE.	Un autre a vengé ma flamme
	Des faiblesses de ta foi.
PHILINTE.	Chloris, qu'on vante si fort,
	M'aime d'une ardeur fidèle;
	Si ses yeux voulaient ma mort,
	Je mourrais content pour elle.
CLIMÈNE.	Myrtil, si digne d'envie,
	Me chérit plus que le jour;
	Et moi je perdrais la vie
	Pour lui montrer mon amour.
PHILINTE.	Mais si d'une douce ardeur

               Quelque renaissante trace
               Chassait Chloris de mon cœur
               Pour te remettre en sa place?
CLIMÈNE.   Bien qu'avec pleine tendresse
               Myrtil me puisse chérir,
               Avec toi, je le confesse,
               Je voudrais vivre et mourir.
    TOUS DEUX ENSEMBLE. Ah! plus que jamais aimons-nous,
               Et vivons et mourons en des liens si doux.
    TOUS LES ACTEURS DE LA PASTORALE. Amants, que vos querelles
               Sont aimables et belles!
               Qu'on y voit succéder
               De plaisir, de tendresse!
               Querellez-vous sans cesse
               Pour vous raccommoder.

               DEUXIÈME ENTRÉE DE BALLET.

Les Faunes et les Dryades recommencent leurs danses, tandis que trois petites Dryades et trois petits Faunes font paraître dans l'enfoncement du théâtre tout ce qui se passe sur le devant. Ces danses sont entremêlées des chansons des bergers.

CHOEUR DE BERGERS ET DE BERGÈRES.
               Jouissons, jouissons des plaisirs innocents
               Dont les feux de l'amour savent charmer nos sens.
               Des grandeurs qui voudra se soucie;
               Tous ces honneurs dont on a tant d'envie
               Ont des chagrins qui sont trop cuisants.
               Jouissons, jouissons des plaisirs innocents
               Dont les feux de l'amour savent charmer nos sens.
               En aimant, tout nous plaît dans la vie;
               Deux cœurs unis de leur sort sont contents:
               Cette ardeur, de plaisirs suivie,
               De tous nos jours fait d'éternels printemps.
               Jouissons, jouissons des plaisirs innocents
               Dont les feux de l'amour savent charmer nos sens.

ACTE TROISIÈME.

SCÈNE I.
ARISTIONE, IPHICRATE, TIMOCLÈS, ANAXARQUE, ÉRIPHILE, SOSTRATE, CLITIDAS.

ARISTIONE. — Les mêmes paroles toujours se présentent à dire; il faut toujours s'écrier: Voilà qui est admirable! il ne se peut rien de plus beau! cela passe tout ce qu'on a jamais vu!

TIMOCLÈS. — C'est donner de trop grandes paroles, madame, à de petites bagatelles.

ARISTIONE. — Des bagatelles comme celles-là peuvent occuper agréablement les plus sérieuses personnes. En vérité, ma fille, vous êtes bien obligée à ces princes, et vous ne sauriez assez reconnaître tous les soins qu'ils prennent pour vous.

ÉRIPHILE. — J'en ai, madame, tout le ressentiment qu'il est possible.

ARISTIONE. — Cependant vous les faites longtemps languir sur ce qu'ils attendent de vous. J'ai promis de ne vous point contraindre; mais leur amour vous presse de vous déclarer et de ne plus traîner en longueur la récompense de leurs services. J'ai chargé Sostrate d'apprendre doucement de vous les sentiments de votre cœur; et je ne sais pas s'il a commencé à s'acquitter de cette commission.

ÉRIPHILE. — Oui, madame; mais il me semble que je ne puis assez reculer ce choix dont on me presse, et que je ne saurais le faire sans mériter quelque blâme. Je me sens également obligée à l'amour, aux empressements, aux services de ces deux princes; et je trouve une espèce d'injustice bien grande à me montrer ingrate, ou vers l'un, ou vers l'autre, par le refus qu'il m'en faudrait faire dans la préférence de son rival.

IPHICRATE. — Cela s'appelle, madame, un fort honnête compliment pour nous refuser tous deux.

ARISTIONE. — Ce scrupule, ma fille, ne doit point vous inquiéter; et ces princes tous deux se sont soumis il y a longtemps à la préférence que pourra faire votre inclination.

ÉRIPHILE. — L'inclination, madame, est fort sujette à se tromper; et des yeux désintéressés sont beaucoup plus capables de faire un juste choix.

ARISTIONE. — Vous savez que je suis engagée de parole à ne rien prononcer là-dessus; et parmi ces deux princes votre inclination ne peut point se tromper et faire un choix qui soit mauvais.

ÉRIPHILE. — Pour ne point violenter votre parole ni mon scrupule, agréez, madame, un moyen que j'ose proposer.

ARISTIONE. — Quoi, ma fille?

ÉRIPHILE. — Que Sostrate décide de cette préférence. Vous l'avez pris pour découvrir le secret de mon cœur, souffrez que je le prenne pour me tirer de l'embarras où je me trouve.

ARISTIONE. — J'estime tant Sostrate, que, soit que vous vouliez vous servir de lui pour expliquer vos sentiments, ou soit que vous vous en remettiez absolument à sa conduite; je fais, dis-je, tant d'estime de sa vertu et de son jugement, que je consens de tout mon cœur à la proposition que vous me faites.

IPHICRATE. — C'est-à-dire, madame, qu'il nous faut faire notre cour à Sostrate?

SOSTRATE. — Non, seigneur, vous n'aurez point de cour à me faire; et, avec tout le respect que je dois aux princesses, je renonce à la gloire où elles veulent m'élever.

ARISTIONE. — D'où vient cela, Sostrate?

SOSTRATE. — J'ai des raisons, madame, qui ne me permettent pas que je reçoive l'honneur que vous me présentez.

IPHICRATE. — Craignez-vous, Sostrate, de vous faire un ennemi?

SOSTRATE. — Je craindrais peu, seigneur, les ennemis que je pourrais me faire en obéissant à mes souveraines.

TIMOCLÈS. — Par quelle raison donc refusez-vous d'accepter le pouvoir qu'on vous donne et de vous acquérir l'amitié d'un prince qui vous devrait tout son bonheur?

SOSTRATE. — Par la raison que je ne suis pas en état d'accorder à ce prince ce qu'il souhaiterait de moi.

IPHICRATE. — Quelle pourrait être cette raison?

SOSTRATE. — Pourquoi me tant presser là-dessus? Peut-être ai-je, seigneur, quelque intérêt secret qui s'oppose aux prétentions de votre amour. Peut-être ai-je un ami qui brûle, sans oser le dire, d'une flamme respectueuse pour les charmes divins dont vous êtes épris. Peut-être cet ami me fait-il tous les jours confidence de son martyre, qu'il se plaint à moi tous les jours des rigueurs de sa destinée, et regarde l'hymen de la princesse ainsi que l'arrêt redoutable qui le doit pousser au tombeau; et, si cela était, seigneur, serait-il raisonnable que ce fût de ma main qu'il reçût le coup de sa mort?

IPHICRATE. — Vous auriez bien la mine, Sostrate, d'être vous-même cet ami dont vous prenez les intérêts.

SOSTRATE. — Ne cherchez point, de grâce, à me rendre odieux aux personnes qui vous écoutent. Je sais me connaître, seigneur; et les malheureux comme moi n'ignorent pas jusqu'où leur fortune leur permet d'aspirer.

ARISTIONE. — Laissons cela; nous trouverons moyen de terminer l'irrésolution de ma fille.

ANAXARQUE. — En est-il un meilleur, madame, pour terminer les choses au contentement de tout le monde, que les lumières que le ciel peut donner sur ce mariage? J'ai commencé, comme je vous ai dit, à jeter pour cela les figures mystérieuses que notre art nous enseigne; et j'espère vous faire voir tantôt ce que l'avenir garde à cette union souhaitée. Après cela, pourra-t-on balancer encore? La gloire et les prospérités que le ciel promettra ou à l'un ou à l'autre choix ne seront-elles pas suffisantes pour le déterminer? et celui qui sera exclu pourra-t-il s'offenser, quand ce sera le ciel qui décidera cette préférence?

IPHICRATE. — Pour moi, je m'y soumets entièrement; et je déclare que cette voie me semble la plus raisonnable.

TIMOCLÈS. — Je suis de même avis; et le ciel ne saurait rien faire où je ne souscrive sans répugnance.

ÉRIPHILE. — Mais, seigneur Anaxarque, voyez-vous si clair dans les destinées que vous ne vous trompiez jamais? et ces prospérités et cette gloire que vous dites que le ciel nous promet, qui en sera caution, je vous prie?

ARISTIONE. — Ma fille, vous avez une petite incrédulité qui ne vous quitte point.

ANAXARQUE. — Les épreuves, madame, que tout le monde a vues de l'infaillibilité de mes prédictions sont les cautions suffisantes des promesses que je puis faire. Mais enfin, quand je vous aurai fait voir ce que le ciel vous marque, vous vous réglerez là-dessus à votre fantaisie; et ce sera à vous à prendre la fortune de l'un ou de l'autre choix.

ÉRIPHILE. — Le ciel, Anaxarque, me marquera les deux fortunes qui m'attendent?

ANAXARQUE. — Oui, madame; les félicités qui vous suivront si vous épousez l'un, et les disgrâces qui vous accompagneront si vous épousez l'autre.

ÉRIPHILE. — Mais comme il est impossible que je les épouse tous deux, il faut donc qu'on trouve écrit dans le ciel non-seulement ce qui doit arriver, mais aussi ce qui ne doit pas arriver.

CLITIDAS *à part.* — Voilà mon astrologue embarrassé.

ANAXARQUE. — Il faudrait vous faire, madame, une longue discussion des principes de l'astrologie pour vous faire comprendre cela.

CLITIDAS. — Bien répondu. Madame, je ne dis point de mal de l'astrologie : l'astrologie est une belle chose, et le seigneur Anaxarque est un grand homme.

IPHICRATE. — La vérité de l'astrologie est une chose incontestable; et il n'y a personne qui puisse disputer contre la certitude de ses prédictions.

CLITIDAS. — Assurément.

TIMOCLÈS. — Je suis assez incrédule pour quantité de choses; mais pour ce qui est de l'astrologie, il n'y a rien de plus sûr et de plus constant que le succès des horoscopes qu'elle tire.

CLITIDAS. — Ce sont les choses les plus claires du monde.

IPHICRATE. — Cent aventures prédites arrivent tous les jours, qui convainquent les plus opiniâtres.

CLITIDAS. — Il est vrai.

TIMOCLÈS. — Peut-on contester sur cette matière les incidents célèbres dont les histoires nous font foi?

CLITIDAS. — Il faut n'avoir pas le sens commun. Le moyen de contester ce qui est moulé?

ARISTIONE. — Sostrate n'en dit mot. Quel est son sentiment là-dessus?

SOSTRATE. — Madame, tous les esprits ne sont pas nés avec les qualités qu'il faut pour la délicatesse de ces belles sciences qu'on nomme curieuses; et il y en a de si matériels, qu'ils ne peuvent aucunement comprendre ce que d'autres conçoivent le plus facilement du monde. Il n'est rien de plus agréable, madame, que toutes les grandes promesses de ces connaissances sublimes. Transformer tout en or, faire vivre éternellement, guérir par des paroles, se faire aimer de qui l'on veut, savoir tous les secrets de l'avenir, faire descendre comme on veut du ciel sur des métaux des impressions de bonheur, commander aux démons, se faire des armées invisibles et des soldats invulnérables, **tout cela est charmant sans doute**; et il y a des gens qui n'ont aucune peine à en comprendre la possibilité, cela leur est le plus aisé du monde à concevoir : mais, pour moi, je vous avoue que mon esprit grossier a quelque peine à le comprendre et à le croire; et j'ai toujours trouvé cela trop beau pour être véritable. Toutes ces belles raisons de sympathie, de force magnétique et de vertu occulte sont si subtiles et délicates qu'elles échappent à mon sens matériel; et, sans parler du reste, jamais il n'a été en ma puissance de concevoir comme on trouve écrit dans le ciel jusqu'aux plus petites particularités de la fortune du moindre homme. Quel rapport, quel commerce, quelle correspondance peut-il y avoir entre nous et des globes éloignés de notre terre d'une distance si effroyable? Et d'où cette belle science enfin peut-elle être venue aux hommes? Quel dieu l'a révélée? ou quelle expérience l'a pu former de l'observation de ce grand nombre d'astres qu'on n'a pu voir encore deux fois dans la même disposition?

ANAXARQUE. — Il ne sera pas difficile de vous le faire concevoir.

SOSTRATE. — Vous serez plus habile que tous les autres.

CLITIDAS à *Sostrate*. — Il vous fera une discussion de tout cela quand vous voudrez.

IPHICRATE à *Sostrate*. — Si vous ne comprenez pas les choses, au moins les pouvez-vous croire sur ce que l'on voit tous les jours.

SOSTRATE. — Comme mon sens est si grossier qu'il n'a pu rien comprendre, mes yeux aussi sont si malheureux qu'ils n'ont jamais rien vu.

IPHICRATE. — Pour moi, j'ai vu, et des choses tout à fait convaincantes.

TIMOCLÈS. — Et moi aussi.

SOSTRATE. — Comme vous avez vu, vous faites bien de croire; et il faut que vos yeux soient faits autrement que les miens.

IPHICRATE. — Mais enfin la princesse croit à l'astrologie, et il me semble qu'on y peut bien croire après elle. Est-ce que madame, Sostrate, n'a pas de l'esprit et du sens?

SOSTRATE. — Seigneur, la question est un peu violente. L'esprit de la princesse n'est pas une règle pour le mien, et son intelligence peut l'élever à des lumières où mon sens ne peut atteindre.

ARISTIONE. — Non, Sostrate, je ne vous dirai rien sur quantité de choses auxquelles je ne donne guère plus de créance que vous. Mais pour l'astrologie, on m'a dit et fait voir des choses si positives, que je ne la puis mettre en doute.

SOSTRATE. — Madame, je n'ai rien à répondre à cela.

ARISTIONE. — Quittons ce discours, et qu'on nous laisse un moment. Dressons notre promenade, ma fille, vers cette belle grotte où j'ai promis d'aller. Des galanteries à chaque pas!

QUATRIÈME INTERMÈDE.

Le théâtre représente une grotte.

ENTRÉE DE BALLET.

Huit statues, portant chacune deux flambeaux, font une danse variée de plusieurs figures et de plusieurs attitudes, où elles demeurent par intervalles.

ACTE QUATRIÈME.

SCÈNE I.

ARISTIONE, ÉRIPHILE.

ARISTIONE. — De qui que cela soit, on ne peut rien de plus galant et de mieux entendu. Ma fille, j'ai voulu me séparer de tout le monde pour vous entretenir, et je veux que vous ne me cachiez rien de la vérité. N'auriez-vous point dans l'âme quelque inclination secrète que vous ne voulez pas nous dire?

ÉRIPHILE. — Moi, madame!

ARISTIONE. — Parlez à cœur ouvert, ma fille. Ce que j'ai fait pour vous mérite bien que vous usiez avec moi de franchise. Tourner vers vous toutes mes pensées, vous préférer à toutes choses, et fermer l'oreille en l'état où je suis à toutes les propositions que cent princesses en ma place écouteraient avec bienséance; tout cela vous doit assez persuader que je suis une bonne mère, et que je ne suis pas pour recevoir avec sévérité les ouvertures que vous pourriez me faire de votre cœur.

ÉRIPHILE. — Si j'avais si mal suivi votre exemple que de m'être laissé aller à quelques sentiments d'inclination que j'eusse raison de cacher, j'aurais, madame, assez de pouvoir sur moi-même pour imposer silence à cette passion, et me mettre en état de ne rien faire voir qui fût indigne de votre sang.

ARISTIONE. — Non, non, ma fille; vous pouvez sans scrupule m'ouvrir vos sentiments. Je n'ai point renfermé votre inclination dans le choix de deux princes, vous pouvez l'étendre où vous voudrez : et le mérite auprès de moi tient un rang si considérable, que je l'égale à tout; et, si vous m'avouez franchement les choses, vous me verrez souscrire sans répugnance au choix qu'aura fait votre cœur.

ÉRIPHILE. — Vous avez des bontés pour moi, madame, dont je ne puis assez me louer : mais je ne les mettrai point à l'épreuve sur le sujet dont vous me parlez; et tout ce que je leur demande, c'est de ne point presser un mariage où je ne me sens pas encore bien résolue.

ARISTIONE. — Jusqu'ici je vous ai laissée assez maîtresse de tout; et l'impatience des princes vos amants... Mais quel bruit est-ce que j'entends? Ah! ma fille, quel spectacle s'offre à nos yeux? Quelque divinité descend ici, et c'est la déesse Vénus qui semble nous vouloir parler.

SCÈNE II.

VÉNUS *accompagnée de quatre petits Amours dans une machine;* ARISTIONE, ÉRIPHILE.

VÉNUS *à Aristione.* Princesse, dans tes soins brille un zèle exemplaire
    Qui par les immortels doit être couronné;

Et, pour te voir un gendre illustre et fortuné,
Leur main te veut marquer le choix que tu dois faire.
Ils t'annoncent tous, par ma voix,
La gloire et les grandeurs que, par ce digne choix,
Ils feront pour jamais entrer dans ta famille.
De tes difficultés termine donc le cours,
   Et pense à donner ta fille
   A qui sauvera tes jours.

SCÈNE III.

ARISTIONE, ÉRIPHILE.

ARISTIONE. — Ma fille, les dieux imposent silence à tous nos raisonnements. Après cela, nous n'avons plus rien à faire qu'à recevoir ce qu'ils s'apprêtent à nous donner; et vous venez d'entendre distinctement leur volonté. Allons dans le premier temple les assurer de notre obéissance et leur rendre grâces de leurs bontés.

SCÈNE IV.

ANAXARQUE, CLÉON.

CLÉON. — Voilà la princesse qui s'en va, ne voulez-vous pas lui parler?

ANAXARQUE. — Attendons que sa fille soit séparée d'elle. C'est un esprit que je redoute, et qui n'est pas de trempe à se laisser mener ainsi que celui de sa mère. Enfin, mon fils, comme nous venons de voir par cette ouverture, le stratagème a réussi. Notre Vénus a fait des merveilles; et l'admirable ingénieur qui s'est employé à cet artifice a si bien disposé tout, a coupé avec tant d'adresse le plancher de cette grotte, si bien caché ses fils de fer et tous ses ressorts, si bien ajusté ses lumières et habillé ses personnages, qu'il y a peu de gens qui n'y eussent été trompés; et, comme la princesse Aristione est fort superstitieuse, il ne faut point douter qu'elle ne donne à pleine tête dans cette tromperie. Il y a longtemps, mon fils, que je prépare cette machine, et me voilà tantôt au but de mes prétentions.

CLÉON. — Mais pour lequel des deux princes au moins dressez-vous tout cet artifice?

ANAXARQUE. — Tous deux ont recherché mon assistance, et je leur promets à tous deux la faveur de mon art. Mais les présents du prince Iphicrate, et les promesses qu'il m'a faites, l'emportent de beaucoup sur tout ce qu'a pu faire l'autre : ainsi ce sera lui qui recevra les effets favorables de tous les ressorts que j'ai fait jouer; et comme son ambition me devra toute chose, voilà, mon fils, notre fortune faite. Je vais prendre mon temps pour affermir dans son erreur l'esprit de la princesse, pour la mieux prévenir encore par le rapport que je lui ferai voir adroitement des paroles de Vénus avec les prédictions des figures célestes que je lui dis que j'ai jetées. Va-t'en tenir la main au reste de l'ouvrage, préparer nos six hommes à se bien cacher dans leur barque derrière le rocher, à posément attendre le temps que la princesse Aristione vient tous les soirs se promener seule sur le rivage, à se jeter bien à propos sur elle ainsi que des corsaires, et donner lieu au prince Iphicrate de lui apporter ce secours qui, sur les paroles du ciel, doit mettre entre ses mains la princesse Eriphile. Ce prince est averti par moi; et, sur la foi de ma prédiction, il doit se tenir dans ce petit bois qui borde le rivage. Mais sortons de cette grotte; je te dirai en marchant toutes les choses qu'il faut bien observer. Voilà la princesse Eriphile, évitons sa rencontre.

SCÈNE V.
ÉRIPHILE seule.

Hélas! quelle est ma destinée! et qu'ai-je fait aux dieux pour mériter les soins qu'ils veulent prendre de moi?

SCÈNE VI.
ÉRIPHILE, CLÉONICE.

CLÉONICE. — Le voici, madame, que j'ai trouvé; et, à vos premiers ordres, il n'a pas manqué de me suivre.

ÉRIPHILE. — Qu'il approche, Cléonice; et qu'on nous laisse seuls un moment.

SCÈNE VII.
ÉRIPHILE, SOSTRATE.

ÉRIPHILE. — Sostrate, vous m'aimez?
SOSTRATE. — Moi, madame?
ÉRIPHILE. — Laissons cela, Sostrate; je le sais, je l'approuve, et vous permets de me le dire. Votre passion a paru à mes yeux accompagnée de tout le mérite qui me la pouvait rendre agréable. Si ce n'était le rang où le ciel m'a fait naître, je puis vous dire que cette passion n'aurait pas été malheureuse, et que cent fois je lui ai souhaité l'appui d'une fortune qui pût mettre pour elle en pleine liberté les secrets sentiments de mon âme. Ce n'est pas, Sostrate, que le mérite seul n'ait à mes yeux tout le prix qu'il doit avoir, et que, dans mon cœur, je ne préfère les vertus qui sont en vous à tous les titres magnifiques dont les autres sont revêtus; ce n'est pas même que la princesse ma mère ne m'ait assez laissé la disposition de mes vœux; et je ne doute point, je vous l'avoue, que mes prières n'eussent pu tourner son consentement du côté que j'aurais voulu : mais il est des états, Sostrate, où il n'est pas honnête de vouloir tout ce qu'on peut faire. Il y a des chagrins à se mettre au-dessus de toutes choses; et les bruits fâcheux de la renommée vous font trop acheter le plaisir qu'on trouve à contenter son inclination. C'est à quoi, Sostrate, je ne me serais jamais résolue; et j'ai cru faire assez de fuir l'engagement dont j'étais sollicitée. Mais enfin les dieux veulent prendre eux-mêmes

le soin de me donner un époux; et tous ces longs délais avec lesquels j'ai reculé mon mariage, et que les bontés de la princesse ma mère ont accordés à mes désirs, ces délais, dis-je, ne me sont plus permis, et il me faut résoudre à subir cet arrêt du ciel. Soyez sûr, Sostrate, que c'est avec toutes les répugnances du monde que je m'abandonne à cet hyménée, et que, si j'avais pu être maîtresse de moi, ou j'aurais été à vous, ou je n'aurais été à personne. Voilà, Sostrate, ce que j'avais à vous dire; voilà ce que j'ai cru devoir à votre mérite, et la consolation que toute ma tendresse peut donner à votre flamme.

SOSTRATE. — Ah! madame, c'en est trop pour un malheureux! Je ne m'étais pas préparé à mourir avec tant de gloire; et je cesse dans ce moment de me plaindre des destinées. Si elles m'ont fait naître dans un rang beaucoup moins élevé que mes désirs, elles m'ont fait naître assez heureux pour attirer quelque pitié du cœur d'une grande princesse; et cette pitié glorieuse vaut des sceptres et des couronnes, vaut la fortune des plus grands princes de la terre. Oui, madame, dès que j'ai osé vous aimer (c'est vous, madame, qui voulez bien que je me serve de ce mot téméraire), dès que j'ai, dis-je, osé vous aimer, j'ai condamné d'abord l'orgueil de mes désirs, je me suis fait moi-même la destinée que je devais attendre. Le coup de mon trépas, madame, n'aura rien qui me surprenne, puisque je m'y étais préparé; mais vos bontés le comblent d'un honneur que mon amour jamais n'eût osé espérer; et je m'en vais mourir après cela le plus content et le plus glorieux de tous les hommes. Si je puis encore souhaiter quelque chose, ce sont deux grâces, madame, que je prends la hardiesse de vous demander à genoux; de vouloir souffrir ma présence jusqu'à cet heureux hyménée qui doit mettre fin à ma vie; et, parmi cette grande gloire et ces longues prospérités que le ciel promet à votre union, de vous souvenir quelquefois de l'amoureux Sostrate. Puis-je, divine princesse, me promettre de vous cette précieuse faveur?

ÉRIPHILE. — Allez, Sostrate, sortez d'ici. Ce n'est pas aimer mon repos que de me demander que je me souvienne de vous.

SOSTRATE. — Ah! madame, si votre repos...

ÉRIPHILE. — Otez-vous, vous dis-je, Sostrate; épargnez ma faiblesse, et ne m'exposez point à plus que je n'ai résolu.

SCÈNE VIII.

ÉRIPHILE, CLÉONICE.

CLÉONICE. — Madame, je vous vois l'esprit tout chagrin; vous plaît-il que vos danseurs, qui expriment si bien toutes les passions, vous donnent maintenant quelque épreuve de leur adresse?

ÉRIPHILE. — Oui, Cléonice. Qu'ils fassent tout ce qu'ils voudront, pourvu qu'ils me laissent à mes pensées.

CINQUIÈME INTERMÈDE.

Quatre pantomimes ajustent leurs gestes et leurs pas aux inquiétudes de la princesse.

ACTE CINQUIÈME.

SCÈNE I.

ÉRIPHILE, CLITIDAS.

CLITIDAS *faisant semblant de ne point voir Eriphile.* — De quel côté porter mes pas? où m'aviserai-je d'aller? En quel lieu puis-je croire que je trouverai maintenant la princesse Eriphile? Ce n'est pas un petit avantage que d'être le premier à porter une nouvelle. Ah! la voilà! Madame, je vous annonce que le ciel vient de vous donner l'époux qu'il vous destinait.

ÉRIPHILE. — Hé! laisse-moi, Clitidas, dans ma sombre mélancolie!

CLITIDAS. — Madame, je vous demande pardon; je pensais faire bien de vous venir dire que le ciel vient de vous donner Sostrate pour époux; mais puisque cela vous incommode, je rengaîne ma nouvelle, et m'en retourne droit comme je suis venu.

ÉRIPHILE. — Clitidas! holà, Clitidas!

CLITIDAS. — Je vous laisse, madame, dans votre sombre mélancolie.

ÉRIPHILE. — Arrête, te dis-je; approche. Que viens-tu me dire?

CLITIDAS. — Rien, madame. On a parfois des empressements de venir dire aux grands de certaines choses dont ils ne se soucient pas; et je vous prie de m'excuser.

ÉRIPHILE. — Que tu es cruel!

CLITIDAS. — Une autre fois j'aurai la discrétion de ne vous pas venir interrompre.

ÉRIPHILE. — Ne me tiens point dans l'inquiétude. Qu'est-ce que tu viens m'annoncer?

CLITIDAS. — C'est une bagatelle de Sostrate, madame, que je vous dirai une autre fois, quand vous ne serez point embarrassée.

ÉRIPHILE. — Ne me fais point languir davantage, te dis-je, et m'apprends cette nouvelle.

CLITIDAS. — Vous la voulez savoir, madame?

ÉRIPHILE. — Oui, dépêche. Qu'as-tu à me dire de Sostrate?

CLITIDAS. — Une aventure merveilleuse, où personne ne s'attendait.

ÉRIPHILE. — Dis-moi vite ce que c'est.

CLITIDAS. — Cela ne troublera-t-il point, madame, votre sombre mélancolie?

ÉRIPHILE. — Ah! parle promptement.

CLITIDAS. — J'ai donc à vous dire, madame, que la princesse votre mère passait presque seule dans la forêt par les petites routes qui sont si agréables, lorsqu'un sanglier hideux (ces vilains sangliers-là font toujours du désordre, et l'on devrait les bannir des forêts bien policées); lors, dis-je, qu'un sanglier hideux, poussé, je crois, par des chasseurs, est venu traverser la route où nous étions. Je devrais vous faire peut-être, pour orner mon récit, une description étendue du sanglier dont je parle; mais vous vous en passerez, s'il vous plaît, et je me contenterai de vous dire que c'était un fort vilain animal. Il passait son chemin, et il était bon de ne lui rien dire, de ne point chercher de noise avec lui; mais la princesse a voulu égayer sa dextérité, et de son dard, qu'elle lui a lancé un peu mal à propos, ne lui en déplaise, lui a fait au-dessus de l'oreille une assez petite blessure. Le sanglier, mal morigéné, s'est impertinemment détourné contre nous : nous étions là deux ou trois misérables qui avons pâli de frayeur; chacun gagnait son arbre, et la princesse sans défense demeurait exposée à la furie de la bête, lorsque Sostrate a paru, comme si les dieux l'eussent envoyé.

ÉRIPHILE. — Hé bien, Clitidas?

CLITIDAS. — Si mon récit vous ennuie, madame, je remettrai le reste à une autre fois.

ÉRIPHILE. — Achève **promptement**.

CLITIDAS. — Ma foi, c'est promptement de vrai que j'achèverai, car un peu de poltronnerie m'a empêché de voir tout le détail de ce combat; et tout ce que je puis vous dire, c'est que, retournant sur la place, nous avons vu le sanglier mort, tout veautré dans son sang, et la princesse, pleine de joie, nommant Sostrate son libérateur et l'époux digne et fortuné que les dieux lui marquaient pour vous. A ces paroles, j'ai cru que j'en avais assez entendu; et je me suis hâté de vous en venir avant tous apporter la nouvelle.

ÉRIPHILE. — Ah! Clitidas, pouvais-tu m'en donner une qui me pût être plus agréable?

CLITIDAS. — Voilà qu'on vient vous trouver.

SCÈNE II.

ARISTIONE, SOSTRATE, ÉRIPHILE, CLITIDAS.

ARISTIONE. — Je vois, ma fille, que vous savez déjà tout ce que nous pourrions vous dire. Vous voyez que les dieux se sont expliqués bien plus tôt que nous n'eussions pensé : mon péril n'a guère tardé à nous marquer leurs volontés; et l'on connaît assez que ce sont eux qui se sont mêlés de ce choix, puisque le mérite tout seul brille dans cette préférence. Auriez-vous quelque répugnance à récompenser de votre cœur celui à qui je dois la vie? et refuserez-vous Sostrate pour époux?

ÉRIPHILE. — Et de la main des dieux et de la vôtre, madame, je ne puis rien recevoir qui ne me soit fort agréable.

SOSTRATE. — Ciel! n'est-ce point ici quelque songe tout plein de gloire dont les dieux me veulent flatter? et quelque réveil malheureux ne me replongera-t-il point dans la bassesse de ma fortune?

SCÈNE III.

ARISTIONE, ÉRIPHILE, SOSTRATE, CLÉONICE, CLITIDAS.

CLÉONICE. — Madame, je viens vous dire qu'Anaxarque a jusqu'ici abusé l'un et l'autre prince par l'espérance de ce choix qu'ils poursuivent depuis longtemps, et qu'au bruit qui s'est répandu de votre aventure ils ont fait éclater tous deux leur ressentiment contre lui, jusque-là que, de paroles en paroles, les choses se sont échauffées, et il en a reçu quelques blessures dont on ne sait pas bien ce qui arrivera. Mais les voici.

SCÈNE IV.

ARISTIONE, ÉRIPHILE, IPHICRATE, TIMOCLÈS, SOSTRATE, CLÉONICE, CLITIDAS.

ARISTIONE. — Princes, vous agissez tous deux avec une violence bien grande; et si Anaxarque a pu vous offenser, j'étais pour vous en faire justice moi-même.

IPHICRATE. — Et quelle justice, madame, auriez-vous pu nous faire de lui, si vous la faites si peu à notre rang dans le choix que vous embrassez?

ARISTIONE. — Ne vous êtes-vous pas soumis l'un et l'autre à ce que pourraient décider, ou les ordres du ciel, ou l'inclination de ma fille?

TIMOCLÈS. — Oui, madame, nous nous sommes soumis à ce qu'ils pourraient décider entre le prince Iphicrate et moi, mais non pas à nous voir rebuter tous deux.

ARISTIONE. — Et si chacun de vous a bien pu se résoudre à souffrir une préférence, que vous arrive-t-il à tous deux où vous ne soyez préparés? et que peuvent importer à l'un et à l'autre les intérêts de son rival?

IPHICRATE. — Oui, madame, il importe. C'est quelque consolation de se voir préférer un homme qui vous est égal, et votre aveuglement est une chose épouvantable.

ARISTIONE. — Prince, je ne veux pas me brouiller avec une personne qui m'a fait tant de grâce que de me dire des douceurs, et je vous prie, avec toute l'honnêteté qu'il m'est possible, de donner à votre chagrin un fondement plus raisonnable, de vous souvenir, s'il vous plaît, que Sostrate est revêtu d'un mérite qui s'est fait connaître à toute la Grèce, et que le rang où le ciel l'élève aujourd'hui va remplir toute la distance qui était entre lui et vous.

IPHICRATE. — Oui, oui, madame, nous nous en souviendrons. Mais peut-être aussi vous souviendrez-vous que deux princes outragés ne sont pas deux ennemis peu redoutables.

TIMOCLÈS. — Peut-être, madame, qu'on ne goûtera pas longtemps la joie du mépris qu'on fait de nous.

ARISTIONE. — Je pardonne toutes ces menaces aux chagrins d'un amour qui se croit offensé, et nous n'en verrons pas avec moins de tranquillité la fête des jeux pythiens. Allons-y de ce pas, et couronnons par ce pompeux spectacle cette merveilleuse journée.

SIXIÈME INTERMÈDE.

FÊTE DES JEUX PYTHIENS.

Le théâtre représente une grande salle en manière d'amphithéâtre, avec une grande arcade dans le fond, au-dessus de laquelle est une tribune fermée d'un rideau. Dans l'éloignement paraît un autel pour le sacrifice. Six ministres du sacrifice, habillés comme s'ils étaient presque nus, portant chacun une hache sur l'épaule, entrent par le portique au son des violons. Ils sont suivis de deux sacrificateurs et de la prêtresse.

SCÈNE I.

LA PRÊTRESSE, SACRIFICATEURS, MINISTRES DU SACRIFICE, CHOEUR DE PEUPLES.

Chantez, peuples, chantez en mille et mille lieux
Du dieu que nous servons les brillantes merveilles;
Parcourez la terre et les cieux;
Vous ne sauriez chanter rien de plus précieux,
Rien de plus doux pour les oreilles.

PREMIER SACRIFICATEUR. A ce dieu plein de force, à ce dieu plein d'appas,
Il n'est rien qui résiste.
SECOND SACRIFICATEUR. Il n'est rien ici-bas
Qui par ses bienfaits ne subsiste.
LA PRÊTRESSE. Toute la terre est triste
Quand on ne le voit pas.
CHOEUR. Poussons à sa mémoire
Des concerts si touchants,
Que, du haut de sa gloire,
Il écoute nos chants.

PREMIÈRE ENTRÉE DE BALLET.

Les six ministres du sacrifice, portant des haches, font entre eux une danse ornée de toutes les attitudes que peuvent exprimer des gens qui étudient leurs forces, après quoi ils se retirent aux deux côtés du théâtre.

SCÈNE II.

LA PRÊTRESSE, SACRIFICATEURS, MINISTRES DU SACRIFICE,
VOLTIGEURS, CHOEUR DE PEUPLES.

DEUXIÈME ENTRÉE DE BALLET.

Six voltigeurs font paraître en cadence leur adresse sur des chevaux de bois, qui sont apportés par des esclaves.

SCÈNE III.

LA PRÊTRESSE, SACRIFICATEURS, MINISTRES DU SACRIFICE, ESCLAVES,
CONDUCTEURS D'ESCLAVES, CHOEUR DE PEUPLES.

TROISIÈME ENTRÉE DE BALLET.

Quatre conducteurs d'esclaves amènent en cadence huit esclaves qui dansent pour marquer la joie qu'ils ont d'avoir recouvré la liberté.

SCÈNE IV.

LA PRÊTRESSE, SACRIFICATEURS, MINISTRES DU SACRIFICE, HOMMES
ET FEMMES *armés à la grecque*, CHOEUR DE PEUPLES.

QUATRIÈME ENTRÉE DE BALLET.

Quatre hommes armés à la grecque, avec des tambours, et quatre femmes armées à la grecque, avec des timbres, font ensemble une manière de jeu pour les armes.

SCÈNE V.

LA PRÊTRESSE, SACRIFICATEURS, MINISTRES DU SACRIFICE, HOMMES
ET FEMMES *armés à la grecque*, UN HÉRAUT, TROMPETTES, UN
TIMBALIER, CHOEUR DE PEUPLES.

La tribune s'ouvre. Un héraut, six trompettes et un timbalier, se mélant à tous les instruments, annoncent la venue d'Apollon.

CHOEUR.   Ouvrons tous nos yeux
A l'éclat suprême
Qui brille en ces lieux.

SCÈNE VI.

APOLLON, SUIVANTS D'APOLLON, LA PRÊTRESSE, SACRIFICATEURS,
MINISTRES DU SACRIFICE, HOMMES ET FEMMES *armés à la grecque*,
UN HÉRAUT, TROMPETTES, UN TIMBALIER, CHOEUR DE PEUPLES.

Apollon, au bruit des trompettes et des violons, entre par le portique, précédé de six jeunes gens qui portent des lauriers entrelacés autour d'un bâton, et un soleil d'or au-dessus, avec la devise royale en manière de trophée.

CHOEUR. Quelle grâce extrême !
Quel port glorieux !
Où voit-on des dieux
Qui soient faits de même ?

CINQUIÈME ENTRÉE DE BALLET.

Les suivants d'Apollon donnent leur trophée à tenir aux six ministres du sacrifice qui portent les haches, et commencent avec Apollon une danse héroïque.

SIXIÈME ENTRÉE DE BALLET.

Les six ministres du sacrifice portant les haches et les trophées, les quatre hommes et les quatre femmes armés à la grecque, se joignent en diverses manières à la danse d'Apollon et de ses suivants, tandis que la prêtresse, le sacrificateur et le chœur des peuples y mêlent leurs chants, à diverses reprises, au son des timbales et des trompettes.

Vers pour LE ROI, *représentant Apollon.*

Je suis la source des clartés,
Et les astres les plus vantés,
Dont le beau cercle m'environne,
Ne sont brillants et respectés
Que par l'éclat que je leur donne
Du char où je me puis asseoir,
Je vois le désir de me voir
Posséder la nature entière,
Et le monde n'a son espoir
Qu'aux seuls bienfaits de ma **lumière.**
Bienheureuses de toutes parts
Et pleines d'exquises richesses
Les terres où de mes regards
J'arrête les douces caresses !

Pour M. LE GRAND, *suivant d'Apollon.*

Bien qu'auprès du soleil tout autre éclat s'efface,
S'en éloigner pourtant n'est pas ce que l'on veut,
Et vous voyez bien, quoi qu'il fasse,
Que l'on s'en tient toujours le plus près que **l'on peut.**

ACTE V.

Pour le marquis DE VILLEROI, *suivant d'Apollon.*

De notre maître incomparable
Vous me voyez inséparable,
Et le zèle puissant qui m'attache à ses vœux
Le suit parmi les eaux, le suit parmi les feux.

Pour le marquis DE RASSENT, *suivant d'Apollon.*

Je ne serai pas vain quand je ne croirai pas
Qu'un autre, mieux que moi, suive partout ses pas.

FIN DES AMANTS MAGNIFIQUES.

TABLE DES PIÈCES

CONTENUES DANS LE TOME TROISIÈME.

Amphitryon... Page 5
L'Avare.. 59
George Dandin... 123
L'Amour médecin... 167
M. de Pourceaugnac... 191
Le Sicilien... 235
Mélicerte.. 257
Pastorale comique... 277
Les Amants magnifiques... 285

FIN DE LA TABLE DU TOME TROISIÈME.

LE PANTHÉON POPULAIRE IN-12

Bibliothèque portative à 1 fr. 50 cent. le volume.

Le succès du *Panthéon populaire illustré* a dépassé notre attente. Nous avions voulu mettre pour la première fois à la portée de tous les chefs-d'œuvre de l'esprit humain, les ouvrages consacrés par le temps, et non moins recommandables par leur utilité morale que par leur mérite littéraire. Notre pensée a été comprise, et les encouragements ne nous ont pas manqué.

Aujourd'hui, un grand nombre de souscripteurs nous invitent à reproduire ces mêmes ouvrages dans un format plus portatif, qui puisse trouver place sur les rayons de toutes les bibliothèques. Pour répondre à l'empressement du public, nous venons de mettre sous presse une édition du *Panthéon populaire* in-12. Ce format, qui a obtenu tant de vogue depuis quelques années sous les dénominations diverses de format anglais, Charpentier, in-18 jésus, n'est autre que le classique in-12, que nos pères affectionnaient. Il a les avantages de l'in-8 sans en avoir le prix élevé.

Dans cette nouvelle combinaison, il importait de maintenir les conditions du bon marché auxquelles le *Panthéon illustré* a dû en partie son immense popularité. Nous avons trouvé moyen de faire entrer dans chaque volume in-12 la matière de deux forts volumes in-8.

Malgré le bas prix, nous avons mis tous nos soins à ce que l'exécution typographique fût irréprochable.

L'attention la plus scrupuleuse a été apportée à la correction de ces éditions nouvelles des classiques français et étrangers. Des notices spéciales accompagnent les ouvrages les plus importants. Nous nous sommes assuré le concours de M. Émile de la Bédollière, si connu par ses travaux de tout genre, et dont les commentaires à la fois amusants et instructifs sur Molière, Racine et Corneille, ont consolidé la réputation de bon goût et de savoir.

Nous espérons que le public, qui nous a constamment secondé de ses suffrages, ne nous les refusera pas dans cette nouvelle et grande entreprise.

GUSTAVE BARBA

Ouvrages publiés.

LA CASE DU PÈRE TOM, par Mme Stowe, traduction de la Bédollière. 1 vol.

L'ESCLAVE BLANC (le Compagnon du *Père Tom*), par Hildreth, traduction de la Bédollière. 1 vol.

CONTES NOCTURNES, par Hoffmann, traduction de la Bédollière. 1 vol.

FABLES DE LA FONTAINE ET DE FLORIAN réunies, notice par Emile de la Bédollière. 1 vol.

NOUVELLES GENEVOISES, par R. Topffer. 1 vol.

VOYAGES DE GARNERAY, suivis de MES PONTONS. 2 vol.

LE ROBINSON SUISSE, par Mme de Montolieu. 2 vol.

LE DERNIER DES MOHICANS, par Fenimore Cooper, traduction de la Bédollière. 1 vol.

QUENTIN DURWARD, par Walter Scott, traduction de la Bédollière. 1 vol.

LE GLACIER IMPERIAL, ou l'Art de donner des bals et soirées, par Bernardi. 1 vol. orné de 6 planches.

ABD-EL-KADER, nos soldats, nos généraux et la guerre d'Afrique, par Léon Plée. 1 vol.

OEUVRES COMPLÈTES DE MOLIÈRE, notices par Emile de la Bédollière. 4 vol.

OEUVRES DE RACINE, notices par Emile de la Bédollière. 2 vol.

OEIL DE FAUCON, par Fenimore Cooper, traduction de la Bédollière. 1 vol.

L'ONTARIO, par Fenimore Cooper, traduction de la Bédollière. 1 vol.

LES PIONNIERS, par Fenimore Cooper, traduction de la Bédollière. 1 vol.

LA PRAIRIE, par Fenimore Cooper, traduction de la Bédollière. 1 vol.

CONTES FANTASTIQUES, par Hoffmann, traduction de la Bédollière. 1 vol.

OEUVRES DE CORNEILLE, notices par Emile de la Bédollière. 2 vol.

Il paraît régulièrement un ouvrage nouveau le samedi de chaque semaine.

Publié par **GUSTAVE BARBA**, libraire-éditeur, rue de Seine, 31.

www.ingramcontent.com/pod-product-compliance
Lightning Source LLC
Chambersburg PA
CBHW060404170426

43199CB00013B/1992